21 世纪采购与供应规划系列教材

服 务 采 购 管 理

胡　军　吴承健　编著

中国物资出版社

图书在版编目（CIP）数据

服务采购管理/胡军，吴承健编著．—北京：中国物资出版社，2011.6
（21 世纪采购与供应规划系列教材）
ISBN 978 - 7 - 5047 - 3776 - 2

Ⅰ．①服… Ⅱ．①胡…②吴… Ⅲ．①采购—企业管理—教材 Ⅳ．①F274

中国版本图书馆 CIP 数据核字（2011）第 014183 号

| 策划编辑 | 钱 瑛 | 责任印制 | 何崇杭 |
| 责任编辑 | 张 娟 | 责任校对 | 孙会香 梁 凡 |

出版发行　中国物资出版社
社　　址　北京市丰台区南四环西路 188 号 5 区 20 楼　　邮政编码　100070
电　　话　010 - 52227568（发行部）　　　010 - 52227588 转 307（总编室）
　　　　　010 - 68589540（读者服务部）　010 - 52227588 转 305（质检部）
网　　址　http：//www.clph.cn
经　　销　新华书店
印　　刷　三河市西华印务有限公司
书　　号　ISBN 978 - 7 - 5047 - 3776 - 2/F · 1479
开　　本　787mm × 1092mm　1/16
印　　张　19　　　　　　　　　　　　　　版　次　2011 年 6 月第 1 版
字　　数　451 千字　　　　　　　　　　　印　次　2011 年 6 月第 1 次印刷
印　　数　0001—3000 册　　　　　　　　定　价　35.00 元

前　言

自 20 世纪 50 年代以来，全球经济经历着一场结构性的变革，对于这一变革，美国经济学家维克托·福克斯（Victor Fuchs）在 1968 年称之为"服务经济"。福克斯认为美国在西方国家中率先进入了服务经济社会。福克斯的宣言预示着始于美国的服务经济在全球范围的来临。伴随信息革命和技术的飞速发展，服务经济也随之表现出新的发展趋势。服务经济是近 50 年来崛起的新的经济形式，它在国民经济构成中占有极其重要的地位，涵盖了服务业乃至对外服务贸易等广阔的市场经济门类与形式。在国外，服务经济已基本形成相对成熟的体系，并有其自身的运作方式。在我国，随着市场经济的发展，服务经济开始得到政府主管部门的高度重视，在国民经济中的比重也逐渐加大。发展服务经济是我国正在进行的产业结构调整升级的主要途径之一，关系到未来经济发展的走向与创新，具有十分重要的战略意义。

服务采购，是指组织对除货物和工程以外的其他企业需求对象进行获取的过程。对服务采购一词，我国《政府采购法》按照国际惯例，只是用了排除和归纳法，而没有准确地界定。《政府采购品目分类表》将服务概括为：印刷、出版，专业咨询、工程监理、工程设计，信息技术、信息管理软件的开发设计，维修，保险，租赁，交通工具的维护保障，会议，培训，物业管理和其他服务十一个大项，所有对它们的获取过程就称为服务采购。企业的服务采购是采购满足组织内部不能或不愿提供的服务或相关服务。通过招标、竞标，企业挑选最适合的供应商并要求其提供专业的、高效的、能够给企业带来利益的服务。把从供应商那里采购来的服务，与企业的战略管理有效结合，有利于企业获取更专业的技术和人才，减少业务负担，获得专家的意见，降低成本，增强企业的竞争力。

改革开放 30 多年来，中国经济取得了巨大发展。但在改革开放过程中，一些深层次的问题也开始突出地表现出来，环境、资源、人口三个关键制约因素全部显现。实现经济发展方式的转变日益迫切，其中以人力资本为主要增长来源的服务经济具有巨大的发展优势。如今，中国已具备转向服务经济的环境和条件。一方面，中国工业经济基础已经建立，市场供求总体平衡，物质生产普遍过剩。另一方面，中国的教育、医疗和社会保障等服务产业十分落后，亟待发展。与此同时，人民群众的收入水平也在快速提高，消费服务产品的能力在不断增强。历史表明，农业经济、工业经济、服务经济的发展轨迹符合人类经济发展规律，农业经济使人类发展从自然转向自为，工业经济使人类发展由自为转向自主，服务经济使人类发展由自主转向自由。

"十二五"是我国积极应对国内外发（以下简称"工信部"）展环境重大变化、加快实现全面建设小康社会的关键时期。工业和信息化部的"十二五"规划编制工作正在按计划开展。工信部"十二五"规划编制将重点把握以下方面：①明确"十二五"工业、通信业和信息化的发展思路和规划框架体系，加快构建资源节约型、环境友好型技术体系和生态体系，提高产业可持续发展能力；②在"突出产业结构优化升级的重点，培育发展战略性新兴产业"中，提出要处理好生产服务业和先进制造业的关系，推动制造业分工细化，通过主辅分离、外包非核心业务、成立专业服务公司等实现产业链延伸，壮大产业规模，提高服务水准；③在国家自然科学基金委员会的"十二五"规划纲要中，首次将"资源和环境科学"的学科作为发展目标，并在管理科学领域提出了重点研究服务经济领域中存在的基础科学问题。

由此可见，发展服务经济是转变经济发展模式的重要内容，是我国"十二五"规划的重要方向，而完善和发展服务采购是核心要义。因此，作者提出对"21世纪采购与供应规划系列教材"的拓展，即《服务采购管理》一书，以此来促进服务经济的理论和实践发展。

随着物流与供应链管理在社会经济中的地位越来越重要，物流人才的培养也在我国蓬勃发展起来。作为物流和供应链管理领域的重要部分，采购人才在社会经济中起的作用也越来越大。尽快培养复合型采购专业人才变得非常迫切。当前培养专业的采购人才主要有两条途径：一条是在物流专业教学中开设采购类课程，但是这些课程往往很少是针对专业采购的，而且所授的知识都是一些传统的采购知识；另一条途径是相关认证机构的培训，诸如国际性CIPS（英国皇家采购与供应认证体系）、ITC（国际采购中心）和国内采购培训（中国采购与供应协会、劳动部）等机构，尽管国际培训机构的培训体系非常完善，但是缺少合格的师资并且很多素材脱离了中国的实际。

针对国内采购行业的蓬勃发展和采购人才培养的需要，编写物流专业的采购用书，尤其是专业采购的理论书籍十分必要。基于专业采购人才培训和教材用书现状，在中国物资出版社及编辑老师的大力支持下，作者规划了"21世纪采购与供应规划系列教材"（系列教材书目见封底，本书是该系列教材的拓展）。本系列教材借鉴了国际采购培训的知识体系，同时又结合中国物流行业人才培养的实际需要。希望本系列教材能够成为物流专业服务采购领域的专业资料，也能够成为专业采购人士的案头用书。

　　中国物资出版社是我国物流与采购领域的专业出版社，它一直致力于采购和物流类教材及专业图书的出版，编辑出版了大量的商品流通专业图书（教材），以"读物流书，找物资社"为出版理念，形成了以物流图书（教材）为重点的经济、科技图书出版体系和规模，为促进商品流通事业的发展、促进流通理论和流通技术研究的繁荣、促进流通系统职工科学文化的普及和提高、促进流通部门专业人才的成长作出了突出的贡献。很多图书受到广大读者的欢迎和好评。同时，本系列教材的作者均是在高校从事物流领域的科学研究和企业以及咨询机构的专家。因此，作者们将自身丰富的理论和实践经验用于本书的编写中，期望本书能够对中国企业的采购作出贡献。

　　本书共分为十二章。首先，介绍了世界经济和服务经济的基本理论；其次，从服务采购管理的流程出发，分别介绍了服务采购和服务外包、服务采购合同、服务采购战略、服务采购流程、服务采购成本和服务采购绩效等；最后，根据服务采购管理的行业特点，重点介绍了物流服务外包、金融服务外包、信息服务外包、生产性服务外包和公共服务外包[①]等内容。

　　本书具有理念创新，体系完整，选材新颖，案例丰富，理论和实践相结合，编写特色鲜明的特点。

　　本书由胡军任主编，编写了前面六章。后面六章由吴承健教授编写，最后由胡军对全书进行了统稿。

　　当全书最终完稿之际，首先我要感谢学校的同事和同学，正是他们在暑期开始至此这段时间紧张的工作和学业之余不辞辛劳地全程参与本书的写作，才有了这本书的最终完成。虽然，我忝为第一作者，但是他们为本书贡献了大量翔实和丰富的资料以及做了大量的基础工作。同时，本书在成书过程中，还得到了浙江工商大学信息学院院长凌云教授和傅培华教授的热情指导，浙江工商大学信息学院物流管理和工程系的老师在案例资料收集、素材整理上给予了大力支持和协助，在此对他们表示衷心地感谢。

――――――――――

　　① 作者注：全书采用广义的采购概念，把采购和外包放在一个大的研究框架内，强调外包战略含义下的职能作用，所以全书中没有把采购和外包区分开来。

在编写过程中，参考或引用了许多专家学者的资料，作者已尽可能在参考文献中列出，谨对他们表示衷心的感谢。

由于作者水平有限，成稿时间仓促，书中表述难免出现疏忽和谬误，敬请各位专家、读者提出批评意见，并及时反馈给作者，以便逐步完善，联系邮箱 junny_ hu@mail. zjgsu. edu. cn。

胡 军

2010 年 12 月于浙江工商大学

目　录

第一章　世界经济和服务经济

第一节　世界经济发展

一、世界经济发展趋势

服务业的兴旺发达是世界经济发展的一个显著特征，服务经济也成为当今世界经济的主流。全球化已经影响到世界经济的各个方面，包括在大多数经济体中对经济增长和就业贡献最大的服务行业。

（一）服务业内涵日趋丰富

在服务业的研究中，理论界有不少诸如"第三产业"、"服务业"和"服务经济"的概念，目前尚没有明确和统一的认识，综合主导性的概念和提法，基于这样的理解：服务业有传统服务业（狭义）和现代服务业（广义）的区别（无特别指明，服务业与现代服务业概念同）。传统服务业的概念基本等同于产业分类法中的第三产业，而现代服务业的概念其内涵比传统服务业覆盖领域广，包括发达国家产业分类法中的所谓第四产业，如设计和生产电子、计算机软件的部门，应用微电脑、光导纤维、激光、遗传工程等新技术部门，以及高度电子化和自动化的产业部门等；包括从农业、工业等产业部门的直接生产中不断分离出专门从事产品设计、工艺设计、加工制造、设备维修、辅助服务、过程控制、程序编制等许多独立的行业；从流通过程中不断分离出专门从事产品包装、保管、运送、推销、广告、批发、零售和售后服务等许多独立的行业；从消费过程中逐渐分离出的为政府、社会与居民生活提供的多样化服务行业。

我国之前将第三产业具体划分为四个层次：第一个层次是流通部门，包括交通运输业、邮电通信业、商业饮食业、物资供销和仓储业；第二个层次是为生产和生活服务的部门，包括金融业、保险业、公用事业、居民服务业、旅游业、咨询信息服务业和各类技术服务业等；第三个层次是为提高科学文化水平和居民素质服务的部门，包括教育、文化、广播电视事业，科研事业，生活福利事业等；第四个层次是为社会公共需要服务的部门，包括国家机关、社会团体以及军队和警察等。随着社会经济的发展，这四个层次之间的界限已不清晰。新的划分规定以 2002 年修订的《国民经济行业分类》国家标准为基础，行业分类的划分层次非常明确，继续划分四个层次必要性不大，因而 2003 年起不再对第三产业划分层次，并根据经济活动性质，对三次产业划分的范围作了一些调整，具体包括：交通运输、仓储和邮政业，信息传输、计算机服务和软件业，批发和零售业，住宿和餐饮业，金融业，房地产业，租赁和商务服务业，科学研究、技术服务和地质勘察业，水利、环境和公共设施管理业，居民服务和其他服务业，教育，卫生、社会保障和社会福利业，文化、体育和娱乐业，公共管理和社会组织、国际组织等。

（二）服务贸易和世界经济

人类生产活动的发展可以分为三个阶段：在初级生产阶段，生产活动主要以农业和畜牧业为主；第二阶段以工业生产大规模的发展为标志；第三阶段开始于 20 世纪初，大量的劳动和资本流向商业和服务业。发达经济体 20 世纪 60 年代总体实现了向服务经济的转型，到 1990 年服务业增加值占世界 GDP 的比重突破 60%。在经济全球化的推动下，服务业的国际化和跨国转移成为世界经济贸易发展的重要特征。从全球范围来看，服务贸易增长快于货物贸易增长，服务贸易额占全球贸易总额的比重已接近 1/5，服务业跨国投资已接近全球跨国投资的 2/3。国际金融危机只是暂时减缓了服务贸易的发展速度，全球服务贸易蓬勃发展的趋势不会改变。

服务贸易是货物贸易进一步发展的重要条件。生产性服务业有利于促进制造业的高端化，延伸制造业的产业链条，进而优化货物贸易的质量和结构，提高货物贸易的附加值；消费性服务业和公共服务业有利于提高人类自身发展水平和社会管理服务水平，优化人力资源和社会环境，进而有利于货物贸易的发展。

服务业和服务贸易事关民生，符合以人为本的要求。发展服务贸易可以改善人民的生活质量，提高企业和国民素质，使发展的成果惠及广大人民群众。服务业和服务贸易符合经济可持续发展的方向。服务业具有消耗资源少、环境污染小、就业容量大等特点，发展服务业和服务贸易能够有效缓解经济发展与资源、环境的矛盾，实现经济可持续发展。在世界经济艰难曲折的复苏中，服务业和服务贸易更是拉动增长的产业新亮点。

在经济全球化背景下，实现服务贸易的可持续发展，促进所有贸易伙伴尤其是发展中国家的经济增长和进步，必须建设一个公正、自由、开放的多边服务贸易体制。贸易保护主义与经济危机形影相随，这次全球性金融危机更使贸易保护主义甚嚣尘上，采取隐蔽的、非关税壁垒措施的可能性大大提高。比如，对外国服务提供者的进入和在境内的服务活动设置障碍，减少服务外包，或对本国服务出口实行隐蔽性的补贴等。由于服务贸易壁垒的隐蔽性和非数量性，壁垒消除的进程将十分困难和缓慢，这将会给世界经济的复苏带来严重的阻碍。

二、服务经济全球化

对世界经济发展现状和趋势的判断，经济全球化已经进入服务经济全球化时期。

（一）经济全球化发展时期的划分

第一时期：20 世纪 70 年代前几百年的经济全球化是以货物贸易为主的经济全球化时期，即货物经济全球化时期。

第二时期：从 20 世纪 70 年代开始，到 80 年代末的 20 年，形成了以制造业为主的经济全球化，即制造经济全球化时期。

第三时期：从 20 世纪 90 年代开始，随着信息化向生产和生活的各个角落渗透，制造经济全球化快速向服务经济全球化跨进，至 21 世纪初经历了 10 多年过渡阶段后，从 21 世纪初开始，跃进了服务经济全球化时期。

（二）服务经济全球化时期七个方面的判定依据

从总体上看经济全球化已经进入服务经济全球化发展时期，现仅从七个方面加以说明：

一是全球对外投资主要转向服务业。在跨国公司新一轮产业调整中，资本向服务业转移趋势越来越明显，20 世纪 90 年代以来，FDI 总额的一半以上开始流向服务业并不断加快。根据联合国贸易与发展会议《2006 年世界投资报告》，2005 年服务业对外直接投资流入量占世界对外投资总量比重上升至近 70%。

二是国际服务业发展向自主扩张型转变。目前通过商业存在实现的服务贸易大约是跨境提供的 1.5 倍。服务业由制造业跟随型加速向服务业自主扩张型转变。美国《财富》杂志 2006 年评选的世界 500 强中，以服务贸易为主的跨国公司占 50%，服务贸易营业收入也占近 50%。

三是国际跨国并购重心转向服务业。20 世纪 80 年代以来，全球跨国并购由制造业向服务业集中的趋势不断增强。2005 年服务业跨国并购出售额为 3939.66 亿美元，占全球并购额的 55%。

四是全球服务外包规模和范围不断扩大。2007 年全球离岸服务外包从 IT 应用服务、业务流程外包，进一步向 IT 基础设施服务和设计研发服务扩展，据不完全统计，产值达 1.2 万亿美元，未来几年将继续保持 40% 左右的增长速度，发展前景无限广阔。

五是服务贸易统计口径不断调整。由于国际上对服务贸易认识的不断加深，对服务贸易统计涵盖范围的认定不断扩大，服务贸易统计口径也在不断进行调整。如国际货币基金组织和联合国等六个国际组织拟将加工贸易的来料加工费纳入服务贸易统计范畴，由此全球服务贸易额将大幅度增加。如果把加工贸易的加工费按 10% 计算，在 2006 年我国服务贸易出口比 2005 年增幅 23.7% 的基础上，可提升近 83% 左右，增幅将达 107%。另外，由于服务贸易涵盖行业众多，涉及内容庞杂，许多项目收集数据困难，现有统计体系滞后等原因，未统和漏统的大量存在，如果这些都能较完整地统计进来，服务贸易发生的实际数额将会更大。

六是服务贸易自由化不断向前推进。许多国家对服务业领域的对外开放持谨慎态度，设置了许多限制和壁垒，即使在这种状况下按现有统计口径，主要发达国家的服务贸易出口额已经接近货物贸易出口额。随着世界多边服务贸易国际管理和监督约束机制，以及具有预见性的自由贸易的法律框架的建立和不断完善，服务贸易逐步自由化的原则越来越多地为世界各国所接受，服务贸易自由化不断向前推进，开放的领域将不断扩大，发展空间会越来越广阔。

七是服务经济全球化是服务经济社会的必然延伸。经济全球化是由发达国家主导，且这些发达国家已进入服务经济社会，服务生产方式支撑经济输出的深层逻辑关系，从根本上决定了经济全球化的服务经济的本质属性。因此，对世界经济发展时期的判定，既要依据统计数字反映的基本情况，重要的是还要挖掘构成经济全球化主体国家的经济类型和生产方式的实质，以及这些国家在国际经济事物中形成的经济关系的实质，为经济全球化时期的判定提供本质依据。

第二节　服务经济

服务经济是经济社会发展到高级阶段的产物，是以提供服务产品为核心的经济形态。服务化、融合化、网络化、高端化、两极化是服务经济的形态特征，服务业占主导地位是服务经济的结构特征，稳定增长是服务经济的运行特征，集聚发展是服务经济的布局特征，对制度环境和综合配套环境要求更高是服务经济发展的环境特征。

一、服务经济概述

（一）服务经济的由来

最早提出服务经济概念的是美国经济学家福克斯。自20世纪50年代以来，全球经济经历着一场结构性的变革，对于这一变革，美国经济学家维克托·福克斯（Victor R. Fuchs）在其1968年的经典著作《服务经济学》中，称之为"服务经济"，并率先提出美国在西方发达国家中已经首先进入了服务经济社会，同时认为服务经济在所有发达国家都已开始出现。在他研究的基础上，服务经济的理论随着实践发展而不断深化。福克斯的宣言预示着始于美国的服务经济在全球范围的来临。伴随信息革命和技术的飞速发展，服务经济也随之表现出新的发展趋势。

贝尔的"后工业社会"、库茨涅兹的"工业服务化"等理论都指出了现代社会经济逐渐向服务经济阶段发展这一突出特征。另外，2006年由瑞典学者詹森完成的《服务经济学：发展与政策》是近年来西方服务经济领域的一部最新著作，对服务经济学的微观基础、服务经济的公共政策等内容做了系统介绍。20世纪90年代以后，特别是随着中国在"十一五"计划和《国务院关于加快发展服务业的若干意见》中明确提出有条件的大城市要逐步形成服务经济为主的产业结构后，国内关于服务经济的研究逐渐增多。这些研究中，早期主要是梳理国际上关于服务经济的主要理论观点，探索构建中国服务经济学理论体系框架。

（二）服务经济的定义

关于服务经济的概念，国内外学术界对其还没有一个明确的定义，通常使用以下三种定义法中的一种：第一种是"规模定义法"，即"服务业GDP占比50%以上，且服务业就业占比50%以上的为服务经济"；第二种是"对比定义法"，即"与工业经济、农业经济形成对比，有特殊性质的经济形态为服务经济"；第三种是"阶段定义法"，即"农业经济、工业经济的顺序发展以后的经济阶段为服务经济阶段"。综合以上三种模式，我们可以将服务经济定义为："以知识、信息和智力要素的生产、扩散与应用为经济增长的主要推动力，以科学技术和人力资本的投入为核心生产方式，以法治和市场经济为制度基础，经济社会发展主要建立在服务产品的生产和配置基础上的经济形态。"

现代服务经济产生于工业化高度发展的阶段，是依托信息技术和现代管理理念而发展起来的，现代服务经济的发达程度已经成为衡量区域现代化、国防化和竞争力的重要标志之一，是区域经济新的极具潜力的增长点。

服务经济是近 50 年来崛起的新的经济形式，它在国民经济构成中占有极其重要的地位，它涵盖了服务业乃至对外服务贸易的广阔的市场经济门类与形式。在国外，服务经济已基本形成相对成熟的体系，并有其自身的运作方式。在我国，随着市场经济的发展，服务经济开始得到政府主管部门的高度重视，并在国民经济中逐渐加大其比重。它是我国正在进行的产业结构调整升级的主要途径，关系到未来经济发展的走向与创新，具有十分重要的战略意义。

二、服务经济的特征

（一）服务化、融合化、网络化、高端化、两极化是服务经济的形态特征

1. 产业发展服务化

服务经济时代，服务业成为服务经济中的主导产业，服务性经济活动不断成长并成为了产业活动的主导方式，产业链中的服务环节日益占据主导地位，制造部门的服务化不断深化，使得生产者将重心从原来由车间延伸到市场的扩展式劳动过程转到根据客户需求提供服务上来。制造企业不单把服务当做是提高产品竞争力的手段，甚至直接把服务作为其产品。如飞机引擎制造商罗尔罗斯公司不仅是出售引擎，而更多的是出售飞行时间；IT巨头 IBM 不再是仅出售 IT 产品，而更多的是提供软硬件集成服务。由此可见，生产企业越来越多地把业务中心集中到产品提供给消费者的服务上来。

2. 行业发展融合化

伴随着信息化和全球化的不断深入，服务业与农业、制造业之间相互渗透和融合的趋势日趋明显。一是消费方式变化带来服务和产品的融合，即消费者更加注重产品解决问题的功能而非产品本身，这使得产品和服务的边界在模糊。二是生产方式的变化促使服务业和制造业业务、组织、管理的融合。制造企业将服务当做利润增加的源泉，从而使其业务中心发生根本改变，相应地，在组织、管理上也越来越接近服务企业。三是交易方式的变革导致消费者和生产者的融合。消费者和生产者之间的关系从一次短期购买变为持续的多次服务，这种长期关系的建立使消费者更多地参与到生产中来，从而使消费者和生产者趋于融合。

3. 企业运作网络化

随着现代信息技术的广泛运用，生产价值链日益成为服务经济时代主导性的生产组织

方式，企业的组织结构和运作方式也由传统的层级制为主转向日趋网络化。由于服务的网络化优势变得十分显著，许多服务企业逐渐向连锁化、联盟化、集成化等方向发展，日益采用松散而富有弹性的网络型组织结构。如许多服务型跨国企业更倾向于采用非股权安排形式或合伙形式，母子公司间保持一种较松散的网络联系，各公司独立性较强，许多业务甚至采取外包形式，这进一步改善了现代服务的供给能力。

4. 生产活动高端化

在服务经济时代，越来越要求生产活动包含更多的知识和信息，向高端化发展。随着工业化大生产累计的实物产品的极大丰富，全球实物生产开始进入全面过剩时代，而个性化、多元化的服务需求却方兴未艾，需要大量的企业进行创新，提供差异化的产品。这必然要求生产活动的技术含量不断提升，无形的服务所占的价值越来越大，如研发设计、销售等形成了生产活动的整体高端化趋势。

5. 就业与收入两极化

在服务经济时代，就业结构呈明显的两极化特征。一方面，需要大量高素质的就业人员如金融、计算机和数据处理人员等，这些职位对就业人员的知识水平、工作技能等要求较高，相应也提供较高的薪酬。另一方面，服务经济里很多劳动密集型产业，如社区服务、道路维护、环境绿化等对从业人员的要求较低，需要大量灵活供给的一般劳动力。没有受过专业训练的人员也可以从事这些较简单的服务，但相对薪酬较低。这种两极化特征在服务经济中要比在制造经济中明显得多。

（二）服务业占主导地位是服务经济的结构特征

1. 总体特征

（1）服务业占主导地位，农业、制造业也趋向服务化和高端化。服务经济时代，服务业成为经济发展的核心和主要动力，提供了较多的产出和较大的就业量，并带动其他产业共同发展，在经济中占据主导地位。这主要有几个标志。首先，服务业产值比重较大。服务经济社会的服务业规模大都占到 GDP 的 60% 以上。其次，服务业提供较多的就业量。到 21 世纪初，世界主要发达国家服务业占全部就业的比重大多超过或接近 70%。最后，农业和制造业加速与服务业融合而趋向高端化，产业链中的服务环节日益占据主导地位。如服务业正加速向制造业的生产前期研究、生产中期设计和生产后期的信息反馈过程展开全方位的渗透，金融、法律、管理、培训、研发、设计、客户服务、技术创新、储存、运输、批发、广告等服务在制造业中的比重和作用日趋加大。许多制造企业的服务性收入和功能占据了主导地位，逐步实现了向服务型企业的转变。同时，现代农业体系中的服务业比重不断上升，都市农业、旅游农业成为农业发展的新业态。

（2）以智力和知识密集型产业为主，劳动、资本密集型产业为辅。在服务经济时代，知识与创新等高级生产要素成为推动服务经济发展的核心动力。从产业的性质来看，人力资本含量提升和技术进步等因素直接推动了产业由劳动资本密集型向智力密集型转型。这些智力密集型产业包括了金融、会计、研发设计、高端制造等。以纽约为例，以商务服务、娱乐、健康、教育、法律、咨询等为主的智力密集型服务业已经占到了其 GDP 的

22%，而劳动密集型和资本密集型产业的比重有所下降。

（3）高附加值产业为主导，中低附加值产业为配套。从产业在价值链中所占据的地位来看，服务经济中占主导的是新产品、新工艺、新装备的设计研发和涉及产品核心技术的制造营销等高附加值产业，而中低附加值的零部件生产或对生产制造过程中工资成本较敏感的生产制造环节则只是作为配套产业。如在欧美等服务经济较为成熟的国家，其主导产业均为品牌运作、标准制定、产品研发、系统集成等高附加值产业。

（4）高度人力资本投入结构轻型化、低能耗和低排放成为主要特征。从投入要素看，工业经济的增长主要依靠物质资本的积累，即通过占有更多的资源如能源、土地等，使用更多的机器代替人工来提高劳动生产率促进经济的发展。而在服务经济中，人力资本取代物质资本成为了主导经济增长的最重要因素。物质形态的投入品的作用将越来越小，而凝结了知识、技术等的人力资本与经济增长的关系将日趋紧密。这就使轻型化、低能耗、低污染成为服务经济的突出优势和结构特征。

（5）产业高度融合。从产业间关系来看，在信息化背景下随着互联网等 IT 技术的广泛应用，服务经济内各产业间呈高度融合的态势。例如，文化创意产业的融合化发展态势就极为明显，一方面文化创意产业内部行业之间边界模糊化；另一方面文化创意产业与传媒产业、电信产业、教育产业、娱乐业、体育业等相关产业之间的边界模糊化。

（6）服务贸易成为国际贸易的重要内容。随着服务经济发展，以跨国公司为主体的全球服务产业链加速形成，全球服务贸易出现了加快发展的趋势。据 WTO 统计，2005 年全球服务贸易进出口 4.77 万亿美元，占全球贸易的份额已接近 20%，比 1986 年提高了近 3 个百分点。

2. 行业内部特征

（1）服务业内部：现代服务业为主，传统服务业为辅。在服务经济发展阶段，服务业结构升级成为推动服务经济发展的关键因素，生产性服务业和知识型社会服务业成为服务经济发展的龙头。从服务业内部来看，高人力资本含量、高技术含量、高附加值的现代服务业在服务业中占据主导地位。而增加值低、乘数效应小和劳动力素质较低的传统服务业则处于辅助地位。如欧盟在 20 世纪末的最后 5 年中，现代服务业中的就业人数增长率比总体服务业就业人数增长率高了 61%。

（2）制造业内部：先进制造为主，传统制造为辅。从制造业内部来看，广泛采用先进技术和设备、现代管理手段和制造模式科技含量较高的先进制造业在制造业中占据主导地位。随着制造业与服务业加速融合和科技革命的深化，进一步加快了传统制造业向先进制造业的转变。从 20 世纪 80 年代开始，美国、加拿大、日本和欧洲各国以及新兴工业化国家或地区的高技术产业迅速发展。在 1995 年之后，高技术产业的增长速度更是年增长 10% 以上，是同期其他制造业增长速度的 3 倍。

（3）农业内部：订单农业、旅游农业为主，传统农业为辅。从农业内部来看，订单农业、旅游农业占据主导地位。随着城市化和服务业向农业的扩散和渗透，现代化的服务理念、技术手段对传统农业进行了改造。融生产、生活、生态于一体的高度现代的都市型农业、观光农业、旅游农业等蓬勃发展，引领了服务经济中农业发展的新方向。

（三）稳定增长是服务经济的运行特征

1. 适度增长

服务经济的增长不像工业经济那样以大规模投资和更新推动，因此劳动生产率提高较慢。同时由于大量吸纳劳动力，相对生产率也较低。因此，相对工业经济增长速度较慢。以三类国家为例：第一类是英国、美国等服务业占比已经达到70%以上的国家，其GDP增长较为平缓，基本不超过4%；第二类是韩国等服务业占比55%左右的国家，GDP年增长率在5%左右；相比而言，第三类是服务经济尚不发达的经济体，GDP增长则可以达到较高幅度，如中国服务业在国民经济中的比重不超过50%，但20世纪90年代以来GDP年平均增长率为10%。

2. 稳定增长

服务经济不像工业经济那样，以周期性行业为主导而在危机时容易陷入全面衰退；它既有周期性行业也有反周期性行业，会产生相互抵消的作用，使得经济增长相对稳定，因而具有经济稳定器的作用。如这次世界金融危机中，文化娱乐产业逆势增长使得整个经济不像大萧条时期那样全面停滞。

3. 财富（价格）推动

由于服务性部门的劳动生产率增长率慢于工业部门，但货币工资增长率则首先取决于劳动生产率增长较快的部门，即服务性部门的货币工资增长率要向工业部门看齐。而在现代资本主义经济制度下大多数产品的价格是实行"成本加成定价"制（即在上涨的工资成本之上相应地加上固定的利润来确定价格水平），因而随着两大部门的货币工资的一致增长，物价水平就相应地成比例上涨，因此就服务性部门的产品来说，需求的价格弹性较小，而收入弹性较高，由于工资成本的上升，也势必产生物价的普遍上涨。因此，在服务经济中服务业比重的上升很大程度上是靠价格因素的推动。例如，日本在1955—1975年，按现价计算的服务业比重提高了20个百分点，而以不变价格计算，服务业比重保持不变。

4. 创新引领

服务经济的形成和发展实际上是企业经营能力提升和市场经济中的商务模式创新的结果。伴随着技术进步，特别是信息技术的不断发展，服务业的经营模式不断创新，涉及技术、产业、组织、管理、业务流程等方面，推动了服务业的迅速发展和升级，产生了大量的服务新业态、新产品、新方式。专业店、连锁店、无店铺销售等新型业态正在发展壮大；B2B和B2C等电子商务蓬勃发展；在物流与供应链管理、教育培训管理咨询、研发设计、市场营销等领域也涌现了很多新的服务业态和经营模式，无线射频、自助服务机、商业智能等正引领商务服务业的发展潮流。服务业的服务方式呈现网络化、连锁化、信息化等现代化发展趋势。

（四）集聚发展是服务经济的布局特征

在服务经济时代，城市成为服务经济发展的主要载体。服务业发展存在着明显的向城市集聚的发展特征。主要体现在：一是服务业向城市特别是大中型城市集聚，大型城市成为引领地区和国家服务经济发展的龙头；二是向城市内部的特定区域集聚，形成综合性或专业化的服务产业集群，如 CBD、金融城、商业街等服务业集群；三是向制造业集聚区域集中，并与相关制造业融合互动发展。如伦敦作为国际性航运中心，集聚了船舶制造与维修、航运交易、港口物流、金融保险等大量制造业和服务业，形成了与港口和航运高度相关的制造业与服务业集群。因此，城市已经成为服务经济的发展中心，现代城市特别是国际化大都市和经济中心城市已经成为服务业集聚和服务经济发展的主要载体。

（五）对制度环境和综合配套环境要求更高是服务经济发展的环境特征

1. 服务经济发展对市场经济制度具有更高层次的需求

服务经济的发展有赖于现代市场经济制度的不断完善。在服务经济中交易的主要对象通常表现为一项权利，而不是实物。而在工业经济中交易的对象多为有形的产品。有形商品的交易对制度的依赖性相对较弱，以汽车为例，因为汽车是有形物，可以让买方试看试开等，这些举措可以大大规避交易风险，使得即使信息披露、合约权益保护等制度不完善也能大量的交易。但在服务经济中则不同，以证券市场为例，交易的对象是一份合同保障的权利，它没有形状，可以值很多钱也可以一钱不值，关键在于是否有完善的信息披露和合约权益的保护制度来保证其价值。因此，与工业经济相比，服务经济要求更加完善的制度环境。工业经济时期政府主导引进国外先进技术并与本地较廉价的劳动力相结合这样的"大园区"、"大工程"类的增长模式在目前已经难以为继。让制度发挥更重要的作用在服务经济时代尤为重要。因此，与制造经济需要的制度环境相对应，服务经济对制度环境提出的更高要求表现在：一是要求更加贴近市场、易于操作的法律体系，如迪拜直接应用英美法系的不成文法（Common Law），采取案例判决就取得了很好的推动效果；二是要求更加简单高效、易于执行的司法体系，如欧美国家加强对于服务经济中产生的法律判决的执行，使得服务经济的发展得到了充分保障；三是要求更加健全和透明的信用体系，这对于以权益为主要交易产品之一的服务经济时代更为重要；四是要求更加公正开放的市场体系，以保障税收、准入和监管的公平有效。

2. 服务经济发展对综合配套环境要求更高

易于交流的信息环境、美化的生活环境、便利的交通环境等硬件条件也是推动服务经济发展的重要因素。服务经济是后工业化城市发展的基础。后工业化城市侧重于与外界、与全球城市网络和全球经济的连通性，传统工业型城市则侧重于存量资源的增加，是流量资源进入城市后的凝结和固化。因此，与工业经济相比，服务经济内部的生产者服务业对发展环境，比如交通信息网络、文化商业氛围、宜居性等都提出了更高的要求。城市基础设施的改善、城市功能的强化为服务经济发展提供了良好的物理空间和物质条件，有助于服务业的区位集聚及产生积聚效应。而信息技术和信息交流平台等基础设施的完善，将为服务经济提供有力的技术基础，大大增强服务经济的供给能力和服务范围。

三、服务经济的发展

(一) 服务经济的范围

具体来看，服务经济的范畴包括以企业为主发挥职能的社会服务，如物流、金融、邮政、电信、运输、旅游、体育、商贸、餐饮、物业、信息、文化等行业服务，以及以政府事业单位等为主发挥职能的公共服务，如教育、医疗卫生、人口和计划生育、社会保障。

(二) 服务经济的发展趋势

1. 服务业内部结构升级趋势明显

服务业内部结构升级趋势体现为服务业从劳动密集型转向知识密集型，知识、技术含量高的现代服务业逐渐占据服务业的主导地位。从产业的投入要素看，农业主要受自然资源要素约束，制造业主要受物质资本要素约束，传统服务业主要受劳动力要素约束，而现代服务业从业人员所具有整体上的高学历、高职称、高薪水特征，说明现代服务业主要受人力资本要素约束。西奥多·舒尔茨（1961 年）提出了人力资本的概念，认为人力资本是凝结于劳动者身上，通过投资费用转化而来，表现为劳动者技能和技巧的资本，具有同物质资本一样的可积累性。卢卡斯（1998 年）和罗默（1990 年）的研究均表明，高质量的经济增长主要来源于人力资本存量的有效积累。笔者认为，服务业内部结构升级从本质上看是人力资本逐步取代物质资本主导经济增长的集中表现，这种升级受经济发展、分工深化和技术进步的驱动。

经济发展使人力资本对现代经济增长的重要性作用日益凸显，经济学家罗伯特·福格尔 2004 年在其"经济增长性质的变革"一文中，高度评价了人力资本对现代经济增长的贡献。这一革命性的认识激发了人们对自身素质提高的渴望，驱动了对人力资本的投资动机。无论从人们个体还是国家整体来看，都迫切感觉到投资于自身素质和国民素质以增强个人和国家的竞争力是一项十分紧迫和必要的任务。世界银行对发展中国家的援助贷款方针自 20 世纪 90 年代以来也随着这一变革进行了相应调整，由早期主要投向基础设施转向人力资本投资领域。

分工深化带动了对服务的中间需求，服务在商品生产体系内部展开，与商品生产、流通和消费有关的信息的收集、处理、加工等需求带动了信息服务业的发展。同时分工深化使企业的组织结构发生变革，从而导致管理和市场运作等与生产的信息处理有关部门的逐渐强化和在专业分工基础上的独立化，推动了诸如研发、会计、咨询等专业服务业的发展。

技术进步驱动了一些现代新兴服务业如管理、咨询、广告服务的发展。这些服务业所提供的服务越来越以承载专业知识、专业技能或信息为己任，也就是说"服务"产品本身也在"知识化"和"信息化"。另外，服务业通过运用不断进步的信息技术使自身的生产率水平得到前所未有的提高，即服务业的生产技术也在"知识化"和"信息化"，如连锁经营、电子商务等服务在全球得到了极大的发展。现在成功的跨国零售服务企业基本都是采用连锁经营，这种经营方式依托于互联网和信息技术，实现了服务产品在全球范围内的规模化经营，如沃尔玛、家乐福都是全球连锁经营的杰出代表。

服务业内部结构的升级趋势在发达国家尤为明显。西方国家在经历了20世纪70年代经济"滞胀"现象的窘境后，利用服务业内部结构升级，成功地实现了经济的健康稳定增长。有研究表明，服务业内部结构呈现升级趋势的国家，其国民经济结构的稳定性也会得到增强。在相当大的程度上，发达国家的经济"服务化"实际是"知识化"或"信息化"。在世界经济合作组织的国家中，金融、保险、房地产及经营服务等服务产业的增加值占国内生产总值的比重均超过了1/3。

2. 服务业的全球竞争日益加剧

目前，随着各国服务市场开放度不断提高，服务业全球竞争的格局基本形成。另外，跨国服务企业的迅速崛起，加剧了全球服务业的竞争。以发达国家跨国服务企业在全球范围内的扩张为代表，如国际零售业巨头沃尔玛、家乐福，这些跨国零售巨头的海外销售额几乎占到其全部销售额的50%以上，其全球化可见一斑。另外，金融业、商务服务业等领域也有诸多在全球范围经营的杰出代表，这些领域也成为跨国服务企业的重点拓展领域。

3. 全球制造业的逐步服务化

一方面，许多制造企业的专业服务呈外包趋势，使制造业和服务业之间彼此依赖的程度日益加深。美国企业自20世纪90年代以来，致力于提高企业的核心竞争力，而把企业的专业服务进行全球外包，这一成功的运作，极大地提高了美国产品和服务的全球竞争力。另一方面，服务经济中的制造业对服务的关注热情也是空前高涨，诸如汽车、家电、计算机等许多制造商同服务企业一样注重管理他们的服务，这些制造商已认识到进行全球竞争需要提供优质的服务。服务正成为一个至关重要的竞争手段和提供形成巨大竞争优势的关键潜力。

从通用电气、施乐、惠普、IBM到海尔，这些利润大都来自产品销售的企业正迅速转变为服务提供商。通用电气公司打算通过服务来创造75%的利润。IBM从它为硬件业务所做的基本服务中得到了其收入的33%，包括计算机租赁、维修和软件。目前太多的制造商正在迅速地卷入到服务当中，加入到基础生产商品的服务越来越多，延期付款和租赁系统、培训、服务合同、咨询服务等，以通过新的服务领域来获取竞争优势。在制造业工作的65%和76%的员工也正在从事服务工作，如研发、维修、设计等。可见，当今领先的制造商都是在其传统制造业务上通过增加服务从而获取竞争优势的，如果世界上的竞争模仿日益增加，那么服务就是产生差异性的主要手段。服务经济中的制造企业也越来越多地依赖服务并将它作为重要的竞争手段，制造业也会逐步服务化，服务成为当今全球经济的主导要素。

（三）中国发展服务经济的战略及实践

当今世界几乎所有高度发达的国家都已经成为"服务经济体"，而中国的服务经济发展水平相对落后。换一个角度思考，这意味着未来中国发展服务经济的空间和潜力巨大，其中，生产性服务业被视为中国向服务经济全面转型的最佳突破领域。

1. 中国政府积极推进服务经济转型

据世界银行的最新统计数据显示,世界主要发达国家的服务业增加值占 GDP 的比重和服务业就业占全部就业的比重大多已超过 70%,发展中国家这两大指标的平均水平为 45%。也就是说,世界发达国家已经形成以服务经济为主的产业结构,发展中国家则正在形成以服务经济为主的产业结构。中国发展服务经济是大势所趋。

当前,全球经济进入又一轮周期性调整,这预示着新一轮生产性服务发展契机的出现。历史证明,经济周期与生产性服务市场发展之间有着某种必然的关联。始于 2007 年的次贷危机极有可能导致又一次经济触底,并带来新的生产性服务市场发展机会。日益融入全球经济的中国正应该抓住这一契机。

2. 中国发展服务经济潜力巨大

以服务经济为主的产业结构包含服务产出、服务业就业、服务消费、服务贸易、服务业投资五大主要经济活动。对比发现,中国在服务经济五大主导组成部分的指标都偏低。

2007 年,中国服务业增加值占 GDP 的比重为 41%,略低于发展中国家的平均水平。中国服务业就业人口占全国就业人口 32.4%,远低于发展中国家的平均水平。

中国的服务消费水平也偏低。2006 年中国城镇居民人均服务性消费支出占全部消费支出的比重仅为 28.1%,远远低于发达国家以及同类发展中国家的水平。中国是商品贸易出口大国,但是货物贸易和服务贸易的发展极不平衡,2007 年中国服务贸易出口额占总出口额的比重仅为 6.8%,不到世界平均水平 20.9% 的一半。过去 20 年,中国服务业利用外国直接投资较少,仅为总量的 20% ~ 30%,远低于制造业吸引的外资。以上统计数字得出的结论是,中国服务经济发展水平相对落后。而换一个角度思考,这些数据同时意味着未来中国发展服务经济的巨大空间和潜力。

3. 发展服务经济的预期收益

过去数年内中国服务业一直在快速发展,但传统的制造业仍是国民经济的支柱产业,大量的劳动力还没有从土地上解放出来。发展服务经济可以改变中国产业结构的落后现状,改变三大产业的结构比重,降低能源消耗和减轻环境污染,增加城镇劳动力就业,实现经济长期可持续发展。

降低能源消耗,减轻环境污染:中国制造业比重偏大,其能源消耗比例也大。能源消耗随之带来污染问题。相比而言,服务业资源消耗少,是节能产业。从世界平均水平来看,制造业能源消耗强度比服务业高 6 倍之多。不仅如此,服务业环境污染小,是减排产业。据南京市统计局发布的数据,南京市服务业每创造万元人民币增加值所造成的烟尘排放量、二氧化硫排放量仅为制造业的 4.8% 和 3.2%。服务业在减少能耗和污染方面的优势有助于实现中国经济的长期可持续发展。

增加工作岗位,缓解就业难题:据统计,2003—2007 年中国城镇新增岗位数有超过 80% 来自服务业。服务业历来是大量吸纳大学毕业生就业的领域。2007 年美国大学生有超过 80% 进入服务行业就业。在欧盟国家,2008 年的毕业生有至少 75% 进入服务行业就业,中国的情况也类似。

带动中国制造业结构升级和转型：中国制造业的服务化水平很低，97.8%的中国企业都是制造驱动而非服务驱动，以致企业普遍受到产品同质化、利润率不断下降和消费者需求日益严苛的挑战。

4. 向服务转型有助于中国制造业企业应对上述挑战

首先，制造业企业发展基于产品的增值服务或以服务为导向的解决方案，可以增加产品难以复制的差异化优势，全面提升客户的体验，从而摆脱单纯的价格竞争，巩固甚至增加产品的市场份额和开拓更广、更持续的收入来源；其次，制造业企业利用在研发、供应链、销售等价值链上的运营优势发展专业服务能力，帮助客户加强其运营和业务支持能力，从而形成新的竞争优势，实现可持续发展。若制造业企业进而将内部化的生产性服务剥离出来，成为独立运营的第三方专业服务提供商，则有助于制造业的创新发展和结构升级，加速中国向服务经济转型。

5. 中国政府积极引导服务经济发展方向

中国政府已经意识到发展服务经济的世界趋势，并着手引导中国的服务经济发展方向。2006年，中国政府即确定了中国服务业发展总体方向和基本思路。进入2009年，国际金融危机持续扩散蔓延，世界经济急剧下降，国外需求大幅减弱。面对相对艰难的外部经济环境，中国政府提出当前的经济工作要围绕"保增长、保就业、保民生、保稳定"这个大局，大力推进经济结构战略性调整，加快发展现代服务业。

6. 城市产业重心指向生产性服务业

服务经济的发展和服务经济结构的形成与城市化进程息息相关。城市化是服务业发展的需求基础，只有生产要素和人口聚集到相当规模，产生对生产性服务和消费性服务强大的市场需求，才足以支撑服务行业的不断专业化和迅速发展。基于这一相关性，中国政府提出，有条件的大中城市要逐步形成以服务经济为主的产业结构。

（四）政府引导"三步走"

具体到各级城市，政府部门可以分三个步骤引导和推进本地服务业的转型和发展。

第一步：聚焦生产性服务业

什么是生产性服务？顾名思义，生产性服务是与消费性服务相对的概念。从服务对象来讲，它不是直接满足最终消费需求，而是满足商品和服务的生产者对服务的中间使用需求，还包括满足政府消费、出口和资本形成等对服务的最终使用需求。从服务目标来讲，生产性服务业是指为保持商品和服务生产过程的连续性，为促进技术进步、产业升级和为提高生产效率提供保障服务的服务行业。

伴随着整个产业结构向第三产业的升级，为生产者提供产前、产中和产后服务的生产性服务活动，成为制造业的关键性投入，也是经济效率提高的重要动力。与制造业和消费性服务业相比，生产性服务业的利润率和生产力更高，而且生产性服务占服务业全部产出的比重连续多年在不断提高。例如，银行业和信息传输业的平均利润率超过10%，而制造业的利润率却低于4%。

先行的工业化国家已经改变了主要依靠物质资本和资源投入驱动的经济增长模式，转而通过人力资本积累和技术创新不断提高经济效率。

第二步：选择重点服务行业

确定了重点发展生产性服务业的大方向之后，城市政府接下来应当考虑的问题是，基于本地独特位势，选择2~3个重点行业，针对性地制定差异化的发展战略，切忌"一窝蜂"和"原样照搬"的想法和做法。决策部门首先要对本地位势有客观中立的认识。

城市的总体位势包括人才状况、产业基础、地理位置、基础设施和城市环境等衡量因素。在这五大影响因素中，前三者对城市发展生产性服务业起着决定性作用。

一个城市的总体位势优越，其经济发展水平也就越高，服务业的发展潜力也越大。城市的总体位势是政府决策部门制定服务发展战略的根本出发点。不同类型的城市在具体应用时侧重点略有不同。对于总体位势较优的城市，它们的行业选择范围相对较大。当地政府需要仔细甄别唯我独有的优势，以便制定差异化的服务战略，有效推动城市经济向服务经济转型。对于总体位势欠佳的城市，它们发展服务业起点相对较低，当地政府要加强战略引导，同时敦促城市各机构共同提升某一位势，如注重人才培养，从而增添发展某类服务业的信心和后劲。对于总体位势明显优越，服务业超前发展的城市，当地政府在制定服务发展战略时则需着眼未来，通过创新的鼓励政策和激励措施推动服务业的产业升级和长远可持续发展。

选择重点发展的服务行业时，城市还应当考虑到所处城市群的产业集群效应。现代的城市不是孤立存在的个体，它与周边的城市组成高密度、关联紧密的城市群体，群内的人力资源聚集度和产业聚焦度相当高。在这样的城市群内，由众多企业个体组成的产业集群可以产生外部经济效应、交易成本的节约、协同效应以及学习和创新的效应等集群效应。从产业集群的视角选择重点发展的服务行业，可以帮助城市充分发挥集群效应，增强企业的竞争力并提升产业的竞争力，进而促进整个城市群经济的可持续发展。

城市的总体位势在很大程度上决定着能否吸引潜在服务业投资，而这是摆在城市政府面前的最大挑战之一。如何吸引真正适合城市服务经济发展需要的投资？先发制人的城市政府会首先确定所在区域的产业集群优势，然后围绕这一集群优势提升总体位势。同时，城市政府需要改变思维定式，不再固守已有的集群优势，而是通过改进教育环境、人才发展，加大技术研发投入等方式来扩大和拓展原有的集群优势，以吸引新的投资者。

第三步：弥补差距，构建长期竞争优势

如前文所述，中国服务经济发展水平总体不高，而且，各城市服务业的发展水平和发展速度很不均衡。经过深入的研究和分析，我们发现中国城市普遍存在以下六个方面的差距。这些差距阻碍了城市生产性服务业的健康快速发展。

（1）结构性人才短缺。虽然是人口大国，中国的结构性人才短缺问题相当突出，缺乏复合型中高端人才（既懂技术又精通外语、管理的全方位人才）和适用性技术人才（如编程熟练的基础程序员）；服务业教育和培训力度不够，缺乏财政、税收、信贷等手段支持。据国家发改委统计，中国近50%的高端服务行业职位招不到足够、合适的人才。与此同时，2008年中国近150万大学毕业生不能实现就业，大学生的失业率超过12%，是登记失业率的 3 倍左右。如果接受适当的就业培训，这些大学生就有可能填补这些服务行业的职位空缺。

（2）指导和鼓励政策缺乏。各级政府对服务业发展的规律认识不足，缺乏相关配套政策或措施，现有政策针对性不强、可行性不够；政府继续"偏爱"制造业，以致制造业企业为了享受更大政策优惠而不愿将内部化的生产性服务剥离出来，如生产物流；已有的针对服务业的优惠政策门槛过高，中小服务业企业在市场准入、信用担保、金融服务、人才培养等方面获得的政府扶持不够，创业和创新的积极性不高。

（3）基础设施不完善。大多数城市缺乏完善的 IT 基础设施和配套的应用平台，不能完全满足（中小）服务企业开展业务的需要。北京的宽带覆盖率为 55%，远远低于伦敦、纽约和东京的平均覆盖率 80%，中国其他二三线城市的情形就可想而知了。

（4）政府公共服务的可用性和可及性差，供给效率低下。中国城市的人均政府财政支出普遍较低，政府对公共服务领域的资源投入不足；行政审批项目和环节过多，工作效率低；政府职能部门分散、数据和流程管理孤立，缺乏协作；政府部门没有充分使用先进的信息化手段提供公共服务。例如，上海企业的平均清关时间为 8.7 天，而韩国为 5.3 天，比中国快 1/3。

（5）生态协作系统不健全，全民缺乏先进的服务意识和服务理念。消费者及客户尚未完全认可第三方服务的价值；服务的标准化、规范化与诚信度不足；政府、企业、行业协会及市民之间有待建立良性可持续的协作关系。

（6）城市环境缺乏吸引力。许多城市在商业环境（如商务基础设施、企业文化与制度等）、社会环境（社会秩序、社会保障、城乡协调等）或生活环境（如居住、教育、保健和生态等）存在某种欠缺，降低了吸引资金和人才能力。

此外，发展服务经济的新趋势，对中国政府特别是城市政府提出了很多新的更高的要求。中国应当从战略的高度认识生产性服务的发展规律，充分发挥政府对市场的培育、规范和监管功能，从体制与政策、人才发展、基础设施改进、公共服务转型、友好环境创建、生态协作系统六个方面采取行动，引导市场主体、事业单位、社会组织等各利益相关者协同有序地推进城市服务经济的转型和发展。

受世界经济衰退影响，中国经济的增长步伐有所减缓，但中国向服务经济转型的战略并未动摇，相反，经济放缓给中国政府和企业一个深挖潜力、追赶先进的机会。中国各级政府在服务经济的转型及发展进程中起着关键的引导和协调作用。城市政府需要首先制定差异化的服务经济发展战略，然后构建并完善城市的服务经济体系，引导各个利益相关者协同有序地共同推进城市服务经济的转型，实现中国经济的可持续发展。

第三节　服务管理

服务管理所要研究的是如何在服务竞争环境中对企业进行管理并取得成功。20 世纪

90 年代末期，我国也有不少学者和企业界人士对服务管理进行了理论研究，包括对服务利润链的分析、服务的交互过程与交互质量、服务质量管理中的信息技术、服务业产品营销与制造业产品营销的比较等，并取得了一定的理论成果，在实践中为我国服务企业的管理和发展提供了较好的指导。服务管理来源于多个学科，是一种涉及企业经营管理、生产运作、组织理论和人力资源管理、质量管理学等学科领域的管理活动。从科学管理到服务管理是顺应社会发展的必然，虽然它还未形成一个独立的理论体系，但其为企业获得持久的竞争优势，提供了指导原则。服务管理的实践和理论研究对企业的发展有重大的战略意义。本节将介绍与服务管理相关的重要内容：服务、服务业、服务贸易和服务管理。

一、服务及服务业

（一）什么是服务

1. 服务的概念

服务在字义上来说是履行某一项任务或是任职某种业务，在中文地区以及法国等，也将它当做为了公众做事，替他人劳动的含义。其他一般西方国家或地区的这个词是一经济用语，涵盖所有在买卖过程后不会有物品留下，提供其效用来满足客户的这类无形产业。这也就是英国经济学家 Colin Grant Clark 所提到的"斐帝‐克拉克法则"中所谓的"第三产业"。

在现代社会上，服务的含义越来越广泛。以产品和服务来做个区别，服务是具有无形特征却可给人带来某种利益或满足感的可供有偿转让的一种或一系列活动。服务通常是无形的，并且是在供方和客户接触面上至少需要完成一项活动的结果。

2. 服务的形式

服务的提供可涉及：

① 在客户提供的有形产品（如维修的汽车）上所完成的活动。

② 在客户提供的无形产品（如为准备税款申报书所需的收益表）上所完成的活动。

③ 无形产品的交付（如知识传授方面的信息提供）。

④ 为客户创造氛围（如在宾馆和饭店）。

3. 服务的特性

① 服务的无形性

商品和服务之间最基本的，也是最常被提到的区别是服务的无形性，因为服务是由一系列活动所组成的过程，而不是实物，这个过程是我们所不能看到、感觉到或者触摸到的。

对于大多数服务来说，购买服务并不等于拥有其所有权，如航空公司为乘客提供服务，但这并不意味着乘客拥有了飞机上的座位。

② 异质性

服务是由人表现出来的一系列行动，而且员工所提供的服务通常是客户眼中的服务，由于没有两个完全一样的员工，也没有两个完全一样的客户，那么就没有两种完全一致的服务。

服务的异质性主要是由员工和客户之间的相互作用以及伴随这一过程的所有变化因素所导致的，它也取决于服务提供商不能完全控制的许多因素，如客户对其需求的清楚表达的能力、员工满足这些需求的能力和意愿、其他客户的到来以及客户对服务需求的程度。由于这些因素，服务提供商无法确知服务是否按照原来的计划和宣传的那样提供给客户，有时候服务也可能会由中间商提供，那就有可能更加大了服务的异质性。

③ 生产和消费的同步性

大多数商品是先生产，然后存储、销售和消费，但大部分的服务却是先销售，然后同时进行生产和消费。

这通常意味着服务进行生产的时候，客户是在现场的，而且会观察甚至参加到生产过程中来。有些服务是很多客户共同消费的，即同一个服务由大量消费者同时分享，比如一场音乐会。这也说明了在服务的生产过程中，客户之间往往会有相互作用，因而会影响彼此的体验。

服务生产和消费的同步性使得服务难以进行大规模的生产，服务不太可能通过集中化来获得显著的规模经济效应，问题客户（扰乱服务流程的人）会在服务提供过程中给自己和他人造成麻烦，并降低自己或者其他客户的感知或满意度。另外，服务生产和消费的同步性要求客户和服务人员都必须了解整个服务传递过程。

④ 易逝性

服务的易逝性是指服务不能被储存、转售或者退回的特性。比如一个有 100 个座位的航班，如果在某天只有 80 位乘客，它不可能将剩余的 20 个座位储存起来留待下个航班销售；一个咨询师提供的咨询也无法退货，无法重新咨询或者转让给他人。

由于服务无法储存和运输，服务分销渠道的结构与性质和有形产品差异很大，为了充分利用生产能力，对需求进行预测并制订有创造性的计划成为重要和富于挑战性的决策问题，而且由于服务无法像有形产品一样退回，服务组织必须制定强有力的补救策略，以弥补服务失误，尽管咨询师糟糕的咨询没法退回，但是咨询企业可以通过更换咨询师令客户重拾信心。

（二）服务业概述

服务业是指利用设备、工具、场所、信息或技能等为社会提供劳务、服务的业务。我国的服务业按照国民经济部门分类，属于第三产业中的一部分，它包括饮食、住宿、旅游、仓储、寄存、租赁、广告、各种代理服务、提供劳务、理发、照相、浴池以及各类技术服务、咨询服务等业务。

服务业范围包括：代理业、旅店业、饮食业、旅游业、仓储业、租赁业、广告业、其他服务业。

1. 代理业

代理业，指代委托人办理受托范围内的业务，包括代销货物、代办进出口、介绍服务、其他代理服务。

① 代销货物，指受托办理货物销售，按实销额进行结算并收取手续费的业务。

② 代办进出口，指受托办理商品或劳务进出口的业务。

③ 介绍业务，指中介人介绍双方商谈交易或其他事项的业务。

④ 其他代理服务，指受托办理上列事项以外的其他事项的业务。

2. 旅店业

旅店业，指提供住宿服务的业务。

3. 饮食业

饮食业，指经营饮食服务的业务。

4. 旅游业

旅游业，指为旅游者安排食宿、交通工具和提供导游等旅游服务的业务。

5. 仓储业

仓储业，指利用仓库、货场或其他场所代客储放、保管货物的业务。

6. 租赁业

租赁业，指出租人将场地、房屋、物品、设备或设施等租给承租人使用的业务。

对远洋运输企业从事光租业务（指远洋运输企业将船舶在约定的时间内出租给他人使用，不配备操作人员，不承担运输过程中发生的各种费用，只收取固定租赁费的业务）和航空运输企业从事干租业务（指航空运输企业在约定的时间内出租给他人使用，不配备机组人员，不承担运输过程中发生的各种费用，只收取固定租赁费的业务）取得的收入。

双方签订承包、租赁合同（协议）将企业或企业部分资产出包、租赁，出包出租者向承包、承租方收取的承包费、租赁费（承租费）按"服务业"税目征收营业税。出包方收取的承包费凡同时符合以下三个条件的，属于企业内部分配行为不征收营业税：

① 承包方以出包方名义对外经营，由出包方承担相关的法律责任。

② 承包方的经营收支全部纳入出包方的财务会计核算。

③ 出包方与承包方的利益分配是以出包方的利润为基础。

酒店产权式经营业主在约定的时间内提供房产使用权与酒店进行合作经营，如房产产权并未归属新的经济实体，业主按照约定取得的固定收入和分红收入均应视为租金收入。

7. 广告业

广告业，指利用图书、报纸、杂志、广播、电视、电影、幻灯、路牌、招贴、橱窗、霓虹灯、灯箱等形式为介绍商品、经营服务项目、文体节目或通告、声明等事项进行宣传和提供相关服务的业务。

8. 其他服务业

其他服务业，是指上列业务以外的服务业务，如沐浴、理发、洗染、照相、美术、裱画、誊写、打字、镂刻、计算、测试、试验、化验、录音、录像、复印、晒图、测绘、勘探、打包、咨询等。

二、服务贸易

当前世界经济正在企稳向好，但是失业率仍然居高不下，储蓄率回升缓慢，国际贸易的恢复和增长还有很长一段复杂曲折的路要走。因此，大力发展开放的、清洁环保的、知识密集和劳动密集的服务贸易，是引领世界经济复苏的重要新动力之一。

（一）服务贸易的概念

1. 服务贸易

服务贸易又称劳务贸易，指国与国之间互相提供服务的经济交换活动。服务贸易有广义与狭义之分，狭义的服务贸易是指一国以提供直接服务活动形式满足另一国某种需要以取得报酬的活动。广义的服务贸易既包括有形活动，也包括服务提供者与使用者在没有直接接触下交易的无形活动。

2. 国际服务贸易的宋义

国际服务贸易是指国际间进行服务输入和输出的一种贸易方式。贸易一方向另一方提供服务并获得收入的过程称为服务出口或服务输出，购买他人服务的一方称为服务进口或服务输入。国际服务贸易狭义的概念是指传统的为国际货物贸易服务的运输、保险、金融以及旅游等无形贸易。而广义的概念还包括现代发展起来的、除了与货物贸易有关的服务以外的新的贸易活动，如承包劳务、卫星传送和传播等。

（二）国际服务贸易的类型

《服务贸易总协定》对服务贸易所下的定义代表多数专家的意见，该协定从贸易方式的角度，确定国际服务贸易具体是指涉及下列范围的交易活动：跨境提供、境外消费、商业存在、自然人流动。这些交易活动的具体解释是：

1. 跨境提供（Cross - border Supply）

从一成员方境内向另一成员方境内提供服务，其中的"跨境"是指"服务"过境，通过电讯、邮电、计算机联网等实现，至于人员和物资在现代科技环境下则一般无须过境。例如，国际金融中的电子清算与支付、国际电信服务、信息咨询服务、卫星影视服务等。

2. 境外消费（Consumption Abroad）

在一成员方境内向另一成员方的服务消费者提供服务。例如，本国病人到外国就医、外国人到本国旅游、本国学生到外国留学等。

3. 商业存在（Commercial Presence）

一成员方的服务提供者通过在另一成员方境内的商业实体提供服务，它是四种服务提供方式中最主要的方式，也是服务贸易活动中最主要的形式。它主要涉及市场准入和直接投资，即允许一成员方的服务提供商在另一成员方境内投资设立机构并提供服务，包括投资设立合资、合作和独资企业，该机构的服务人员既可以从提供商母国带来，也可以从东道国雇佣。例如，外国公司到中国来开酒店、建零售商店和开办律师事务所等。

4. 自然人流动（Movement of Natural Persons）

一成员方的服务提供者通过自然人的实体在另一成员方境内的商业现场提供服务。进口方允许个人入境来本国提供服务。例如，外国教授、工程师或医生来本国从事个体服务。

（三）世界服务贸易发展趋势

1. 服务业的跨国转移促进了服务贸易的快速发展

服务业跨国转移是当前经济全球化新的显著特征。促进服务业跨国转移的动因主要有：一是生产的国际化带动了服务的国际化。跨国公司在全球范围内组织生产活动，也需要获得全球化的贸易、金融、通信、运输等服务，一些发达国家的生产性服务业也出现了向发展中国家转移的浪潮；二是以 IT 为主导的高新技术在世界服务业中的应用，取得重大突破，从而为服务业国际分工的全面深化打下基础。

2. 世界服务贸易结构调整加快，新兴服务贸易快速增长

20 世纪 80 年代以来，世界服务贸易的结构发生了很大的变化，服务贸易结构日益向知识技术密集型方向转变。全球信息技术革命的不断发展，增强了服务活动及其过程的可贸易性，通信、计算机和信息服务、会计、咨询等新兴服务行业不断扩张。世界服务贸易将逐渐由以自然资源或劳动密集型为基础的传统服务贸易转向以知识技术密集型为基础的现代服务贸易。

3. 服务外包成为推动全球经济增长的重要力量

20 世纪 90 年代以来，离岸服务外包得到快速发展，服务发包市场仍是传统的美国、欧洲和日本，但接包市场除了澳大利亚、加拿大、爱尔兰和印度等被视为发展最为成熟的离岸 ITO 与 BPO 接包市场之外，中国、菲律宾、墨西哥以及中东欧地区部分国家逐渐参与进来，成为强有力的竞争者。服务外包离岸外移及与其相伴的服务贸易全球化，已成为推动全球经济增长的重要力量之一，并将对全球经济版图的扩张产生深远的影响。

（四）服务贸易的发展前景

服务业在这场国际金融危机中所经受的冲击远远小于商品贸易。尽管金融业、交通业和旅游业在危机初期受到了较大影响，但其余服务业在各国国内经济以及国际服务贸易当中依然保持了较好的发展态势。经验证明，在经济低迷的时期，服务业的恢复要比其他行业迅速，而服务业的复苏将带来生产力的提高。

从全球来看，服务贸易已占贸易总量的 1/5，服务业跨国投资也已接近全球跨国投资的 2/3。根据商务部的统计，2008 年我国服务贸易出口总额 1465 亿美元，占世界比重为 3.9%；服务贸易进口额 1580 亿美元，占世界比重为 4.5%；近 3 年服务贸易进口额年均增长 23.8%。

世界银行高级副行长维诺德·托马斯认为，服务贸易恢复快于货物贸易，主要是因为服务贸易对货币流动性的要求较小，较少依赖于外部资金，服务贸易领域的贸易保护主义壁垒也要少于货物贸易领域。因此，服务业和服务贸易发展已经成为全球应对金融危机，推动经济发展的新动力。

此外，服务贸易也是经济发展多样化的重要推动力，将促使各经济体的经济模式更加灵活可持续发展。联合国贸发会议副秘书长佩特科·德拉加诺夫指出，服务贸易对调整经济结构作用很大，服务贸易为知识和技术的转移提供了通道，它使得发展中经济体能够从全球技术研发中获益，知识和技术的转移将帮助这些经济体发展通信业、零售业、银行业以及 IT 行业。在提高人们生活质量方面，服务业比传统工业具有更多的优势和竞争力。

服务业和服务贸易事关民生，符合以人为本的要求。发展服务贸易可以改善人民的生活质量，提高企业和国民素质，使发展的成果惠及广大人民群众，并且符合经济可持续发展的方向。服务业具有消耗资源少、环境污染小、就业容量大等特点，发展服务业和服务贸易能够有效缓解经济发展与资源、环境的矛盾，实现经济可持续发展。在世界经济艰难而曲折的复苏中，服务业和服务贸易更是拉动经济增长的产业新亮点。

三、服务管理

基于服务业的蓬勃发展和制造业在制造技术、产品功能及产品方面的趋同，市场竞争已进入了服务竞争的时代。面临服务竞争的各类企业必须通过了解和管理客户关系中的服务要素来获得持久的竞争优势。这就迫切需要一系列理论、方法作为服务竞争的指导原则。由于建立在物质产品生产基础上的"科学管理"理论和方法在服务竞争中的有效性受到限制，所以必须探索适合于服务特性的新的理论和方法。"服务管理"应运而生。

从 20 世纪 60 年代开始到现在，服务管理已成为国内外管理界一个新的重要研究领域，并获得了丰硕的成果。对服务问题最早进行专门研究的是一些北欧的营销研究人员。他们根据营销活动中的服务、服务产出和服务传递过程的特性，进行了大量卓有成效的研究，提出了一系列新的模型、概念和工具，并把这些研究成果归类为"服务营销"。服务营销作为服务管理的一个研究领域，为服务管理理论体系的形成起到了重要的开创作用。

首先对服务管理提出一个大家普遍接受的定义的是格朗鲁斯（Gronroos）和阿尔布里奇（Albrecht）。他们两人的定义有一个十分明确的共同之处，即"将客户感知服务质量作为企业经营管理的第一驱动力"。服务管理的这种定位，意味着管理重点的四大转移：

① 从研究产品的效用向研究客户关系总效用的转移。

② 从短期交易向长期伙伴关系的转移。

③ 从产品质量或产出技术质量向客户感知质量的转移。

④ 从把产品技术、质量作为组织生产的关键向全面效用和全面质量作为组织生产关键的转移。

服务管理的核心是服务质量。国外对服务质量广泛而深入的研究始于 20 世纪 80 年代初。北欧学者首先对服务质量的内涵、性质等进行了开拓性的研究；美国营销科学院也同时开始资助了一项为期 10 年的服务质量专项研究；欧美不少高校相继成立了服务质量研究机构；一些颇具影响的研究成果相继问世；这一切都促进了服务管理学科体系的完善和发展。在众多的研究成果中，有代表性的是芬兰学者格朗鲁斯（Gronroos）发表的一系列论著。

格朗鲁斯在 1990 年出版的《服务管理与营销》一书中，将企业的竞争战略划分为以成本、价格、技术和服务为主的四种形态，指出目前的市场处于服务竞争阶段，促使企业经营战略转向以"服务"为主导的战略；他发表的《从科学管理到服务管理：服务竞争时代的管理视角》一文，从理论上阐述了服务管理与科学管理的区别，论证了服务管理的特征及其理论和实践对经济发展的贡献；他根据认知心理学的基本理论，提出了客户感知服务质量的概念，论证了服务质量从本质上讲是一种感知，是由客户的服务期望与其接受的服务经历相比较的结果。服务质量的高低取决于客户的感知，其最终评价者是客户而不是企业。格朗鲁斯在这一领域的研究成果为服务管理理论体系的形成奠定了基础。

20 世纪 80 年代以后，美国哈佛大学商学院、凡德彼尔特大学的服务研究中心等院校的学者和专家在服务质量领域的研究日趋深入。汉斯凯特（Heskett，1994）在有关研究中，探讨了影响利润的变量及相互关系，建立了服务利润链式结构，形象而具体地将变量之间的关系表示出来（如下图所示）。这个结构对研究服务问题和寻找影响服务质量的原因，具有十分重要的作用。

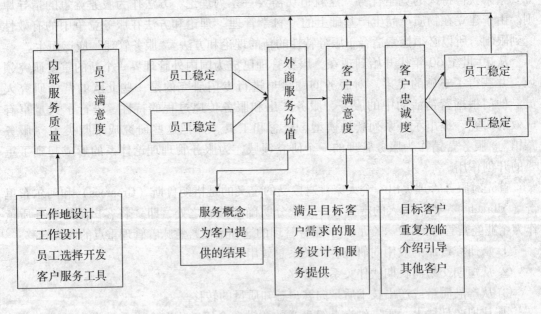

服务利润链式结构图

拉斯特（Rust）在主持服务质量回报的研究中阐述了提高服务质量给企业带来的收益及途径和机理，论证了服务质量与企业获利性之间的关系：

① 从广义的服务质量角度来看，高质量可减少返工成本，进而带来高利润。

② 高质量可以提高客户满意度，可达到提高效率、降低成本的目的。

③ 高质量可吸引竞争者的客户，产生高的市场份额和收益。

因为利用现有客户的口碑宣传吸引新客户，可达到增加销售和减少广告费用的目的，所以一些学者认为，持续的服务质量改进不是成本支出，而是对客户的投资，并以此带来更大的收益和利润。

我国的专家、学者和企业界人士也十分重视服务管理的研究和实践，并取得了不菲的成绩。20 世纪 90 年代末期，南开大学、中山大学、天津理工学院等院校的学者、教授都把服务管理作为自己的研究方向，并获得了国家研究资金的资助。他们对服务利润链的解析，服务的交互过程与交互质量、服务质量管理中的信息技术、服务业产品营销与制造业产品营销的比较及旅游业管理等热点与关键问题的研究，在理论和方法上都有重大突破。他们的科研成果为我国企业在服务竞争社会中，如何真正走市场经济的道路，提供了理论依据和可行的方法。

服务管理是面临服务竞争社会而产生的一种新的管理模式。它虽然已经历长达 30 多年的研究过程，虽然在其产生的必要性、概念、特征和一些理论探讨方面取得了众多研究成果，但是至今尚未形成完整的学科体系，所以目前一些学者将服务管理称为一种"管理视角"或"管理观念"。

服务管理是从营销服务的研究中逐渐发展起来的，由于营销是一种涉及企业经营管理、生产作业、组织理论和人力资源管理、质量管理等学科领域的管理活动，在这些领域内更全面、深入地围绕服务管理的理论探讨，还要走很长的路和付出更艰苦的努力，还要经过大量的实践过程来总结其活动规律，完善和系统服务管理学科体系。诚然，成本下降和产品的质量对企业来说仍然是很重要的，它们仍然是客户衡量购买产品价值高低的重心。但是要实现在市场经济下的客户满意化和差别化竞争优势，必须在核心产品之外有更多的价值，才能吸引客户，扩大产品的市场份额。所以在理论界加快对服务管理系统理论和方法的研究，在企业界顺应形势，加快经营理论向"客户导向"的转化，应当成为当务之急。

第四节 服务经济的趋势及中国服务业的发展战略

一、世界服务业的发展特点和趋势

当前世界服务业的发展出现了新的发展特点和趋势：

1. 服务业内部结构呈现新的经济特点

随着世界经济进入服务经济时代，知识化、专业化趋势不断增强，服务业内部结构出现了重大变化。一是金融服务业、信息服务业、专业服务业、研发及科技服务业等技术、知识密集型服务业迅速崛起为服务业的支柱产业。这些服务业也被称为现代服务业，具有知识密集、技术密集、信息密集、人才密集的特点，是知识经济的先导产业，代表着服务业乃至世界经济的未来发展方向。二是很多传统产业也不断运用新技术进行改造，技术含量和专业化程度逐步提高，服务模式和经营模式不断创新。如连锁化零售企业大量涌现，已成为零售业最主要趋势，在欧美连锁零售额已占到社会零售总额的 50% ~ 60%。

2. 服务业内部增长不平衡

根据 OECD 最近发布的《加强服务业发展》报告，在 OECD 国家中，自 1980 年以来，服务业增加值相对所有行业增加值比重的增长主要来源于与商业有关的服务业，特别是金融、保险和商务服务业，这些行业增加值占到整个增加值的 20% ~ 30%。而在过去十几年中，商品贸易、旅馆和餐饮、交通和通信服务业增加值比重几乎没什么变化。

3. 服务业有着较高的投资强度

2001 年，OECD 国家服务业固定资产形成总额占增加值比重大约为 25%，而制造业约为 20%。服务业投资强度较高的是韩国、芬兰和德国，这些国家达到 30%。在服务业内部，批发零售贸易、运输和通信服务业，在有的国家还有金融中介投资强度较高。2001年，这些服务业固定资本形成总额占增加值比重达到 30%。有些服务业对信息和通信技术的利用程度要比许多制造业高。从 1990—2001 年，在某些服务业中，特别是通信服务业、金融中介、商务服务业，它们的信息和通信技术资本在增加值中所占比重要比许多制造业高。

4. 发达国家服务业生产率整体增长缓慢，局部增长强劲

根据 OECD《加强服务业发展》报告，自 1980 年以来，大多数 OECD 国家制造业生产率增长要高于服务业，而且大多数国家服务业生产率增长只达到制造业的一半，在美国、芬兰和瑞典，这个比率低于 1/3。有些服务业，如社会和个人服务业、住宿和餐饮服务业生产率只有微弱的增长甚至是负增长。然而，服务业中某些领域表现出强劲的生产率增长，这些主要是与商业有关的服务业，如金融中介、运输和仓储、邮政和电信服务业。在 20 世纪 90 年代，金融中介的生产率平均每年增长 4.5% 左右，而邮政和通信平均每年增长 10% 左右，这些增长率与某些高增长制造业相类似，比如机器和设备制造业，自1980 年以来生产率平均每年增长 5%。

5. 生产性服务业逐渐形成完整的产业链

近几十年来，为生产者提供中间投入的生产性服务业在发达国家得到充分的发展，逐渐形成了一个完整的产业链，这条产业链能够为企业提供从产品立项到产品营销与服务的全方位支持。生产性服务业作为货物生产或其他服务的投入而发挥着中间功能，它们提高了生产过程不同阶段产出价值和运行效率，被分为上游（如可行性研究、风险投资、产品概念设计、市场研究等）、中游（如质量控制、会计、人事管理、法律、保险等）和下游（如广告、物流、销售、人员培训等）。贯穿于生产的这三个阶段的服务在产品价值链中开始胜过物质生产阶段，生产性服务已成为产品差异和产品增值的主要来源。

6. 服务业与新技术的发展相互促进

一方面，科技进步成为服务业成长的主导因素。新科技在服务领域的应用，不仅大大提高了运营效率，促进了社会生产力的提高，同时还能开发差异化的服务产品。另一方面，服务业对技术进步也起到重要的促进作用。从 1990—2003 年，在 OECD 成员国中，

服务部门的研发开支以每年平均12%的速度增长，而制造业部门的这个速度只有3%。

7. 人力资本对服务业发展的重要性更加凸显

服务业内部结构升级趋势体现为服务业从劳动密集型转向知识密集型，知识、技术含量高的现代服务业逐渐占据服务业的主导地位。从产业的投入要素看，农业主要受自然资源要素约束，制造业主要受物质资本要素约束，传统服务业主要受劳动力要素约束，而现代服务业从业人员具有整体上的高学历、高职称、高薪水特征，说明现代服务业主要受人力资本要素约束。

8. 发达国家创新政策开始向服务业倾斜

最近几年，发达国家对服务业的创新活动有了更全面和更深刻的认识，以往对创新的认识局限于技术创新，同时又把技术创新等同于研发活动。现在已经认识到服务创新常常表现为非技术的和非具体化的、采取组织创新和市场创新的形式，而服务业中的创新投资主要表现为人力资本投资。自2003年以来，欧盟对服务创新的关注不断升温。2005年，欧盟委员会在一份报告中提出"欧盟要制订一直推进创新型服务的战略"。2006年12月，欧盟委员会把服务创新确定为创新行动战略中具有优先性的重点。按照这种战略，欧盟委员会于2007年发表了服务创新专家组报告《推进服务创新》，该报告对如何充分利用服务创新的潜力提出了一系列政策建议。

9. 服务业空间载体呈现集群化趋势

在现代商业和制造业一体化的供应链管理中，价值链的75%在流通环节，25%在制造环节，制造环节再提高赢利率已非常困难了，赢利主要来自流通，也即主要来自服务业。当代服务业的发展特点是服务业与物质生产在先进科学技术基础上结合得更为紧密，服务业发展需要不断进行内部结构升级，不断进行创新，这远非一个或几个企业可以完成的，需要大量服务业企业通过空间集聚，进行集群内学习和集群间学习，不断提高企业竞争力，实现规模经济和范围经济效应，提高区域竞争优势。

10. 服务业与各行业融合发展成为趋势

建立在专业化分工的基础上，服务业与其他产业融合发展趋势越来越明显，如服务业和制造业的相互渗透融合。目前，许多企业的生产和服务功能已融合在一起，作业管理也从制造领域延伸到了服务领域，模糊了两者之间的界限，许多企业的经济活动已从制造为中心转向以服务为中心。制造与服务相互融合已成为现代企业在激烈竞争中制胜的主要方式。服务业也在向农业、采矿和以资源为基础的传统产业部门渗透，如捕渔业就运用了渔船设计、卫星传输、GPS定位系统、安全系统以及声呐系统等现代服务。产业融合也存在于服务业内部各行业之间，并由此产生许多新型服务业业态。在未来的经济社会，传统服务业的内容仍将保留和延续，但信息技术的普遍应用，则会大大推进了传统服务形式向现代服务业转变。

二、中国服务行业发展战略

尽管我国服务业近20年来发展较快，但相对而言，从服务的提供，服务的成本、质量,服务产品的多样性等方面来看,服务业的供给也都还不能满足需求。第一,服务业的效率低、成本高。与制造业相比,我国的服务业对外开放时间晚,开放程度低,很多行业长期处于垄断经营状态,导致服务业缺乏竞争,效率低下,因此成本非常高。第二,商务服务业发展严重落后。我国的商务服务包括:营销、广告与公关服务;建筑、科学与工程服务;法律服务;会计服务;计算机软件与信息处理服务;研发与技术服务;经营组织服务;人力资源发展服务。第三,一些领域的服务,特别是基础公共服务供给数量有限,尚不能满足所有人都享受到足够的基础公共服务。

据统计部门初步统计核算,2007 年我国服务业实现增加值 9.63 万亿元,比 2006 年增长 11.4%,但服务业发展滞后的状况并没有根本转变,全国服务业占国内生产总值(GDP)的比重不增反降。2006 年服务业增加值占 GDP 的比重比 2005 年下降了 0.5 个百分点,2007 年比 2006 年又下降了 0.3 个百分点。而"十一五"规划提出的目标是服务业占 GDP 的比重提高 3 个百分点。从总体上看,服务业面临的突出问题是:总体规模小、服务水平不高、结构不合理、体制改革和机制创新滞后,与经济社会持续协调健康发展的要求还不相适应。如下表所示。

2001—2007 年我国"三产"比重表

年份	2001	2002	2003	2004	2005	2006	2007
第一产业	14.4	13.7	12.8	13.4	12.5	11.7	11.7
第二产业	45.1	44.8	46.0	46.2	47.5	48.9	49.2
第三产业	40.5	41.5	41.2	40.4	40.0	39.4	39.1

资料来源:国家统计局 2006 年鉴及 2007 年国民经济和社会发展统计公报. http://www.stats.gov.cn/tjsj/ndsj/2007/indexch.htm。

同时,我国服务业重点应发展以下领域:

(1)商贸服务业。发展特许经营、连锁经营、总代理、电子商务等新型营销方式;建设生产资料加工配送中心、商贸物流配送中心,形成现代生产性商贸服务体系;发展购物中心、超市、便利店、餐饮服务和社区商业,形成居民商贸服务体系;建设农村现代消费品流通网络、农业生产资料流通网络和农产品流通网络,形成农村商贸服务体系,支持中国的商贸服务业走出国门,建立中国品牌的营销渠道。

(2)金融服务业。加强金融体制创新、加快金融衍生品和服务创新,推动对外金融合作,引进国内外优质金融资源,拓宽多元化融资渠道,不断完善金融体系,助推人民币早日成为国际通用货币。

(3)物流服务业。加快交通运输业发展,建立立体交通网,突破行业界限和地区限制,培育现代物流骨干企业;加强干支衔接的综合运输网络体系和适应多式联运发展的重大物流设施建设,提高国际资源整合和配置能力;发展港口物流、航空物流、保税物流,发展大宗商品专业物流；提高行业组织化程度。加强物流标准制订和推广，加快物流信息化，加大物流新技术开发利用力度，推进大通关建设，提升现代物流水平。

（4）信息服务业。加强现代信息技术研发，突破关键共性技术，加强品牌企业群、优势产业链培育，做大做强嵌入式软件、行业应用软件和软件外包与出口，不断提高软件业的研发技术水平、自主创新能力、系统集成能力和产业化程度，促使软件外包业务向软件设计与核心业务服务外包等产业链高端发展。加强信息资源开发利用，优先发展数据库产业，加快发展网络出版、动漫游戏、数字影视等信息内容服务业。积极发展增值和互联网业务，推进电子商务和电子政务，提升经济社会发展信息化水平。

（5）科技服务业。鼓励发展专业化的科技研发、工业设计、信息咨询、科技培训、技术推广、节能减排服务等服务业。推动高等院校、科研院所与企业合作，培育科技研发主体，做强一批国家级、省级工程实验室、工程研究中心、企业技术中心和研发中心，提升科研创新与应用能力。加快建设和高效运营一批科技企业孵化器和生产力促进中心，建成完善的公共科技信息平台和协作网络。发展科技招投标、科技中介、技术产权交易、检验检测等服务机构，繁荣网上技术市场等技术交易平台，促进专利代理服务业和专利技术交易服务业发展。大力开展对外软件开发、信息管理、数据处理、财会核算、技术研发等外包服务。

（6）商务服务业。规范提升会计、审计、税务、资产评估、检测等经济鉴证类服务业，扶持发展法律咨询、工程咨询、信用评估、认证认可、管理咨询、品牌营销、广告会展、知识产权代理等行业。

（7）旅游服务业。依托中国优势旅游资源，培育优秀旅游企业和精品旅游线路，完善旅游综合配套能力和自助游服务体系，发展文化旅游、生态旅游、休闲旅游、海洋旅游、乡村旅游，支持发展商务旅游、购物旅游、红色旅游、工业旅游等特色旅游，有序发展邮轮游艇、国际会议等高端旅游，完善现代旅游产品体系。

（8）文化服务业。发展创意设计、文艺创作、影视制作、出版发行、文化演艺、动漫游戏、数字传媒等文化创意产业。培育一批文化服务业集聚区。加强原创作品研发，扶持发展新兴文化服务业形态，推进竞技体育向实体化、职业化转型，发展体育经济。加强国外文化市场开拓，扩大版权和出版物出口，引进外国优秀文化成果，扶持一批跨国文化企业集团，不断提高文化服务业在国际的影响力。

（9）建筑服务业。建立以廉租房、住房公积金和经济适用住房为主要内容的住房保障体系，改善中低收入家庭居住条件，支持中国建筑企业走出国门，打造中国的建筑品牌，倡导"绿色建筑"，强化建筑节能，提高住宅产业科技含量和智能化水平。加快建设房地产行业信用体系，建立土地招拍挂出让制度，健全房地产市场信息系统和预警预报体系。

（10）社区服务业。围绕便民服务，加快形成便利店、家政、邮政、托幼、养老、医疗、教育、文娱、维修、保安、再生资源回收等配套完善的社区服务设施网络。将养老、失业、医疗、社会福利、社会救助等管理和服务延伸到社区。

第二章 服务采购和服务外包

第一节 服务采购概述

一、服务采购的概念

(一) 服务采购概念

服务采购是指组织对除货物和工程以外的其他企业需求对象进行获取的过程。对服务采购一词，我国《政府采购法》按照国际惯例，没有准确的界定，只是用了排除和归纳法。《政府采购品目分类表》将服务概括为印刷、出版，专业咨询、工程监理、工程设计，信息技术、信息管理软件的开发设计，维修，保险，租赁，交通工具的维护保障，会议，培训，物业管理和其他服务十一个大项，所有对它们的获取过程就称为服务采购。

企业的服务采购是采购满足组织内部不能或不愿提供的服务或相关服务。通过招标、竞标，企业挑选出最适合的供应商并要求其提供专业的、高效的，能够给企业带来利益的服务，并把有采购来的服务与企业的战略管理有效结合。从而有利于企业获取更专业的技术和人才，减少业务负担，获得专家的意见，减少支出，进而增强企业的竞争力。

(二) 服务采购特点

与货物、工程采购相比，服务采购的标的——服务或相关服务，具有无形性、评审侧重质量而不是价格、无法存储性、易变性、不可分割性、不能再销售、采购复杂等属性，因此服务采购呈现出不同的特点。

美国艾礼公司的副总裁兼首席采购官 David M. Green 认为服务采购有以下六个特点：

①服务采购难于把握和控制。因为同样的服务经常在不同的地方或被多个业务单位使用，或者有多个"业主"在不同程度上使用同一种类型的服务。要应对这个挑战，对服务采购进行分类诊断是关键。

②由于服务的无形性使得确定其范围和要求更加困难。所以需要一个能够促进供应管理部门和内部客户之间协作和沟通的规范的服务采购流程。

③对服务本身或服务供应商的评价更多的是主观评价，所以必须对供应商的服务范围和要求给出明确的描述。

④有些内部客户认为他们所需要的服务非常特别，很难在市场上找到新的供应商。这

时，供应管理部门就要利用自己所掌握的市场知识为内部客户提供增值服务，包括选择服务供应商和站在客户的立场上详细地说明服务要求。

⑤有些服务要求会直接面向企业内部的其他部门，可能会越过已经制定的采购流程。这时，供应管理部门就必须介入，且最好有一个规范的采购流程。当然，也可以把采购职能与评价职能分开，这将有助于供应管理部门参与签约过程。

⑥有时企业会面临某种服务无法归类的情况，这时，采购委员会或供应商关系管理解决方案能够帮助企业将那些服务归类。为此，Green 认为企业在与供应管理部门和内部客户之间协作和沟通时要规范采购流程从而避免破坏公司的制度。

（三）服务采购分类

对服务采购进行恰当的分类是对其实施一体化供应管理和优化采购资源配置的基本要求。服务和产品一样，可以用不同的方法来分类，包括策略的和非策略的；与生产相关的和与生产无关的；高、中、低风险的；高、中、低成本的；重复性的、非重复性的和一次性的等。服务分类的方法取决于企业的行业属性，并反过来决定服务分类管理的方法。

有效服务分类的关键是明确分类的原则及每一种类别的含义。例如，如果管理层认为把服务分为策略的和非策略的比较合适，那么确定这两种分类的含义就非常重要。假如把策略采购确定为"任何超过1万美元的服务采购"。问题是有些超过1万美元的服务采购明显的属于例行公事，而且并不需要策略采购小组的技能和专业知识。而一些金额在1万美元以下的服务采购却显得更复杂，并需要策略采购小组的技能和专业知识支持。所以，对策略的更有用的定义可能是"关键任务"，这意味着某种服务是企业实现其目标所必需的。通过清晰的服务分类，然后是仔细的服务支出分类，供应管理人员就能够更好的配置资源（人力、技术、财力等）。服务还可以根据典型的卡拉杰克（Kraljic，1983）2×2矩阵来分类。该矩阵将服务对企业的价值与在市场上获得该服务的风险进行比较。如图2-1所示。

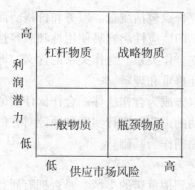

图2-1　卡拉杰克2×2矩阵

二、服务采购的特征

随着发达国家从以制造为基础的经济转向以服务为基础的经济，新的服务行业正在以更快的速度诞生。同时，伴随着制造业公司垂直化管理的减少，新的服务行业提高了服务部门的重要性。制造业公司正在明确规定采购和供应职能并对其进行组织，服务业公司也认识到了有必要使采购职能规范化。

（一）服务需求的特点

服务供应公司很少能接收到对其产品或服务的稳定需求。他们经营的项目具有生命周期短、繁荣和萧条交替出现的综合特征。支持计划中的产品或材料的时效性很短，这也是整个服务行业的特点。

在项目的生命过程开始之前或在过程当中，多次提供的服务可能会出现偏离主旨的现象。为了保护公司的利益，采购人员要考虑的问题是，通过谈判获得以最有利的条件增加数量的选择权，以及在某种情况下取消整个合同的选择权。

生命周期短暂的项目一个最突出的特点是，它们的用量不是根据过去的历史来决定的，而是根据市场调查、计划和估算，其准确性在某种程度上是以猜测为基础的。采购人员的工作变得更加困难了，因为他被迫在"灰箱"中操作。

服务行业拥有的材料需求与制造行业的需求具有同样重要的地位。虽然这些项目所产生的财务影响可能不太显著，但是它们带来的结果却不容忽视。比如，服务行业中用到的重要项目包括计算机、软件、网络路由器、销售终端和检测设备，还有一些单位成本低廉的项目，如规格适当的饮料杯、粘胶位置准确的信封、数量足够的垃圾袋，如果这些项目没有充足供应可能会向客户传递错误的信息。一个采购人员在服务采购时关键是要有能力区分需求不太稳定的项目。购买者必须利用所有可能的资料以管理这些项目，包括把重点放在库存控制和变动周期的计算上。

（二）供应商选择

在供应商选择中传统的评价点包括质量、服务和价格。而对于服务行业，在选择供应商时还要考虑一些新的因素，即适应性、容易使用性和兼容性等价值特征。同时，服务采购部门也应注重与供应商建立合作关系。合作关系的含义，即买方和卖方是合作伙伴，有相似的目标和一定程度的相互尊重和理解。

而良好的合作关系可使双方成为合作伙伴。合作伙伴指的是双方都致力于实现共同的目标，双方都愿意在获得成功的道路上进行实践和原谅对方的失误。合作伙伴关系需要以能力、能量和信用三大基本原则作为基础。

1. 能力

简单地说，供应商能否做到他承诺的事情？是否拥有履行承诺的资源？能否获得分包商必要的支持？能否获得足够的原材料？是否有可能引起中断业务的环境问题？他的工程和设计人员是否能够胜任任务？他的服务人员和培训人员符合标准的程度如何？

2. 能量

供应商将做他承诺的事情吗？他能够按照进度执行吗？如果大量的任务超过了组织的负荷，谁将决定先执行哪个订单？想扩大数量的小供应商可能承诺他们无法完成的交货任务。在这方面进行彻底的调查可以避免不必要的供应中断。

3. 信用

服务企业的财务能力正在变得更加重要。公司在下个月、下一年或下五年会是什么情况？利用信贷收买、并购母公司和收回子公司的全部股本和直接的破产都是非常普遍的。提前看到你的供应商在财务上的问题，可以节约寻找替代货源的时间；阅读、解读和理解财务报表的能力将为你带来额外的收入；此外还需要了解发行债券和它们的成本以及主要供应商的法律地位——他们是独立所有者、社团还是合伙制企业？

（三）付款方式

付款条件是采购部门和供应人员进行服务采购谈判的一个最重要的题目。由于它们已成为谈判的重要内容，许多采购人员现在把付款方式与价格和交货方式放在一起。

实价/30 天是最广为使用的付款条件，该条款指出在收到商品的 30 天内应支付实价。一些不太常用的条件是实价/20 天和实价/10 人，分别规定 20 天和 10 大的时间。不同的服务行业有时会有自己所特有的条件。采购新手在进行谈判的时候应该熟悉公认的行业条款，折扣条款对采购和供应双方都有吸引力，因为提高现金的流转速度有利于增进双方的利益。还有，应该对行业特性进行考察。2%/10 天，实价/30 天的条件意味着如果采购方在 10 天之内汇款，那么将得到发票金额 2% 的折扣，否则在 30 天内应支付全额。这种条款的变化形式是 1%/10 天，实价/30 天。总的来说，只要采购方和供应方能够想象得到，哪种付款条件都是可以的。

国际贸易在许多方面与国内贸易有所不同。一般来说，美元在世界范围内都是被接受的，而且很可能继续被接受。英镑、欧元和日元也是可以接受的，这取决于在任何特定的交易中各方的愿望。

电子数据交换被许多组织所采用，它独特的属性提供了避开纸张堆积的便利。当前许多采购人员和供应商使用电子数据交换系统传递采购订单、通知、发货单、装船确认函和有关的文件。它们通过增值网络（Value – Added Network，VAN）进行传递，简单地说 VAN 是电子交换站或信箱。对于采购人员和供应商而言，转移资金的机制是类似于在实践中消费者可以在任何地方使用他们的银行卡从自动柜员机中提取现金，同时他们的账户也被记录减少了同等金额。进行商业交易的机制是相同的，为采购方和供应方提供了极大的方便。显然，这类交易节省了与邮寄支票有关的结算时间。

随着资金的成本变得不仅受多种因素影响，公司必须利用每个可以利用的优势，更明智地利用资金以获得最大利益。采购方可以为获得更有利的条款展开谈判，因为电子交易保证可以在商定的日期获得资金而不再需要等待邮政服务，也不需要检查邮戳以确认采购方遵守了折扣的正确日期。可见通过电子数据交换支付的交易，双方都会有所收获。而支付条款可能被证明是获得让步，甚至提高供应商绩效的一个富有成效的方面。

（四）准备和分析标书

无论对工业组织还是服务组织，准备和分析标书都是一个基本和必要的采购流程。例如，美国航空公司采购和消费大量的材料、产品和办公用品，在很大程度上依赖许多不同的外部服务公司来支持它在世界范围内的运作。相应地，公司的采购必须是反应灵敏、新型和高效的，它们必须确保所有必要的支持都能可靠而快速地到位，同时还能为公司实现最优的价格和价值。

要确定竞争性价格水平和选择为整个公司提供商品和服务的供应商，优先采用和最普遍使用的方法是竞争性招标。当一笔交易的会计价值超过了 20000 美元或其他任何规定的相对价格就可以采用竞争招标。价值较小的项目可以直接从有声望的供应商那里采购，而无须采用招标，单一货源的项目显然是特例，谈判要解决的是对价格是否合理的判断。根据采购项目、产品或服务的价值、特点以及可获得性，招投标过程的复杂程度有很大的不同，比如，要采购的是标准化的产成品还是根据客户要求定做的项目，或者是高度专业化的技术服务。在所有情况下，对于要寻找供应渠道的项目或服务，必须小心谨慎地制定切合实际和准确的规格。这个过程要求在需要该项目的组织、采购部门和供应团体的各方代表之间具有紧密合作和建设性协作的精神。

（五）售前和售后服务

在许多公司的采购领域中，公司认识到了价值要比价格更重要，合作伙伴要比供应商更重要。

对服务采购而言，与潜在的供应商进行更公开和公正的信息交流比产品描述更加重要。买方和卖方的关系超出产品或服务的单纯销售和购买。现在，这种新型关系包括了售前服务，如工程设计的援助和模型测试；还包括拓展售后服务，如扩展的担保、供应商对零部件的仓储、产品的最终处置和人员培训，这些服务可以一直延续到产品或设备最后退役为止。现代服务业务的复杂性要求采购方和供应方比以往任何时候都更紧密地合作，增加他们对产品和服务的期望以拓展他们日常的工作关系。

供应商提供的售前服务包括：

①技术和工程方面的经验以判断产品要求。

②预先的设计工作。

③咨询服务以帮助对规格进行完善和标准化。

④根据购买者的要求制定规格。

⑤提供制造者的模型测试。

⑥在采购之前的设备现场测试。

⑦付款延迟到设备测试阶段完成和使用者接受以后。

⑧抵价购物的选择。

⑨设备和库存回购。

⑩在新的供应商接管合同之前，了解、分析原来的供应商控制和监督库存的损耗。

供应商提供的售后服务包括：

①零部件的盘点和库存。

②在供应商的仓库和其他指定地点，按照协商的最低和最高存货水平维持库存。

③关键项目的地区化库存（靠近使用者）。

④在惯例的标准担保之外延伸的担保。

⑤独占的、专门的会计代表。

⑥对使用者的技术培训、研讨会和持续的教育计划。

⑦持续的设备维修、改良和服务。

⑧根据购买者要求对使用者和库存情况进行报告。

⑨趋势分析报告。

⑩市场资料和预测报告。

（六）服务价格管理

1. 价格信息来源

对于服务行业，可以从许多渠道获得可靠的价格信息。传统的关于规格和定价信息的渠道包括销售人员、产品目录、工业价格报告和单独为各个产品和产品大类发布的专门报告，但在采购过程中必须对采购的整个生命周期的成本进行考虑。而获得产品规格和定价的一个越来越重要的渠道是互联网，有时也能够获得分销商所提供的用于个人计算机的软件，这些软件可以提供最新定价信息的每日、每周和每月的信息。

2. 价格评估

一个项目最初的采购价格只是其成本的一个组成部分。在作出采购决策的时候必须对其他因素仔细权衡，比如，质量、服务、时间、条件、运费、搬运、折扣、损坏、清除和库存成本等，它们均反映了在评估定价的过程中需要考虑的一些因素。如果采购了某种产品或服务，在节约10%的采购成本的同时内部准备的劳动力成本提高了15%，那么这显然不是个好的决策。

3. 成本影响

一个好的采购人员必须认识和理解技术、市场、产品和价格。许多因素影响价格，包括技术曲线、季节性需求、易腐性，以及生产地区的社会、政治和经济条件。在农作物、牲畜、津贴、关税和配额之间的价格关系引起在全球市场的大范围波动，因此，合理的时间和预测对于作出更有利可图的决策能够产生影响。

在服务行业内部可能存在一些灵活性，这使它变得很独特。如果所采购产品的成本正在迅速增长，经营者可以很简单地提高销售价格，减少每份的数量或者把这个项目拿掉，所有的采购人员都应该负责对产品和服务在短期和长期内的成本做出预测。这使采购人员能够就供应问题和价格趋势向管理层提出建议。由于及时的采购预测，就可以促使对公司的计划和生产进行重组以获取更大的利润。

4. 价格波动

有时对一个项目可以协商在一段特定的时间内保持一个固定的价格。但是，由于市场的动态性，对于某些产品或服务可能发生价格波动，供应和需求扮演了一个重要的角色。

但是，许多项目的价格仍将继续拥有周期性变动的价格特点，随着市场的变化而产生波动。高度不稳定的产品，如鲜鱼、新鲜的水果或蔬菜可能要每天或每周定价，而且价格会随着市场情况上涨或下跌。

5. 增加或不增加条款

某些对于重要项目的较长时间的合同可能包括增加或不增加条款。它允许卖方在成本增加的情况下修订销售价格、成本和边际利润，从而使采购方能够持续获得供应。相反，如果成本降低了，买方可以获得价格减少的利益。可能要与许多不同的指数相联系，根据一定的公式调整产品价格向上或向下变化。最后，在一个固定的时期内，可规定价格只升降一个特定百分比。

三、服务采购的内容

现代企业主要采购的服务有三大类：物流服务的采购、IT 服务的采购和人力资源服务。还有许多企业采购一些服务类产品：信息系统、人力资源、设备检修和维护、市场销售、财务、行政管理等。IO 协会对包括广告业、医疗保健业、制造公共事业以及政府部门在内的企业进行的长期的在线调查显示（如表 2-1 所示）：企业服务采购三大领域是信息技术、运作、物流。其中，运作包括行政管理、客户服务、财务、人力资源、房地产和实物资产、销售和市场六大块；物流包括分销和运输两部分。

表 2-1　　　　　　　　　　　服务采购分类

类型		企业向供应商采购的服务	企业可能要采购的服务
信息技术		·维护/修理·培训·应用开发 ·咨询和重构·上机数据中心	·客户/服务器·网络·桌面系统 ·终端用户支持·全部 IT 资源
运作	行政管理	·印刷和复印·收发室 ·咨询与培训	·档案管理·行政管理信息系统 ·供应/存货·印数和复印
	客户服务	·现场服务·现场服务派遣 ·客户热线支持	·客户服务信息系统 ·现场服务派遣·客户热线支持
	财务	薪酬处理·交易处理	·薪酬处理·税收事务
	人力资源	·职位再安置·员工补贴 ·招聘/安置	咨询与培训·人力资源信息系统
	房地产和实物资产	·食品和餐厅服务 ·设备维护保安	·设备管理·设备维护 ·设备信息系统
	销售和市场	·邮寄广告·广告·电话推销	·预订和销售运作·现场销售
物流	分销	·货运审计·广告·电话推销	·仓储·分销和物流 ·信息系统·运作
	运输	·车队管理·车队运作·车队维护	·车队管理·车队运作·车队维护

四、服务采购的关键问题

在企业服务采购中，一般存在的问题有：

（1）所需采购的服务范围和要求不易规范。服务是指货物和工程以外的采购项目，但具体应包括哪些项目，各个项目又应包含哪些内容，很难作出详细规定。而完全依赖内部客户来确定服务采购的范围和要求又常常会引起麻烦，因此服务的范围和要求表述不清的状况经常发生。

一个表述不清的服务要求可能要经过多次反复磋商才能表述清楚；来自市场的不充分的信息可能导致内部用户对现有的和潜在的服务供应商作出错误的判断，以致造成不良的供应商的选择、不适当的服务合同和不合格的服务结果；更有甚者，一个不清晰的服务要求描述可能导致企业获得的服务无法满足最终需求，或者满足需求的服务成本是企业难以承受的。这些会导致采购企业对服务要求进行审查和修改，可能造成采购周期的延长。

（2）企业对服务采购的战略定位不易明确。与制造业相比，服务需求难以预测且每天变化很大；客户与消费者的相互作用极易变化且无法预测；服务的生产与消费同时进行无法区分，因而无法确定企业的资源能否适应即将到来的需求。对服务易变性缺乏理解和控制将导致企业严重的资源配置问题，从专业的、优秀的供应商处采购服务是企业解决服务易变性的方法之一。

但如果企业不能很好地加以安排、合理地运用企业的资源，资源配置的不合理将严重影响企业占领市场的能力。因此，企业对于该项服务要有一个明确的战略定位，了解该项服务将给企业带来的利益；明确服务的提供能为企业增强竞争力。而要做到这一点是不容易的。

（3）企业容易忽视服务采购流程。传统企业大多不重视服务采购流程，每个部门都有自己的采购服务的方法与方式，采购服务只限于自己的部门，这样，不但企业采购流程会被切割成不连续的片断，服务的采购也被分为不连续的片断。因为没人站在制高点俯瞰整个采购流程，使采购流程顺利进行，每个部门各自筑起高高的藩篱，部门经理只在意自己的地盘与利益，高层主管又常常以为距离现场太远而无法掌握真实状况，以致工作难以顺利推动。进入消费者经济时代的今天，客户要求高质量、高素质的服务，企业提供的产品和服务如果不能让客户满意，那么这个企业就会被市场淘汰出局。

（4）企业进行集中采购难度大。服务类采购对象复杂多样，范围广泛，实施集中采购的难度较大，从各地的实践情况来看，大多数服务类采购项目都是企业各个部门自己在操作，如会议、公务接待、职业培训、物业管理、设计咨询、信息服务等，很多都是由企业各个部门自行采购，一些服务性消费已逐步转变为部门、单位的权力消费，还有一些部门、单位依法办事意识不强，对服务类采购的认识不到位，拒绝将本单位的服务类采购项目纳入集中采购，这便对服务类采购纳入集中采购范围造成一定冲击，使企业采购中心覆盖面和规模大受影响。

第二节 服务外包

服务外包指企业将价值链中原本由自身提供的具有基础性的、共性的、非核心业务和基于 IT 的业务流程剥离出来后，外包给企业外部专业服务供应商来完成的经济活动。其主要内容包括信息技术外包（Information Technology Outsourcing，ITO）、业务流程外包（Business Process Outsourcing，BPO）和知识流程外包（Knowledge Process Outsourcing，KPO），以跨国公司为实现主体。服务外包商务模式是企业基于发展自身核心竞争力，整合、利用外部优秀的专业资源，优化价值链，以实现降低成本、提高绩效、增强企业的环境应变能力。

一、服务外包概述

（一）服务外包的内涵

服务外包是企业将其内部的部分服务职能，转移给外部服务商，由后者对其进行管理和控制，从而达到降低成本、专注于其核心竞争力、提升企业对市场环境迅速应变能力以及获得行业领先的知识的过程。

根据研究文献对服务外包的讨论，理解服务外包的本质，则要从以下三方面进行：

（1）服务外包的对象——外包什么业务。服务外包的对象是企业内部的服务职能。服务外包的发包方是外包中的客户，客户选择外包的对象，即将哪些内部职能进行外包。最初的服务外包对象集中在信息技术外包部分。随后 IT 技术的发展降低了通信成本，外包作为企业一种管理方式的可操作性大大增强，业务流程的全球化成为可能。到了 20 世纪 90 年代，出现了业务流程外包。服务外包对象的限定也开始从价值链的低端转向中高端服务。Arnold（2000）认为企业应该保留核心业务，而把非核心业务外包。而 Linder（2004）则提出企业可以通过外包在企业和服务商之间重新分布企业的核心业务流程，来实现战略更新和企业变革。

（2）服务外包的基本形式——如何外包。外包可以理解为从外部采购原来由企业内部提供的产品和服务。服务外包就是一个转移过程，即有些服务业务原来是由企业内部完成，现在改为企业外部完成，这种转移过程称为外包，并且这一业务转移也可能伴随人员和实物的转移。

（3）服务外包的驱动因素——为什么外包。服务外包的驱动因素是企业进行服务外包决策时的利益诉求，企业服务外包的驱动因素经历了从低成本向战略的转变。低成本驱动是企业服务外包决策最普遍的原因，多数企业在作出外包决策时，主要考虑的是成本因素。尽管成本的节省仍然是外包考虑的重要因素，企业也希望从外包中获得其他的收益，因此战略上的考虑越来越成为外包的动因。企业通过将非核心的业务外包，能够更好地集中于核心竞争力。企业期望外部服务商能够适应他们客户市场的变化，提供合适的资源来满足客户的需求。企业通过外包来获取行业领先的知识和技能，实现业务转型也成为重要的战略因素。

（二）服务外包的外延

服务外包包括企业价值链上所有的服务活动，如表2-2所示。

表2-2　　　　　　　　　　　　　　服务外包的外延

业务流程外包	IT外包				利润
	法律支持流程外包				
	行政管理流程外包				
	财务会计流程外包				
	人力资源流程外包				
	技术开发流程外包				
	采购流程外包				
	内部后勤流程外包	生产经营流程外包	外部后勤流程外包	市场销售流程外包	客户服务流程外包

1. BPO

BPO 是将企业的一个或多个业务流程委托给外部服务提供商，并由外部服务提供商根据定义好的可测的绩效标准来管理和控制这部分流程。根据价值链上业务流程的作用，本文将 BPO 又分为基本业务流程的外包和支持业务流程的外包。基本 BPO 的对象是直接为企业价值增值的业务流程，包括：内部后勤流程外包、生产经营流程外包、外部后勤流程外包、市场销售流程外包和客户服务流程外包。支持 BPO 的对象是支持企业价值增值业务流程的外包，包括：采购流程外包、技术开发流程外包、人力资源流程外包、财务会计流程外包、行政管理流程外包和法律支持流程外包。

2. ITO

ITO 是外部服务商提供实物和（或）人力资源承担用户组织的部分或全部信息技术基础设施的服务方式。ITO 的对象包括数据转换、数据库管理、用户帮助、内容开发、应用开发、系统管理、网络管理和网站建设等。

3. BPO 和 ITO 的关系

BPO 和 ITO 是服务外包的组成部分，两者既相互支持又相互区别。BPO 和 ITO 是相互支持的，表现在：①BPO 是 ITO 发展而来的，ITO 促进了信息技术的广泛应用使得 BPO 成为可能；②由于 BPO 的每项活动都离不开 IT 业务的支持，BPO 的需求促进了对 ITO 的需求，从而产生 ITO 机会。

BPO 与 ITO 是相互区别的，表现在：①BPO 范围更广泛，既包括了企业的基本活动

服务采购管理

又包括了企业的支持活动，而 ITO 只包括了企业信息技术基础设施的支持活动；②BPO 需要的是各领域的专业知识，解决的是企业的绩效问题，而 ITO 是基于 IT 技术，更多强调成本和质量；③BPO 往往涉及企业内部若干业务准则，与企业内部和企业客户联系紧密，而 ITO 只是支持作用，相对而言与企业的联系较少。

（三）服务外包的分类

1. 按照所提供服务的种类划分，可以将国际服务外包分为两类：

一类是信息技术服务外包，这类外包中服务提供者所提供的主要是信息技术类服务，如基础技术服务、呼叫中心、系统应用服务等；另一类是业务流程外包，这类外包中服务提供者所提供的是关于企业经营管理流程的服务，如内部管理、业务运作、供应链管理等，如表 2 - 3 所示。

表 2 - 3　　　　　　　　服务外包的分类及其内容

类　　别		内　　容
信息技术外包（ITO）	系统操作服务	银行数据、信用卡数据、各类保险数据、保险理赔数据、医疗体检数据、税务数据、法律数据的处理及整合
	系统应用服务	信息工程及流程设计、管理信息系统服务、远程维护等
	基础技术服务	承接技术研发、软件开发设计、基础技术或基础管理平台整合或管理整合
业务流程外包（BPO）	内部管理服务	为客户企业提供企业各类内部管理服务，包括后勤服务、人力资源服务、工资福利服务、会计服务、财务中心、数据中心及其他内部管理服务等
	业务运作服务	为客户企业提供技术研发服务、销售及批发服务、产品售后服务及其他业务流程环节的服务
	供应链管理服务	为客户企业提供采购、运输、仓库、库存整体方案服务等

2. 按照发生的地点划分，国际服务外包分为以下三种：

第一种是在岸外包（Onshore Outsourcing），即企业的业务外包给相同国家的另一家企业来完成。比如，海尔母公司将某个产品研发任务外包给另外一家中国设计公司来完成。

第二种是离岸内包（Offshore Insourcing），即将母公司或子公司的业务外包给其他国家的子公司来完成。比如，海尔母公司将某个产品研发任务交给自己在美国的子公司来完成。

第三种是离岸外包（Offshore Outsourcing），即将母公司或子公司的业务外包给其他国家的其他企业来完成。比如，海尔母公司把某个产品研发任务交给在美国的其他公司来完成。

二、服务外包的特征

服务外包的概念产生于 20 世纪 80 年代。它所描绘的服务外包活动跨越了企业边界，以利益共享为目标，以信息通信网络设施为基础，影响和改变了企业处理内部安排和外部关系的方法与模式。具体说来，当代服务外包具有以下几个鲜明特点：

（一）以高度发达的信息技术和通信网络为基础

以信息技术为核心的通信技术、计算机技术、电子网络技术的飞速发展，为服务外包的顺利进行提供了必要的技术支持。高度发达的信息技术和通信网络，使不同企业之间能够跨越组织边界，甚至国家边界、洲际边界，打破时空间隔，实现广阔范围的联合与协作。在信息技术的帮助下，需求方能够随时采集市场数据，跟踪市场需求，以最快的速度将最新收集到的信息同最先进的设计方法和生产技术相结合，同时把这些信息及时传递给供应方。服务外包各参与者的信息交流更加便利快捷，信息传递更加准确及时，大家共享设计、生产及营销的有关信息，从而保证了合作各方的协调统一和有效合作。同时，服务外包以信息网络为依托，整合不同企业的优势资源，使服务外包各方在时间、质量、成本、服务和环境等方面达到最佳组合，形成最强竞争优势。

（二）以增强企业反应能力为目标

企业通过外包非核心服务活动，使得中间管理层级大幅度减少，组织结构趋于扁平化，反应能力迅速增强。

首先，大部分的非核心业务部门被外包出去后，企业的层级结构得到精简，信息传递通道缩短，传递速度大大提高，失真度大大降低，减少了决策与行动之间的延迟，加快了对市场和竞争动态变化的反应，使组织能力变得更有弹性，反应更加灵敏。

其次，服务外包各参与方在充分发挥各自的资源优势的基础上，围绕市场需求结成动态联盟。这种联盟的最大特点是资源共享、风险共担、利益共享，因而具有高度的机动性和灵活性，能够在短时间内供应和补充企业急需的人才、资源和技术，避免企业后援不足，顾此失彼。在动态网络的帮助下，依靠与供应商建立的长期稳定关系，企业的反应能力大大增强。

最后，服务外包使组织的边界不断扩大，与外部环境的互动关系不断增强。这种良性的互动关系能够使企业根据客户需求及时进行内部和外部团队的重构，实行战略调整和产品转向，通盘考虑客户满意和自身竞争力的需要，不断进行动态演化，以快速响应环境变化。

（三）以企业核心竞争力为中心

自 1990 年普拉哈拉德（C. K. Prahalad）和哈默（Gary Hamel）提出核心竞争力理论以来，这个概念广泛而深入地渗透到企业的运作战略和经营模式之中。在服务外包的过程中，核心竞争力同样也在其中扮演关键角色。许多企业在服务外包时，都会经历如下步骤：

首先培育或找出一些精心挑选的核心竞争力，并确定自己从事这些核心活动是世界上最好的；其次把人、财、物等资源和管理注意力集中到这些核心竞争力上；最后外包其他非核心活动。经过这些步骤，企业一方面通过把资金和能量集中于企业做得最好的部分来实现内部资源回报率最大化，另一方面可充分利用外部供应商的投资、革新和专门的职业技能，这些技能对企业来说是过于昂贵和根本不可能复制（从事）的。同时通过发展良好的核心竞争力产生强有力的障碍，阻止现在和未来的竞争者进入企业的利益领域，从而增加和保护企业市场份额和战略优势。

（四）以沟通协调为监控模式

由于服务外包需求方和供应方可能来自不同国家和地区，有着不同的文化背景，他们之间很可能存在不同的目标和预期，带来许多冲突。加上参与者之间完全是一种独立的伙伴关系，而且并行运作又使各方分别处理着相对独立的工作。因此，在服务外包中，冲突的协调不可能依照传统企业内部监控模式那样通过上级命令来实现，而必须由有关各方的最高管理人员，依靠不断沟通和相互协商来解决。通过沟通，尤其是信息沟通，合作伙伴可以明确自己的职权范围，促进相互知识的增长，形成学习优势。

当然，各方的沟通协调并不意味着事先不需要制定详尽的合同。事实上，一份完全的、能够使各参与者严格遵守的协议是服务外包成功运作的必要条件。明确制定服务外包的任务及性质，清晰界定各方的责任、权利和义务，能够大大减少潜在冲突的发生，有效约束服务外包供应方的机会主义行为，降低服务外包风险，防止核心技术和商业秘密的泄露。

此外，建立服务外包双方之间的信任也非常重要。信任能够加强需求方与供应方之间伙伴关系的稳定性，增加对伙伴行为的宽容程度，提高伙伴之间的沟通水平，以便及时发现并妥善处理合作过程中出现的不协调。

（五）以并行工程为运作方式

在服务外包过程中，企业的产品生产及其相关过程，如研究开发、产品设计、营销等，均可借助计算机网络按程序协调工作，打破传统的以时间为顺序的串行工作方式。企业的各项活动在空间上分布于不同企业之中，在时间上却可以同时进行。这种工作方式强调各企业之间的协同工作，通过建立各决策者之间的有效的信息交流与通信机制，综合考虑各相关因素的影响，使后续环节中可能出现的问题在早期阶段就被发现，并得到解决，从而最大限度地减少产品的生产设计时间，降低成本。

三、服务外包发展的动因

企业为什么要开展外包业务？关于外包发展的动因，国内外学者给出了不同的解释。

（一）降低成本是企业外包最重要的动力

尽管不同的发包企业会出于各种目的把不同性质的业务转包给外部的专业公司或供应商，但对低成本的追求无疑是其开展外包的直接动力，这也是有关外包动因的各种解释中被广泛接受的观点。安盛咨询公司（Anderson Consulting）的一项研究发现，降低成本是企业实施外包最主要的驱动因素，但是不应仅仅将外包看做一种节省成本的手段。Groot

（1998）依据交易成本理论，认为企业实施外包是为了达到降低交易成本并监控在不同治理情形下的业务实施等目的。作者通过构建模型，得出了如下结论：降低交易成本、实现规模经济、节省工资和利润的支出以及满足企业战略需求是企业寻求外包的主要动因。其中，降低交易成本是企业外包的关键动因。Grossman、Helpman 和 Szeidl（2004）从规模经济的角度对外包的动因进行了分析，认为外包之所以产生，是因为对于一个复杂产品，单个厂商生产该产品所有部件的成本过于高昂，而外包则是降低成本的有效方式。哥伦比亚大学学者 Bajpai（2004）的一项对外包的调查也支持了上述观点，该项调查中70%的被调查公司开展外包的首要原因是降低成本，其他的原因依次为提高产量、利用海外劳动力、获得更好的技术和系统以及提高服务水平等。

（二）强化核心能力成为企业选择外包的重要原因

降低成本是企业选择外包的主要动机，但不是唯一目的。对外包这一课题的研究从最初阶段就与企业核心能力联系在一起，因为外包业务本身就是相对于企业的核心业务而存在的（Hamel，Prahalad，1990）。从外包的实际效果来看，企业采取外包方式更多的是出于战略考虑，而服务方面的技术变化为企业提供了战略安排的新机遇（Quinn，Hilmer，1994）。随着国际竞争的加剧，越来越多的企业意识到核心能力是企业竞争力的基石，而外围业务的剥离将有助于企业将更多力量放在培育和增强其核心能力。在这种情况下，外包降低成本的动机开始更多地让位于强化核心业务能力，以此为动机的企业战略目标还包括更快地进入潜在市场、增强业务的连续性和安全性、获得稀缺技术支持等。从美国公司的实践来看，外包使大多数公司巩固了核心业务，维护了其高利润领域的利益。此外，通过与不同类型、不同环节上的外包接包商建立合约关系，进而形成符合企业自身发展需要的外包网络，对于发包企业来说，这种外包网络的建立和完善有可能成为其核心能力的新来源，而对外包网络的有效管理和控制也会使发包企业在全球价值链上的地位得以巩固和提升。

（三）外包是国际产业转移及国际分工发展变化的产物

从国际分工的角度分析离岸外包的动因，国内学者的相关研究更多地采取了这一视角。卢锋（2007）为外包研究提供了一个基于产品内分工的经济学分析框架，他指出尽管"服务外包在直接意义上属于企业管理的微观决策行为，然而这类微观行为的普遍化则代表宏观层面整体生产方式的变革。外包概念本质上涉及某个'产品内部'诸环节和区段分工的特定形态，而不是指'产品之间'分工方式的改变；……工序、区段、环节分工在国际范围展开，构成当代经济全球化的重要微观基础。"

把外包归结为国际分工的一种新变化。两者的不同之处在于前者认为这一新变化的出现是由于技术发展、管理演进、组织变迁以及资源配置的全球化造成的，后者则强调在技术革命和经济全球化的推动下，国际分工已不再局限于产品的生产阶段，而是扩展到产品的整个价值链，国家之间的比较优势体现在产品价值链上某些特定环节，跨国公司为实现其全球战略对整个产品价值链进行拆分，对产业空间进行分割，由此带动了国际外包的迅速发展。

服务采购管理

20 世纪 90 年代以后，一方面，信息技术的快速发展大大降低了跨国沟通和协调的成本，提高了沟通效率；另一方面，经济全球化的深入使发达国家通行的商业准则被发展中国家普遍接受，降低了企业跨国合作的不确定性。这些现象使国际外包的交易成本和风险大大降低。在国际产业转移中，跨国公司处于支配地位。业务外包逐步成为国际产业转移的新兴主流方式，但从根本上讲，离岸外包仍主要遵循比较优势的国际分工基本原则。

（四）不同行业外包的动因存在一定的差异

　　早期有关外包动因的研究更侧重于广义的外包或制造业的外包。有的学者试图从产品或产业模块化的视角解释外包的形成（Sanchez，Mahoney，1996；Sturgeon，2002）。其中，Sanchez 和 Mahoney 的研究发现，产品设计和组织设计的模块化是外包产生的重要原因之一，因为在一个模块化的产品结构中，部件衔接界面的标准化可以降低贸易的协调成本。由于行业的技术特征和市场结构不同，除了对低成本的共同追求之外，不同行业的企业开展外包的动机也存在差异。

一些文献结合具体产业的特征来考察外包产生的原因。如 Sturgeon、Floria（2001）在一份有关汽车行业全球化研究的报告中，把驱动汽车业外包发展的因素归结为以下六点：

① 汽车发展的技术复杂性不断提高。
② 随着企业在不同区位进行生产，产品物流的复杂性增加。
③ 产品最终组装过程进行流水作业的需求。
④ 降低结算风险的需求。
⑤ 供应商配套能力增强。
⑥ 把生产转移到彼此未实现联合的供应商，以降低成本。

推动软件外包市场发展的因素主要有：

① 有利于大幅度削减成本。
② 更加便利地得到专业技能和资源。
③ 增强企业的资源配置能力。
④ 降低软件开发风险。
⑤ 减少资金消耗甚至获得现金收益。

推动我国银行业信息技术资源外包的原因在于：

① 应对银行间的激烈竞争，利用外部优势资源，缩短金融产品开发周期，降低风险。
② 银行新业务层出不穷，对信息系统的需求增强，外包可以迅速满足银行技术部门的业务需要。

此外，新技术的产生意味着只有专业的信息技术公司才能拥有随时紧跟技术前沿的技术力量，因此，银行为加强快速反应能力更倾向于信息技术资源外包。

从外包实践来看，推动外包发展的动因是多方面的，不仅仅是购买最擅长的公司提供的专业服务或者降低成本那么简单，它是由以服务质量和成本控制为坐标轴所画出的曲线相交的最优点所决定，取决于发包企业对降低成本、改进服务、提高客户满意度等多方面因素的综合评估。实际上，对低成本的追求是企业的本能，而全球化和网络技术催生的外包则为企业的这种追求提供了便利。值得注意的是，推动外包发展的某些因素对企业业务流向的影响有可能是可逆的。如在成本导向下，只要交易成本和外部性存在，一旦企业找到了可以替代组织功能的新技术（如为中小企业提供信息化支持的 SaaS 等在线软件的应用），或者内部组织中找到更低成本的业务提供者（机构或单元），或者当某项业务外包的管理成本高于内部提供时，外包出去的业务将回归企业内部。同样，如果竞争环境的变化使某项已被外包的业务对发包企业具有了更重要的战略意义或面临着新的风险，企业也将会终止外包合约。

四、服务外包的条件

服务外包发展的动力源于跨国公司在全球范围内优化资源配置，从而降低成本、提高经营效率，打造核心竞争力。具体来看，直接诱因包括：接包国丰富的具有一定技能水平的劳动力资源和良好的基础设施、接包国与发包国的巨大成本差异、信息技术的进步大大降低了交易成本、全球商务环境持续改善等。从国际经验看，一个国家或地区要发展服务外包业，必须符合以下条件：

（一）信息技术是发展服务外包业的动力

服务外包、离岸外包的发展是与信息技术和信息业的发展密不可分的。信息技术是服务外包的技术资源基础，是服务外包业发展的动力源，软件、通信、网络等基础设施的建设水平已成为衡量服务外包商业环境的重要指标。

首先，随着信息技术获得飞速发展，极大地提高了交通、通信和信息处理能力，新的科技服务手段出现在信息、咨询和以技术服务为核心的各类专业服务领域，信息技术的发展因此为服务外包提供了技术基础，使原来不可贸易的众多服务领域可以进行跨行业、跨地区甚至跨国界的贸易，从而打破了服务外包在地理上的局限，使企业可以更便捷地选择最优服务提供商。

其次，信息网络技术的快速发展大幅度降低了市场的交易成本，这使企业业务规模和市场占有率的扩大更倾向于通过离岸外包这种方式来实现。信息技术特别是互联网的发展，从根本上改变了企业管理模式和运行方式，企业进行信息收集、加工、传递的成本变得极为低廉，企业间互相协作的交易费用大大降低。

再次，企业以信息网络为依托，基于计算机技术、仿真技术和信息技术等建立的决策支持系统，能帮助企业决策者以最快的方式尽可能多的获得有关企业内外部的信息，通过及时对这些信息进行综合处理，为服务外包业务的双方准确快速的决策形成提供技术支持。

最后，信息技术的进步推动了服务外包和离岸外包的发展，服务外包和离岸外包业务不断高端化。高端服务外包业务通常具有数据传输量大、实时性要求高、业务综合复杂、附加值高等特点，这又对信息通信技术和信息通信业提出了更高的要求。

印度始终坚持采用国际上最先进的技术质量标准进行高起点的软件开发。NASSCOM

规定，凡拥有 10 名员工以上的软件公司必须达到 ISO 9001 标准认证。目前，印度已成为世界上软件公司获此标准认证最多的国家。此外，印度获得 CMM5 级证书的企业数量也名列世界前茅。目前，印度软件企业以其成熟的设计技术和实施能力著称于世，在管理信息与决策支持系统，银行、保险及财务应用，转移方法与技术，专家系统、人工智能系统、计算机辅助设计与制造等方面形成了强有力的竞争优势。

（二）国际市场是发展服务外包业的基石

服务外包产业是新一轮基于通信和互联网技术的全球办公室业务转移，是对全球员工职位的重新配置。按照接包者的地理位置，服务外包可以分为境内的在岸外包和境外的离岸外包两种。在全球范围内，服务外包中有 70% ~80% 为离岸外包，也被称为国际服务外包。因此，全球服务外包业是以国际市场的需求为基础的。市场需求永无止境，更好、更快、更便宜是企业持续面对的压力，以更低的价格提供更多的功能与服务迫使企业从事离岸外包。

据联合国贸发会议估计，全球财富 1000 强中 95% 以上的企业已经制定了服务外包战略。在目前世界最大的 1000 家公司中，大约 70% 的企业尚未向低成本国家外包任何商务流程，说明服务外包产业的未来市场仍将有很大的成长性。未来几年全球服务外包市场将以每年 30% ~40% 的速度增长。近年来随着印度等服务外包发达国家劳动力成本不断攀升，一些跨国公司开始寻找新的、成本更低的服务外包承接地。在国际金融危机影响下，更多欧美、日本公司为了降低成本、增强竞争力，有意将其非核心业务外包给发展中国家的企业，这给我国服务外包企业带来更多发展机会。目前全球服务外包的市场规模为3000 亿 ~5000 亿美元，在未来若干年内将继续保持 20% ~30% 的增长速度，预计到 2010 年年底，全球服务外包市场规模将达到 6000 亿美元以上。虽然国际承接服务外包的竞争激烈，但是中国占据的成本和市场优势，将使中国在承接服务外包方面大有可为。

（三）品牌是发展服务外包业的关键

21 世纪世界进入了品牌经济主导市场发展趋向的时代，建立一个国家级的服务外包行业品牌对创造良好的产业环境，提高中国服务外包行业的竞争力至关重要。知名品牌直接代表着先进的技术、高超的质量和一流的服务，由此它能给客户带来利益上的满足、情感上的愉悦和价值上的提升，同时也使人们联想到其背后所拥有的强大实力与能力的企业及其城市。正是公众对知名品牌核心价值拥有这样一种共同的认知，因而，推进服务外包企业创知名品牌，被追求市场拓展和利润扩大的国际化经营企业所关注。

在服务外包产业发展初期，国内企业整体实力较弱、力量分散，这时，各地可更多地依托国家实力，以整体形象积极承接国际业务，并培育当地产业实力；等到确定自身优势、建起当地龙头企业后，可在不与国家品牌冲突的情况下，树立起地方品牌在特色领域的优势地位。只有结合本地的区域特色和行业特色，有针对性地发展特色外包业务，才能实现可持续发展，这是各地服务外包产业发展中首先要考虑清楚的事情。

全球外包市场中，印度最具竞争力，2008 年全球离岸外包企业 100 强中，印度的 Infosys 技术公司、塔塔咨询服务公司、Wipro 技术公司、Genpact 和马恒达科技公司（Tech

Mahindra）5 家企业跻身前 10 位，这足以体现出印度服务外包业在全球的实力和地位。在这些软件航母的带领下，印度的外包产业迅速扩张，目前已经承接了美国的绝大部分发包业务。这些知名品牌的确立，是印度进入国际服务外包第一方阵的重要标志。爱尔兰政府还以国家形象做广告宣传服务外包产业环境。由于菲律宾政府及行业协会的不懈努力，菲律宾在服务外包领域的知名度也越来越高。

（四）人才是发展服务外包业的核心

服务外包是知识经济，是智力经济，没有优秀的人才，产业就不可能发展起来。因此，服务外包产业是智力人才密集型的现代服务业。人力资源成本在产业成本中占主要部分。特别是在软件开发成本中，人力资源成本占到 70%。人力资本优势将成为服务外包竞争的核心，外包业务的增长需要充足的人力资源作为支撑。因此，拥有一批高素质、低成本的专业技术人才将会有效地降低成本，从而大大提高一个地区对服务外包企业的吸引力，加快形成产业集聚，带动相关产业发展。

与全球制造业产业转移相比，以服务外包为代表的国际服务业产业转移具有自身特有的运作特征，因此，其所需要的是复合型的专业人才。一般来说，服务外包业需要既有高端人才，又有高素质的基层从业者的"金字塔"形人才结构，所要求的实用人才应熟练掌握 IT 技术、拥有某一领域专业知识并熟练运用英语。

国际服务外包的主要接包国印度、菲律宾、捷克、爱尔兰的经验表明，合理的人才结构是服务外包发展的关键之一。如爱尔兰的软件服务外包出口在 1999—2008 年呈现出快速发展的势头，在劳动力方面，爱尔兰有丰裕的高素质员工。25 岁以下的人口占总人口的 37%，并且 60% 的年轻人受过高等教育，其专业主要涉及商业、工程类和计算机科学类等。英语是爱尔兰的官方语言，这为承接服务外包尤其是欧美跨国公司的软件外包提供了较为有利的条件。目前印度的软件公司拥有超过 65 万名工程师，其雇员总数仅次于美国，印度全国的 160 所大学和 500 所学院均设立有软件方面的专业，每年从大学毕业的软件技术人员约为 17.8 万人，而每年进入到软件行业的专业人员也高达 7.3 万~8.5 万人。

（五）行业协会是发展服务业的中介

行业协会组织在协调企业行为、规范行业秩序、维护企业权益、加强信息服务、推动行业发展等方面具有重要的作用。服务外包行业协会通过提供多渠道、多层次的服务，帮助企业提升应对能力，更好地面对瞬息万变的市场环境；同时，更好地推动服务外包企业自我约束机制的建立，避免恶性竞争，进一步促进服务外包产业的健康快速发展。

它的作用体现在三个方面：一是有利于整合资源，提高接单能力。采取联盟方式，能抱团出海，大幅提高接单成功率，为中小企业创造更多的市场机会；二是有利于发挥规模效应，增强产业竞争力。能加快产业集聚升级，强化协同、降低成本、增加赢利。还可推动企业购并重组，打造产业龙头，提升产业首位度；三是有利于紧跟国际潮流，共塑品牌形象。

服务外包产业竞争的实质，是国家或城市间的竞争，更是人才和技术方面的竞争。如今，"行业协会＋城市品牌"已成为服务外包产业发展的新潮流。印度服务外包产业发达，与充分发挥行业协会和中介机构的作用密切相关。印度有一个由 900 多家服务外包企业组成的行业协会——"全印软件业和服务公司协会"（NASSCOM）。它作为印度 IT 服务产业的"市场部"，在印度乃至全球服务外包领域的地位显赫，在政策推动、顾问咨询、行业协调、转业培训、资格认证以及沟通政企关系等领域发挥着举足轻重的作用，帮助印度确立了全球离岸服务外包的领先地位。

（六）政策是发展服务外包业的保障

良好的扶持政策是产业持续稳定增长的根本保障。从国际经验来看，不管是政府、社会中介机构，还是企业的行为，有法律政策作为依据和保障往往是重要的前提。对于服务外包而言，许多服务都是无形的，复制成本低、盗用收益高，对发包方知识产权的保护是非常重要和关键的问题。

不少案例表明，由于中国缺少相应的法律政策约束，国外发包方不愿意把合同分包出。国际经验表明，跨国公司在选择外包地点时，考虑的主要因素是高素质的服务人才、具有战略高度的方案集成和核心外包的服务能力，同时还有语言、文化和知识产权保护等因素。所有这些要求，更需要政府的政策推动和大力支持。扶持政策主要体现在扶持资金规模、政策覆盖的广度和深度等方面。

印度外包业的发展得益于印度政府的政策支持。印度政府高度重视软件产业和服务外包，20 世纪 80 年代初，拉吉夫·甘地政府明确提出"要用电子革命把印度带入 21 世纪"，其政策切入点就是软件业，从税收、财政、金融等方面扶持该产业的发展。1986 年制定了《计算机软件出口、软件发展和软件培训政策》，明确了印度软件产业发展战略目标，并对从事 IT 外销的企业给予特别的优惠政策。如对从事该行业的企业所得税实行 5 年减免 5 年减半，再投资部分 3 年减免等。

据有关资料显示，在印度发展服务外包的成本要比中国低 30% 左右，企业负担基本上是"零税赋"，这在相当大程度上形成了承接服务外包的成本优势。同时，印度不断完善相关法律，加强知识产权保护，使软件外包企业建立了良好的国际信誉。

五、服务外包价值链的因素

对于服务外包企业来说，影响服务外包价值链的因素是复杂多样的，主要可以从内部影响因素和外部影响因素两个方面来加以分析。

（一）服务外包价值链的外部影响因素

一般来说，服务外包价值链的外部影响因素有三个：信息通信设施和金融体系的完善程度、社会政策和法律体系保护程度、第三方竞争的激烈程度。

1. 信息通信设施和金融体系的完善程度

进入服务外包价值链的成员可能处于不同国家，在地理上被分割，天各一方，发包公司人员不可能同外包公司的开发人员经常有面对面的接触。因此，服务外包必须依靠完备的信息通信设施，双方通过光纤、光缆、电话、计算机、互联网等电信通信设施，可以跨越时间、空间、文化界限等将两国的服务业外包业务连成一个整体进行协调。尤其是对于软件外包业务，由于外包项目成功的外包公司都对发包公司提供基于 Web 的全天候 24 小时编程监测跟踪系统，让发包公司能够连续访问对方的服务器和数据库，及时了解进度和开发升级。发包公司还要求访问处于开发之中的文件和代码，外包公司应该提供这种跟踪工具，把工作进度无保留地提供给自己的客户。因此，基础设施的完善程度对于服务外包的运作至关重要。

2. 社会政策和法律体系保护程度

政策是指一个国家为指导和影响产业发展所制定的有关措施与准则。政策支持包括教育培训、贸易便利、优惠的税收环境和有利于外国直接投资的法规。海外外包目的地国家多是成本低、有较好的电信基础设施和良好的法制纪录的国家。因此，政策稳定、法律保护是全球服务外包价值链形成的外部条件，尤其是有关软件外包的法律法规，诸如软件知识产权法、网络知识产权法、网络安全法、网络个人隐私法，都应该建立和完善，并得到有效的执行。由于世界经济广泛而紧密的联系，经济全球化的影响已经渗透到世界各国，任何一个国家不能脱离世界体系而存在，在全球服务外包价值链的形成过程中，一个政策平稳、法律健全、措施到位的国家才能吸引更多的成员加入其价值链，反之，一个动荡、混乱、风险高的国家只能使企业唯恐避之不及。

3. 第三方竞争的激烈程度

服务外包价值链形成的过程中，会不断出现来自外部的竞争力量，对价值链中企业关系的维系造成威胁。因为新的外包服务商会用极低的价格或利用具有更大技术优势的产品或服务来争取客户，使该条价值链上的成员关系不稳定；或者客户为适应市场潮流的变化而快速改变其产品的基本特点，进而需要寻找相应技术的新供应商，也会导致旧价值链解体；或者客户面对经济衰退的大环境，需要以降低产量和成本来渡过难关，被迫减少对供应商的订单或寻求更低的价格，也将威胁价值链的稳定。一般来说，服务成本中的大部分是人力资源成本，所以人力资源成本低的国家将成为服务外包价值链的第三方竞争来源。

（二）服务外包价值链的内部影响因素

服务外包价值链的内部影响因素主要包括以下五个方面：

1. 价值链中各合作方的目标一致性

合作方在总体目标上应该是一致的，即让各方所拥有的有限经营资源发挥互补与协同效应，实现所预期的价值链总体目标。然而，由于各方所处的立场与利益的不同，对价值链总体目标的认识并不一致，同时，各方自身的目标也是要通过发挥价值链所带来的资源互补与协同效应，最大限度地发挥自身经营资源的作用与贡献，提升企业经营绩效。即使在一致的总体目标之下，各合作方之间在许多具体的目标上，仍然会存在不一致。这些不一致的目标有的是合作性的，有的是独立性的，但往往也会存在竞争性的。这种竞争性目标的存在是显然的，这就必然会导致各方矛盾冲突的发生。服务外包企业应当对价值链的总体目标有合理的认识，在保证总体目标实现的前提下，兼顾各企业自身的利益，在总体目标和个体目标之间寻求平衡点。在发生矛盾冲突时，应当通过有效的冲突管理手段，最大限度地降低各种冲突对合作关系产生的不利影响。

2. 相互依赖性

相互依赖性是指两个主体之间的一种相互作用，其中一方任务的完成依赖于另一方任务的成功进行。相互依赖程度的不同容易导致"权力复归"现象的发生。这种现象是价值链中优势企业利用自己在价值链中的优势地位和相对权力来控制和管理其他企业。在合作方之间的力量或可提供的资源不太对等的情况下，相互依赖程度不对等，从而较弱的一方容易认为对方权力利用不当或缺乏尊敬，而另一方容易认为对方存在机会主义行为，冲突就会产生，从而破坏价值链成员间的关系，导致价值链的不稳定。

3. 信息沟通的有效性

沟通是价值链各成员之间达成一致的必要前提。有效的沟通能够让价值链各方都了解对方所掌握的信息、所持有的观点和准备采取的行动，从而选择和调整自身的行为，使得整个价值链更有效、更协调地运作。在实际中，往往出现缺乏沟通或沟通无效的现象，例如，发包方对产品需求的表述不准确，承包方对用户需求分析不准确。同时，由于各企业决策者的立场、背景、处理方式与思考习惯等的不同也会造成认识上的差异，即使是从相同的信息中也会得出不同的结论，从而引发矛盾冲突，致使合作不稳定。由于价值链涉及多个独立的主体，其决策往往需要经过讨论协商才能形成，因而各合作方对市场等环境信息与对价值链上其他合作方与自身信息的掌握状况，及对该信息的认识是否一致，都会影响到决策。如果各方掌握的信息不同，或对已掌握的信息在认知上存在差异，又不能进行及时沟通，那么就会引起合作方之间的误解，引发不必要的冲突。因此，应该着重减少、避免信息不对称和信息传递失真对沟通的不利影响。

4. 利益分配的合理性

对各成员企业来说，加入该条价值链的根本目的就是为了获取经济收益。对于整条价值链而言，如何评价各成员方对整个价值链的贡献，再分配所带来的合作收益是一个决定价值链成败的关键问题。如果处理不好，则会引发冲突，降低效率与收益，甚至可能会导致整个价值链的解体。因此，在价值链建立之初，应该就如何评价、补偿与收益分享进行协商以达成共识，建立合理的利益分配机制，并根据环境变化进行修正。合理的利益分配可以刺激价值链中企业合作的积极性，对价值链合作关系有积极的促进作用。

5. 企业文化间的差异性

在服务外包价值链中，成员可能来自不同国家，这样不同国家、不同企业的文化就会存在冲突的可能性。一是不同国家的社会文化存在差异，而合作伙伴之间采用自我参照标准来进行思考，从而导致合作方之间缺乏了解，引发矛盾；二是同一国家的不同企业由于在价值观、企业目标、道德标准等方面存在差异，也会引发合作方之间的文化冲突；三是由于语言、习惯上的障碍和信息理解上的障碍导致的沟通障碍所引发的文化冲突；四是由于对价值链中文化差异与冲突的认识与意识不足，或成员企业对此态度的不正确而导致增大其范围、可能性与频率。企业文化间存在差异，使得企业在认识和利用服务外包价值链的过程中，对价值链理念的认识不同，对价值链合作中信息的接受和理解也不同，从而对价值链上下游关系产生不利影响。

第三节　服务外包的发展

随着全球新一轮服务产业转移的机遇，中国开始积极承接国际服务外包业务，正在逐渐成为一个新兴的全球服务外包中心。中国商务部日前统计的数据显示，2009年我国共签订服务外包合同协议金额200.1亿美元，同比增长185.6%。随着国内和国际服务外包需求的增加，政府的进一步推动，未来几年中国服务外包产业将进入高速发展阶段，有望迅速成为全球服务外包行业的巨人。

一、全球服务外包的发展现状

1. 交易规模扩大

一方面，外包的金额越来越大。根据美国商务部发表的统计数字显示，2003年美国公司外包的一些呼叫中心及数据输入工作的总价是773.8亿美元。据估计，全球各行业的外包市场已经从2001年的1500亿美元增长到2004年的3000亿美元。其中软件服务跨境外包市场平均每年以29.2%的速度增长。2005年整个市场规模达到289亿美元。另一方面，外包的职位越来越多。目前白领工作流向较低劳动力成本国家的数量急剧增加。据美国从事信息技术研究的Forrester研究公司的最新估计，自2000年以来美国大约向外流失总计40万个服务业工作岗位。

2. 业务范围拓宽

许多发展中国家和一些中小企业甚至个人为了降低成本也将部分业务外包出去，使外包客户的范围不断延伸。与此同时外包的承接国家也越来越多，信息技术及网络技术的发展使服务外包所需的技术知识水平逐渐提高，全球知识密集型服务外包兴起。许多公司不仅将数据输入文件管理等低端服务转移出去，而且还将风险管理、金融分析、研究开发等技术含量高、附加值大的业务也外包出去。

3. 参与群体增多

目前，服务外包不仅局限于发达国家和一些大型跨国公司，一些发展中国家也纷纷参与到承接国际服务外包的竞争行列中来。如印度、中国、菲律宾、泰国、越南、柬埔寨、罗马尼亚、委内瑞拉等国。

4. 离岸方式趋势明显

由于一些发展中国家教育水平逐步提高，而人力资本成本相对较低，致使越来越多的服务外包以离岸方式进行。在联合国贸发会议2004年针对欧洲500强企业进行的调查中发现，39%的企业有过离岸商业服务外包的经历，这些企业已经创造离岸就业岗位2万个；另外有44%的企业计划在未来几年中外包部分业务。其他研究也证明服务外包"离岸化"的趋势日渐明显。

二、我国服务外包的现状及问题

中国从20世纪90年代开始进行服务外包业务，至今已经初具规模。根据IDC的报告显示，2004年中国服务外包市场保持较前一年35.1%的势头增长，市场规模达到93.7亿美元，而且IDC预测，这一市场的增长势头仍将强劲，至2009年这一市场规模将实现417亿美元，未来5年的年均复合增长率高达34.8%。因此，中国具有极大的服务外包发展前景。2006年，在国际需求激增、国内服务提供商日趋成熟的前提下，中国服务外包市场继续保持高速增长。仅以中国离岸软件外包服务为例，2006年市场规模达13.8亿美元，比2005年增长48.4%，并将在2006—2011年5年中保持37.9%的年均复合增长率。在不断拓展新业务的同时，中国服务商致力于加强全球交付能力，满足国际客户定制化的需求。

IDC最新调查数据显示，日本和韩国仍然是中国离岸服务外包的主体市场，以中国软件离岸外包市场为例，日韩客户2006年贡献了近56%的收入，而欧美客户贡献比例在一年间提升了8.4个百分点，占到整体收入的近36%。据IDC预测，未来日韩市场将维持较为平稳的增长速度，而同时欧美市场将在2006—2011年5年中以48.6%的年均复合增长率增长。

2009年上半年中国服务外包取得较快发展。2009年1~6月，全国新增服务外包企业1406家，新增从业人员29.7万人（其中新增大学毕业生占80.4%）；承接服务外包合同执行金额32.9亿美元（国际服务外包占77.8%），同比增长42.4%。截至2009年6月，中国服务外包企业共6673家，从业人员121.5万人（其中大学以上学历98.9万人，占81.3%）；累计承接服务外包合同执行金额142.4亿美元（国际服务外包占94.9%）。

（一）发展现状

1. 服务外包市场规模

虽然我国开展服务外包的时间较晚，规模相对较小，但凭借良好的经济发展环境和丰富的人力资源，所承接的服务外包规模不断扩大。据国家商务部的统计显示，2005—2009年的年均复合增长率为20.13%。其中2009年我国共签订承接服务外包合同60247份，同比增长142.16%；合同协议金额20011亿美元，同比增长185.16%；执行金额13814亿美元。毕马威2009年发布报告预测，中国服务外包市场未来5年将保持约26%的年复合增长率，到2014年将达到约439亿美元的市场规模。然而，尽管中国服务外包发展速度非常快，但相对于美国、西欧、日本、印度等国家，总体规模仍然较小。

2. 服务外包市场结构

我国的国际服务外包市场有：日本占49%，欧美占30%，其他地区占21%。从发包国的构成来看，日本是我国主要的发包国。由于处于起步阶段，并且凭借着地缘和文化优势，日本成为我国主要的发包国的同时，我国也成为日本重要的承接国。与此同时，来自欧美市场的外包份额正在稳步快速地上升，并且根据实地访谈反馈来看，一些优秀企业正在逐步将从事对日外包业务所积累的服务能力、财务资源投入到承接来自欧美的离岸外包业务中。以软件外包为例，一方面，日本对我国的外包规模仍稳步上升；另一方面，我国开始大量承接欧美的外包业务。欧美业务的承接，使我国软件外包市场急速扩大。因此，未来会有更多的欧美企业在中国选择外包商，欧美业务所占的比例会继续提高。

3. 服务外包承接的地域分布

我国服务外包产业发展迅速，已形成了北京、上海、大连、深圳等几个信息发达、投资活跃的区域。此外，在南京、西安、成都、重庆、武汉等二线城市，由于在人才培育及储备、商务成本、行业成熟度、人员稳定性、通信及交通基础设施发达程度等方面具有比较优势，也纷纷参与到国际服务外包产业的竞争之中，缓和了外包承接市场过于集中在几个发达城市所带来的压力，未来会有更多的二线城市参与其中，使服务外包承接市场的地域分布更加合理。同时，国家也采取相关政策措施，加强宏观布局，促进服务外包市场的发展。如国务院办公厅批准了北京、上海、大连等城市为中国服务外包示范性城市，并在这些城市实行一系列的鼓励和支持政策，加快我国服务外包市场的发展。

（二）存在的问题

1. 承接服务业务水平较低，外包市场单一

虽然中国服务外包市场一直高速增长，但所承接的都是服务产业链底端的低层次的业务，高技术含量、高附加值的业务流程外包的市场规模还比较小。和印度那些大型的服务外包企业相比，我国拥有的高水准、高能力的企业屈指可数，所完成的工作是较低端的服务，不仅得到的利润微薄，而且影响企业服务水平的提高，使企业难以适应市场的需求，无法应对激烈的国际市场竞争。另外，日本是中国最大的服务外包发包国，但是就全球服务外包市场来看，美国占50%以上，而日本所占比例不到10%。过于依赖日本市场不仅无益于我国整体服务技术水平的提高，也将影响中国企业走向国际市场。

2. 服务外包企业缺乏质量意识

我国大多数服务外包企业的质量意识淡薄，如最大的40家软件企业中只有14家获得CMM等级水平认证，而印度有30家企业通过这一认证。CMM认证目的就是使软件企业的业务规范化，让企业的业务能力逐步达到国际标准化水平，是非常有效的赢取更多客户的途径。据调查，目前中国的软件企业中仅有1/4正在努力实施CMM质量标准，其中还有一半多的企业表示，通过这种CMM认证没有必要。反观同为发展中国家的印度，其软件企业具有强烈的质量和服务意识，印度软件企业的质量管理及认证除了国际通用的ISO质量体系认证外，主要采用了美国体系及标准，即CMM软件质量体系认证，目前通过CMM认证第四或第五级的只有7%的软件企业，其中印度占了大多数。由此看出，我国服务外包企业的质量意识还很缺乏，这直接导致了企业国际竞争力的低下和外包业务的流失，因此，企业只有树立国际质量意识，切实提高自己的服务质量，才能赢得更多国外客户。

3. 服务外包市场不够规范

一方面，我国服务外包市场还存在许多不规范的现象，如外包服务质量的监控还不到位、服务外包合同还不规范、履行合同也不是很严格，缺乏行业标准以及市场不正当竞争

等现象仍较多。另一方面，我国在相应的法制建设方面也不完善，比如，知识产权保护法律不健全等，而在服务外包行业，外包商最关心的问题就是知识产权的保护，这无疑构成了我国承接国际服务外包的一个不可回避的问题。

4. 服务外包人才缺乏

随着中国软件与服务外包业的迅速发展，服务外包人才短缺已经成为制约服务外包产业发展的瓶颈。无论是大连、深圳这样成熟的国际服务外包发展基地，还是南京、天津这样拥有地区优势资源的服务外包基地，抑或是西安、成都等拥有成本优势的服务外包基地，都亟须大批具有技术、管理以及国际视野的高素质核心人才梯队，以提升本地软件服务外包行业的整体竞争力。据统计，中国市场每年至少存在 50 万软件人才的巨大缺口，而且这个缺口还在以每年 20% 的速度递增。

（三）我国发展国际服务外包的对策措施

1. 加快对高端人才的培养与吸引，促进企业国际化

目前制约国内企业发展的一个主要因素是高级人才缺乏，有实力的企业可借海外企业的裁员契机引进高级人才。一方面，企业在全球经济危机的时代可廉价快速获得海外高端人才，尤其是懂技术、外语好，又熟悉海外市场的海归人员。人才的数量和质量决定着一个企业接单的数量和接单的层次以及自主研发的能力和成功率。

2. 研究制定促进承接国际服务外包的政策支持与制度保障

欧美企业在选择软件外包地点时主要考虑承接国是否有高素质的服务人才、具有战略高度的方案集成、核心外包的服务能力以及语言、文化和知识产权保护等因素。目前，中国在这些方面与竞争对手还存在着不少的差距。而且，国际服务外包市场上呈现出的竞争态势是国家层面竞争与企业级别竞争的交叉并行，因此，对于我国还处于自发状态的服务外包产业来说，更需要国家层面的推动和大力支持。目前我国已经在北京、上海、深圳、杭州、西安、大连等中心城市进行了重点产业布局，但还应继续加大政策支持力度，扶持发展软件、芯片设计、技术服务等知识型服务产业。应结合服务贸易的特点，在财政税收、投融资、进出口、出口信贷和信用保险、设立境外研发和营销机构、人才培训、保护知识产权等方面加大政策支持与相关的制度保障，鼓励服务业的："三来一补"，拓展国际服务外包市场。

3. 重视服务外包业在经济发展中的重要地位

随着经济全球化的发展，世界产业结构不断调整，发达国家不断把制造业转移到发展中国家。我国应该抓住这次机遇，加大对服务外包业的支持力度，并在发展传统服务外包业的同时，积极推动新兴服务外包业的发展。

4. 扩大外包企业规模，增强企业自身实力

要解决我国的外包企业规模小、实力薄弱这一问题，首先，应加快行业整合速度，培育领头企业，大力发挥行业协会的作用。通过行规行约协调行业内部会员之间的关系，实行行业自律，促进有序竞争。

其次，已经具备一定规模的服务供应商可以有选择地进行强强联合。通过兼并、收购

等方式，整合彼此的资源，形成优势互补，增强服务供应商的国际竞争力，做到以大带小，以点带面，进而促进整个行业的可持续发展。

最后，可以大胆引入风险投资，这样既可以帮助外包企业迅速扩大规模，同时又可以在一定程度上帮助改善企业的管理架构，提高竞争力。

除此之外，还可以引进外资，建立中外合资外包企业；不仅可以解决资金问题，还可以学习国外先进的经营和管理经验，掌握国际外包市场的信息和动向。

第三章　服务采购合同

第一节　服务需求

一、服务需求预测

（一）服务预测单元与方法选择

服务预测单元要预测的因素，通常包括：①客户的数量；②提供服务所需的时间；③所提供服务的种类以及每种服务的数量（如饮料、外科手术、银行服务、修理服务、房地产交易服务等）；④所提供产品的数量（如电话点歌的次数、销售报纸的份数、所出售汽油的容量）。

产品生产预测与服务预测的一个显著区别是，预测产品生产的净需求可以用已出售的商品数量减去退回的商品数量，而大多数服务中（批发零售业除外），服务一旦提供就已经消失或被消耗，只有当客户因不满意服务质量而拒绝付款时，才会发生"双向"交流。

（二）服务预测方法及选择因素

服务需求的预测方法包括定性和定量两大类：定性方法以主观判断为主，可称其为主观模型法；定量方法包括因果模型、时间序列模型。如图3-1所示。

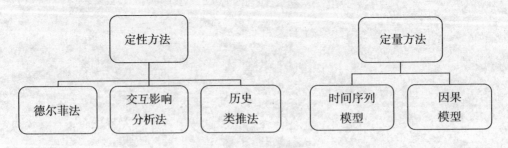

图3-1　服务预测方法

不同的预测模型各有特点，在所需数据、预测成本、预测时间跨度和应用范畴上的侧重不同。如表3-1所示。

表 3 – 1　　　　　　　　　　　　　　　　预测模型的特点

	模型	所需数据	相关成本	预测时间跨度	典型应用
主观模型	德尔菲法	预测涉及的因素（专家判断）	高	长期	科技预测
	交互影响分析法	事件间的相互关系	高	长期	科技预测
	历史类推法	类似情况下的几年数据	高	中期到长期	生命周期需求预测
因果模型	回归法	所有变量过去的全部数据	中等	中期	市场需求预测
	计量法	所有变量过去的全部数据	中到高	中期到长期	经济状况预测
时间序列模型	移动平均法	N 个最近时期的实测值	很低	短期	市场需求预测经济状况预测
	指数平滑法	过去指数平滑值和最近的实测值	很低	短期	市场需求预测经济状况预测

从主观模型到因果模型再到时间序列模型，适用于预测时间的长度越来越短。服务企业要根据实际情况，选择不同的预测模型。例如，快餐店倾向于使用时间序列模型预测每日用餐需求，宾馆则要同时使用时间序列模型和因果模型。预测方法的选择要从经济性方面，即从每种方法的成本收益及其他因素进行考虑。

预测方法的选择要从经济性方面，即从每种方法的成本收益及其他因素进行考虑。如表 3 – 2 所示。

表 3 – 2　　　　　　　　　　　　　　　　预测方法的选择因素

要素 1 事件	要素 2 资源要求	要素 3 输入数据特点	要素 4 输出数据特点
预测花费的时间	企业能够利用的计算机能力	前期数据的数量	深度和区分度
预测的紧急程度	计算机资源	数据变动的范围、幅度和频率	精确度
更新预测的频率	财力支持	数据的稳定性	

二、服务需求预测的方法

（一）"系统—子系统"预测法（fundamental system – to – subsystem approach）

这种方法的典型思路是：首先预测整个经济形势，然后预测行业销售总量，最后预测企业销售量，即：经济形势预测→行业总量预测→企业需求量预测。

例如，根据宏观形势预测来年的经济增长速度；依据行业与经济总量的关系等预测来年行业总需求量，如100亿元人民币，再估计本企业的市场份额，如3%，则企业需求量预测为3亿元人民币。大多数企业没有能力聘用经济学家担任企业顾问，因此一般会购买经济总量数据和行业总量预测数据，或使用各种官方或非官方的权威出版物的经济总量和行业总量预测数据。

预测行业需求总量，通常是在过去一年或数年的行业需求总量的基础上，结合来年经济形势所做的合理外推与调整。行业主管部门（如商务部、发改委）、行业协会等也会提供行业需求总量的预测数据。

（二）"整体—局部"预测法（aggregate – to – component approach）

这种预测法是指从整体预测过渡到局部预测。例如，餐厅经理预测每日客户的总人数，然后估计早餐、午餐和晚餐的人数；汽车修理店估计全年的修理总量，然后预测各类修理工作的数量。预测总的服务工作量是基础，它将使每部分的预测变得相对容易。整体—局部预测法的实施步骤如下：

1. 分解服务
① 按服务门类划分。
② 按提供服务的时间划分。
2. 分解市场
① 以地域划分。
② 以行业、政府部门和消费者划分。
③ 以整个市场中的行业划分。
3. 以服务完成人员划分，如按服务提供的人员或商店来分类。

（三）"局部—整体"预测法（component – to – aggregate approach）

这种预测法是指从局部预测过渡到整体预测，即先预测整体当中每个局部的量，再把各个局部的预测值相加，最后得到一个总体的预测量。

三、服务需求管理

管理服务业需求的基本方法包括三大类：
（1）不采取任何措施，由需求自我调节。
（2）采取措施，影响和调节需求水平。
（3）采取措施，管理和应对需求。
表3-3列出了不同服务生产能力下的需求管理方法原则。

表 3 – 3　　　　　　　　　　　　服务需求管理预测与供需匹配

管理需求的方法		供需匹配度		
		能力不足 （需求过剩）	能力充足 （需求满足）	能力过剩 （需求不足）
不采取任何措施		导致无组织的排队结果	能力被充分利用（但应考虑是否是获取最大利润的最佳组合）	能力被浪费（有时会导致客户失望，如在一个空座位很多的剧场和篮球馆里）
影响和调节需求	减少需求	提高价格；与客户沟通；鼓励客户利用其他时间段	无须采取措施	无须采取措施
	增加需求	不采取措施，除非存在能带来更大利润的市场细分部分	小采取措施，除非存在能带来更大利润的市场细分部分	有选择地降价（确保不低于成本）；与客户沟通，并改变服务种类和服务提供方式（分析是否增加了成本，确保二者平衡）
管理和应对需求	运用预约系统存储需求	为最有潜力的细分市场设置优先系统，使其他客户的需求转移到非高峰时间	致力于可获取最大利润的最佳业务组合	向客户声明有充分的可利用空间，无须预约
	建立排队系统存储需求	充分考虑最具潜力的细分市场需求，设法使等待的其他客户不走掉并感到排队过程的舒适；精确预测等待时间的长短	避免瓶颈环节的延误	无须采取措施

　　第一类方法的实质是不进行需求管理，由客户自己根据经验或企业口碑判断何时需要等待、何时服务不会延迟。该方法的优点是企业无须付出额外的成本，但有可能造成客户流失。

　　第二类方法是采取价格调节等措施降低高峰需求，或在能力过剩时提高需求水平，从而使供求矛盾得到缓解或平衡。

　　第三类方法是通过预约或预订系统存储需求，向客户承诺未来一定时间内提供服务，或建立正式的排队系统，或两者兼有。

服务企业不能直接控制服务需求，但服务需求受多种因素的制约，如本企业价格、竞争者的供给和价格、潜在客户的收入水平和服务的便捷度等。因此，服务企业进行需求管理的方法包括两大类：①影响和调节需求法；②管理和应对需求法。

（一）影响和调节需求法

　　影响和调节需求法也称为间接需求管理法，其核心是促使在高峰期需要服务的客户将其需求转移到非高峰时段；它主要通过价格刺激客户的策略以及预先告知客户策略而实现。

　　1. 差别化定价策略

　　服务企业差别化定价的理论基础是供求经济规律。通过差别化的定价，服务企业可以调节需求的高峰期和低谷期，降低需求波动的激烈程度。这方面的例子有：中国网通推出的在夜间或周末降低长途电话的资费，电影院对晚上 6：00 以前和正常工作日的电影票打折，晚间的航班提供低价机票等。

　　对于有效利用资源而言，转移高峰期需求非常重要。若这样的转移不能缓解需求，服务组织必须建立足够多的设施来满足最大需求，或放弃高峰期的部分客户。前一种选择会导致无法有效利用资源，非高峰期的设施设备和员工得不到有效利用；而后一种选择的结果会使利润下降，甚至难以维持经营。

　　差别化定价的关键是需求曲线和客户对价格的敏感度。例如，商务旅行者比个人休闲旅行者的价格敏感度低。对高档商务型饭店而言，在低需求期的价格折扣几乎不会提高商务旅行者的需求，却会吸引大量的个人旅游者，使他们有机会享受高档豪华的服务却不必支付高昂价格。

　　过度使用价格差异战略会导致高风险。首先，过分依赖价格可能会导致行业中出现价格战，使所有竞争者受损。例如，中国航空业的价格战曾使整个行业利润遭受损失。其次，依赖价格还会使客户习惯于低价格，导致客户在其他时间尤其是需求高峰期对服务只愿支付同样的价格。最后，过度依赖差别化定价作为需求管理策略对于企业形象和吸引潜在的细分市场会造成一定的风险。

　　2. 促进非高峰期需求策略

　　需求管理的另一个重要策略是，服务企业通过寻找不同来源的需求促进对非高峰期服务能力的创造性使用。例如，旅游淡季可以将宾馆用于招待商务人员或会议住所，也可以夏季把滑雪场改为飞行跳伞表演的场所，电话公司通过推出夜间的长途通信资费折扣促进这一时段的需求。

　　采用促进非高峰期需求的策略有利于提高服务设施在其他时间的充分利用。例如，百货商场在元旦前夕推出提前购物的折扣优惠以避免购物高峰的过度拥挤，超市在周末以外的工作日（如周二）推出双倍的奖券来吸引消费者光临等。

【经典案例】北京麦乐迪的价位表

麦乐迪KTV是北京地区规模最大、音响效果最好的KTV公司之一。为促进正常工作日的非高峰期需求，麦乐迪在不同时段对每种类型的包房都推出了不同的价格优惠。如表3-4所示。

表3-4　　　　　　　　　　　北京麦乐迪不同时段的价位一览

时间	房价类型	价格（元/小时）
周一到周四 0：00～20：00	迷你\ 小\ 中\ 大\ 豪华	33\ 39\ 48\ 57\ 69
周一到周四 20：00～0：00	迷你\ 小\ 中\ 大\ 豪华	33\ 39\ 48\ 57\ 69
周五 0：00～20：00	迷你\ 小\ 中\ 大\ 豪华	33\ 39\ 48\ 57\ 69
周五 20：00～0：00	迷你\ 小\ 中\ 大\ 豪华	110\ 130\ 160\ 190\ 230
周六 0：00～20：00	迷你\ 小\ 中\ 大\ 豪华	55\ 65\ 80\ 95\ 115
周六 20：00～0：00	迷你\ 小\ 中\ 大\ 豪华	110\ 130\ 160\ 190\ 230
周日 0：00～20：00	迷你\ 小\ 中\ 大\ 豪华	55\ 65\ 80\ 95\ 115
周日 20：00～0：00	迷你\ 小\ 中\ 大\ 豪华	88\ 104\ 128\ 152\ 184

由表3-4可知，周五晚8：00至次日零点包房价格最贵，而周一至周四的包房价格还不到同时段周五价格的1/3。这种差别化的定价策略促进了非高峰期的需求，吸引了工作日有休闲时间的学生、白领前往消费。

3. 预先告知客户策略

另一种改变需求的方法是与客户沟通，使其了解需求的高峰时间，通过在其他时间获得服务而避免拥挤或等待。例如：银行和邮局的告示牌可以作为对客户的一种提醒；公园、博物馆等场所都宜用预先告知的方法降低需求高峰。广告、减价等销售信息和其他形式的促销活动都可以用于向客户强调需求在不同时期的不同利益，说服和诱导客户在非高峰期接受服务。预先提醒客户的企业将获得更高的客户满意度并增加利润。

（二）管理和应对需求

管理和应对需求法主要包括预订策略、管理排队等待需求策略、调整服务时间和地点策略、收益管理策略。

1. 预订策略

预订的实质是预先提供了潜在服务，可视做服务的"库存"或"延迟发货"。预订适用于紧缺的服务项目。当作出预订后，额外的服务需求会转移到同一组织相同设施的其他适宜服务时段或其他服务设施上。航空公司、宾馆、医疗机构、律师事务所和高档次餐厅等，都可以通过预订提供服务。预订服务通常能保证一个稳定的需求水平，并保证需求不会超过计划上限，还可以通过减少等候时间和保证随时提供服务而使客户受益。

针对客户未能履行服务预订（客户爽约）的情况，服务组织会采用超额预订（Over-booking）的方法解决。例如，航空公司、宾馆会接受超过其客房数目的预订客户，以减少航班座位、宾馆客房的空置率。若遇到客户数量超过可提供的座位或房间时，企业必须向那些已预订但没有得到服务的客户给予补偿，如免费提供住宿或提供下个航班的免费机票等。一个号的超额预订策略应该既能最大限度地降低由服务设施空闲产生的机会成本，又能最大限度地降低由于未能提供预订服务而带来的成本。因此，采用超额预订策略需要进行科学分析和策划，并对一线员工（如宾馆前台服务人员）进行培训，以恰当处理超额预订问题。

2. 管理排队等待需求策略

在既难以采取影响和改变需求的策略，又难以采取预约、预订等方法的情况下，企业往往让客户排队等待。面对无法消除排队现象的行业，服务企业必须采取有效方法管理排队。有效管理排队的方法有三类：

（1）开发互补性服务。这是指开发与企业原有服务间有互补关系的服务项目，将客户转移到互补性服务上去的方法，它有助于满足等待中的客户。这种策略的实质是企业为客户提供一项主要服务之前提供附加服务，避免客户在接受主要服务之前就离开服务地点，借此在一定程度上调节需求。例如，饭店在最繁忙的时候，将等待的客户引入酒吧，既可以为饭店带来利润，又可以缓解客户焦急等待的心情；便利店在传统经营的基础上扩展服务范围，提供快餐和休闲服务等。开发互补性服务是扩展市场的一种方法，若对这种服务的需求周期与对原先服务的需求成反向，还可以造成更加统一集中的需求。开发互补性服务能为企业带来如下好处：

① 减少因排队等候而造成的客户流失。

② 在需求高峰期提供互补性服务能使客户容忍等待。

③ 增加客户再次光临的可能性。

（2）利用排队论和仿真技术进行科学管理。这是指利用排队模型和仿真技术，寻找出服务系统的重要参数，从而对系统的能力作出科学安排的方法。

（3）排队管理的其他策略。利用排队心理学，可以采用其他一些非技术手段管理排队。

3. 调整服务时间和地点策略

这种方法的基本思想是通过改变提供服务的时间或地点来应对市场需求，而不是试图调整服务需求。具体包括三种策略：

第一，改变提供服务的时间来应对客户对不同季节、不同时间的偏好。如剧院可以在周末白天举行音乐会，因为周末人们有更多的休闲时间；夏季咖啡馆和饭馆延长营业到很晚，因为夏季人们有更长的夜生活偏好。

第二，在靠近客户的新地点提供服务，即移动服务，如移动图书馆、移动洗衣服务、上门裁剪服务、家庭备餐服务等。另外，具有资产可移动性的服务企业也可以随移动的市场而变动。例如，汽车租赁公司在假日旅游胜地建立季节性的分支机构，以使乘坐飞机、火车和游船到达的客户能租赁到汽车。

第三，利用新技术同时改变提供服务的时间和地点。例如，银行利用互联网可以为客户提供 24 小时的服务，而不管客户身在何处。

4. 收益管理策略

收益管理的基本思想是对收益产生单位的存货进行分割，然后将它们卖给不同的客户群体。通过收益管理，既可以合理管理各种细分需求，又能为企业获取最大化收益。

第二节 服务质量

一、服务质量概述

服务的三大特征"无形性、异质性、不可分离性"使服务质量区别于实物产品，所以，适用于实物产品的质量概念不能充分满足服务的要求。服务的无形性意味着制造业为统一质量而进行的精确生产对服务业不适用。而服务的异质性（不同的生产人员在不同时间针对不同消费者的服务效能往往有所不同），使服务业应用精确生产的难度变得更大，结果很难确保同质性。再者，服务的生产和消费的不可分离性意味着服务在交付给消费者之前，无法进行质量评估。很明显，实物产品的质量原则与服务没有直接关系。不同学者对服务质量概念的阐释有以下共识：

①对消费者来说，服务质量比实物产品质量更难评估。

②服务质量的感知从消费者的期望值与实际服务性能的比较而来。

③服务质量的评估并不只是单独评估服务结果，还涉及服务交付过程的评估。

虽然这些主题非常深刻，却不足以为研究和改进服务质量提供全面的基础概念。目前至少存在三种服务质量概念：归因理论、客户满意理论和互动理论。

不同的人对服务质量问题有不同的看法。归因论有关服务质量的观点是，管理人员可以通过对输入特征以及这些特征与服务质量间联系的界定而对它们进行实质性的控制。客户满意理论将服务质量看成是一种通过消费者眼光确定的感知现象，其内涵、定义、质量评估存在于消费者的内心。该理论将关注点从服务的生产和产量转到了消费者身上。归因论将重点放在了生产技术方面，而客户满意论将重点放在了消费者感知方面。服务质量的互动理论将服务质量定义为服务的所有参与人员的"共同利益体验"。消费者体验和一线员工的经验密切相关。服务质量是通过员工和客户双方的满意而体现出来的。

关于服务质量的构成，早在 20 多年前，服务管理学科创始人克里斯廷·格罗鲁斯就曾精辟地指出：服务质量，或客户感知服务质量包括两部分的内容，即技术或结果要素和功能或过程要素，也就是我们常说的服务结果质量和服务过程质量。

与购买有形产品相同，客户在接受服务时，必须得到一个服务结果。一个客户购买航空服务，其服务结果是航空公司使其产生了空间上的移动，如从北京到桂林或南宁；一个客户购买理发服务，其结果是其发型发生了物理性变化，如长短、颜色或样式的变化；而银行的客户可以从银行取走或存入一笔钱，等等，这些都是服务结果。

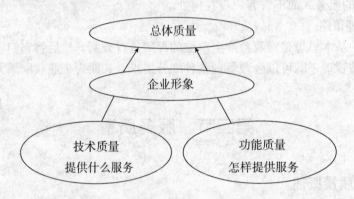

图 3-2　服务质量的两个构成要素

但是，与有形产品不同的是，由于服务是一种互动的过程，客户要亲自参与服务的生产，因此，客户对服务质量的评价，不仅取决于服务的结果，还取决于服务的过程。因此，客户在评价服务质量时，过程质量与结果质量具有同等重要的意义。我们可以用格罗鲁斯所创建的服务质量构成素要图来表达上述思想。

从图 3-2 我们可以看出，企业总体质量取决于技术质量和功能质量的总和。技术质量指的是企业向客户提供什么服务，即服务结果；而功能质量指的是怎样提供服务，即服务过程。两者共同构成了客户对服务质量评价的两个重要之维度，缺一不可。但需要注意的是，企业形象的好坏，会在客户服务质量感知过程中起到"过滤器"的作用。如果企业形象非常好，那么，当客户遇到服务质量问题时，可能会倾向于"降低"服务质量问题的严重性；而当企业形象非常糟糕时，如果客户遇到服务质量的问题，会倾向于"放大"问题，进而形成对企业不利的感知。

二、服务质量的特征

（一）服务质量的基本特点

从本质上看，服务是过程而不是物件。服务的生产和消费往往是同时进行的，客户要参与服务生产，并与服务企业做多方面的交互。交互过程的好坏直接影响着客户的评价，决定着服务质量的高低。与客户简短的交互过程是决定客户对服务总体评价最重要的因素，是企业吸引客户、展示服务能力和获得竞争优势的时机。瑞典学者诺曼（R. Normann）将短暂的交互过程称为"关键时刻"（Moments of Truth）。在英文里，"关键时刻"一词原指斗牛士和公牛的交锋，引入服务管理中说明服务交互过程关系重大。斯堪的纳维亚航空公司（SAS）总裁卡尔松在其所著的《关键时刻》一书中指出，"我们每年有1000万客户，他们人均与5位SAS员工接触，每次约为15秒钟，这5000万次的接触最终从根本上决定了 SAS 的成败。关键时刻转瞬即逝，做得好，客户下次还会光临，做得不好，他们便会离你而去。"

简单说来，服务质量主要有以下几个特点：

（1）可感知性。可感知性是指服务产品的"有形部分"。如各种设施设备以及服务人员的外表等。服务的可感知性从两个方面影响客户对服务质量的认识，一方面，它们提供了有关服务质量本身的有形线索，另一方面，它们又直接影响客户对服务质量的感知。

（2）可靠性。可靠性是指企业准确无误地完成所承诺的服务。许多以优质服务著称的企业都是通过"可靠"的服务来建立自己的声誉。可靠性的基本要求是，企业应避免在服务过程中出现差错，因为这给企业带来不仅是直接意义上的经济损失，而且可能意味着失去很多的潜在客户。

（3）反应性。反应性是指企业随时准备为客户提供快捷、有效的服务。对于客户的各种要求，企业能否给予及时的满足将表明企业的服务能力和服务观念，即是否把客户的利益放在第一位。同时，服务进行的过程中，客户等服务的时间是个关系到客户的感觉、客户印象、服务企业形象以及客户满足度的重要因素。

（4）保证性。保证性是指服务人员的友好态度与胜任工作的能力，它能增强客户对企业服务质量的信心和安全感。

（5）理解性。理解性不是指服务人员的友好态度问题，而是指企业要真诚地关心客户，了解他们的实际需要（甚至是私人方面的特殊要求）并给予满足，使整个服务过程富于"人情味"。这就要求服务人员应具有"换位意识"，而不是仅仅用一些死板的规章制度搪塞客户。

以上五点基本上把服务质量的特性进行了概括总结，使抽象的服务变成了可操作的具体变量，从而具有了管理实践的意义。这也是服务质量评估的基础。

（二）服务质量的主观性、过程性和整体性

服务质量是在开放的、与客户的互动过程中产生出来的，因此，服务质量具有较强的主观性、过程性和整体性。下面我们对这三个特性分别作出说明。

1. 服务质量主观性

服务质量是一种主观质量，或者称其为客户感知服务质量，其影响因素比有形产品质量影响因素要复杂得多。这种主观性主要体现在以下两个方面：

（1）服务质量是客户感知到的，很少有客观的度量标准，服务质量水平到底如何，客户是最终的裁判者。

（2）即使是同一个客户接受同一个服务提供者提供的同一水平的服务，由于其所处的情境不同，对服务质量的评价也会有所不同。例如，不同客户，对银行服务一定会有自己的主观判断标准。有的可能更加注重效率，因此对银行提供服务的时间要求较为严格；另一些则可能更注重服务提供者的服务态度，服务人员的微笑可能对这类客户最有价值；还有一些可能更重视服务的附加价值，服务品种的多少，增值性如何，等等。同时，即使是同一客户，由于情境不同，也会导致对服务质量产生不同的认知。例如，一个客户如果是着急取钱到医院给病人看病，那么时间因素是非常重要的服务质量决定要素；如果一个客户只是购买理财产品，那么，时间因素的重要性就下降了。

2. 服务质量的过程性

与有形产品不同，服务本身就是一个过程。因此，客户在对服务质量作出评价时，要分别从两个方面进行，一是服务结果，二是服务过程，两者相辅相成，缺一不可。甚至在有些服务行业中，服务过程比服务结果更加重要。对此，服务管理学科创始人克里斯廷·格罗鲁斯曾认为：将质量的定义界定的过于狭窄是有一定风险的，因为这将导致质量管理计划的局限性。质量概念是很宽泛的，企业对质量的理解必须和客户的理解相互吻合。应当记住，重要的是客户对质量如何理解，而不是企业对质量的诠释。

3. 服务质量的整体性

所谓服务质量的整体性是指客户对总的服务质量的感知取决于不同服务活动、阶段和过程的累积。活动（Action）是服务过程构成的最小单位，不同的活动构成了一定的服务情节（Episode），而不同的服务情节组合在一起，则构成了服务的片段（Sequence）。每一个片段，都是一次完整的服务经历，而不同的服务经历，则决定了客户与组织的关系长度及强度。需要注意的是，尽管不同活动对不同情节质量感知的影响不同，不同的情节对不同的片段感知也不大，但某个片段总体服务质量的感知，是由各个情节感知质量所决定的，而各个情节的感知质量是由各项活动所决定的，尽管它们所起的作用不同，但都会对整体服务质量产生影响，任何一项活动、一个片段的失败，都有可能导致整个服务质量感知水平的低下。

三、服务质量的测量

（一）客户感知质量的测量评价方法——SERVQUAL 评价方法

SERVQUAL 最早诞生于 1988 年，在以后的若干年里，PZB 对这种方法进行了多次修正。现在大多数学者所应用的主要是 1991 年经过修正的 SERVQUAL，简称"修正 SERVQUAL"，其所遵循的基本理论依据是所谓的差距理论（Dis/confirmation Theory），或称为"确认—不确认理论"，即客户感知服务质量 = 客户感知 - 客户期望，如果结果是大于或等于零，即客户感知达到或超过了客户期望，那么，就可以认为客户感知服务质量是令客户满意的，否则为不满意。SERVQUAL 模型得到了许多营销专家的认可，被认为是适用于评估感知服务质量的典型方法。

（二）SERVQUAL 量表的基本构成

与 SERVQUAL 理论所对应，SERVQUAL 量表也是由两张表所构成的，一张为期望表，一张为感知表，两张表的项目是完全一样的，都是由 5 个维度、22 个问项所组成，如表 3 - 5 所示。但期望表反映的是客户对某一类企业的总体性期望，而感知表反映的则是客户对所要调查的企业的实际感受。具体维度与项目如下：

正常情况下，我们对客户期望和感知的调查应当分别进行，即在客户接受服务之前，先进行客户期望的调查，然后在服务过程结束后，再进行感知的调查，这样所得出的结论是最为科学的。但问题是，在很多情况下，我们没有办法在不同的时刻获取到同一个客户期望和感知的两个数据，因为客户是流动的，这会使调查成本无限加大。因此，很多学者在进行调查时，实际上是对期望和感知两个数据在同一时刻先后进行采集，这样做的结果是调查成本下降了，但所得到的数据会多多少少存在着所谓期望和感知相互映射、相互影响的问题。

同时，学者们一般采用 Likert5 点或 7 点量表，即将客户对期望和感知的反应控制在一个区间内，而不是一个点上，以更好地反映客户的心理变化。例如，在期望中，对有形性的问项包括：优良的某类企业应当有一流的办公设备；优良的某类企业的员工着装应当整洁、大方，等等，然后让客户选择从非常不同意（假设为1）一直到非常同意（假设为7），再在中间设置若干中间状态，然后对这些数据进行加总和统计，进而得到某个维度的得分。

表 3-5　　　　　　　服务质量评价方法——修正 SERVQUAL 量表

服务质量维度	指　标
有形性	1. 具有现代的服务设施
	2. 服务设施具有吸引力
	3. 员工有整洁的服装和外表
	4. 公司的设施与他们所提供的服务相匹配
可靠性	5. 公司对客户所承诺的事情都能及时地完成
	6. 客户遇到困难时，能表现出关心并提供帮助
	7. 公司能一次就把工作做好
	8. 能准时地提供所承诺的服务
	9. 正确地记录相关的服务
响应性	10. 告诉客户准确的服务内容
	11. 为客户提供及时的服务
	12. 员工乐意帮助客户
	13. 员工不会因为太忙而疏忽回应客户
保证性	14. 员工的行为会建立客户的信心
	15. 客户与公司打交道时有安全感
	16. 员工保持对客户有礼貌
	17. 员工有足够的知识

续 表

服务质量维度	指 标
移情性	18. 给予客户特别的关怀
	19. 为客户提供个性化的服务
	20. 了解客户的现实需求
	21. 优先考虑客户的利益
	22. 提供服务的时间要便利所有的客户

资料来源：Parasuraman A, Zeithaml V, Berry L L. Refinement and reassessment of the SERVQUAL scale [J]. Journal of Retailing, 1991, 67, 4（winter）: 420 - 450.

（三）SERVQUAL 的应用

在服务企业管理中，SERVQUAL 的应用包括：

（1）更好地了解客户的期望与质量感知过程，从而达到提高服务质量的目的。当然，在应用于不同的行业时，服务质量的 5 个维度可能会发生变化，从而要求根据行业的特性进行"微调"。

（2）对同一行业中不同企业的服务水平作出比较分析。利用 SERVQUAL 评价方法，结合其他评价手段，可以计算出本企业现在的服务水平以及同其他企业之间的质量差距，从而更好地作出质量改进决策。特别是它可以分别计算出各服务质量维度的水平，也可以寻找到在服务质量维度中，对客户感知服务质量影响较大的维度，从而使企业可以寻找到影响服务质量的关键问题，以利于采取措施，对其加以提升。

（3）定期利用 SERVQUAL 评价方法，并将其与其他评价方法相结合，可以较为准确地预测企业服务质量发展趋势。例如，对于一个零售商来说，利用 SERVQUAL，同时配合使用员工对服务质量看法的调查、收集及客户建议和抱怨分析等方法，就可以更有效地改进服务质量。SERVQUAL 是基于客户的服务质量评价方法，而按照 PZB 的观点，他们所说的客户包括内部客户，即员工。通过这种对员工的调查，我们可以寻找到良好服务传递的障碍之所在。

（4）SERVQUAL 评价方法的另外一个应用时，它可以把一个公司的客户，以他们的单独 SERVQUAL 分数为基础，对其进行分类，以寻找企业的目标客户。例如，经过对参与调查客户评分情况的分析和分类，以及客户对各维度重要性的认识，可以对客户做出许多有益的分类。例如，考察评分高的客户接受服务次数，如果评分高，同时又接受过企业的服务，那么，这些客户称为企业忠实客户的可能性就比其他类型的客户要大得多，等等。

通过对不同客户群对服务质量维度重要性的认知，寻找到在不同文化背景下，客户感知服务质量方面存在的差异。不同文化背景的客户，对质量的要求是存在差异的。经过对不同文化背景的客户的抽样调查，我们可以排列出这些客户对质量 5 个维度的感知情况，从而决定企业质量改进的重点所在。

第三节 服务价格

一、服务产品定价

（一）服务产品定价的特点

首先，由于服务是无形的，公司不但在所提供的服务形态上具有很大灵活性，而且可以想方设法提供各种组合及变化，从而导致复杂烦琐的定价机制。比如保险公司设有各种烦琐多样的险种，只有那些有足够保险知识的内行客户才可能找到可比的价格。

其次，由于服务需要客户的参与，导致用户的需求不同，一些发型设计师根据客户头发的长短、发质以及是否要做头发护理及造型，来分别制定不同的价格，这种服务需求上的差别将大大影响服务定价的难度。

最后，价格信息在服务中难以获得，这是因为客户需要搜寻自己所需要的信息，对大多数实体商品，零售店可按其种类陈列，以便客户比较不同品牌、不同包装、不同尺寸的商品价格。很少有哪个商店会以类似的方式陈列服务。价值是价格形成的基础，服务产品的价格应该是其价值的反映。高质量的服务具有高的价值。反之，就应该是低价值的服务。

由于服务质量决定于客户感知，因此，管理学家们引入了客户感知价的概念。关于这一概念的描述，目前尚没有统一的说法，不过我们通常认为它是指客户感知所得与感知所失之间的权衡关系。客户感知所失，指客户购买服务所付出的全部成本；客户感知所得，是指客户购买服务得到的所有利益。服务产品的价格应该既反映客户感知所失，又反映客户感知所得，二者构成服务产品价格的基础。

（二）服务产品定价与有形产品定价的区别

根据服务的特点，服务产品定价与有形产品定价的区别表现在以下三个方面：

（1）价格是服务质量的关键信号。由于服务的无形性特征，服务的质量很难像有形产品那样用统一的质量标准来衡量。因此，客户无法对服务的质量在购买之前进行事先评价，客户经常在缺乏信息的条件下决定购买，因此他们经常把价格作为服务质量的代言人。由于客户以价格作为质量的线索，并且参照价格对质量产生预期，因此服务价格必须小心制定。定价过低，会使客户产生服务档次较低的错觉；定价过高又会形成在服务过程中难以达到客户的期望。

（2）消费者对服务的参考价格的把握往往不如对有形产品准确。参考价格即存在于消费者记忆中的有关服务的价位，包括：上一次所付的价格、经常付出的价格以及客户对类似服务所付出的价格。

首先，服务的无形性和异质性使得服务形态灵活多样，因此定价结构也纷繁复杂。

其次，服务供应商不能或不愿意提前对价格进行评估。

上述原因使得许多客户在接受了某种服务之后才知道价格。客户对于服务价格的判断取决于价值感受，即对服务的效用和相关成本的评价。确定无形服务的价值十分困难，因为价值是消费者的感知，是客户对服务的效用及其相关成本的评价，而且，消费者对服务有不同的评价和保留价，不同细分市场的客户群愿意为同样的服务支付不同的价格。因此，可以根据价格歧视制定不同的价格，即依据各个客户群的价格敏感度的不同来定价。

（3）服务价格的波动大大高于有形产品的价格波动。由于服务的需求变化不定，没有库存，因此企业需要在价格上做文章来管理需求：即在需求旺盛时期提高价格，在疲软时降低价格。这使得服务价格的波动性和复杂性大大增加。

（三）服务定价不同于产品定价的特点

（1）消费者对服务价格的认识往往存在偏差。消费者因不拥有准确的服务价格信息，对服务价格水平的判定难免存在偏差。其原因：一是由于服务无形性的特征，消费者在购买服务之前一般无法检视服务，无法依据服务的质量来判断价格的高低；二是不同消费者对同类服务常常表现出不同的需求或偏好，不同企业提供的服务内容与质量往往又不一样，因而难以进行价格上的比较；三是由于服务无法上架销售，消费者无法采取商场比价的方式收集服务价格信息，因而难以保证服务价格信息的准确与完整。

（2）消费者更多地依据价格水平来判定服务质量。服务的无形性特征使得服务的质量难以检测，服务的差异性又使得服务的质量难以划一，消费者不得不依据服务的价格水平来判定服务的质量，特别是在购买的服务可能存在较大风险的情况下，比如，外科手术或管理咨询。消费者常常选择收费不菲的专家或机构以保证服务的质量。

（3）非货币成本因素对服务定价的影响更为突出。影响服务定价的非货币成本主要有服务时间成本、信息搜寻成本和客户心理成本等。例如，服务时间成本包括消费者到达服务场所耗费的时间、等待服务过程的时间等，消费者购买服务的时间成本越高，愿意为服务支付的价格越低。

（4）价格作为调节市场需求的杠杆作用更加明显。服务生产与消费的不可分离性，使得企业无法利用库存手段来调节市场需求，转而诉诸于价格的杠杆作用。常用的方法之一，就是利用差别定价将某些服务需求从高峰期转移到非高峰时段。例如，电信公司对节假日或者深夜的长途话费给予较大的折扣，刺激某些消费者将长话需求转移到线路相对空闲的时段。

（5）消费者对服务价值的认知成为服务定价的重要依据。不同企业不仅提供的服务不同，而且提供的服务成本也不一样，单纯地以成本为导向来定价往往难以与实际相适应，因此消费者对服务价值的认知成为服务定价的重要依据。符合消费者价值取向的服务，即使价格高些，消费者也愿意购买；而背离消费者价值追求的服务，即使价格一降再降，消费者可能也不愿问津。

二、服务产品的定价策略

（一）如何进行服务产品定价

要制定出合理的、具有市场竞争力的服务产品价格，企业可以从以下两个方向着手：

1. 要明确企业的定价目标

企业的定价目标是企业制定价格的基本依据，它要与企业的战略目标保持一致。基于不同的定价目标，企业所制定的价格也不同，这会影响企业利润、销售收入和市场占有率水平。

一般来说，可供企业选择的定价目标有：维持企业生存、追求利润最大化、提高销售增长率等目标，近来一些西方国家也以社会效益最大化为利润目标。企业在确立定价目标时通常要受到很多因素的影响，如服务产品所处的生命周期阶段、市场竞争状况、企业声誉、企业定位等，因此，同一个企业在不同的市场条件下会有不同的选择。例如，在饮食服务企业的新产品导入期，市场竞争者还比较少，企业可以利用消费者的求新心理，把产品价格定在一个较高的水平，以获得较高的利润水平；而一旦有其他经营者推出同类产品，客户的选择余地增大了，企业就需要及时调整自己的定价目标和定价水平，以适应竞争要求。

2. 认真研究客户消费行为，准确把握客户消费心理

在确定了服务产品的定价目标后，要结合企业定位和市场定位认真研究消费者的消费行为，准确认知客户的消费心理，制定出能被消费者接受的价格。服务产品的价格确定，既要受到消费环境、提供服务的企业形象、服务人员的态度及其技术娴熟程度等因素的影响，又要受到客户消费该种服务的心理感受价值的影响；服务产品的定价既要能反映企业的产品质量，也要能符合消费者的心理需求。

在客户心目中，不论是高价，还是低价，只有当服务产品的价格与消费者心理感受价值相符合时，定价才算合理。因此，服务企业在制定价格之前要深入了解消费者各方面的情况，以使企业所制定的价格能适应客户心理，刺激消费需求。

（二）服务产品的定价策略

企业可采取如下的定价策略：

1. 市场细分定价

面对不同客户群体，企业提供的服务成本可能并没有相应的差异，但可以根据不同客户群体所感受到的不同服务质量向其制定不同的价格。由于不是所有的细分市场都希望以最低的价格取得基本的服务水准，因此企业可以通过变换服务形式来应用市场细分的方式。但企业能够识别出特定客户群所热衷的服务性能组合时，可以对这一组合收取较高的价格。企业可以按价格和服务对不同客户群体吸引程度来配置服务组合，如饭店，以基本价格提供标准房间，在标准间基础上增加舒适品和设施以吸引愿意为门厅、按摩浴缸、加床及会客区而支付更多的客户。

2. 捆绑销售定价

一些服务在与其他服务结合在一起时可能会更有效地出售。当客户发现一组相互关联的服务组合更具价值时，捆绑销售定价是恰当的策略。这意味着当服务成组而非单独地进行定价和销售，对客户及公司双方均有好处。这种方法的有效性取决于服务提供者对客户或细分市场所感知的价值组合的理解及客户对这些服务需求的互补性。比如健身俱乐部为客户定价时，可以是每月 20 元参加吸氧训练。每月 25 元参加负重器械班，每月 40 元参加游泳项目，也可以是每月 65 元三个项目都可参加。

3. 关系定价

如果服务企业能同现有客户保持长期的关系，会有显著收益，而客户如果能同服务供应商维持关系，也会受益匪浅。因此，服务业营销人员可以发展创造性定价策略，给客户某种激励，促使他们加强与自己企业的购销关系，防止客户"跳槽"，改购竞争对手的服务。例如，在民航、旅馆、电信、银行、商品零售等服务行业，忠诚者（或常客）奖励规划是很多企业营销策略的一个重要组成部分。在计划中客户由于重复购买而被奖励，而这又构成鼓励客户继续其行为的强化刺激。这种计划能彻底改变业务的交易方式，把一次次相对独立的交易活动变成一系列持续的互动行为。同时，这种稳定的收入流使提供服务者能够集中更多资源在自己提供的价值上与竞争对手拉开距离。

4. 结果导向定价

这种定价的方式是依据服务的结果来进行定价，因为有些服务业结果非常重要但不确定性很高，比如个人伤害的法律诉讼中，客户看重其接受服务后最终的解决结果。从客户角度讲，这种定价是合理的，因为大多数这些案件的客户不熟悉律师事务所而且对其感到惧怕。他们最大的恐惧是一件案子要花高昂的费用并可能要拖上几年才能解决。运用结果导向定价，客户得到保证，有结果前不支付任何费用。

5. 进行收益管理

收益管理是一套严谨的技术，它通过预测细分市场的消费者行为，将产品的供应和价格最优化。即通过制定有差异的价格，最恰当地利用企业的能力，使企业的总体收益达到最优化。其目的是按照不同细分市场的需求操作价格，使运作能力分配地能够尽可能多地吸纳需求。收益管理包括以成本和需求为基础的价格政策。目前，航空公司、航运公司、旅馆业普遍使用这种定价方法，从而把服务企业的运作能力、客户口味和价格进行合理分配，使收益能够实现最大化。

6. 向客户提供服务保证

由于客户在购买服务之前不能对其进行评价，故而在购买服务时存在较高的感知风险，而提供服务保证可以帮助降低客户的疑虑，是降低客户感知风险的一条有效途径。服务保证是一种承诺，承诺当服务提供无法达到既有标准时对客户给予补偿，这是企业给客户的强力定心丸。用服务保证来最小化客户的担心疑虑，美国第一银行就是个成功的例子。该行曾处于一个非比寻常的处境中，被迫设立一个信托部。1989 年，它购买了德州一家破产银行，这家银行早已卖掉了其信托部。第一银行开创信托部的经理们坚信，只有定位在卓越服务才能使自己的业务具有竞争力。由于创业之初全无声誉，吸引不了潜在客户。高级经理决心无条件实行服务保证：客户只要对服务不满，银行分文不收。结果，从1989—1995 年，450 名客户中只有 7 位不满意者获银行全额退款。如今，美国第一银行德州信托行是全美发展最快的信托银行之一。

7. 低廉定价

采取廉价竞争策略的企业会尽量降低成本费用，以低价格作为主要竞争手段。当市场上存在下列情况时，廉价策略相当有效。该种服务产品的需求弹性大；服务行业所有企业提供的基本上是标准化的服务；企业很难通过服务差异化使客户获得较高的消费价值；客户转向竞争对手购买不会遭受什么损失，且客户愿意寻找价格最低廉的服务。然而，廉价策略并不能保证企业取得长期的竞争优势。企业强调降低成本，可能会采取分解服务、分项定价、降低服务质量、减少服务内容等办法，甚至会忽视客户的某些要求。另外，这种价格策略很容易被竞争对手模仿，一旦竞争企业也压低价格，本企业便很难与客户继续保持买卖关系。同时，为了降低成本，企业往往不愿投入必要的人力、财力、物力来提高服务质量，如果客户的消费方式、消费水平和消费观念发生变化，不再根据价格高低作出购买决策，或竞争者的产品在某些方面更具吸引力，那么采用廉价策略的企业就无法迅速适应市场的变化，进行非价格竞争。因此，只有对那些企业能长期保持低价优势、客户消费方式一般不容易发生变化的服务产品，廉价策略才是一种长期有效的竞争策略。

8. 同步定价

同步定价是利用客户对价格的敏感度来用价格管理对某种服务的需求。时间、地点和数量都可以被服务性企业运用。地点差异用于客户对地点敏感的服务，音乐厅的前排、足球场地的前 50 码线内的位置等代表着有意义的地点差异，因此具有较高的价值。时间差异意味着服务消费时间的价格变化，晚间 11：00 后的电话服务、周末的病房、淡季的健身温泉等低价都是反映服务淡季的时间差异。数量差异通常是指批量购买时给予的减价，比如月票、年费要比分次销售价格低。

9. 声望定价

当客户首先考虑的是从服务中得到象征意义时，货币价格便不是其主要关心的对象，这时可以采用声望定价的方法，它通常被提供高质量或高档次服务的公司所用。比如，某些服务——餐馆、健身俱乐部、航空公司及旅店，对经营中提供的奢侈品索要高价，因为他们的客户可能确实认为高价代表着声望或高质量。

第四节　服务供应商选择

一、服务外包的供应商

Feeny（2005）等学者集中于从事 BPO 业务的供应商，并从交付能力（Delivery Competence)、变革能力（Transformation Competency）以及关系能力（Relationship Competency）三个层面提出服务外包供应商能力评估模型，如图3-3所示。

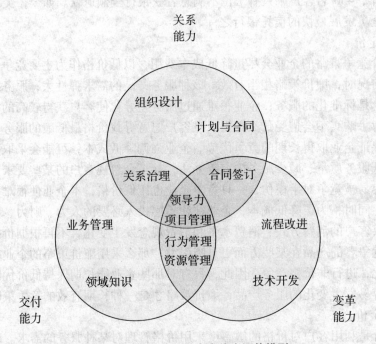

图3-3 服务外包供应商能力评估模型

其中，交付能力是指供应商所具备的按照特定的需求持续性地交付服务的能力；变革能力是指供应商的外包服务对客户在质量、成本和功能上实现显著改进的能力；关系能力是指在合同生命期内与客户采用一致的激励措施建立真正的伙伴关系的能力。

服务外包的供应商能力主要涉及技术与基础设施、人力资源能力、项目与流程管理能力、市场开发能力、服务交付能力、关系管理能力（文化融合）、领域知识与行业经验七大类别。如表3-6所示。

表3-6　　　　　　　　　服务外包供应商能力研究文献的整理分析

主要研究文献	技术与基础设施	人力资源能力	项目与流程管理能力	市场开发能力	服务交付能力	关系管理能力（文化融合）	领域知识与行业经验
Aberdeen Group（2002）	√		√	√			√
Ethiraj（2005）			√		√	√	√
Feeny（2005）	√	√	√		√	√	√
ITSqc（2007）	√	√	√			√	

续 表

主要研究文献	技术与基础设施	人力资源能力	项目与流程管理能力	市场开发能力	服务交付能力	关系管理能力（文化融合）	领域知识与行业经验
Jarvenpaa & Mao（2007）		√	√			√	
Levina（2003）		√	√	√		√	√
Qu & Brocklehurst（2003）	√	√	√	√			√
Rajkumar（2001）		√	√				
Swinarski（2006）	√	√	√		√		
Weiss（2002）	√	√			√		√
对外经贸大学课题组（2007）					√	√	
刘绍坚（2007）		√	√	√			

从理论研究角度来看，以往文献在构建服务外包企业承接能力模型时缺乏较为一致的理论框架，从而导致承接能力评测指标的设置、分类较为随意。为了更好地研究并建立服务外包供应商能力模型，也可以利用迈克·波特的企业价值链工具来详细分析服务外包供应商的业务运营流程。价值链分析的作用在于将企业的总体经营过程划分为具有不同功能的活动。一个企业的价值链就是这些具有不同功能的企业活动的集合，这些活动又可以被划分为两大类别——基本活动和支撑活动。

具体而言，将服务外包的供应商能力划分为七项一级评估指标，如表3-7所示：其中，市场开发能力、项目及流程管理能力、服务交付能力属于基本性活动，分别对应于整个外包服务周期的初始阶段、设计与开发阶段，以及运营交付阶段；技术资源、人力资源管理能力、关系管理能力、领域知识及行业能力则属于重要的支撑性活动，从而贯穿于整个外包服务周期。

表3-7　　　　　　　服务外包的供应商能力模型

领域知识及行业能力			发包客户的价值创造
关系管理能力			
公司声誉及市场开发能力	项目与流程管理能力	服务交付能力	
人力资源管理能力			
技术资源			

二、供应商企业能力重视的领域

供应商的核心能力是发包企业选择合作伙伴的重要依据。服务外包主要是针对发包企业与供应商核心能力资源的一种战略整合，即发包企业将投资和管理的注意力集中在企业本身的核心能力上，而自己的一些非核心能力或自己短时间内不具备或不需要具备的核心能力转向依靠外部的供应商来提供。

服务外包从发包企业战略管理意义上说，就是整合供应商企业能力，进而形成开拓市场的综合核心能力。因此，研究服务外包供应商选择，必须针对候选的供应商的企业能力，设计出科学适用的评价指标体系。

发包企业对供应商的企业能力识别应重视以下领域：

第一，技能或知识集群。即使是那些受到专利保护的产品，也很容易被他人复制，或为一些替代品所替代，很难成为企业长远的核心能力。而诸如生产、工程、销售或财务也不是一种核心的能力，核心能力往往是跨越各部门的技能或知识集群。

第二，客户重视的领域。很多企业试图将力量集中在现阶段他们处于优势的狭窄领域，通常是一些以产品为导向的技能上。对供应商而言，最聪明也最富有挑战的做法是将视线超越产品，寻找发包方和客户重视的领域，并在这些领域建立优势技能，提供增值服务。因此，灵活的技能和不断有意识地对业务动向进行重新评估是成功的企业能力策略的标志。

第三，独特资源优势。有效的企业能力策略寻求的是供应商可以以自己特有的能力去填补市场的缺口和知识鸿沟，寻求以智力资源得到高额回报的投资项目。同时供应商应集中力量，将自己的企业能力定位于在具有决定性影响的价值链的活动或技能上。独特资源优势可以反映在独有技术、服务能力、质量水平、价格优势等方面。如 Intel 把力量集中在研究高度专业的测试反蚀系统上，而不是集中在大量生产标准化的产品上，从而跳过了强大竞争者的经验性曲线优势。总之，企业能力是企业内部一系列互补的知识和技能的组合，它具有使一项或多项关键业务达到较高水平的能力，通过企业自身的洞察能力、预见能力和一线执行能力，体现企业自身的价值。进行服务外包的企业往往是一个复杂的大系统，业务流程覆盖较广，供应商的企业能力可以存在于价值链的各个环节上，可以是设计开发，也可以是营销服务，甚至可以是品牌、专利、融资能力、管理能力等。

三、我国供应商能力提升的关键问题

（一）重视技术能力与高端外包业务

长期以来，对于服务外包产业存在着一种并不恰当的观点，即认为技术能力对于服务外包供应商而言不太重要，强调服务外包的发展不利于我国软件与信息服务产业的自主创新。依据调研样本分析，技术能力得分大多处于平均水平（3.5~4.25 分），但是若干优秀企业已经在加大技术研发方面的投资与积累，并由此获得了稳定的订单以及优质的客户。比如，用友工程的自主知识产权的软件开发平台（USE－GAP）V3.0、核心数码在中关村科技园建立了微芯片开发实验室意在拓展高端外包业务等。应该说，把服务外包和简单的卖劳力画等号，一提外包就想到低端服务的观点和认识是有失偏颇的。中国不少的本土服务外包供应商也在不断进军中高端外包市场，并努力提升自主创新能力。

（二）渠道与市场开发最为缺乏

依据本次调研企业分析，中国大多数服务外包供应商的相对规模偏小，因此困扰他们的最大的问题就是渠道和市场扩展（高达85%以上样本企业）。在国外直接建立办事处或分支机构的费用高昂，包括人员雇佣、法律支持等，很多的小公司根本无力承担。所以，渠道和市场开发是制约本土服务外包供应商发展的一个关键因素。此外，对日外包几乎占了半壁江山（本次调研样本达49%），且较多属于详细设计、模块编程及软件测试等低端业务，不少还属于转包、分包业务，难以承接到下游行业咨询、解决方案设计等高端外包业务。然而，美国、欧洲占据整个全球外包市场达2/3以上，技术含量更高、利润更为合理，将有利于中国服务外包供应商的核心能力积累及长期发展。

（三）客户互动与协作能力亟待提升

现阶段中国的IT服务外包企业规模普遍偏小，本次调研样本企业之中500人以下的占近一半，500~1000人也占到了25%，大多数暂时还无法为客户提供全方位完整的解决方案，而且很多公司还不具备海外的现场服务交付能力，也是最为制约国内供应商发展与成长的主要短板。客户互动、服务交付能力需要逐步地积累与培养，服务提供商也是从低端向高端发展，服务质量的逐渐提升，需要不断的知识与经验学习积累过程。

我国服务提供商需要积极实施"走出去"战略，在加拿大或美国本土以及英国注册成立中国的现地支持中心（到岸支持现地企业），在当地解决法律、高端人力资源、商业契约、收支和现地服务支持等问题。正如美国的软件产业进入欧洲市场，选择了爱尔兰作为软件本地化和现地服务支持的平台。印度知名的服务企业在欧美都有数以千计的现地团队，并聘请了大量的现地员工。相对于"人员、技术与流程"三大要素而言，客户互动与协作能力属于使能性、调节性要素，但是在某种程度上也是决定性因素。

四、服务供应商选择——以物流服务供应商选择为例

供应链运作的无缝衔接要求高响应速度、个性化较强的物流服务，这符合区别化物流服务的特点。供应链选择物流服务供应商的时候，首先从自身战略特点出发明确需求、理顺流程，才能够有的放矢地选择适合自己的供应商。物流服务供应商选择流程的整体模型，如图3-4所示。

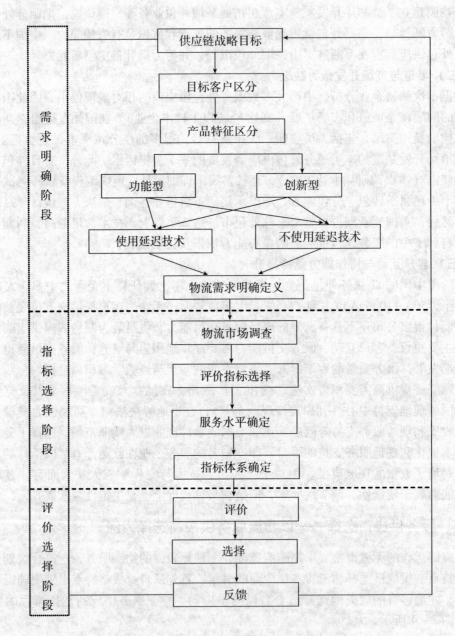

图 3 - 4　物流服务供应商选择流程的整体模型

供应链模式下的物流服务供应商选择全过程可粗分为三个大的阶段：

（一）分析自身真实物流需求阶段

很多企业在物流业务外包的时候比较盲目，根本就不了解自身真实的需求，只要求越快越好，价格越低越好，这种单一的、缺乏目的性的决策选择，最终会导致失败。供应链战略目标的选择，决定了供应链面对的目标客户群，同时也决定了供应链的产品特征。Fisher 根据产品的不同性质提出了功能型产品和创新型产品，并相应地提出了效率型供应链和反应型供应链。供应链必须和产品的类型相适应，功能型产品需要效率型供应链，而创新型产品需要反应型供应链。这两种供应链类型对于物流服务内容和水平的要求有很大的不同。前者要求物流服务的稳定性、低成本。后者要求物流服务的相应速度和柔性。不同的产品生产和技术流程的特点决定不同的物流运行模式。定制不是很复杂，模块化设计的产品，可以采用延迟技术。

一般采取延迟技术的产品有以下特征：

① 模块的通用程度较高。

② 产品有具体参数。

③ 产品单位价值高。

④ 定制后产品的体积和（或）质量增加。

不同特征组合的产品，需要不同的物流服务的支持，根据产品本身特性和生产流程特点，分析不同类型产品下的不同类型供应链所需要的物流服务类型：

① 需求不确定性较低，不能使用延迟技术的产品，即功能型非延迟产品。这类产品主要要求物流服务在上游具有稳定性，保证生产的持续进行。

② 需求不确定性较低，能使用延迟技术的产品，功能型延迟产品。物流服务供应商在工厂到加工点一般采用大批量运输，可降低成本。从加工点到用户处采用小批量配送，满足用户定制化需求。

③ 需求不确定水平较高，不能使用延迟技术的产品，创新型非延迟产品。这种产品主要针对个人用户，可采用从制造点到用户住处的门到门配送的物流服务，对物流服务供应商的柔性要求高。

④ 需求不确定水平较高，可使用延迟技术的产品，创新型延迟产品。这种产品的服务与功能型延迟产品类似，但由于不确定性强，需要物流服务有较强柔性。

综合考虑供应链的战略类型、目标客户群特点、产品类型等因素决定的物流整体策略，可以精确定义物流需求。物流服务需求的日渐复杂，使得精确的物流服务定义成为企业物流外包时的必要步骤。即功能描述定义、活动描述定义、绩效和服务水平定义、能力定义。通过划分资源、流程、产出的方式来描述所要定义项目的方法，增加了"谁来定义"和"因素属性"这两个维度，构成了影响物流服务定义的三维模型。

（二）评价体系建立阶段

在明确了供应链物流需求之后，就要开始与物流市场的接触了。考察物流市场的总体情况，有哪些大的企业，它们都为用户提供哪些服务。市场的平均服务水平和价格标准是怎样的，是否能符合供应链的物流需求，检查之前的物流需求定义（模型中的产出因素定义）是否有不切合实际的情况，如果有，作出相应的调整。接下来的指标选择是一个比较复杂的过程，我们的任务是要识别不同的指标对于供应链物流运行的意义，是否能够反映它的上一级指标，经过这样的识别整理，就形成了指标体系的总体框架。

（1）与客户兼容能力（Compatibility with the users）；

（2）服务成本（Cost of service）；

（3）服务质量（Quality of service）；

（4）公司信誉（Reputation of the company）；

（5）长期关系（Long - term relationships）；

（6）绩效评价（Performance measurement）；

（7）是否愿意使用客户企业原有的物流工作人员（Willingness to use logistics manpower）；

（8）支付方式的灵活性（Flexibility in billing and payment）；

（9）管理的质量（Quality of management）；

（10）信息共享和相互信任（Information sharing and mutual trust）；

（11）操作绩效（Operational performance）；

（12）信息技术水平（Information technology （IT） capability）；

（13）资产规模和质量（Size and quality of fixed assets）；

（14）是否有相似服务产品提供的经验（Experience in similar products）；

（15）配送绩效（Delivery performance）；

（16）员工满意水平（Employee satisfaction level）；

（17）财务绩效（Financial performance）；

（18）市场份额（Market share）；

（19）地理分布范围和服务范围（Geographical spread and range of services provided）；

（20）风险管理（Risk management）；

（21）突增需求量应对能力（Surge capacity of provider）；

（22）仲裁和脱离条款（Clause for arbitration and escape）；

（23）操作和配送柔性（Flexibility in operations and delivery）；

（24）与自身外包企业的合作关系稳定程度。

体系的框架确定后，就应该根据市场调查的结果，结合供应链最终客户所要达到的服务水平，以及供应链维持高效生产运作所要求的物流服务的标准，确定物流服务水平。Genichi Taguchi 的服务——损失函数对于服务水平的确定比较有价值。有了指标体系的框架，又有了各个子指标的服务水平限制，整个支撑物流服务供应商选择的评价体系就此完成，可以进入最后一个阶段。

（三）评价选择阶段

在评价体现建立以后，可以根据情况使用数学工具，对进入这一阶段的物流企业进行评价，并按照数据进行选择。物流服务企业选定之后，应该给予其比较大的自由发挥的空间，充分发挥其专业优势。让物流服务供应商及早参与到物流策略，甚至战略的制定中来，定义操作流程，招募所需人员，使得供应链的物流操作从基础上就比较专业，为后来的高效运作打下基础。

第五节 服务人才及其培养

一、我国服务人才现状

服务外包业作为第二次经济全球化的主要动力正影响着世界经济，目前全球服务外包的市场规模大于7000亿美元。服务外包具有附加值大、资源消耗低、环境污染少、信息技术承载力高等特点。服务外包业的这些特点对我国加快经济结构调整步伐，提升服务业竞争力，解决高校毕业生就业水平，具有重要意义。由此我国近年来大力推进服务外包业，温家宝总理在《政府工作报告》中指出：大力承接国际服务外包。服务外包的有关内容也列入了国家"十一五"规划。

2006年，商务部实施了服务外包"千百万工程"，并确定了1个国家级示范基地和11个基地城市。在2007年将服务外包列为"中国国际投资贸易洽谈会"的主要活动之一。我国有相对完善的基础设施，牢固的制造业基础和训练有素、成本低廉的丰富劳动力，承接服务外包的总体环境良好。但与此同时，服务外包人才的匮乏已成为制约我国服务外包产业发展的瓶颈。

近年来服务外包业务规模发展很快（如表3-8所示），但在发展过程中都遇到了人力资源的瓶颈，我国也同样存在一些比较明显的问题。

表3-8	2006—2009年全球IT服务市场及外包服务规模		单位：亿美元
年 份	2006	2007	2008	2009
全球IT服务市场规模	673216	710918	752517	796716
IT服务市场中外包部分的规模	346512	373311	401619	432219

资料来源：中国服务外包发展报告2007，上海交通大学出版社。

（一）数量问题

我国服务外包业发展迅速，对软件人才需求量较大。根据国家统计局和赛迪顾问（CCID）对服务外包行业内重点企业的调查显示，2007年全国范围内IT服务外包人才的需求总数达到20万人，并且这种需求还以每年20%左右的速度在增长。以陕西省为例，2008年软件出口在线合同登记473份，出口额9775175万美元，其中软件产品执行合同数351份，金额4126158万美元，同比增长401.02%，按照这个速度软件业的产值增长较快，人才的缺口很大。西安市作为陕西软件产业发展较快的城市，更是以平均一天半增加一家软件企业的速度增长。可以预计，随着软件产业的迅猛发展软件人才缺口将会更大。

实际上我国从事与服务外包相关的专业人才不少，但能真正从事这一行业的人员还不多，急需进行有针对性的培训，而培训的依据就是构建一个人员素质模型。

（二）结构问题

造成我国软件人才短缺的不仅仅是数量问题，人才的结构性失衡比人才数量的短缺更令人担忧（如图 3-5 所示）。目前我国服务外包人才队伍的结构呈两头小中间大的橄榄形（纺锤形）结构，不仅缺乏高层次的架构师、高级项目经理，也缺少大量从事基础性软件开发的编码人员，尤其是前者奇缺，而现有软件人才主要是处于二者之间的"中端人才"，这些人做架构师，经验和能力还不够；做程序员，又会造成人力资源浪费。

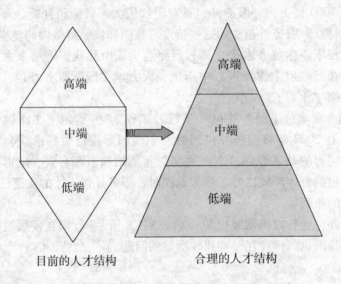

图 3-5　我国服务外包人才结构

（三）人才素质问题

作为全球软件外包的新兴力量，中国软件外包服务备受全球瞩目，但是缺少专业外包人才成为制约外包发展的一大瓶颈，培养满足外包企业项目要求的各类专业人才成为当务之急。如现在陕西省最缺的就是既懂技术，又熟练掌握外语、熟悉企业运营模式、具有国际化视野的软件精英。高级人才的缺失导致我国软件产业规模偏小，外包项目停留在低水平的重复开发上。对于涉及应用需求分析、体系架构设计的高价值开发项目，我国的许多软件企业往往没有能力来完成。

由此看来，很有必要建立服务外包人才的素质模型，为人力资源管理与开发提供依据。

二、我国服务外包人才培养模式

根据外包人才在组织中所起作用及能力要求的差异，将外包人才分为高层人才、中层人才和基层人才。由于对各种人才能力要求存在相关性及差异性，所以采用的培养方式既有联系又有区别，具体分析如下。

（一）高层人才的培养模式

高层人才是指外包企业的领军式人才，是企业战略的制定者与市场开拓者，带领企业参与国内外服务外包竞争。一般而言，外包企业的领军人物是国际化人才也是本土化人才，既具有国际化视野、国际商业经验，精通国际商业规则，熟悉国际外包行业现状和发展趋势，又具有本土化思想、国内商业经验，精通国内商业规则，熟悉国内外包行业现状和发展趋势。领军人物是国际化人才，是由我国目前外包业务主要来自日、韩、欧美等发达国家这一现状决定的。领军人物是本土化人才，是由国内外包市场需求逐步显现，国内外包市场空间广阔这一现实决定的。

1. 引进

实践表明，"培养"高层人才的一种有效方式为"引进"，即聘请相关行业的高级管理人员或吸引国际服务外包行业或相关行业的高层人才回国创业或任职。"引进"能快速满足企业对高层人才的需求，推动我国服务外包业的发展。南京市曾做过调查，外包企业的领军人物，以懂技术、精外语，又熟悉国际市场的海归派居多。面对金融危机，发达国家的不少外包人才转向我国求职，这为我国引进领军式人才提供了良好的机遇。但这一模式同时带来了人才流失率高的风险。因此，需要通过有效的激励制度、公平的竞争环境、优惠的产业政策等来建立和完善外包人才引进机制，做到既能引进人才又能留住人才。

值得注意的是，由于存在引进的人才对我国服务外包业环境不熟悉的可能性，因此，有必要对这样的人才进行培训，以使其尽快适应我国外包环境，立足我国的现实，参与服务外包市场的竞争。

2. 内部培养

内部培养是指充分有效地利用我国在服务外包人才培养方面的各种资源，包括学校的学历教育、企业自身的职业培训与社会培训机构的非学历教育等，来培养各层次的服务外包人才。对高层人才培养而言，服务外包本土化人才可以向业界的高层人才学习，接受他们的指导，逐步熟悉国际服务外包市场运作机制和国际市场开拓策略，并通过一段时间的实践，逐步成长为高层人才。这些外包本土化人才包括，企业中一些具有潜力的优秀人才、学校中一些特别优秀的且对外包有一定了解的毕业生和培训机构中特别优秀的人才等。就目前情况而言，企业内部员工通过预备实习的方法更容易成长为高层人才。而学习的机会则主要是由政府、企业、学校、培训机构共建的实训基地、优秀外包企业等来提供。

3. 国际合作培养

与服务外包人才培养发达的国家或地区进行合作，发挥各自比较优势，有助于培养出一批高素质的服务外包人才。高层人才培养，旨在培养人才对行业宏观层面的把握能力、行业发展趋势的洞察力、进行战略性思考的能力和开拓市场的能力。这一培养目标主要通过商业游戏、案例分析与研究法、角色扮演、预备实习等方法来达到。企业、政府和学校应加强与服务外包发达国家或地区的优秀企业的合作，建立长期合作机制，共同培养高层人才。

（二）中层人才的培养模式

中层人才是指集技术技能、外语技能与管理技能于一身的复合型服务外包人才。具体而言，项目经理、流程经理和系统架构分析师等都是中层人才。这类人才不仅具有扎实的技术技能，而且具有较强的管理能力与外语能力。这就要求对中层人才的培养要更注重技术技能以外的素质的培养。

1. 内部培养

在我国，高校本应是外包中层人才最主要的输出地，但高校固有的弊病导致培养出来的"人才"不能满足社会的需求。要想培养出一大批中层人才，高校必须进行相应的变革。高校在课程设置方面应符合中层人才能力培养的要求。开设管理学基础、管理心理学等课程，丰富学生的管理知识，提高学生的管理能力。同时开设心理学、人际关系学、美学等课程，培养学生的交流技巧、语言表达能力和谈判能力。在教学理念方面应注重人际技能等非智力因素的培养，特别强调组织协调能力、团队精神等技术技能以外的素质的形成。对外语教学进行改革，尽可能使用外文原版教材，聘请外教讲授相关服务外包课程，增加本科一年级写作、听说等课程，重点培养学生使用语言的能力。与此同时，充分利用已建立的实训基地来提高学生的综合能力。

企业出于自身实力与柔性的考虑也培养中层人才。外包企业接单的不确定性及多样性要求中层人才具有适应多个岗位的能力，成为多技能人才。企业可以通过预备实习、校企合作等方式来将其培养成更具柔性的人才。更多时候，企业是为进行人才升级而进行中层人才的培养。

当然政府也可以借助产业界、教育界的力量来培养中层人才，这一培养方式更具政策引导性。实际上，培训机构也可以培养中层人才，这在印度是十分普遍的。但由于目前我国培训机构实力限制，培养的这类人才并不多。

2. 引进

中层人才引进与高层人才引进类似，但又有其特点。这一特点主要体现在人才的可获得性与流失风险上。由于能力要求相对较低，可供选择的中层人才数量更多，企业有更宽的选择范围，人才的可获得性较好。风险方面，企业可以通过"软引进"即短期合作来考察人才的能力，减少人才引进方面的失误。另外，随着能力要求的降低，相关行业人才成功转型的可能性较大。

3. 国际合作培养

目前，我国企业已意识到国际合作培养人才的重要性，许多企业已与印度、爱尔兰、美国、日本等国企业展开合作，共同培养人才。爱尔兰国际基石公司与我国许多企业合作，共同培养中层人才，并期望他们成为中爱合作项目的经理人。中层人才培养，重点在提高人才外语运用能力和管理能力，丰富人才国际商业经验，为其向更高层次发展奠定基础。当然，与之达成合作的主体还可以是政府、学校或培训机构。

（三）基层人才的培养模式

基层人才是外包企业的双手，他们是外包业务真正的实施者。相比中高层人才而言，对基层人才的培养更加注重技术技能的培养。

1. 内部培养

高校人才培养与市场脱节，导致大多数外包相关专业的大学毕业生不能胜任相关外包岗位。反思现状，高校应转变教育理念、建立以市场为导向的教育模式。教学方面，打破传统的教学模式，建立"做中学"的模式。推行的教育的基础模式"医院模式"就是典型的"做中学"模式。这对培养侧重技术技能形成的基层人才具有十分重要的意义。在课程开发方面，注重借助业界力量来开发课程，增强教材的实用性，加快其更新速度。在师资力量方面，应充分利用业界力量，聘请"业界老师"。在实践方面，充分利用实训基地为学生提供的接近企业真实情景的实训机会。

在我国，职业培训机构也是培养基层人才的机构之一。职业培训具有针对性强、培养方式灵活、培训时间短等优点，可以为外包企业提供量身定制的专业化人才。这种培养方式不仅能培养单一技能的人才，也能配合其他培养方式为企业提供高素质的人才。

但目前我国服务外包培训市场才刚刚起步，缺乏规范管理，培训机构良莠不齐。在这方面政府有关部门应加强规范、引导，可考虑采用特许经营的方式来规范。

国内有实力的企业往往也培训基层人才。外包企业接单的不确定性及多样性要求企业将单一技能的人才培养成多技能的人才，以增强企业的柔性。一般而言，企业通过工作轮换、实习等方式培养多技能人才。此外，企业因校企合作或政府要求为大学生等提供实习岗位也是企业培训基层人才的一部分。

2. 国际合作培养

国际合作有助于提高我国在基层人才培养方面的水平，增强基层人才之间的交流，更新和提高人才的技术技能，增强人才语言运用能力及国际意识，为其向更高层次发展打下坚实的基础。

3. 引进

与中高层人才引进相比较，基层人才引进可在更大限度上采用"软引进"的方式，降低人才流失的风险，增强企业的柔性。同时基层人才的可获得性也相对较好。对于新兴外包领域的人才，我们应积极引进，促进我国在这一新兴领域的发展。

第四章　服务采购战略

第一节　战略管理

一、战略管理的概念

战略管理是指企业高层管理人员为了企业长期的生存和发展，在充分分析企业外部环境和内部条件的基础上，确定和选择达到目标的有效战略，并将战略付诸实施和对战略实施的过程进行控制和评价的一个动态管理过程。

战略管理是由美国企业家安索夫在其 1976 年出版的《从战略计划趋向战略管理》一书中首先提出来的。1979 年，安索夫又出版了《战略管理论》一书。安索夫认为：战略管理，是指将企业日常营运决策同长期计划决策相结合而形成的一系列管理业务。

美国学者斯坦纳认为，战略管理是确定企业愿景，根据企业外部环境和内部条件认定企业目标，保证目标的正确落实并使企业愿景最终得以实现的一个动态过程。

此外，还有其他许多学者和企业家也提出了对战略管理的不同见解。

综观不同学者和企业家的不同见解，战略管理可以归纳为两种类型，即广义的战略管理和狭义的战略管理。广义的战略管理是指运用战略对整个企业进行管理，其代表人物是安索夫。狭义的战略管理是指对战略管理的制定、实施、控制和修正进行的管理，其代表人物是斯坦纳。目前，居主流地位的是狭义的战略管理。在狭义战略管理观下，战略管理包括以下几点含义：

（1）战略管理是决定企业长期问题的一系列重大管理决策和行动，包括企业战略的制定、实施、评价和控制；

（2）战略管理是企业制定长期战略和贯彻这种战略的活动；

（3）战略管理是企业处理自身与环境关系过程中实现其愿景的管理过程。

二、战略管理的特征

尽管战略学者对战略管理的内涵有不同的认识，但是，对于战略管理的特征，却基本上理解相似。概括起来，战略管理具有如下特征：

（1）总体性：战略管理是企业发展的蓝图，制约着企业经营管理的一切具体活动；

（2）长远性：战略管理通常着眼于未来 3～5 年或更长远的目标，考虑的是企业未来相当长一段时期内的总体发展问题；

（3）指导性：战略管理确定企业在一定时期内发展目标以及实现这一目标的基本途径；

（4）现实性：战略管理一切从现有基础出发，建立在现有的主观因素和客观条件基础上；

（5）竞争性：战略管理的目的是为了获得市场竞争的胜利；

（6）风险性：战略管理以对环境的估计为基础的，然而环境总是处于不确定的变化趋势中，因此任何战略管理都伴随有风险；

（7）创新性：企业内外环境的发展变化需要战略管理具有创新性，因循守旧的战略管理无法适应内外环境的发展变化；

（8）稳定性：战略一经制定后，在较长时期内要保持稳定，以利于贯彻执行。

战略管理必须与企业管理模式相适应：战略管理不应脱离现实可行的管理模式；同时，管理模式也必须适应战略管理的要求而调整。

战略管理与战术、策略、方法、手段相适合：一个好的战略管理如果缺乏实施的力量和技巧，也不会取得好的成绩。

三、战略管理的原则

战略管理有助于企业走向成功之路。但是，不正确的战略管理有时会适得其反。因此，战略管理要遵循科学的原则。一般认为，战略管理要遵循以下五条原则：适应环境原则、全过程管理原则、全员参与原则、整体最优原则、反馈修正原则。

（一）适应环境原则

企业是社会大系统的一个组成部分，它的存在和发展在很大程度上受企业内外各种环境因素的影响。这些环境因素有些间接作用于企业，如政治、法律、经济、技术、文化等。另外一些因素则直接作用于企业，如政府、客户、供货商、债权人、股东、员工、竞争者等。战略管理就是要在清楚这些环境因素的基础上，分析机会和挑战，并采取相应的措施。所以，有人说战略管理就是要实现企业与环境的和谐。

（二）全过程管理原则

战略管理是一个过程，大致包括以下步骤：战略制定；战略实施；战略控制；战略评价和修订。要想取得战略管理的成功，必须将战略管理作为一个完整过程来加以管理，忽视其中任何一个阶段都不可能取得战略管理的成功。例如，许多企业也制定了发展战略，但忽视了战略实施，从而使战略管理成为纸上谈兵。

（三）全员参与原则

由于战略管理是全局性的，并且是一个包括制定、实施、控制和修订的完整过程，所以战略管理绝不仅仅是企业领导和战略管理部门的事，在战略管理的全过程中，企业全体员工都将参与。当然，在战略管理的不同阶段，员工的参与程度是不一样的。在战略制定阶段，主要是最高层管理者的工作和责任。一旦进入战略实施的控制阶段，企业中基层管理者及全体职工的理解、支持和全心全意的投入则是十分重要的。

（四）整体最优原则

战略管理要将企业视为一个整体来处理，要强调整体最优，而不是局部最优。整体最优原则体现在：

（1）战略管理不强调企业某一个局部或部门的重要性，而是通过制订企业的愿景、目标来协调各单位、各部门的活动，使它们形成合力；

（2）在战略实施过程中，企业组织结构、企业文化、资源分配方法等的选择，取决于它们对战略实施的影响；

（3）在战略评价和控制过程中，战略管理更重视各个部门、单位对企业实际愿景、目标的贡献大小。

（五）反馈修正原则

战略管理涉及的时间跨度较大，一般在 5 年以上。在战略实施过程中，环境因素可能会发生变化。此时，企业只有不断地跟踪反馈方能保证战略的适应性。也可以这么说，对战略管理的评价和修订意味着新一轮战略管理的开始。因此，战略管理实质上是一种滚动式管理，只有持之以恒，才能确保战略意图的实现。

四、战略管理基本程序

战略管理由环境审视、战略制定、战略实施以及战略评价和控制这四个阶段组成，每个阶段又包括了许多具体步骤，战略管理的动态过程如图 4-1 所示。

（一）环境审视

通过分析外部环境因素，可以明白企业面临的机会和挑战；通过分析内部环境，可以明白企业的优势和劣势。将内外因素结合起来，就为战略管理规划提供了一个基础。

（二）战略制定

确定企业愿景：企业愿景是指在企业内外环境因素分析的基础上，确定企业应该从事什么业务，它的客户是谁，企业要向自己的客户提供什么样的产品和服务。

设定战略目标：战略目标是企业在追求其愿景的过程中所要达到的特定地位，也就是企业活动在一定时期内所要取得的主要结果。例如，本企业未来 3 年的战略目标是实现利润总额增长 5%。

制定企业战略：这里的战略是为了实现战略目标而做出的较长时期和活动纲领。

制定企业政策：企业政策是企业活动的方针性规定，是实施战略的保证，它渗透到企业的具体经营管理活动之中。主要的企业政策包括：营销政策、研究和开发政策、生产政策、采购政策、人事政策、财务政策和会计政策。

（三）战略实施

战略管理实施是借助于实施体系和实施措施来实现战略管理目标过程。这里的实施体系主要指战略实施的组织体系。这里的实施措施包括以下内容：

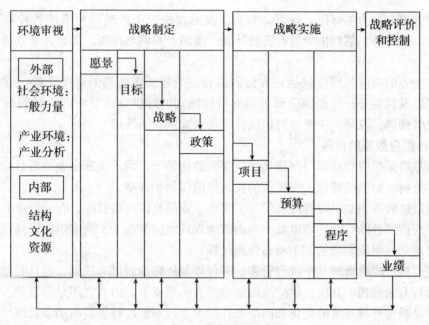

图 4 - 1　战略管理基本程序

项目：为了实现战略目标，必须要完成的重大项目。

预算：一定时期内的财务收支预计。

程序：具体的操作步骤。

（四）战略评价和控制

战略评价和控制就是将战略实施的实际结果与预定的战略目标进行比较，检查两者的偏差程度，并采取有效措施予以纠正重大偏差以保证战略目标的实现。当战略实施结果与预先确定的战略目标出现重大差距时，如果分析的结果是由于内外环境因素的变化而使战略目标不恰当，则必须修改原来确定的战略目标，这一过程就是战略修正。

第二节　采购战略

一、采购战略的概念

（一）供应管理

任何企业进行生产经营活动都要消耗各种物品。为了生产经营的不间断进行，就必须不间断地以新的物品补充生产经营活动过程中的消耗，这种以物品补充生产经营消耗的过程，就称为供应。供应过程包括采购、储存、供料等环节，涉及商流、物流、信息流和资金流。

供应管理,即为了保质、保量、经济、及时地供应生产经营所需的各种物品,对采购、储存、供料等一系列供应过程进行计划、组织、协调与控制,以确保企业经营目标的实现。

生产企业的供应管理应包括三方面的内容:一是供应管理的业务活动,即计划、采购、存储以及供料等;二是供应管理的支持性活动,即供应环节中的人员管理、资金管理、信息管理等;三是供应管理的拓展性活动,即供应商管理。

(二)供应战略的内涵

供应战略是供应管理部门在现代供应理念的指导下,为了实现企业战略目标,通过供应环境的分析,对供应管理工作所作的长远性的谋划和方略。

供应战略管理则是供应管理部门为了实现企业的整体战略目标,在分析企业外部宏观环境和供应商所处的行业环境以及企业内部微观环境的基础上,确定供应管理目标,制订供应战略规划并组织实施的一个动态管理过程。

首先,供应战略管理是全过程管理,不仅涉及战略的制订与规划,而且要对战略的实施过程进行有效管理。其次,供应战略管理的实质是变革,因此它不是静态的、一次性的管理,而是根据外部环境的变化和内部条件的改变,不断进行创新的动态管理过程。

(三)供应规划

供应战略制订之后要通过更加详细的计划——供应战略规划来付诸实施,才有可能实现战略目标,因而有必要介绍一下有关的内容,以供企业在实际中参考。

一个完整的供应规划体系应该包括自上而下、从定性到定量、从抽象到具体的一系列内容(如图 4-2 所示),其主要几个层次的内容分别为供应管理的理念、目标、策略和方案。

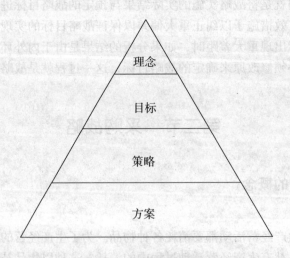

图 4-2 供应规划的内容

理念，即企业的经营哲学，指一个企业为其经营活动方式所确立的价值、信念和行为准则。供应管理理念是企业为供应管理活动所确立的价值观。一般用一句话或若干句话简洁明了地表达供应工作的地位或希望达到的境界，主要体现在以下三个层次上：

①供应管理的基本立足点——存在的意义。

②组织运作的基本方针——行动的方式。

③供应管理所提供的价值——具备独特的能力。

供应管理目标是企业的经营管理活动在一定时期内要达到的具体指标，有供应商数目、购买成本占购买的百分比、购买的交货时间、订货花费的时间、送货延误的比例、废弃材料的比例等。

供应管理策略是企业为实现供应管理目标所制定的相应策略，包括供应物品战略定位、自制与外购决策、供应商发展战略、供应成本战略、供应人员发展战略等。

最后，供应策略还要转换成行动计划，即执行方案，对工作的内容及目标、量化指标、时间进度安排和行动负责人等列表备案。

二、采购战略的分类

过去，供应战略主要是针对企业所需的供应物品的不同特点，从企业与供应商之间的关系来分类，分为一般交易、长期合作伙伴和一体化三种战略。而本书认为新的供应战略应该对"整体战略上倾向对供应管理的影响"同样给予足够的重视，将以上从两种不同角度出发的思路相结合来划分供应战略的类型。实际上，每种角度有两种选择倾向，具体分为四种基本供应战略：市场交易战略、短期项目合作战略、功能联盟战略和创新联盟战略。

（一）市场交易战略

市场交易战略就是指企业主要通过市场上的合同买卖来取得所需的供应产品，供应产品的生产技术相对成熟或技术含量低，在企业最终产品的生产和销售中不具有重要性，对提升企业的核心竞争力作用甚微，企业不需要供应商提供售后服务，也不需要进行专项投资。

供应商所处的市场一般较为成熟，市场竞争较为激烈，企业无须与供应商建立长期和稳定的合作关系，就能通过市场竞价及时获得质量合格、价格低廉的供应产品。

（二）短期项目合作战略

短期项目合作战略是指企业与供应商基于一定的项目进行合作，但这种合作不考虑长期的战略影响，而主要是为了应对一定的市场需求，从而采取的一定时期内的短期合作策略，以把握急剧变化的市场机会，在市场需求满足或消失后，合作就宣告结束。企业的最终产品往往需要满足变化很灵活的客户需求，相关的供应产品也要求具有较高的适应性，有时有较高的技术含量，在局部或潜在地可能对企业的核心竞争力有大的影响。供应产品的设计、性能、质量，对企业最终产品的设计、生产，乃至产品概念最终能否实现，都有关键的影响作用。

（三）功能联盟战略

供应产品对企业较为重要，需求量也较大，但产品本身生产技术成熟，替代性也较高，企业为了满足日常生产的需要，可以与供应商结成联盟，使供应商的生产产生规模效益，降低供应产品的价格，从而也相应地得到一些从供应商处转移过来的规模效益，降低企业自身的供应成本。

企业采用这种供应战略需要与供应商共同进行一定的专用投资，而且具有较大的风险，因为如果其中一方破坏合作，双方都将蒙受损失。

（四）创新联盟战略

这种合作是企业为了长远的生存发展而采取的重大的战略步骤的一种，其目的是追求一种长期的竞争优势和一种双赢的结果，无论对企业还是供应商都是一次重大的战略选择。企业往往对一种新的产品从概念的提出就开始与供应商合作，到双方的产品设计和生产，供应商的技术和创新能力对最终产品都会产生本质的影响。因而双方需要紧密和长期地合作，并进行很高的专项投资，包括双方的发展战略相互配合，以及人才等重要资源的相互调动。

在以上四种供应战略类型中，很明显从供应管理在战略上不同倾向的角度看，市场交易战略和功能联盟战略侧重于降低供应成本上的考虑，而短期项目合作战略和创新联盟战略侧重于创新上的考虑；而从与供应商关系中所追求不同目标的角度看，市场交易战略和短期项目合作战略重视短期利益，而功能联盟战略和创新联盟战略更重视长远意义。

另外，就战略的性质来看，这种分类下的供应战略应该类似于波特所提出的三种基本产业竞争战略——低成本、差异化和重点战略，而属于一般性战略，更加强调在战略基本倾向上的指导意义，即旨在从根本态度上来指导企业的供应管理工作。相信未来供应战略的制定在企业的经营管理中会起到更大的作用。

三、采购战略的制定过程

公司通常还是让采购团队来制定采购战略。采购团队负责制定商品战略、具体细节并确定对商品进行管理的行动方案，采购战略最终对象是商品——一组被采购的产品。跨行业的主要商品分类的实例有很多，其中包括实体模型（汽车）、微处理器（计算机）、钢材（金属加工）、棉花（服装加工）、木材（纸浆与造纸）、石油产品（化学工业）、办公用品（所有行业）。采购团队通常由来自生产制造、产品设计、工程技术、市场营销、财务管理和物品采购等领域的人员组成。相关人员应对所要评价的商品非常熟悉，比如，团队的任务是购买计算机，那该团队就应该包括信息系统的相关人员；如果团队是负责采购运输工具与运输工具的零部件的话，最好能够包括熟悉这些商品特性的维护经理。通常情况下，所购买的商品越重要，就会有越多的跨部门成员或用户团队参与。商品采购战略制定过程，如图4-3所示。

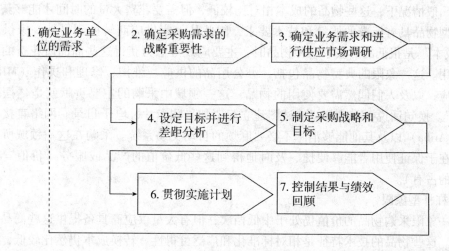

图 4 - 3 采购战略的制定

（一）确定业务单位的需求

采购活动将根据公司目的和业务单位战略制定过程制定其战略方向。同时，业务单位的部门战略又将作为驱动因素促进采购战略的制定。此外，跨部门采购战略主要适用于业务单位所需购买的主要商品和服务，因此采购部门一旦确定了必须实现的一组广泛的目标，将会在商品、服务或产品层次上出现另一组更加详细的商品战略。采购战略应该首先从商品或产品层面开始有效地展开。

（二）确定采购需求的战略重要性

制定采购战略的第二步，就是要充分理解与业务单位目标相关的采购需求。通过供应链定位模型（详见第六章）的组合分析战略分析工具来完成（如图4-4所示）。组合分析的前提是将每次采购或者每组采购首先归并到四个象限：①日常型象限；②杠杆型象限；③瓶颈型象限；④战略型象限。

图 4 - 4 供应定位模型

1. 日常型象限

日常型物品通常在某一地区只有极少数的供应商，而且产品价值很低。虽然很多供应商有能力供应商品。但搜索和比较供应替代品的高昂成本通常将远远超过这些物品本身的价值。一般情况下，这些物品的成本相对比较低，但需要花费大量的时间才能够获得。许多获取型物品具有标准的质量和技术要求，因此从一家供应商转换到另外一家供应商的"转换成本"是很低的。获取这种物品时，主要应该考虑为获得这些商品所花费的力气和交易费用。这一象限的典型物品包括：办公用品的供应、维护、修理和操作（MRO）服务的供应，以及人们偶然需要使用的物品。这一领域中采购的主要贡献就是"摆脱日常型业务"。换句话说，采购部门应试图建立起诸如采购卡片、电子目录、网络直接订购系统（如 Ariba）以及其他能够消除不必要麻烦的自动交易系统。采购在这一领域所做贡献的价值在于保证使用者能够便捷、及时地得到这些低价值的产品或服务（价值 = 对产品或服务的占有）。

2. 杠杆型象限

这一象限采购物品的价值仍处于中低档次，但有大量供应商具备提供这些商品或服务的能力。这些物品的技术特征是相对标准化和广泛可得性。转换成本仍然比较低，但由于存在许多有能力提供商品和服务的供应商，采购的重点在于价格分析，而且将价格分析作为降低成本的基本工具。有效的价格分析意味着：要求供应商提供投标书或报价单，并且接受最具有竞争力的投标书。从历史的观点看，几乎所有这些物品的采购都是实行低价格采购策略（尤其是政府采购合同）。这类产品的实例包括个人电脑、办公设备、钢材锻造与切削和打印机等。假设配送和质量能够满足要求，那么这一象限的物品的价值就可以依据最低的价格来进行定义（价值 = 质量/价格）。

3. 瓶颈型象限

这一象限的物品拥有大量的有能力的供应商，并且要求购买者支付中高档次的费用。企业的不同部门都具有购买这些商品或物品的要求。通过组合不同部门的需求，采购部门将与少数精选的供应商签订"更有利的合同"。在分析这一象限的采购时，采购人员经常惊奇地发现：他们向多家供应商进行采购，而不是集中向几家供应商进行采购。集中采购和减少供应商数目将产生立竿见影、明显的成本节约。钢材与波纹包装材料就是非常好的实例。其余的供应商同样获得利益，原因在于随着其产量的上升单位固定成本下降。变动成本也会由于集中后生产效率得到极大改善而下降。重要的是，采购部门必须保证保留的供应商有能力满足这些额外的业务要求，而且不能损害产品或服务的质量（或者实际是不断改善提高）。这一象限商品的价值是质量与价格之间的关系方程式（价值 = 质量/价格）。

4. 战略型象限

这一象限所包括的产品对于企业的经营成功十分重要，而且只有少数几家供应商有能力供应这种商品或服务。这样的商品是独特的或者是用户化，或者它们仅仅代表着高价值的产品。由于供应商的数目很少，在供应商之间转换可能非常困难。这一象限的产品是独特的，或者这种产品采用了成熟的技术。实例包括计算机微处理器、生物医药、新化学产品、催化式排气净化器、航行控制器。

通过将所需采购的产品或服务准确地划分到四个象限之中，战略的提出人员可以理解产品对企业的重要性。这首先需要界定最佳的采购战略，位于战略型和杠杆型象限中的商品或服务将可能提供最佳的绩效改善机会。既然这样，买方绝大部分资源都应投入到这些类型的商品或服务上。然而，企业为了维持运作仍然需要采购低价值、非关键性商品或服务。战略制定过程中必须采取步骤对获取型和多样型产品进行管理的战略，从而保障资源能够满足增值商品或服务的需要。

一旦商品被归并到这四种类型的任何一个，负责制定战略的人员就必须对商品的历史状况进行跟踪，并使之与整体业务的目标相匹配。目的就是要发现业务单位在过去处理此种商品的过程中存在的问题，以及识别未来潜在的问题和机会（诸如技术、成本和质量改善等）。

（三）确定业务需求和进行供应市场调研

制定采购战略的第三个主要步骤就是要进行彻底的商品调查研究。这一步骤经常被忽略或者是很快完成，但是它对于供给与需求很重要。首先，业务单位必须对采购某种物品所要发生的费用进行准确的预测。虽然所花成本总量可能很清楚，但重要的是要知道此项花费发生在何处？是哪家供应商的？这可能是揭示性分析，它通常能体现不同的业务单位为同一种产品所支付的成本不同。在某些情况，存在同一供应商提供的同一种产品具有不同的价格。此项分析不仅评价供应市场的某些重要特征，而且评价现存的和计划的业务需求。下面的内容需要关注：

①确定当前的战略。
②识别供应商对商品进行支出的历史记录。
③计算商品的全部支出占业务单位所有支出的百分比。
④识别当前正在使用的和潜在的供应商。确定市场定位（例如，最高价格、平均价格、业务单位价格等）。
⑤确定价格的预期变化趋势。
⑥进行供应商分析。
⑦识别市场领导者的战略。
⑧确定对信息技术的需求。
⑨确定用于满足当地要求的当前和未来所需数量。
⑩识别能够通过使用类似商品以降低购买商品支出的机会。

其次，商品报告应该为作出合理采购决策提供参考依据，而且为管理人员提供有关采购物品的未来供给、价格利润贡献等相关信息。潜在信息来源包括供应商研究、政府报告、商业杂志、托马斯登记簿和数据。收集大部分的此类信息都可以通过互联网搜索来获得。另外，基准数据则需要通过拜访供应商和其他客户的方式来获取。最后，回顾以前采购的历史记录可能会发现过去被忽视的有关供应商的信息，而现在它很有可能会成为一家潜在的合作伙伴。

（四）设定目标并进行差距分析

制定战略程序的第四个步骤就是根据评价战略实施的进展状况而设定具体的目标。有效的目标一般都应具备一些共同的特征：

①它们是具体的、可测量的和便于实施的。

②它们评价内部进展并可与外部竞争对手和评价基准进行比较。

③它们超越价格而作为全部成本的其他主要"驱动因素"。

④它们能够评价质量、客户服务、可得性、响应度等。

⑤如果可以，它们需要与供应商共同设定。

目标可能是数量型和"软性的"。它应根据外部竞争对手目前的状况设定，并包括外部供应商业绩的评价以及内部集成问题。不管目标值如何设定，它们都必须基于竞争性分析，根据与市场领先企业的比较和对未来市场发展变化趋势来作出决定。

除了目标外，所提出的战略必须包括实现目标所需的具体行动的细节。例如，所提出的战略应具体指出供应商数量以及确定分配给每家供应商的资金数量。战略建议必须能够识别所使用合同的类型，是否想要形成联盟或伙伴关系，供应商是否需要进一步培训和开发。对每一组详细的行动方案，都要包括每个方案可能存在的风险和回报并作出正确的评价分析。如图 4 - 5 显示的是一支团队是如何将其业务目的与产品目标、组织目标以及商品战略目标联系起来的。

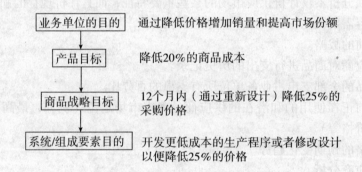

图 4 - 5　不同组织层次的采购目标

（五）制定采购战略和目标

采购战略应考虑研究中的相关标准，其中包括最佳供应商的相对标准、业务单位需求方案可能产生的"风险"、其他不同选择所带来的"机会成本"。向管理层提交的战略应包括具体细节如下：

①供应商的数量及分配给每家供应商的业务量。

②备选的供应商。

③合同的时间跨度和类型。

④供应商对产品设计的参与程度（是供应商提供的设计方案还是原有的设计方案）。

⑤当地的还是全球的供应商。

⑥全程服务分销商或者基本设备制造商，供应商的研发活动。

⑦关系类型（传统的或者战略联盟）。

这些标准中的许多指标将成为商品分类矩阵的一个函数，这种方法在第二步组合分析中已经采用。例如，日常型象限的商品就不适合考虑与其供应商结成战略联盟。此外，大量采购的商品具有明显成本节约的巨大潜力，杠杆型方法很适合这些商品。制定战略的人员必须能够说明所选择的战略是最好的战略的理由。

（六）贯彻实施计划

战略的贯彻实施要求获得公司的控股权以及时间和任务的相关文件。相关各方应该了解采购战略可能带来的任何变化。战略贯彻实施的关键要素包括以下几个方面：

①在规定时间限度内所需要完成的任务。

②分派责任和实施过程的所有权限，确保实施过程的参与者能够得到充足的资源。

③向供应商和内部客户介绍战略的相关内容并争取全员参与。

④在与供应商谈判前编制谈判计划以及一份"理想合同"。

⑤与所有的使用者和股东交流战略实施情况。

⑥制订应急计划以防突发事件的出现。

然后，负责实施战略的个人或团体将签订合同、编制交流计划，并负责贯彻实施计划。强生公司为诸如服务等间接商品的供应商编制一份全球协定。工厂设备供货合同需要约两年的时间才能实现从现在的供应商转移到全球供应商。

（七）控制结果与绩效回顾

战略制定过程的最后一步就是要保证战略能够实现其预期目标。进行定期回顾以便决定战略是否成功，核心战略是否需要加以改变。绩效回顾包括从关键供应商那里得到反馈和帮助。不管在任何情况之下，所有供应商应当根据对未来趋势的预期得出相应的结果。因为采购人员与供应商进行联络并对供应商的绩效负责，所以他们在绩效回顾中扮演着关键角色。如果供应商没有按预期的计划进行，早期决策就必须被重新回顾和评价，以便对原战略进行修改。

控制结果过程的关键要素包括以下几个方面：

①组织定期回顾会议（每年至少一次），以决定战略是否能够为实现组织目的很好地服务。

②与高层管理交流战略实施的结果，以便为战略实施提供外部的推动力，确保战略而实现绩效改善。

③对内部客户与供应商的观念进行评价。他们是否对结果满意？如果不满意——为什么会不满意？另外战略是否能够加以改变以改善当前状况？

④确定关键目标是否实现。如果没有实现，有什么应急计划？如果目标已实现，那么存在什么样的经验教训？

⑤向相关人员反馈信息。

制定战略的这些步骤都是相对的——它们所描述的步骤只有当提出和实施战略的时候才需要被遵守。然而，商品战略制定的实际结果可能差别很大，这取决于某具体商品和供应市场的状况。

第三节　服务战略

一、服务战略概述

竞争日趋激烈是当今市场发展不可逆转的态势，客户需求多元化、技术更新速度不断加快、产品生命周期逐渐缩短、新竞争对手不断涌现。发达国家早已经将国家经济发展的重心转向服务经济，而且，经济越发达的国家，服务业所占的比重也越大——他们实际上早已经步入服务经济时代了。以美国为例，美国服务业的从业人口占总就业人口的 80 %以上，服务业产值也占国内生产总值的 75 % 以上。西欧国家、日本的情况也差不多，服务业的产值比重均在 7 成以上。

西方战略管理文献一般将企业战略分为两大类，即企业总体战略和企业经营战略。企业总体战略考虑的是企业应该选择进入哪种类型的经营业务；企业经营战略考虑的是企业一旦选定了某种类型的经营业务，则应该如何在这一领域里进行竞争或运行，服务战略就是其中的一种。

服务是指企业为方便客户或增加客户的利益所从事的直接面向客户的任何活动。服务是无形的，客户在接受服务之前，是无法看见、摸到、听到、嗅到或尝到的。服务是易变的，这是指服务质量的不稳定性，同一种服务其质量常常由于服务人员、服务时间、地点、方式的不同而存在较大差别。例如，维修服务，由于不同的维修人员在维修技术、敬业精神等方面的差别，而导致维修速度、效果有较大的差异。由于服务在提高企业竞争力方面越来越重要，所以，现在很多企业已经把服务看做是参与市场竞争的重要手段，并把服务纳入产品设计之中，也就是把服务当做产品设计的一部分。提供高质量服务的企业通常比不注重服务的竞争者经营得好。最近美国的战略规划研究所在一项研究中，对服务质量高和服务质量低的企业进行了比较，发现服务质量高的企业客户上门次数较多，成长速度较快，利润也较多。具体来说，企业向客户提供高质量的服务可以起到下列几个方面的作用：

（一）赢得客户的信任

无论是免费服务还是收费服务，都能使客户得到实惠，为客户带来方便，从而赢得客户的好感和信任。这将有利于把客户长期地吸引在企业周围，建立稳定的经济关系。

（二）提升企业的形象

企业提供高质量的服务，有助于企业取得公众的支持和提升企业在公众心目中的形象。这是因为，高质量的服务会使消费者和其他公众产生该企业负有责任感，能全心全意地为消费者着想的印象或认识。公众的支持、好的形象是企业进一步发展所不可缺少的社会基础。

（三）促进市场渗透

说到不如做到，行动最具说服力和感召力，因此，企业持续开展高质量的服务活动能起到广告所达不到的宣传效果，吸引新的客户，或促成企业市场渗透的顺利实现。

（四）提高经营管理素质

服务活动必然增加企业与客户之间的接触和沟通，使企业准确、迅速地了解客户的需要及其变化，从而能够及时地完善和更新产品，提高经营管理素质。现代企业往往向客户提供种类繁多的服务，但从客户的共同需求和服务工作的一般特点来看，确定服务工作应遵循以下原则：

（1）主动。即积极主动地为客户服务。很多企业在客户购买产品之前都能做到主动为客户服务，其目的是为了促成交易，但当客户购买后，则显得消极被动。

（2）热诚。热诚是指在为客户服务时企业的工作人员应采取热情、诚恳的态度。态度主要表现在表情、姿势、语气、行为等几个方面，并通过视觉和听觉为客户所感知。热诚的态度能以春天般的温暖感染客户，从而赢得客户对企业的好感和信任；而虚假、傲慢、冷淡的不良态度，则会引起客户的反感和抵触情绪。从而使客户远离企业。这也是为什么同样的产品、同样的质量、同样的价钱，有的企业门庭若市，服务人员应接不暇，而有的企业则冷冷清清，客户寥寥无几。

（3）快速。企业应以最快的速度为客户提供服务。现代社会是快节奏的社会，时间就是金钱，节省时间提高效率是现代人的普遍要求。对于服务来说更应如此。因为，有些服务的速度不仅仅是耗费客户多少时间的问题，而且还严重影响客户的工作和生活。如产品维修，产品一旦出现故障，如果是生产性用品，用户就要停工，从而造成巨大损失；如果是消费性用品，消费者就不能使用，从而会产生很多烦恼。尽快进行维修，以减少用户的损失，减少消费者的烦恼，必将受到客户的欢迎和感激，从而长期赢得客户的信任。总的来说，服务对一个企业来说是至关重要的，是企业获得竞争优势的法宝，一个企业要想拥有大批稳定的客户，就必须向客户提供周到有效的服务。

二、服务战略观的动因

（一）服务战略观的动因

瑞典的安德斯·古斯塔夫松分析了企业树立服务战略观的动因，如图4-6所示。

第一个动因是时代的需要。随着时代的发展，越来越多的人的消费倾向于花钱购买服务和体验，从而节约时间和精力。人们外出吃饭的次数越来越多，各种个人体验服务也越来越多，催生了更多的服务行业。

第二个动因是科学技术的发展。科技的快速发展使得人们有条件享受更多的服务。如电话、电脑和互联网技术的发展，使得如网上购物等个性化的消费方式更能适应人们日益复杂的日常生活。

第三个动因是当前的商业环境。更多的企业考虑到自身的竞争优势，将部分服务项目进行外包，如第三方物流，某些产品的售后服务等。

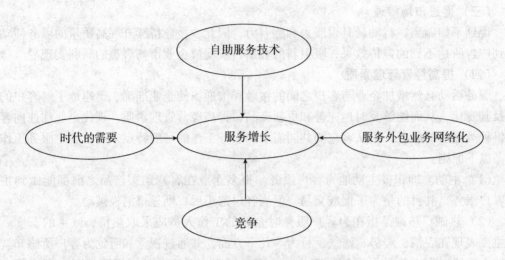

图 4 – 6　企业朝着服务方向发展的动因

　　第四个动因是竞争创新的效应。这是服务发展不可忽视的动因。每一个企业作为市场的参与者都能感觉到竞争的存在，因此在其所能提供的产品的品质既定的情况下，企业只能通过价格进行竞争。然而价格的竞争也不能使企业在激烈的市场环境下获得竞争的优势，所以迫使企业延长其价值链，提供以客户为中心的所有的服务产品。企业不断地开发新的服务项目，并将其连接起来融入企业的价值观中，而这些相关的服务活动就成了企业竞争优势的核心内容。服务打破了以生产实物物质产品为基础的竞争僵局。

　　实物物质产品相应地也越来越成为服务增值、问题解决方案以及服务体验活动集合体中不可侵害的一部分，而在这个过程中，后者是对前者非常有效的补充和完善。

（二）服务企业的竞争优势因素

　　从管理的角度来说，一个制造型企业的竞争优势主要取决于生产成本、产品销售以及产品开发三个因素，因此对于生产企业来说，要提高自己的竞争优势必须遵循以下三个原则：

　　①降低单位产品生产成本。

　　②加大营销推广费用。

　　③加强产品开发。

　　对于制造企业来说，这三个原则是非常正确，也非常可行的。而对于服务企业来说，第三点加强产品的开发是至关重要的。但由于服务的特性和服务生产的特性，前两个原则需要科学的理解，如果照搬制造业的经验，服务企业就无法得到所期望得到的利润水平。格罗斯在 1983 年时提出服务导向战略示意图，如图 4 – 7 所示。

　　在以服务为导向的战略方法中需要强调的是，主导企业战略调整的不是成本和内部效率问题。相反，企业应该将注意力放到与客户的互动关系和长期关系上。当然，我们也不能忽略成本问题，而且对于与客户不存在直接接触的部门，这尤其重要。质量的提高通常

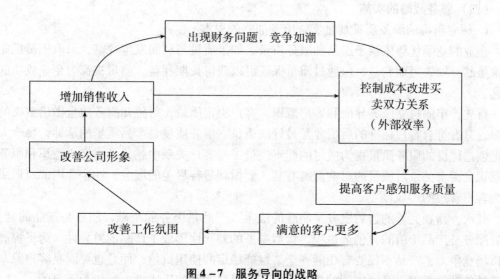

图4-7 服务导向的战略

意味着客户满意度的提高，这会产生好的内部和外部效应。 一旦企业的内部效率、外部效率和服务质量同时得到提高，企业的财务状况就会由于销售量的大大提高而得到改善，企业的竞争力也能得到提升。

（三）创新型服务战略

企业实施服务创新的影响结构、品牌优势以及企业竞争力，如表4-1所示。

表4-1 服务创新的影响

指标	服务创新	缺乏服务创新
产品特征	多元化满足客户个性化需求 对市场的适用性高	大众化产品 对市场的适用性低
营销网络	实现动态交互 闭环式网络	缺乏信息反馈 开放式链条
组织适应力	适应力强的柔性组织结构	刚性组织、适应力差
品牌优势	良好的客户忠诚度 客户满意度高 易形成品牌美誉度 客户对产品价格敏感性低	缺乏客户忠诚度 客户难以满意 难以建立品牌美誉度 侧重于产品价格对比
企业竞争力	易形成行业进入障碍 降低替代产品的威胁	易于模仿 易于被新产品替代

（四）服务战略的实施

1. 树立正确的服务质量观是实施服务战略的根本

企业的竞争优势依赖于产品和服务质量，如果质量与利润发生冲突，采取质量优先的对策虽然会损失短期利益，但通过质量保证可以获得长期利益。质量被视为企业成功的金钥匙。

首先，牢固树立服务导向和客户意识。客户决定质量，对感知服务质量做出裁决的是客户，只有符合客户标准的质量才是最好的质量。服务质量是产品质量的延伸，每个人必须把创造优良的服务质量视为应尽的职责。员工与客户关系中越是具有客户意识和服务导向意识，买卖关系对质量的影响就越有利。要做到尽善尽美的服务，在企业内部应形成一种为客户着想的"氛围"。

其次，新颖完善的售后服务是制胜的法宝。产品是服务的基础，服务是产品的延伸，售后服务是产品价值的再创造过程，售后服务的差异性形成了产品的差异性，为了提高企业市场竞争力，产品不仅要有功能齐全、性能稳定的使用价值，而且也要满足客户除基本需求外的其他需求。及时周到的售后服务，对提高产品的适用性也是极为重要的。

最后，处理好标准化与个性化服务的关系。标准化服务与个性化服务两者是相辅相成、辩证统一的关系，既要使消费者享受基本的标准化服务，又要有针对性地提供个性化服务，此外，尽可能地向消费者提供超越其心理期待的个性化的超值服务。

2. 服务创新是实施服务战略的关键

服务创新是市场的需要，因为消费者需求层次的提高导致对服务品质的期望与日俱增，如果安于现状，即使服务品质不下降，客户的不满也会日益增加；同时由于消费者的偏好不断变化，他们对服务的期望也会不断变化，因此服务创新是无止境的，只有不断创新，才能维持其品质不下降。要建立一套灵活的、科学的、规范的服务管理体系，同客户建立关系，塑造服务品牌，以此来衡量并促进服务质量的提高。

3. 搞好内部营销是实施服务战略的保证

每个企业或组织都拥有一个由员工构成的内部市场，它首先应该受到重视，必须像为最终客户服务一样，使内部客户的需求得到满足。员工所受待遇，往往能折射到他们对客户的行为中。如果员工感到被尊重、被关怀、被指导、被授权，客户就能从他们言行中体验出来；如果员工在工作中感到不满意，意见不被听取，得不到认可、支持和鼓励，就无法保持对工作的热情，致使外部客户的需要不能得到满足。因此，提高内部客户满意度是前提，用你希望员工对待客户的方式对待员工，他们就会在工作中表现出积极、乐观的态度和风貌。内部营销的目的是激励员工士气，寻求员工和谐奋进的内部环境，形成"员工满意→客户满意→企业满意"的良性循环。

三、基于客户价值的服务战略

传统战略理论实质上都是以竞争作为战略的基点，其核心是企业竞争，即比竞争对手做得更好。这种传统战略理论的特征是：一是主要对竞争者进行战略分析，通常模仿竞争对手的行为而不是在经营创新各方面比竞争对手做得更好；二是忽略了客户价值在市场竞争中的作用。多数的企业是从自身角度来考虑服务战略的制定和实施，而忽视了客户在市场中的重要作用；三是战略目标是要打败竞争对手，而不是为客户提供其真正需要的价值。而基于客户价值的服务战略则是在制定服务战略时以客户价值为核心，从客户价值的角度审视企业的行为。因此，通过上述的影响分析，可以总结出基于客户价值的服务战略主要有以下四个特征。

1. 从客户价值的角度来研究企业服务战略模式

客户价值指的是客户对以下两方面的权衡：一是从某种产品或某项服务中所能获得的总利益与他们心目中在购买或拥有时所付出的总代价的比较；二是从客户价值的角度来研究企业服务战略模式，即将基于客户价值的战略思想应用于服务战略管理的过程中，这无疑是对传统战略思维模式的一次飞跃。基于客户价值的服务战略是在制定服务战略时以客户价值为核心，从客户价值的角度审视企业的行为，是对传统战略思维的扩展和超越。客户价值是市场的决定者，客户价值理念体现了以客户为导向的服务战略模式的新发展。

2. 以客户为核心来制定和实施企业服务战略

20世纪90年代以来的客户价值理论将以客户为导向的战略模式推向了一个全新的高度。服务战略的出发点不再是追随与打败竞争对手，而是以客户为核心，将企业的资源和能力最大限度地转化为客户价值。服务战略的制定和实施坚持以市场效益为导向，而不是单纯以服务企业规模效益为导向。以客户的利益为核心，而不是以企业自我为中心。其战略目标是内外兼顾，通过创造客户价值，企业与客户，雇员与投资者一起共同实现利润、成长和价值的交互上升。企业只有在设计、生产和提供服务产品时以客户价值为导向，为客户提供超越竞争对手的价值，才能够争取客户、维系客户，才能够获取持久的竞争优势，在激烈的市场竞争中立于不败之地。

3. 创造客户价值是企业提高市场竞争力的有效途径

实际上，市场竞争的焦点应是客户。服务企业只有以客户及其需求为中心、以创造客户价值为目标，才能够在市场中获得竞争优势，提升企业的市场竞争能力。以客户为导向的战略模式将客户价值视为持续竞争优势的根本来源。基于客户价值的企业服务战略的实施必须经过客户感知的过程来影响客户的购买意向，从而影响服务企业的绩效。服务企业为客户提供卓越价值的能力是企业竞争力的关键所在，是企业保持持续竞争优势的秘诀。

4. 有效实施服务战略能够使客户和企业达到"双赢"的战略目标

基于客户价值的服务战略的有效实施，能够创造更大的客户价值，更大地满足客户需求，能够赢得客户的忠诚，使客户感觉到能够从企业提供的服务产品中获得超过其期望的价值。而且客户价值的核心是感知利得和感知利失之间的权衡。所以，客户感知的服务产品的价值超过其预期的价值，客户因而受益，满意度随之而提高。另外，客户通过企业提供的服务产品满足其需求，同时必须以购买价格支付给企业一定的货币。而客户支付给企业的价格不仅能够弥补企业在创造客户价值中发生的各种成本，还包括了企业应获得的利润。因此，企业在创造客户价值的同时，也实现了赢利的目的。创造客户价值是服务企业实现赢利的必经之路。因此，基于客户价值的服务战略的有效实施能够使客户和企业达到"双赢"的战略目标。

【经典案例】微软：服务的战略价值

微软的黑屏反盗版认证惹恼了不少中国用户，如果他们想找微软讨个说法的话，拨打电话或者发邮件，很快就能找到对接的人员。但接下来的情况往往会这样：即使他们再恼火，觉得微软的做法再怎么不妥，但经过专业人员友好而耐心的解答，多数人都能心平气和地说声谢谢，然后挂线。有时还能得到意外的收获：得知一些解决现实问题的新软件或者新功能。

微软在全球有7000多名这类专业的技术支持和客户服务人员，为用户和合作伙伴提供近百种微软产品的技术支持，隶属于微软全球技术支持中心，这是微软对外打交道最多的部门。过去，微软在每个国家甚至每个城市，都有独立的客户服务和技术支持部门，分散又缺乏专业性。几年前，微软将对外窗口部门进行了重组和集中化，最终整合成今天的全球技术支持中心。但在微软，这个部门却有着很独特的商业运作方式。用微软全球技术支持中心亚太区总经理柯文达的话说，如果一个组织的角色从"做事"开始向"思考"转变时，它在企业内部合作链中就将具有更高的战略价值，商业价值也会随之而来。从柯文达的立场而言，他会尽量淡化如何产生利润这类问题，更看重客户和合作伙伴的体验，以及满意程度。如果客户百分百满意，那会比赚钱更有价值。但也如他所说的，当这个组织的价值得到认可时，商业回报是自然而来的。

有人将微软全球技术中心比作"急诊中心"，因为它能即时帮助用户解决各种难题，但这只说中1/3。当它为企业提供付费服务时，扮演的就是"专职医生"的角色。另外，它还提供免费培训等增值服务，帮助用户提高技术能力，这又相当于"预防保健"。

从微软内部来看，全球技术支持中心就是微软的窗口，它的基本职能是把好两道关：最早与用户接触了解到他们的需求，最后一关要帮助用户解决难题。这基本与一般企业的服务部门差别不大。但要体现服务的战略价值，就需要像柯文达说的那样去"思考"。作为最直接与用户接触的部门，它首先要扮演好"传声筒"的角色，把收集到的反馈信息进行整合，有关技术的转到研发部门，市场的转到销售部门，从而不断改进产品。此外，它还是一个销售引擎，客服人员能主动发现增加营收的机会。

柯文达坚信，在客户和合作伙伴每天反馈的海量信息中，只要用心思考就会发现更多的价值。他在与微软合作伙伴沟通的过程中，经常会发现他们有很多好想法，但碍于资金或技术的限制，无法付诸行动。而这些信息在微软内部循环时，就很可能变为现实的商业价值。"我们要重新定位自己的作用，思考怎样去战略性地支持市场销售，帮助研发部门改进产品。"柯文达说："研发、营销和服务，这几个部门只有形成良好的互动，才能达到1+1+1大于3的效果。"来自第三方调查显示，微软全球技术支持中心亚太地区的客户满意度高达98%。"品牌就是服务的水准"，这点是柯文达最引以为豪的。有些企业将服务外包出去，或者希望用较低的成本做这件事，最终却导致与客户越来越远。

虽然柯文达不愿过多谈论赢利问题，但他还是透露：最近几年中，他负责的亚太地区的营收增长非常快，增幅一般为30%～50%。"虽然我们是成本中心，但企业购买服务的收入还是留在我这边的，所以我们有赢利。不过，我们并不特别重视利润。"柯文达说。目前，其收入主要来自技术支持。最大一块收入是合约型客户，大中型企业可购买1～3年的服务，年付费从10万美元到上百万美元不等。他们享受的服务比较全面，与IT相关的技术、维护、咨询和销售等都包含在内。另一块收入是针对中小企业和IT专业人员，进行计次和计时收费，每次收费为300～500元人民币，也可以按小时来购买。这类客户接受服务的范围也很广泛。最后一块收入是针对微软合作伙伴的服务，这些服务都涵盖在他们的会员费内，比如享有5个免费电话服务，或10小时免费咨询服务等。用完之后则需付费购买新服务。其实仔细算下来，这些收入还是很可观的。但柯文达一再强调，全球技术支持中心的作用在于更多地支持其他部门，让它们创造更多的利润，而不在于自己赢利多少。柯文达认为，在经济不景气的情况下，更应该考虑帮助客户解决现实难题。他发现，由于微软产品功能较多，多数用户只应用30%～40%的功能，其余的不知道怎么使用。这时，应该帮他们提高使用效率，变相节省成本。

不久前，微软在亚太地区推出无限次的网上免费服务。另外，微软把几万个客户经常发生的技术问题整合起来，开发出一套5天的课程，免费对客户进行培训，目的是让他们掌握更多避免问题和解决问题的办法。"帮助客户完成他们的目标，其实也就是完成我们最终的目标，至于说这方面赚不赚钱都是次要的。"柯文达说。在柯文达所称的"信息技术生态系统"中，微软全球技术支持中心的独特价值正得到外界广泛的认可。有专家认为，软件产业已经发展到新阶段，服务的价值不只在服务本身，而是衍生出的更大范围的价值链。作为行业领导者，微软在这方面的影响和贡献不可忽略。但在众多的肯定面前，柯文达保持着一份冷静，他也坦言，当前所面临的最大挑战，是微软的不同产品整合越来越紧密后，负责不同产品的服务人员之间该如何更好地协作。再就是人才瓶颈，培养一个合格的技术服务人员至少要3～5年的时间，这方面压力时刻都存在。

第四节 外包战略

一、战略外包的概念和特点[①]

（一）战略外包的概念

外包概念由普拉哈拉德和哈默在《企业的核心竞争力》一文中首次提出后，学术界人士对其进行了丰富和发展。虽然各种定义表述不一，但具有内在一致性：即认为外包是企业在内部资源有限的情况下，为取得更大的竞争优势，将一些传统上由企业内部人员负

---

① 战略外包是服务采购管理的趋势，外包战略是服务采购战略内容。此处，注意外包战略和战略外包的区别。

服务采购管理

责的业务或机能外包给专业的、高效的独立生产商或服务提供商的经营形式。此时的外包被认为是一种企业有效降低产品成本、引进和利用外部资源、帮助企业提高核心竞争力的有效手段。

而战略外包是指企业致力于具有核心竞争力的业务，整合利用外部最优秀的专业化资源将一些传统上由企业内部负责的非核心业务转由专业、高效的服务提供商来完成，从而降低成本、提高效率，充分发挥自身核心竞争力和增强企业对环境的迅速应变能力的一种经营战略。它打破了传统的纵向联合、自给自足的组织模式，实质是企业重新确定企业的定位，截取企业价值链中比较窄的部分，缩小经营范围，重新配置企业的各种资源，把资源集中于最能反映企业的相对优势的领域，构筑自己的竞争优势，使企业获得持续发展的能力。

（二）战略外包对企业的影响

第一，企业动作模式发生了改变。传统的"纵向一体化"的企业运行模式，即一方面企业研发与市场营销能力弱小，另一方面生产体系异常庞大，呈现出"两头小、中间大"的"腰鼓形"结构状态。"外包"使企业形成了一种并行的作业分布模式。由于企业把非特长的经营活动交给其他企业完成，这使得企业运作方式中时间和流程上处于先后关系的有关职能和环节得以改变，企业的各项活动在空间上是分开的，但在时间上却可以并行。如企业在研发的同时，伙伴可能正积极地生产或试销该企业的产品。"外包"所产生的并行的作业模式提高了企业的反应速度，有利于形成先动优势，增强对环境的迅速应变能力。

第二，企业组织结构发生了改变。实行"外包"的企业，由于业务的精简，企业可以精简机构而变得更加精干、具有更大的应变性，中层经理传统的监督和协调功能，被计算机网络所取代，金字塔状的总公司、子公司的组织结构，让位于更加灵活的、对信息流具有高度应变性的扁平式结构。这种组织结构将随着知识经济的发展越来越具有生命力。

第三，企业在管理方式上对信息网络更为依赖。实行"外包"的企业，需要以信息网络为依托，依靠电子手段的联系作用，将不同资源优势的企业组合成统一的经营实体。企业成员之间的信息传递、业务往来和并行分布的作业流程方式，都要求由信息网络提供技术支持，实现内部与外部资源的整合。这使得企业管理的成本更低、效率更高。

（三）企业服务外包选择的战略定位分析

对现实的和潜在的服务提供商来说，服务外包在企业中的战略定位也有所不同。根据服务对企业现实收益和未来可能收益的影响，可以将战略定位放在四分类框架中加以考察。如图 4-8 所示。

第 1 类决定型企业，服务外包是现实收入的主要来源，未来潜力充分，所以对外包服务的定位比较确定。它们不会考虑是否放弃这一业务的问题，但会研究能否进入新的产业。

第 2 类决策型企业，认为服务外包有较大的潜力，所以会从战略的角度来考虑外包服务的问题。比如联想电脑，虽然目前暂时放弃了向服务转型的努力，但企业始终将服务外

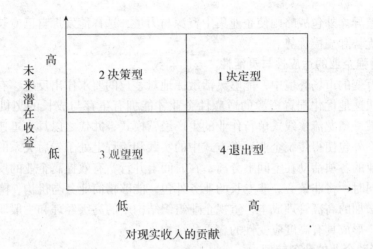

图 4 - 8　服务外包战略定位分类框架

包作为一个战略问题来看待。

　　第 3 类观望型企业，是指由于外包服务的未来收益并不明确，所以它们更多地将其作为企业营销手段而不是作为新业务来看待。为了减少服务成本，它们会尽量将外包服务业务整合到现有的其他业务之中。

　　第 4 类退出型企业，是一种理论上的预言，由于服务外包总体上是新兴产业，所以现实收益高而未来潜在收益低的情况不常发生。专业解决 2000 年问题的企业是一类特例，2000 年以后相关业务迅速萎缩，企业要么转型为提供其他外包服务，要么就从市场上消失。

二、实施外包战略的意义

（一）强化企业的核心竞争力

　　企业的核心竞争力是企业在关系自身生存和发展的关键环节上所独有的、持久的、比竞争对手更强的某种优势、能力或知识体系。迈克尔·波特将价值链描述成一个企业用以设计、生产、销售、交货以及维护其产品的内部过程。企业创造价值的过程可以分解为一系列互不相同但又关联的增值活动，从而构成"价值体系"，每一项经营管理活动就是这一体系中的一个"价值链"。一方面，企业不可能在价值链的各个环节均具有比较优势或者说那样做成本太高。当企业无法在每个环节都做到最好时，如何将这些薄弱环节进行转化就成为了企业制胜的关键。如果企业将资源分散到各个环节上，必然会造成资源的浪费。而外包战略所推崇的理念正是：如果供应链上的某一非核心竞争优势环节不是世界上最好的，且这种活动不会导致企业与客户的分离，那么，可以将其外包给世界上最优秀的专业公司去做。另一方面，同一价值链上具有劳动密集型、技术密集型、资本密集型的不同环节，各企业在各环节上拥有不同的比较优势，不同的地区、国家在要素禀赋与竞争能力上也存在差异。外包战略则使企业集中资源与力量，选择能发挥自己专长的领域，形成自身的技术优势和规模优势。

（二）增强企业的适应性与灵活性

在瞬息万变的市场环境中，能够灵活敏捷地对客户的要求作出反应、有效协调内外部资源、准确快速地优化配置资源的适应性企业才能拥有生存与成长的契机。采取外包战略，能够打破一条龙流水线式单行作业的生产经营模式，并代之以具有迅速反应能力的并行作业模式。外包使得传统企业运作方式中的实践和流程上处于先后关系的职能和环节得以改变。企业的各项活动在空间上分离，在时间上并行，有效提高企业的反应速度，形成先动优势。同时，将非核心、非专长的业务外包，能够精简业务与机构，降低企业内部因规模扩大而增加的高额管理成本，重视企业组织结构中的高级经理和一般职员，相应弱化中间管理层，形成具有高度应变性的扁平化结构。

（三）帮助企业的业务转型

外包战略的发展大致经历了传统性外包、协同性外包、转型性外包三个阶段。其中转型性外包，通过与客户建立一种长期的战略合作关系，让客户均衡企业的整个运作系统，以激发、协助企业快速地调整业务活动以适应外部环境，同时获得经营收益。它能够帮助企业建立对不可预测事件的快速感应能力，使企业对快速变化的市场环境、客户需求和激烈的作出快速反应，进而相对容易地改变商业模型。

（四）实现资源的优化配置

通过外包，企业更强调对自己具有战略意义的业务或核心业务的创新，能够灵活地安排员工和调配资源于高价值的项目，使企业内向配置的核心业务与外向配置的辅助业务紧密相连，通过利用其他企业的资源来弥补自身的不足，从而变得更具有竞争优势。

三、企业战略外包面临的风险及控制策略

（一）全球外包供需背景下的中国外包战略

在外包供需力量的推动下，ITO 和 BPO 正在成为世界潮流。总的趋势是：外包需求地相对较少，而供应地则相对较多，且供应地之间竞争非常激烈，主流供应方和既有供应方无不全力以赴增加市场份额，如表 4－2 所示。

表 4－2 外包全球供需分布状况

外包需求地	美国、英国、欧洲、日本、澳大利亚、爱尔兰
优先供应地	加拿大、印度、爱尔兰、墨西哥、俄罗斯、菲律宾
第二供应地	澳大利亚、新西兰、马来西亚、墨西哥、西班牙、中国
供应争取地	中东欧、印度尼西亚、以色列、泰国、西班牙、巴西、东欧、埃及、巴基斯坦、南非、澳大利亚、新西兰

资料来源：根据 Gartner 公司在 "2005 中国（深圳）首届外包项目外包论坛" 提交的会议资料整理。

在众多近岸和离岸候选国中，中国的潜力最大。中国政府两年前就认识到了这一点，国务院副总理吴仪在2003年6月出席跨国公司投资论坛时指出，"面对成长迅速的外包市场，中国不应满足于成为'世界制造中心'，而应争取获得较大的市场份额。我们要重视跨国公司服务外包的趋势，积极创造有利环境，探索新方法尝试新途径吸引外资。"据估测，中国现在的ITO和BPO市场规模接近20亿美元，同时这一市场正以近23%的年增长率快速发展，到2007年有望突破31亿美元（如图4-9所示）。年增长率快速发展，到2007年有望突破31亿美元，截至2009年中国ITO和BPO市场规模已远远超过当初的预想。

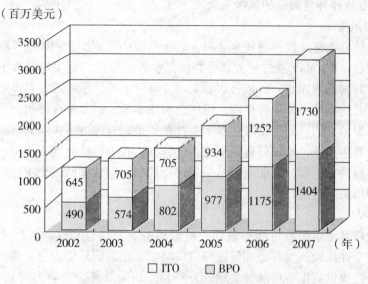

图4-9　中国ITO和BPO市场容量

　　然而，中国目前的ITO和BPO有近90%来自国内，即为境内外包，近岸外包和离岸外包则很少。为了加快这些外包市场的发展，我们必须制定战略以集中解决目前所面临的一些问题。中国目前很多学者在考虑外包战略的制定时，比较关注承接外包订单，而对于国际接包巨头的进入很担忧。其实吸引接包方和发包方都是一种选择，只要能从不同方面增强中国的全球交付能力，就能使中国真正分享全球外包的利益。一些全球外包服务供应商已经进驻中国，外包中心在中国也正在出现，正在应用中的一些旨在吸引更多离岸业务的政策毫无疑问会影响外包市场的全球供需平衡。

　　过去，外包发达国家往往从改善本国外包环境，促进和提高国内众多中小企业的境内接包能力来直接追求国家外包利益，现在则转变竞争策略，为回避国际外包地域转移风险而更多地通过跨国公司开展全球外包，间接追求国家外包利益。因此，中国要最大限度地实现国家外包利益，除从政府层面上改善外包环境以帮助国内企业承接更多的全球外包业务外，也要从企业层面上展开竞争，鼓励更多的中国跨国外包企业走出去，并在世界各地设立外包中心来开展全球外包业务。

服务采购管理

外包在世界各国日渐兴起并已演变成为一种经济潮流，促成了新的世界分工体系的初步建立。如果说，中国借助制造外包成功抓住了制造业国际转移的机会，实现了经济的第一次起飞；那么，要实现第二次起飞则取决于能否借助服务外包抓住服务业国际转移的机会。由于核心技术在制造外包业务中较易保护，因此中国以"市场换技术"的方案收效甚微，比较而言，服务外包中的技能要求不易控制，容易被学习、被转换为中国企业的自身竞争力，因而大力开展服务外包对于中国企业培育国际竞争力更具吸引力。所以，我国应积极开展服务外包，特别是要在承接近岸和离岸服务外包方面加大力度。

（二）企业战略外包面临的风险

1. 控制力风险

企业将非核心业务外包，易使企业失去对于相应产品或服务的控制，给企业的正常生产带来不确定性。K－Mart 通过把大部分物流作业外包出去，短期内降低了公司的运营成本，却丧失了对物流的控制，而使公司总成本大幅度上升，最终在与 Wal－Mart 的竞争中落败。首先，若选择单一外包提供商，虽然交易成本低，但是易让外包提供商处于垄断地位，从而削弱发包方的控制力；若选择多个外包提供商，包方可能因为利益冲突而产生内耗，从而恶化外包关系，增加外包管理成本。其次，在外包战略的实施中，发包方不对包方生产经营过程进行干预，只能通过结果来进行控制，但在中间过程中可能存在与发包方要求或者品牌形象不符的行为。

2. 安全性风险

企业外包使其他组织有可能接触到一些敏感的企业信息和资料，造成商业机密的泄露，增加了安全性风险。尤其是在研发外包战略中，随着研发能力越来越强，技术开发利润率萎缩，外包提供商很有可能独立地开发产品，成为外包企业有力的竞争对手。同时，外包企业也有可能因日益依赖外包提供商的技术创新，而失去自己的创新动力。

3. 情绪资本方面的问题

其一，就企业内部的员工而言，企业将非核心的业务外包出去，会给企业员工带来威胁感。这种危机意识作为双刃剑，虽然能促使员工加强学习、增强自身实力，但却又易使员工丧失对企业的信任感、归属感与责任感。企业决定将哪些业务外包以及如何外包，都会给员工带来重大影响：①不稳定的状态会影响员工的工作情绪，降低工作热情，进而影响其对企业的贡献度；②不安定的情绪会影响团队合作，给人员管理带来困难。其二，就消费者而言，如果企业将过多的环节外包出去，会影响品牌在消费者心中的形象，使其对产品或服务的可靠性产生怀疑，降低了消费者对其的信任度与忠诚度，从而影响企业的市场占有率。

4. 文化融合方面的问题

在外包战略尤其是全球外包战略中，文化差异可能使企业间产生不必要的摩擦，影响工作效率，增大内耗。从权利分配角度看，企业文化分为权利导向型文化、角色导向型文化、任务导向型文化与员工导向型文化四类。在外包过程中，发包方与包方的企业文化以及社会文化背景不同，会给文化整合带来困难，增加为避免文化冲突所需的管理成本。

（三）控制战略外包风险的策略

1. 外包企业要提高自身的"外包"综合能力

第一，企业领导层要具有战略眼光。外包企业的领导者应洞察当今专业化分工和管理的最新发展，敢于和善于对企业运行的各个环节和工序作出创新性变更，形成新的开放型的企业组织结构。企业领导者要有与参包企业之间建立信任关系和高超的组织和驾驭能力。另外，对于参包企业领导者来说，也应有战略眼光和新的发展思路，主动地去实施与国内外大公司的合作，积极争取大型业务外包合同。

第二，要具有强势的品牌和营销网络。品牌是企业实施"外包"的最大优势，因为只有建立在品牌经营的基础上，企业才有可能为产品附加上额外价值，优秀品牌也使参包企业更加乐意接受主包企业的外包业务。另外，现代企业的运作驱动力是更多的订单。企业拥有强大的营销网络，可以快速地把产品送到客户手中，缩短资金回流的周期，这是成功实施"外包"战略的一个重要条件。

第三，要具备较强的研发和控制能力。当今消费需求的快速变化，需要企业迅速不断地开发出更新的产品，而只有具备强大的研发能力，才可能使外包形成良性循环，生产一批，研发一批。"外包"减少了企业对生产等环节的管理监督，同时也增加了企业责任外移的可能性，如果无法对合作者进行有效控制，最终市场很可能被合作者自有产品抢走。这就要求企业具备很强的控制能力，能够不断地监控参包企业的行为，努力与之形成良好的长期合作关系。

2. 科学选择外包内容与外包方式

（1）外包的收益—风险评估

科学选择外包内容与外包方式对控制外包风险极其重要，因此，首先应针对每一个可能外包出去的生产活动和相应的外包方式，从三个方面对其进行评估：

第一，在考虑了交易成本的前提下，针对某项生产活动，外包战略可能给公司带来的竞争优势是什么？

第二，该项活动被外包出去后，由于市场失灵和合同的不完备对公司造成的可能伤害有多大？对这两个问题，我们可采用图4-10所示的矩阵进行分析。

大 外包所产生的收益 小	战略上较高程度的控制	一般程度的控制	较低程度控制或在市场上自由购买
	内部生产或战略上较高程度的控制	一般程度的控制	较低程度控制或在市场上自由购买
	内部生产	一般程度的控制	较低程度控制或在市场上自由购买
	高　　　外包所造成的风险　　　低		

图4-10　外包受益—风险矩阵

第三，通过合同条款的设计，使公司对外包的活动有较好的控制，并有一定的灵活性，以适应最终市场的需求变化。

（2）不宜外包的业务活动

第一，企业不应外包那些利用了自己核心能力的业务，如核心部件的生产或营销渠道的管理。因为企业本身就在该业务领域里有竞争优势，以此提高整个公司产品的竞争力。

第二，企业不能把那些对整个业务的顺利开展具有决定性影响的业务或生产外包出去，即使从成本上分析，企业在该领域里没有竞争优势，企业也不能将这些业务或生产外包出去。凯玛特沿着价值链评估其各阶段的竞争优势，决定应该把物流外包出去，而同时沃尔玛却在建立自己的地面运输队，正是这项决策严重影响了凯玛特的长期竞争力，最终使凯玛特在同沃尔玛的竞争中，节节败退。

第三，企业战略的决策者不应把那些有可能使企业形成新的竞争能力和竞争优势的学习机会的生产活动外包出去。因为，作为竞争优势来源的知识在企业开拓新业务方面越来越重要。

3. 谨慎地选择参包商

第一，参包企业的资源能力要有利于外包企业提升核心竞争力。参包企业的资源要素具有专用性，并与主包企业核心能力有强关联度。参包企业的资源和产品应当有特定的专用性，要为主包企业生产高质量、竞争力强的核心产品或服务提供有力支持，对主包企业的核心能力和核心技术具有一定的促进和提升作用，并能通过稳定的合作关系有效地控制市场风险和不确定性。

第二，参包企业要有良好的信誉和忠诚度。"外包"的直接目的在于选择理想的合作伙伴，以形成巨大实力和具有同心力的企业群体。而理想的合作伙伴的首要一条，是参包企业自身要有良好的信誉和合作意愿，以及对于该企业群体有相当的忠诚度，使之能在保持自身利益的同时，能够同心协力地满足客户的需求。

第三，参包企业要具有地域优势。参包企业所处的地域很关键。这是因为，主包企业选择合作伙伴时，需要考虑产地与销售目标市场是否接近。这可降低物流成本和沟通成本。出口企业如果跨国选择合作伙伴，外包区域的考虑可省去进出口环节，可更好地适应当地客户的需求。

第四，对参包商要进行综合评价。一般来说，对于参包商的评价指标体系应至少由以下三个方面的指标构成：①投入指标，即参包商拥有的固定资产、人力资源、技术资源等生产要素；②能力指标，即参包商的生产能力、技术创新能力等综合能力；③兼容指标，即核心企业与参包商在生产、文化等方面的兼容性。

4. 搞好外包的实施与管理

基于企业核心能力，企业需要明确的是，在分析了企业业务专用性和战略重要性程度，确定了所要外包的业务后，企业应通过加强组织内外部的管理来更好地参与到价值链中。在组织内部，需要构建基于核心竞争力知识库的学习型组织，不断优化企业流程来增强企业外包设计能力。在组织外部，则与价值链中的合作伙伴共同采取最优价格策略来达到价值链整体利润最优，实现双赢的目标，并且借助电子商务、电子商场等手段发掘企业之间新型关系管理方法，通过与合作伙伴之间交易成本和核心竞争力的互补与促进，以此来推动核心能力的发展。

在外包实施的初期，还要帮助自己企业内部的员工适应这一新的战略业务方式。企业通过与合作伙伴建立诚实互信的关系，随时进行协调和沟通，达到局部利益和整体利益的一致。这样企业就可以合理培植内外部有限的资源，运用最强的优势最大限度地提高企业的竞争力。同时企业应注意按照实行战略外包的新要求，对过去传统的经营关系结构、管理结构进行必要的调整。

对于解决经营竞争难题和开拓更广阔的市场来说，战略外包并不是一种现成的、毫不费力的方法，要给予高度的重视。它不但包括与外包商、通过外包商与广大客户的关系调整，也包括对内的业务外包的专门管理和对外业务外包专项管理的调整，特别要注意两方面都牵涉到的人力资源管理。只有这样，战略外包才有行之有效的机制保证。

第五章 服务采购流程

第一节 采购流程

一、传统采购流程概述

采购流程会因公司类型不同及采购对象即物料、工程发包等不同而在细节上有若干差异，但对于基本的流程则每个企业都大同小异，采购流程如下：

（一）确定需求

即在采购之前，应先确定购买哪些物料，买多少，购买日期，由谁或由哪个部门决定等。

（二）规格要求

确认需求之后，对需求的细节如品质、包装、售后服务、运输及检验方式等均加以明确说明，以便使来源选择及价格谈判等能顺利进行。需要说明的是很多国内采购较注重对样品的符合，不太注重书面图纸要求。例如报价时给卖方一个样品，只要卖方的产品符合样品就行了，往往没有很正规的图纸。

（三）选择可能的供应来源

根据需求说明在原有的供应商中选择成绩良好的厂商，通知其报价或以登报公告等方式公开征求。

（四）适宜价格的决定

决定可能的供应商之后，就进行价格谈判。

（五）订单安排

价格谈妥后，办理订货手续。订单和合约均属于具有法律效力的书面文件，对买卖双方的要求、权利及义务都有说明。

（六）订单追踪与稽核

签约订货之后，为寻求销售厂商如期、如质、如量交货，应依据合约规定，督促厂商按规定交货，并经来料检验合格后入库。

（七）核对发票

厂商交货合格后，随即开具发票。要求付清货款时，对于发票的内容是否正确，应先经采购部门核对，财务部门才能办理付款。

（八）不符与退货处理

凡厂商所交货品与合约规定不符而验收不合格者，应依据合约规定退货。并立即办理重购，予以结案。

（九）结案

凡验收合格付款，或验收不合格退货，均须办理结案手续，清查各项书面资料有无缺损、绩效好坏等，签报高级管理层或权责部门核阅批示。

（十）记录与档案维护

凡经结案批示后的采购案件，应列入档案登记编号分类，予以保管，以备参阅或事后发生问题的查考。档案应具有一定保管期限的规定。

采购流程如图5-1所示。

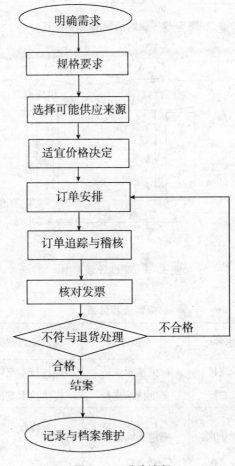

图5-1 采购流程

二、采购流程的内容

采购流程一般包括采购计划、采购认证、采购订单、进货管理和管理评价五个环节，每个环节有其对应的具体的采购活动。采购计划：发现需求、对需求进行描述。采购认证：选择可能的供应来源、适宜价格决定。采购订单：订单安排、订单追踪与稽核。进货管理：进货方式选择、接收并检验收到的货物、结清发票并支付货款。管理评价：维护档案记录、管理供应商绩效。

通过图5-2"采购流程的五个环节"和图5-3"采购计划产生"来描述采购流程体系，如表5-1所示。

图5-2　采购流程的五个环节

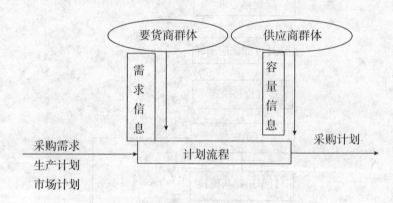

图5-3　采购计划产生

表5-1　　　　　　　　　　　　　　采购流程体系

供应商	寻求需求源	寻求需求源	提供能力数据	参与决策、接受物料全球预测、进行准备
设计开发	提供技术支持	提供技术支持	提供技术支持	参与评审
中试工艺	提供技术支持	提供技术支持	提供技术支持	参与评审
采购计划	准备计划说明书	确定采购需求	计算供应商容量	制订采购计划、含认证计划和订单计划，向供应商提供需求预测
采购认证	提供技术支持	提供技术支持	工作配合	参与评审
采购订单	提供技术支持	提供技术支持	工作配合	参与评审

供应商	寻求需求源	寻求需求源	提供能力数据	参与决策、接受物料全球预测、进行准备
采购管理	提供管理支持	提供管理支持	工作配合	审批
检验部	准备	准备	准备	制订检验计划
生产存储部	提供市场需求计划	提供市场需求计划	了解供应商容量	参与评审
财务部	准备	准备	准备	制订资金计划
市场部	提供市场需求计划	提供市场需求计划	了解供应商容量	参与评审
组织角色	任务活动	任务活动	任务活动	任务活动

三、采购流程的要点

在设计采购流程的时候，应注意以下要点：

（一）采购结构应与采购数量、种类区域相匹配

一方面，过多的流程环节会增加组织流程运作的作业与成本，降低工作效率。另一方面，流程过于简单、监控点设置不够等，将导致采购过程操作失去控制，产生质量、供应、价格变更等问题。

（二）先后顺序及时效控制

应注意其流畅性与一致性，并考虑作业流程所需的时限。例如，避免同一主管对同一采购文件做数次的签核；避免同一采购文件在不同部门有不同的作业方式；避免一个采购文件会签部门太多，影响作业时效。

（三）关键点设置

为便于控制采购作业，在采购的各阶段均能被追踪管理，应设置关键点的管理要领或办理时限。例如，国外采购的询价/报价、申请输入许可证、出具信用证、装船、报关、提货等均有管理要领或办理时限。

（四）权力、责任或任务的划分

各项作业手续及查核责任，应有明确权责规定及查核办法。比如，请购、采购、验收、付款等权责应予区分，并确定主管单位。

（五）避免作业过程中发生摩擦、重复与混乱

注意变化或弹性范围以及偶然事件的处理规则。例如，"紧急采购"及"外部授权"。

（六）采购流程应反映集体决策的思想

由计划、设计、工艺、认证、订单、质量等人员一起来决定供应商来选择。处理程序应合时宜，应注意采购程序的及时改进，早期设计的处理程序或流程。经过若干时日后，应加以检查，不断改进与完善，以回应组织的变更或作业上的实际需要。

（七）配合作业方式的改善

例如，手工的作业方式改变为计算机管理系镜辅助作业后，其流程与表格需作相当程度的调整或重新设计。

第二节 服务招投标流程

一、招标采购的方式

招标采购是通过在一定范围内公开购买信息，说明拟采购物品或项目的交易条件，邀请供应商或承包商在规定的期限内提出报价，经过比较分析后，按既定标准确定最优惠条件的投标人并与其签订采购合同的一种高度组织化采购方式。

招标采购是在众多的供应商中选择最佳供应商的有效方法。它体现了公平、公开和公正的原则。企业采购通过招标程序，可以最大限度地吸引和扩大招标方之间的竞争，从而使招标方有可能以更低的价格采购到所需要的物资或服务，更充分地获得市场利益。招标采购方式通常用于比较重大的建设工程项目、新企业寻找长期物资供应商、政府采购或采购批量比较大的场合。

总体来看，目前世界各国和国际组织的有关采购法律规则都规定了公开招标、邀请招标、议标三种招标投标方式。

（一）公开招标

公开招标，又称为竞争性招标，即由招标人在报刊、电子网络或其他媒体上发布招标公告，吸引众多企业单位参加投标竞争，招标人从中择优选择中标单位的招标方式。按照竞争程度，公开招标方式又可分为国际竞争性招标和国内竞争性招标，其中国际竞争性招标是采用最多、占采购金额最大的一种方式。

1. 国际竞争性招标

这种是在世界范围内进行的招标，国内外合格的投标商均可以投标。它要求制作完整的英文标书，在国际上通过各种宣传媒介刊登招标公告。例如，世界银行对贷款项目货物及工程的采购规定了三个原则：必须注意节约资金并提高效率，即经济有效；要为世界银行的全部成员国提供平等的竞争机会，不歧视投标人；有利于促进借款国本国的建筑业和制造业的发展，世界银行在确定项目的采购方式时都从这三个原则出发。

它的特点是高效、经济、公平，特别是采购合同金额较大、国外投标商感兴趣的货物和工程要求必须采用国际竞争性招标。世界银行根据不同国家和地区的情况，规定了凡采购金额在一定限额以上的货物和工程合同，都必须采用国际竞争性招标。对一般借款国来说，25 万美元以上的货物采购合同、大中型工程采购合同，都应采用国际竞争性招标。我国的贷款项目金额一般都比较大，世界银行对中国的国际竞争性招标采购限额也放宽一些，工业项目采购凡在 100 万美元以上，均应采用国际竞争性招标来进行，国际竞争性招标的优缺点如表 5 – 2 所示。

表 5 – 2　　　　　　　　　　　　国际竞争性招标的优缺点

优　点	缺　点
能以对买主有利的价格采购到需要的设备和工程	需要较多的时间：在这种招标方式下，从招标公告、投标人作出反应、评标到授予合同一般需要半年到 1 年以上的时间
能引进先进的设备、技术和工程技术及管理经验	所需文件比较多：招标文件要明确规范各种技术规格、评标标准以及买卖双方的义务等内容，要将大量的文件翻译成国际通用文字，因而增加工作量
为合格的投标人提供公平的投标机会	中标的供应商和承包商中的发展中国家所占的份额比较少
减少作弊的可能性，这是因为采购程序和采购标准的公开性	

2. 国内竞争性招标

这类招标方式可用本国语言编写标书，只在国内的媒体上登出广告，公开出售标书，公开开标。它通常用于合同金额较小（世界银行规定一般在 50 万美元以下）、采购品种比较分散、分批交货时间较长、劳动密集型、商品成本较低而运费较高、当地价格明显低于国际市场价格等类型的采购。从国内采购货物或者工程建筑可以大大节省时间，而且这种便利将对项目的实施具有重要的意义。在国内竞争性招标的情况下，如果外国公司愿意参加，则应允许它们按照国内竞争性招标参加投标，不应人为设置障碍，妨碍其公平参加竞争。国内竞争性招标的程序大致与国际竞争性招标相同。由于国内竞争招标限制了竞争范围，通常国外供应商不能得到有关投标的信息，这与招标的原则不符，所以有关国际组织对国内竞争性招标都加以限制。

（二）邀请招标

邀请招标也称为有限竞争性招标或选择性招标，即由招标单位选择一定数目的企业，向其发出投标邀请书，邀请他们参加招标竞争。一般选择 3～10 个企业参加较为适宜，当然也要视具体招标项目的规模大小而定。由于被邀请参加的投标竞争者有限，不仅可以节约招标费用，而且提高了每个投标者的中标机会。然而，由于邀请招标限制了充分的竞争，因此，招标投标法规一般都规定招标人应尽量采用公开招标。

按照国内外的通常做法，采用邀请招标方式的前提条件是对市场供给情况比较了解，对供应商或承包商的情况比较了解。在此基础上，还要考虑招标项目的具体情况：一是招标项目的技术新而且复杂或专业性很强，只能从有限范围的供应商或承包商中选择；二是招标项目本身的价值低，招标人只能通过限制投标人数来达到节约和提高效率的目的。因此，邀请招标是允许采用的招标方法，而且在实际中有其较大的适用性。

（三）议标

议标也称为谈判招标或限制性招标，即通过谈判来确定中标者。议标的方式又可分为直接邀请议标方式、比价议标方式、方案竞赛议标方式。

二、招标采购的一般程序

招标采购是一个复杂的系统工程，它涉及各个方面各个环节。一个完整的招标采购过程，基本上可以分为以下六个阶段。

（一）策划

招标活动，是一次涉及范围很广的大型活动。因此，开展一次招标活动，需要进行认真而周密的策划，招标策划主要应当做好以下的工作：

（1）明确招标的内容和目标，对招标采购的必要性和可行性进行充分的研究和探讨；

（2）对招标书的标底进行初步估算；

（3）对招标的方案、操作步骤、时间进度等进行研究决定。例如，是采用公开招标还是邀请招标，是自己亲自主持招标还是请人代理招标，分成哪些步骤，每一步怎么进行等；

（4）对评标方法和评标小组进行讨论研究；

（5）把以上讨论形成的方案计划形成文件，交由企业领导层讨论决定，取得企业领导决策层的同意和支持，有些甚至可能还要经过公司董事会同意和支持。

（二）招标

在招标方案得到公司的同意和支持以后，就要进入实际操作阶段。招标采购的第二个阶段就是招标阶段，招标阶段的工作主要有以下几部分：

（1）形成招标书。招标书是招标活动的核心文件，要认真起草好招标书；

（2）对招标书的标底进行仔细研究确定。有些要召开专家会议，甚至邀请一些咨询公司代理；

（3）招标书发送。采用适当的方式，将招标书传送到所希望的投标人手中。例如，对于公开招标，可以在媒体上发布；对于选择性招标，可以用挂号信或特快专递直接送交所选择的投标人。许多标书是要花钱买的，有些标书规定是要交一定的保证金的，这种情况下要交钱以后才能得到招标书。

（三）投标

投标人在收到招标书以后，如果愿意投标，就要进入到投标程序。其中，投标书、投标报价需要经过特别认真的研究、详细的论证完成。这些内容是要和许多供应商竞争评比的，既要先进又要合理，还要有利可图。

投标文件要在规定的时间内准备好，一份正本、若干份副本，并且分别封装签章，信封上分别注明"正本"、"副本"字样，寄到招标单位。

（四）开标

开标应按招标通告中规定的时间、地点公开进行，并邀请投标商或其委派的代表参加。开标前，应以公开的方式检查投标文件的密封情况，当众宣读供应商名称、有无撤标情况、提交投标保证金的方式是否符合要求（在有保证金的前提下）、投标项目的主要内容、投标价格及其他有价值的内容；开标时，对于投标文件中含义不明确的地方，允许投标商做简要解释，但所做的解释不能超过投标文件记载的范围，或实质性地改变投标文件的内容。以电传、电报方式投标的，不予开标。

开标要做开标记录，其内容包括项目名称、招标号、刊登招标通告的日期、发售招标文件的日期、购买招标文件单位的名称、投标商的名称及报价、截标后收到标书的处理情况等。

在有些情况下，可以暂缓或推迟开标时间，如招标文件发售后对原招标文件做了变更或补充；开标前发现有足以影响采购公正性的违法或不正当行为；采购单位接到质疑或诉讼；出现突发事故；变更或取消采购计划，等等。

（五）评标

招标方收到投标书后，直到招标会开会那天，不得事先开封。只有当招标会开始，投标人到达会场，才可将投标书邮件交投标人检查，签封完后，当面开封。

开封后，投标人可以拿着自己的投标书向全体评标小组陈述自己的投标书，并且接受全体评委的质询，（或者）甚至参加投标辩论。陈述辩论完毕，投标者退出会场，委员会进行分析评比，最后投票或打分选出中标人。

评标由招标人依法组建的评标委员会负责。评标委员会由招标人的代表和有关技术、经济等方面的专家组成，成员人数为 5 人以上的单数，其中技术、经济等方面的专家不得少于成员总数的 2/3。一般招标项目可以采取随机抽取的方式选择，特殊招标项目可以由招标人直接确定。与投标人有利害关系的人不得进入相关项目的评标委员会，已经进入的应当更换。评标委员会成员的名单在中标结果确定前应当保密。招标人应当采取必要的措施，保证评标是在严格保密的情况下进行的，任何单位和个人不得非法干预、影响评标的过程和结果。评标委员会可以要求投标人对投标文件中含义不明确的内容做必要的澄清或者说明，但是澄清或者说明不得超出投标文件的范围或者改变投标文件的实质性内容。

评标委员会应当按照招标文件确定的评标标准和方法，对投标文件进行评审和比较。设有标底的，应当参考标底。评标委员会完成评标后，应当向招标人提出书面评标报告，并推荐合格的中标候选人。招标人根据评标委员会提出的书面评标报告和推荐的中标候选人确定中标人，招标人也可以授权评标委员会直接确定中标人。

投标人就投标价格、投标方案等实质性内容进行谈判。评标委员会成员不得私下接触投标人，不得收受投标人的财物或者其他好处。评标委员会成员和参与评标的有关工作人员不得透露对投标文件的评审和比较、中标候选人的推荐情况及与评标有关的其他情况。

（六）定标

在全体评标人员投票或打分选出中标人员以后，交给投标方，通知中标方。同时，对于没有中标者也要明确通知他们，并表示感谢。

以上是一般情况下的招标采购的全过程。在特殊的场合，招标的步骤和方式也可能有一些变化。

三、招标采购的关键点

（一）招标采购的准备

招标采购有一套完整的、统一的程序，这套程序不会因国家、地区和组织的不同而存在太大的差别。一个完整的竞争性招标过程由招标、投标、开标、评标、合同授予等阶段组成。前文已述，国际限制性招标采购和国内限制性招标采购除了在招标阶段与竞争性招标采购有所不同外，其他步骤、要求和方法基本上与竞争性招标采购相同。

在招投标之前需要做大量的基础性工作，其具体工作可由采购单位自行办理，如果采购单位因人力或技术原因无法自行办理的，可以委托给社会中介机构。

1. 资格预审通告的发布

对于大型或复杂的土建工程或成套设备，在正式组织招标以前，需要对供应商的资格和能力进行预先审查，即资格预审。通过资格预审，可以缩小供应商的范围，避免不合格的供应商做无效劳动，减少他们不必要的支出，也减轻了采购单位的工作量，节省了时间，提高了办事效率。

（1）资格预审的内容

资格预审包括两大部分，即基本资格预审和专业资格预审。基本资格是指供应商的合法地位和信誉，包括是否注册、是否破产、是否存在违法违纪行为等。

专业资格是指已具备基本资格的供应商履行拟订采购项目的能力。具体包括：

① 经验和以往承担类似合同的业绩和信誉。

② 为履行合同所配备的人员情况。

③ 为履行合同任务而配备的机械、设备及施工方案等情况。

④ 财务状况。

⑤ 售后维修服务的网点分布、人员结构等。

（2）资格预审程序

进行资格预审，首先要编制资格预审文件，邀请潜在的供应商参加资格预审，发售资格预审文件和提交资格预审申请，然后进行资格评定。

① 编制资格预审文件。一个国家或组织通常会对资格预审文件的格式和内容进行统一，制定标准的资格预审文件范本。资格预审文件可以由采购实体编写，也可以由采购实体委托的研究、设计或咨询机构协助编写。

② 邀请潜在的供应商参加资格预审。这一般是通过在官方媒体上发布资格预审通告进行的。实行政府采购制度的国家、地区或国际组织，都有专门发布采购信息的媒体，如官方刊物或电子信息网络等。资格预审通告的内容一般包括：采购实体名称、采购项目名称、采购（工程）规模、主要工程量、计划采购开始（开工）、交货（完工）日期、发售资格预审文件的时间、地点和售价以及提交资格预审文件的最迟日期。

③ 发售资格预审文件和提交资格预审申请。资格预审通告发布后，采购单位应立即

开始发售资格预审文件，资格预审申请的提交必须按资格预审通告中规定的时间，截止期后提交的申请书一律拒收。

④ 资格评定，确定参加投标的供应商名单。采购单位在规定的时间内，按照资格预审文件中规定的标准和方法，对提交资格预审申请书的供应商的资格进行审查。只有经审查合格的供应商才有资格继续参加投标。

2. 招标文件的准备

招标文件是整个招标投标活动的核心文件，是招标方全部活动的依据，也是招标方的智慧与知识的载体。因此，准备招标文件是非常关键环节，它直接影响到采购的质量和进度。

招标文件一般至少应包括以下内容：

（1）招标通告。招标通告的核心内容就是向未定的投标方说明招标的项目名称和简要内容，发出投标邀请，并且说明招标书编号、投标截止时间、投标地点、联系电话、传真、电子邮件地址等。它应当简短、明确，让读者一目了然，并得到了基本信息。

（2）投标须知。投标须知是通过建立一些在整个招标投标过程中的共同的概念和规则，并把它们明确地写出来，作为招标文件的一部分，以期形成共识。投标须知作为今后双方行为的依据，并且声明未尽事项的解释权归谁所有，以免以后引起争议。

（3）合同条款。合同条款的基本内容就是购销合同、任务明细组成、描述方式、货币价格条款、支付方式、运输方式、运费、税费处理等商务内容的约定和说明。它包括一般合同条款和特殊合同条款，具体内容如表 5 - 3 所示。

表 5 - 3　　　　　　　　　　　　　不同合同条款的内容

一般合同条款	特殊合同条款
买卖双方的权利和义务	交货条件
价格调整程序	验收和测试的具体程序
不可抗力因素	履约保证金的具体金额和提交方式
运输、保险、验收程序	保险的具体要求
付款条件、程序及支付货币规定	解决争端的具体规定
延误赔偿和处罚程序	付款方式和货币要求
合同中止程序	零配件和售后服务的具体要求
合同适用法律的规定	对一般合同条款的增减等
解决争端的程序和方法	
履约保证金的数量、货币及支付方式	
有关税收的规定	

（4）技术规格。技术规格是招标文件和合同文件的重要组成部分，它规定所购设备的性能和标准。技术规格也是评标的关键依据之一。如果技术规格制定得不明确或不全面，就会增加风险，不仅会影响采购质量，也会增加评标难度，甚至导致废标。

货物采购技术规格一般采用国际或国内公认的标准，除不能准确或清楚地说明拟招标项目的特点外，各项技术规格均不得要求或标明某一特定的商标、名称、专利、设计、原产地或生产厂家，不得有针对某一潜在供应商或排斥某一潜在供应商的内容。

（5）投标书的编制要求。投标书是投标供应商对其投标内容的书面声明，包括投标文件构成、投标保证金、总投标价和投标书的有效期等内容。投标书中的总投标价应分别以数字和文字表示。投标书的有效期是指投标有效期，是让投标商确认在此期限内受其投标书的约束，该期限应与投标须知中规定的期限相一致。

投标保证金是为了防止投标商在投标有效期内任意撤回其投标，或中标后不签订合同或不交纳履约保证金，使采购实体蒙受损失。

投标保证金可采用现金、支票、不可撤销的信用证、银行保函、保险公司或证券公司出具的担保书等方式缴纳。投标保证金的金额不宜过高，可以确定为投标价的一定比例，一般为投标价的1%～5%，也可以定一个固定数额。由于按比例确定投标保证金的做法很容易导致报价泄露，即通过一个投标商交纳的投标保证金的数额可以推算其投标报价，因而采用固定投标保证金的做法较为理想，这有利于保护各投标商的利益。国际性招标采购的投标保证金的有效期一般为投标有效期加上30天。

如果投标商有下列行为之一的，应没收其投标保证金：①投标商在投标有效期内撤回投标；②投标商在收到中标通知书后，不按规定签订合同或不交纳履约保证金；③投标商在投标有效期内有违规违纪行为等。

在下列情况下投标保证金应及时退还给投标商：①中标商按规定签订合同并缴纳履约保证金；②没有违规违纪的未中标投标商。

（6）供货一览表、报价表。供货一览表应包括采购商品品名、数量、交货时间和地点等。在国境内提供的货物和在国境外提供的货物在报价时要分开填写。在报价表中，境内提供的货物要填写商品品名、商品简介、原产地、数量、出厂单价、出厂价境内增值部分所占的比例、总价、中标后应缴纳的税费等；境外提供的货物要填写商品品名、商品简介、原产地、数量、离岸价单价及离岸港、到岸价单价及到岸港、到岸价总价等。

3. 发布招标通告

招标通告的内容因项目而异，一般包括采购实体的名称和字体、资金来源、采购内容简介、采购货物名称、数量及交货地点、需进行工程的性质和地点等，希望或要求供应货物的或工程竣工的时间或提供服务的时间表，获取招标文件办法和地点。采购实体对招标文件收取的费用及支付方式，开标日期、时间和地点。

如果经过资格预审程序，招标文件可以直接发售给通过资格预审的供应商；如果没有资格预审程序，招标文件可发售给任何对招标通告作出反应的供应商。招标文件的发售，可采取邮寄方式，也可以让供应商或其代理商来购买。如果采取邮寄方式，要求供应商在收到招标文件后要告知招标机构。

（二）开标程序与方法

招标阶段的工作完成以后，采购就进入投标、开标阶段。标书发售后至投标前，要根据实际情况合理确定投标准备时间。投标准备时间确定得是否合理，会直接影响招标的结果。尤其是土建工程投标涉及的问题很多，例如，投标商要准备工程概算，编制施工计划，考察项目现场，寻找合作伙伴和分包单位。如果投标准备时间太短，投标商就无法完成或不能很好地完成各项准备工作，投标文件的质量就不会十分理想，直接影响后面的评标工作。

在正式投标前，采购单位还需要做一些必要服务工作：①对大型工程或复杂设备组织召开标前和现场考察；②按投标商的要求澄清招标文件，澄清答复文件要发给所有购买招标文件的供应商。

采购单位或招标单位只接受在规定的投标截止日期前由供应商提交的投标文件，截止日期后送到的投标文件拒收，并取消这类供应商的资格。在收到投标文件后，要签收或通知供应商投标文件已经收到。在开标以前，所有的投标文件都必须密封，妥善保管。投标文件的内容应与招标文件的要求相一致。

开标应按招标通告中规定的时间、地点公开进行，并邀请投标商或其委派的代表参加。开标前，应以公开的方式检查投标文件的密封情况，当众宣读供应商名称、有无撤标情况、提交投标保证金的方式是否符合要求、投标项目的主要内容、投标价格以及其他有价值的内容；开标时，对于投标文件中含义不明确的地方，允许投标商作简要解释，但所作的解释不能超过投标文件记载的范围，或实质性地改变招标文件的内容。以电传、电报方式投标的，不予开标。

开标要做开标记录，其内容包括项目名称、招标号、刊登招标通告的日期、购买招标文件的日期、购买招标文件单位的名称、投标商的名称及报价、截标后收到标书的处理情况等。

在有些情况下，可以暂缓或推迟开标时间，如招标文件发售后对原招标文件作了变更或补充；开标前发现有足以影响采购公立性的违法或不正当行为；采购单位接到质疑或诉讼；出现突发事故；变更或取消招标内容。

四、评标和决标程序与方法

评标的目的是根据招标文件确定的标准和方法，对每个投标商的标书进行评价和比较以评出最低投标价的投标商。评标必须以招标文件为依据，不得采用招标文件规定以外的标准和方法进行评标，凡是评标中需要考虑的因素都必须写入招标文件之中。

（一）评标、决标的方法

评标方法很多，具体评标方法取决于采购单位对采购对象的要求，货物采购和工程采购的评标方法有所不同。货物采购常用的评标方法有四种，即以最低评标价为基础的评标方法、综合评标法、以寿命周期成本为基础的评标方法以及打分法。

1. 以最低评标价为基础的评标方法

在采购简单的商品、半成品、原材料以及其他性能质量相同或容易进行比较的货物时，价格可以作为评标考虑的唯一因素。以价格为尺度时，不是指最低报价，而是指最低评标价。最低评标价有其价格计算标准，即成本加利润。其中，利润为合理利润，成本也有其特定的计算口径。

（1）如果采购的货物是从国外进口的，报价应以包括成本、保险、运费的到岸价（CIF）为基础；

（2）如果采购的货物是国内生产的，报价应以出厂价为基础。

出厂价应包括生产、供应货物而从国内外购买的原材料和零配件所支付的费用以及各种税款，但不包括货物售出后所征收的销售性或与其类似的税款。如果提供的货物是国内投标商早已从国外进口、现已在境内的，应报仓库交货价或展销价，该价应包括进口货物时所交付的进口关税，但不包括销售性税款。

2. 综合评标法

综合评标法是指以价格另加其他因素为基础的评标方法。在采购耐用货物如车辆、发动机以及其他设备时，可采用这种评标方法。在采用综合评标法时除考虑价格因素外，还应考虑下列因素：

（1）内陆运费和保险费。在计算内陆运费、保险费及其他费用时，可采用下列任一做法：① 可按照铁路（公路）运输、保险公司以及其他部门发布的费用标准来计算货物运抵最终目的地将要发生的运费、保险费以及其他费用，然后把这些费用加在投标报价上；② 让投标商分别报出货物运抵最终目的地所要发生的运费、保险费以及其他费用，这部分费用要用当地货币来报，同时还要对所报的各种费用进行核对。

（2）交货期。在确定交货期时，可根据不同的情况采用下列办法：① 可以按招标文件中规定的具体交货时间为基准交货时间，早于基准交货时间的，评标时也不给予优惠，若迟于基准时间，每迟交1个标准时间（1天、1周、10天或1个月等），可按报价的一定百分比换算为成本，然后加在报价上；② 如果根据招标文件的规定，货物在合同签字并开出信用证后若干日（月）内交货，对迟于规定时间、但又在可接受的时间范围内的，可按每日（月）一定的百分比乘以投标报价再乘以迟交货的日（月）数，或者按每日（月）一定金额乘以迟交货的时间来计算，评标时将这一金额加在报价上。

（3）付款条件。投标商必须按照合同条款中规定的付款条件来报价，对于不符合规定的投标，可视为非响应性投标予以拒绝。但对于采购大型成套设备可以允许投标商有不同的付款要求，提出有选择性的付款计划，这一选择性的付款计划只有在得到投标商愿意降低投标价的基础上才能考虑。如果投标商的付款要求偏离招标文件的规定不是很大，尚属可接受的范围，在这种情况下可根据偏离条件给采购单位增加的费用，按标书中规定的贴现率算出其净现值并加在报价上，供评标时考虑。

（4）零配件的供应和售后服务情况。如果投标商已在境内建立了零配件和售后服务的供应网点，评标时可以在报价之外不另加费用。但是如果投标商没有提供上述招标文件中规定的有关服务，而需由采购单位自行安排和解决的，以及在评标时可考虑将所要增加的费用加在报价上。

（5）货物的性能、生产能力以及配套性和兼容性。如果投标商所投设备的性能、生产能力没有达到技术规格要求的基准参数，凡每种技术参数比基准参数低，将在报价基础上增加若干金额，以反映设备在寿命周期内额外增加的燃料、动力、运营的成本。

（6）技术服务和培训费用等。投标商在标书中应报出设备安装调试等方面的技术服务费用以及有关培训费，这些费用应加在报价上，并供评标时考虑。

3. 以寿命周期成本为基础的评标方法

采购整套厂房、生产线或设备、车辆等在运行期内的各项后续费用（零配件、油料、燃料维修等）很高的设备时，可采用以寿命周期成本为基础的评标方法。

在计算寿命周期内成本时，可以根据实际情况，评标时在标书报价的基础上加上一定运行期年限的各项费用，再减去一定年限后设备的残值，即扣除这几年折旧费后的设备剩余值。在计算各项费用或残值时，都应按标书中规定的贴现率折算成净现值。

例如，汽车按寿命周期成本评标应计算的因素如下：

（1）汽车价格；

（2）根据标书偏离招标文件的各种情况，包括零配件短缺、交货延迟、付款条件等进行调整；

（3）估算车辆行驶寿命期所需燃料费用；

（4）估算车辆行驶寿命期所需零件及维修费用；

（5）估算寿命期末的残值。

以上后三项都应按平均贴现率折算成现值。

4. 打分法

评标时通常要考虑多种因素，为了既便于综合考虑，又利于比较，可以按这些因素的重要性确定其在评标时所占的比例，对每个因素打分。

打分法考虑的因素包括：

（1）投标价格；

（2）内陆运费、保险费及其他费用；

（3）交货期；

（4）偏离合同条款规定的付款条件；

（5）设备价格及售后服务；

（6）设备性能、质量、生产能力；

（7）技术服务和培训。

采用打分法评标时，首先确定每种因素所占的分值。通常来说，分值在每个因素的分配比例为：投标价60~70分；零配件10分；技术性能、维修、运行费10分；售后服务5分；标准备件等5分，总分100分。

如果采用打分法评标，考虑的因素、分值的分配以及打分标准均应在招标文件中明确规定。

打分法有利有弊。利在于综合考虑，方便易行，能从难以用金额表示的各个投标中选择最好的投标。弊在于难以合理确定不同技术性能的有关分值和每种性能应得的分数，有时会忽视一些重要的指标。

（二）评标程序

1. 初步评标

初步评标工作比较简单，但非常重要的一步是：评标内容包括供应商资格是否符合要求，投标文件是否完整，是否按规定方式提交投标保证金，投标文件是否基本上符合招标文件的要求；如果供应商资格不符合规定，或投标文件未作出实质性的反应，都应作为无效投标处理，不得允许投标供应商通过修改投标文件或撤销不合要求的部分而使其投标具有响应性。

经初步评标，凡是确定为基本上符合要求的投标，下一步要核定投标中有没有计算和设计方面的错误。在修改计算错误时，要遵循两条原则：① 如果数字表示的金额与文字表示的金额有出入，要以文字表示的金额为准；② 如果价格和数量的乘积与总价不一致，要以单价为准。但是如果采购单位认为有明显的小数点错误，此时要以标书的总价为准，并修改单价。如果投标商不接受根据上述修改方法而调整的投标价，可拒绝其投标并没收其投标保证金。

2. 详细评标

在完成初步评标以后，下一步就进入详细评定和比较阶段。只有在初评中确定为基本合格的投标，才有资格进入详细评定和比较阶段。具体的评标方法取决于招标文件中的规定，并按评标价的高低，由低到高，评定出各投标的排列次序。

在评标时，当出现最低评标价远远高于标底或缺乏竞争性等情况时，应废除全部投标。

3. 编写并上报评标报告

评标工作结束后，采购单位要编写评标报告，上报采购主管部门。

评标报告包括以下内容：

（1）广告刊登的时间、购买招标文件的单位名称；

（2）开标日期；

（3）投标商名单；

（4）投标报价以及调整后的价格（包括重大计算错误的修改）；

（5）价格评比基础；

（6）评标的原则、标准和方法；

（7）授标建议。

4. 资格后审

如果在投标前没有进行资格预审，在评标后则需要对最低评标价的投标商进行资格后审。如果审定结果认为他有资格、有能力承担合同任务则应把合同授予他；如果认为他不符合要求，则应对下一个评标价最低的投标商进行类似的审查。

5. 授标与合同签订

合同授予最低评标价投标商，并要求在投标有效期内进行。决标后，在向中标投标商发中标通知书时，也要通知其他没有中标的投标商，并及时退还投标保证金。

第三节　服务类政府采购招投标

一、招标采购在政府采购中的应用

招标机构在政府采购制度建设过程中发挥一定作用，我国的政府采购制度建设是一个从无到有的过程。政府采购的制度设计必然要立足我国国情，借鉴国际惯例。经过十几年的实践积累和经验总结，招标采购方式在我国已经逐渐成长、成熟起来，为政府采购制度的建立和实施提供了实践基础。

（一）招标采购对政府采购意义重大

政府采购一般具有如下六个主要特点：

（1）数额巨大。据统计，各国政府采购的金额一般占其国内生产总值的 14% 左右（欧共体各国，2010 年）。

（2）资金来源的公共性。政府采购的资金来源于税收形成的公共资金。

（3）广泛性。政府采购的对象从汽车、家具、办公用品到工程和服务无所不包，涉及多个领域。

（4）政策性。作为公共支出管理的一个重要环节，政策采购必然承担着执行国家政策的使命。

（5）公开性。政策采购的有关规则和程序都是公开的，所有采购信息和采购过程也都公开。

（6）管理性。政府采购是在严格的规则和管理限制下进行的。

鉴于以上特点，政府采购必然要求采购行为能与政府施政及经济发展的需要相配合，以经济性和有效性为首要目标，采购的过程应是公开、透明、公平的，并且鼓励竞争，以降低采购价格。从政府采购制度设计的目标与原则出发，招标采购适应了政府采购的基本要求。

招标采购在其长期的发展实践过程中，形成了一套行之有效的原则和方法，成为一种有高度组织性、规范性、制度性及专业性的活动，特别适于高额、大宗货物的采购。招标采购的程序规范、透明度高、公平竞争、一次成交等特点，符合公开、公平、公正的市场竞争机制，与政府采购的目标和原则相吻合。因此，招标采购响应了政府采购的内在要求。

（二）专业招标机构参与政府采购有关法规的起草论证工作

法规建设是政府采购制度建设的关键环节。在其建立过程中，政府采购的主管部门积极汲取专业招标机构积累的多年经验，向招标行业专家征求意见。

（三）配合政府机构做好培训工作

招标机构利用自身丰富的实践经验和深厚的理论基础，多次配合财政部政府采购主管部门组织中央各采购机关的培训工作，帮助采购机关提高对招投标理论的理解，进一步掌握招标实际操作规程。应地方各级采购部门、军队、企业之邀，宣讲招投标政策、经验和技巧的情况，更是不计其数。

在对采购方进行招标培训的同时，专职招标机构并未放松对投标方的培训，向供应商传授招投标知识，教会他们如何参与招投标竞争，并在投标过程中维护自己的权利。

（四）招标机构加强自身建设，服务政府采购

随着我国政府采购制度的逐步完善，采购范围的逐步扩大，采购数量的逐步提高，招标采购的业务范围和业务数量必将随之大幅度提高。这既为招标行业的发展提供了机遇，也使招标机构面临严峻挑战。

首先，管理要求更加严格。政府采购对招标机构有严格的资质要求，达不到要求的招标机构就不可以进入这一业务领域。其次，监督更加严密。政府采购是一种政府行为，主管部门对采购全过程的监督是政府采购的基本特点之一。同时，政府采购又具有资金来源的公共性，政府采购的支出全部来自税收，因此，不仅政府主管部门、投标商要监督招标机构的职业行为，任何公民都有权利、有义务，也有动力来监督政府采购的招标行为。最后，竞争更加激烈。政府采购制度的实施使采购主体得到统一，打破了部门垄断，使更多的招标机构自由参与竞争，必将加剧已经比较激烈的竞争态势。同时，各采购机关自主招标的能力也在逐步增强，也会分割一部分市场份额。

二、政府采购的重点及评标方法

（一）服务类政府采购难点

服务类项目政府采购主要存在以下难点：

1. 投标人资格确认难

《政府采购法》中规定供应商参加政府采购活动应具备六个方面资格条件。在投标人资格审查时会涉及：工商营业执照，国税、地税登记证，企业法人代码证，生产、经营范围，办公场所证明，生产厂家或销售总代理提供的书面授权书、委托书或证明文件；是否符合国家环保标准、安全标准的证明材料；经营国家有特殊规定标准的货物应持有的特殊行业许可证；与政府采购活动有关的记录和信誉证明材料等。对于特殊行业的供应商，国家还有特别要求。例如，公务车辆维修供应商应取得"道路运输经营许可证"，定点加油供应商应取得成品油零售许可证，这涉及发改委、商务局等。因此，资格是否真实、资质是否有效，难以辨认和界定。

2. 招标文件编制难

服务类政府采购项目涉及很多方面，在编制招标文件时通常要涉及项目说明、设备清单、服务内容、质量要求、验收标准、完成时限、付款方式七方面内容。而以上内容中有些是"软指标"须通过与采购单位、行业协会、上级管理部门取得联系，做好深入细致的调查，把握行业规则、服务标准、规范用语的基础上，才能确保文字描述准确，质量和标准规范、服务要求符合实际。

3. 评标方法制定难

因服务项目具有非物质形态性，在服务项目采购中，有些东西看不见、摸不着，但却是实实在在存在的，项目完成后才会产生结果。因此，要对服务项目作出客观、准确的评价，有一定的难度。评标方法中的"项目价格、技术标准、服务方案、服务质量、服务措施"在该项目招标中所占的权重须慎重研究。

4. 采购风险预测难

客观上看，服务类采购与货物、工程类采购相比，起步较晚，各地可以借鉴的成功经验不多，每一个服务类采购项目都隐藏着一定的采购风险，如招标预期目标、采购实际结果、供应商高价围标、低价抢标，行业垄断强买强卖（1 个地区只给 1～2 家授权）等。这些风险在采购过程中预测和防范难度较大，且不好把握。

（二）服务类项目政府采购的重点及评标方法

制约服务类政府采购工作发展的瓶颈虽然很多，我们认为：解决问题的方法是调整货物、工程、服务政府采购结构；拓宽服务类采购范围；制订科学合理的评标方法。目前，作为政府采购机构和集中采购工作人员应把握重点，针对每一项目采购制订较为科学的评标方法。

项目采购通过两个阶段来完成。第一阶段可要求投标方递交不列明投标报价的投标方案，通过谈判达成虚拟的采购项目服务规范和要求。第二阶段要求投标方投报出有竞争力的投标报价，充分利用投标人之间的竞争性评选出合适的预中标人。

评标方法应基于两点考虑：一是遵循公平竞争的原则。公平对待所有投标人，反对不正当竞争，做到一把尺子量到底，让有实力和能力提供质优价廉产品和服务的投标商赢得招标成功，从而促进政府采购经济有效目标的实现；二是坚持服务价格合理与服务质量优良并重的原则。让评标方法中的"软指标"变为"硬条款"，使评标方法可操作性更强、更科学。

例如公务用车定点维修百分制综合评分法：满分为 100 分，其中价格因素占 40%；企业等级及厂房面积、人员素质、设备、财务状况、配件情况占 55%；维修质量、服务承诺占 5%，具体评分细则如表 5-4 所示。

表5-4 项目评分细则

序号	评分项目	评分细则
1	价格40分	以维修费用报价为评标依据,抽取桑塔纳2000、捷达、帕萨特B5、广州本田、长城皮卡5种车型和15种修理、保养项目,以总报价合计(5种车型与修理项目合计之和)为依据进行评分,去掉一个最高报价(合计)和一个最低报价(合计),然后计算平均值,得基础分36分(最高报价合计和最低报价合计同样参与打分)。投标报价合计每低于平均值2个百分点加0.1分,高于平均值2个百分点减0.1分,加、减分最多不超过±4分(得分在32~40分)
2	企业等级及厂房面积、人员、设备、财务、配件情况55分	配件供应情况6分:维修企业必须有配件库一间得基础分2分,配件库内本厂主修车型配件率达到50%及有稳定的配件供应商(投标时提供合同原件)视情况加2~4分 [注]:技术负责人应具有全国统一考试合格资格证书及本行业主管部门培训颁发的从业资格证书,技术工人有上岗证、技术等级证、身份证。评标时以提供的证书原件为依据
3	维修质量、服务及其他方面的承诺5分	根据维修质量标准、维修后承诺(必须达到根据"机动车维修管理规定"第三十七条的规定)及优惠措施(各种免费项目承诺)等进行综合评定得2分。按措施完善、得力、可行加1~3分;没有提供维修承诺、措施的不得分

从以上评标方法中不难看出:服务要求可归纳为地理位置优越、项目价格合理、服务设施齐全、优质方便快捷。这种地域性定点采购,不可能像货物、工程类采购一样,要求尽可能多的供应商参与竞标,外地供应商参与竞标成本较高,而当地的供应商无须很高的成本就能满足要求。在评标中,价格只是考核因素之一,而服务方案、服务设施、服务质量才是考核的重点。

三、政府采购招投标流程的规范性

公开招标已作为政府采购的主要采购方式,货物采购项目单项或批量采购金额一次性达到规定数额以上的,必须采用公开招标方式。下面是在公开招标采购过程中应重视的评委组成、评委权利、评标注意事项以及流程的规范性等问题。

(一)评标委员会的组成

(1)评标委员会由招标人或其委托的招标代理机构熟悉相关业务的代表,以及有关技术、经济等方面的专家组成,成员人数为5人以上单数,其中技术、经济等方面的专家不得少于成员总数的2/3。采购数额在300万元以上、技术复杂的项目,评标委员会中技术、经济方面的专家人数应当为5人以上单数。

(2)评标委员会由招标人依法组建,负责评标活动,向招标人推荐中标候选人或者根据招标人的授权直接确定中标人。

（3）评标委员会设负责人的，评标委员会负责人由评标委员会成员推举产生或者由招标人确定。评标委员会负责人与评标委员会的其他成员有同等的表决权。

（4）评标委员会的专家成员应当从政府采购评审专家库（财政部专家库）或者招标机构的专家库内的相关专家名单中确定。

（5）评标专家，可以采取随机抽取或者直接确定的方式。一般项目，可以采取随机抽取的方式；技术特别复杂、专业性要求特别高或者国家有特殊要求的招标项目，采取随机抽取方式确定的专家难以胜任的，经财政部门同意，可以由招标人直接确定。

（6）评标委员会成员名单一般应于开标前一天确定。评标委员会成员名单在中标结果确定前应当保密。

（7）向招标人提交书面评标报告后，评标委员会即告解散。评标过程中使用的文件、表格以及其他资料应当及时归还招标人。

（二）评标委员会的权利

（1）审查投标人的投标资格。

（2）审查投标文件是否符合采购文件规定的各项要求。

（3）对投标文件不明确的地方提出询问，要求供应商作出解释或者澄清。

（4）依据评审办法独立出具评审意见。

（5）推荐中标（成交）候选人，或者依据采购人的授权直接确定中标（成交）供应商。

（6）有权对干预评标工作的人员和机构进行检举。

（7）法律法规和规章规定的其他权利。

（三）评委评标注意事项

（1）遵守时间，做到不迟到、不早退。评审开始后，不准擅自离开评审现场。

（2）评委应按照招标文件规定的评审程序、方法和标准，一视同仁对待所有供应商，不得对供应商实行级差待遇。对投标文件进行评审和比较，不得改变采购文件规定的评审方法、标准及中标条件，不得擅自增加、放宽或取消重要商务和技术条款（参数）。

（3）招标采购单位就招标文件征询过意见的专家，不得再作为评标专家参加评标。如发现其中的投标人与自己有经济利益关系或者其他可能影响对投标公正评审的，应当主动提出回避。

（4）评标委员会应当依据法律法规、规章和招标文件的规定认定重大偏差，不得随意确认无效投标文件。法律法规、规章和招标文件未规定作为重大偏差的，一律作为细微偏差，评标委员会应当在初步评审中要求投标人补正。

（5）评标委员会应当对投标文件中含义不明确、对同类问题表述不一致或者有明显文字和计算错误的内容要求投标人作必要的澄清、说明或补正。评委不得向投标人提出带有暗示性或诱导性的问题，或向其明确投标文件中的遗漏和错误。

（6）评标委员会不应当因为投标文件的部分项目存在不能成立的过低的投标价格而认定投标文件无效，对过低的投标价格，评标委员会应当对与该价格相关的因素进行重点分析。

（7）评分办法总会涉及客观分与主观分两部分内容，客观分不需要控制，因为这是客观存在，分值是一样的，评委不需要发挥想象，这些分值有投标人的报价分、业绩分等。但是评分办法里面难免会出现一些主观分，如技术响应、设计方案、售后服务等，需要评委用自己的专业知识进行评判，不可能是千篇一律的。

（8）在评标过程中，评标委员会成员对同一问题意见不一致的，应按照少数服从多数的原则形成评标结论。对评审结论持有异议的评委必须以书面方式阐述其不同意见和理由，评委拒绝在评审报告上签名且不陈述其不同意见和理由的，视为同意评审结论。

（9）在评标过程中，评委不应与投标人私下交换意见。评委之间不串通，不得将自己的意见强加于人，应各自独立完成评审工作并认真复核。

（10）评委要按照自己的判断严格执法，应尽量避免主观因素的存在，特别是主观上受到某些外在因素的控制时，评委要正确分析，有自己的独立主张，要严格依据评分办法的具体要求行事。

（11）评标委员会各成员应当独立对每个有效投标供应商的标书进行评价、打分，然后汇总每个投标供应商每项评分因素的得分。评标总得分计算汇总后，评标委员会不得重新打分。否则，本次评标结果无效。

（12）在满足需求的前提下，应当坚持低价优先，体现物美价廉。推荐中标（成交）的产品价格必须低于市场平均价格。

（13）认真执行国家有关法律法规和政策，维护国家和政府采购当事人的合法权益。评审结果应当有助于实现国家的经济和社会发展政策目标，保护环境，扶持不发达地区和少数民族地区，促进中小企业发展，支持自主创新、环保节能产品等。

（14）发现有干预正常评标活动和结果的现象，应及时向有关部门反映。所有评委均应对评标结果的公正性负责。

（15）评审委员会成员签署承诺书，严格遵守保密制度和评标工作纪律守则，评标委员会成员不得透露对投标文件评审和比较，中标候选人推荐情况以及与评标有关的其他情况。

（16）不准将评审资料带离评审现场。

（四）规范公开招标的流程

按照招标人和投标人参与程度，可将公开招标过程粗略划分为：招标准备阶段、招标投标阶段和决标成交阶段。

1. 招标准备阶段

招标准备阶段的工作由招标人单独完成，投标人不参与。主要工作包括以下几个方面：

（1）选择招标方式

① 根据工程特点和招标人的管理能力确定发包范围。

② 依据工程建设总进度计划，确定项目建设过程中的招标次数和每次招标的工作

内容。

③ 按照每次招标前准备工作的完成情况，选择合同的计价方式。

④ 依据工程项目的特点、招标前准备工作的完成情况、合同类型等因素的影响程度，最终确定招标方式。

（2）办理招标备案

招标人向建设行政主管部门办理申请招标手续。招标备案文件应说明：招标工作范围；招标方式；计划工期；对投标人的资质要求；招标项目的前期准备工作的完成情况；自行招标还是委托代理招标等内容。获得认可后才可以开展招标工作。

（3）编制招标有关文件

招标准备阶段应编制好招标过程中可能涉及的有关文件，保证招标活动的正常进行。这些文件大致包括：招标广告、资格预审文件、招标文件、合同协议书，以及资格预审和评标的方法。

2. 招标投标阶段

招标阶段的主要工作内容。该阶段从发布招标广告开始，到投标截止日期为止的时间。

（1）发布招标广告

招标广告的作用是让潜在投标人获得招标信息，以便进行项目筛选，确定是否参与竞争。

（2）资格预审

对潜在投标人进行资格审查，主要考察该企业总体能力是否具备完成招标工作所要求的条件。公开招标时设置资格预审程序，一是保证参与投标的法人或组织在资质和能力等方面能够满足完成招标工作的要求；二是通过评审优选出综合实力较强的一批申请投标人，再请他们参加投标竞争，以减小评标的工作量。

（3）发售招标文件

招标文件通常分为投标须知、合同条件、技术规范、图纸和技术资料、工程量清单几大部分内容。

（4）现场考察

招标人在投标须知规定的时间组织投标人自费进行现场考察。设置此程序的目的，一方面让投标人了解工程项目的现场情况、自然条件、施工条件以及周围环境条件，以便于编制投标书；另一方面也是要求投标人通过自己的实地考察确定投标的原则和策略，避免合同履行过程中他以不了解现场情况为理由推卸应承担的合同责任。

（5）解答投标人的质疑

招标人对任何一位投标人所提问题的回答，必须发送给每一位投标人保证招标的公开和公平，但不必说明问题的来源。回答函件作为招标文件的组成部分，如果书面解答的问题与招标文件中的规定不一致，以函件的解答为准。

3. 决标成交阶段

决标成交阶段的主要工作内容。从开标日到签订合同这一期间称为决标成交阶段，是对各投标书进行评审比较，最终确定中标人的过程。

（1）开标

在投标须知规定的时间和地点由招标人主持开标会议，所有投标人均应参加，并邀请项目建设有关部门代表出席。

开标时，由投标人或其推选的代表检验投标文件的密封情况。确认无误后，工作人员当众拆封，宣读投标人名称、投标价格和投标文件的其他主要内容。所有在投标致函中提出的附加条件、补充声明、优惠条件、替代方案等均应宣读，如果有标底也应公布。

开标过程应当记录，并存档备查。开标后，任何投标人都不允许更改投标书的内容和报价，也不允许再增加优惠条件。投标书经启封后不得再更改招标文件中说明的评标、定标办法。

（2）评标

评标是对各投标书优劣的比较，以便最终确定中标人，由评标委员会负责评标工作。大型工程项目的评标通常分成初评和详评两个阶段进行。

① 初评

评标委员会以招标文件为依据，审查各投标书是否为响应性投标，确定投标书的有效性。投标书内如有下列情况之一，即视为投标文件对招标文件实质性要求和条件响应存在重大偏差，应予以淘汰。

a. 没有按照招标文件要求提供投标担保或者所提供的投标担保有瑕疵；

b. 没有按照招标文件要求由投标人授权代表签字并加盖公章；

c. 投标文件记载的招标项目完成期限超过招标文件规定的完成期限；

d. 明显不符合技术规格、技术标准的要求；

e. 投标文件记载的货物包装方式、检验标准和方法等不符合招标文件的要求；

f. 招标人不能接受的条件；

g. 不符合招标文件中规定的其他实质性要求。

对于存在细微偏差的投标文件，可以书面要求投标人在评标结束前予以澄清、说明或者补正，但不得超出投标文件的范围或者改变投标文件的实质性内容。

② 详评

详评通常分为两个步骤进行。

首先，对各投标书进行技术和商务方面的审查，评定其合理性，以及若将合同授予该投标人在履行过程中可能给招标人带来的风险。评标委员会认为必要时可以单独约请投标人对标书中含义不明确的内容作必要的澄清或说明，但澄清或说明不得超出投标文件的范围或改变投标文件的实质性内容。澄清内容也要整理成文字材料，作为投标书的组成部分。

其次，在对标书审查的基础上，评标委员会依据评标规则量化比较各投标书的优劣，并编写评标报告。评标委员会经过对各投标书评审后向招标人提出的结论性报告，作为定标的主要依据。评标报告应包括：评标情况说明；对各个合格投标书的评价；推荐合格的中标候选人等内容。

（3）定标

确定中标人前，招标人不得与投标人就投标价格、投标方案等实质性内容进行谈判。招标人应该根据评标委员会提出的评标报告和推荐的中标候选人确定中标人，也可以授权评标委员会直接确定中标人。

定标原则是，中标人的投标应当符合下列条件之一：能够最大限度地满足招标文件中规定的各项综合评价标准；能够满足招标文件各项要求，并经评审的价格最低，但投标价格低于成本的除外。

中标人确定后，招标人向中标人发出中标通知书，同时将中标结果通知未中标的投标人并退还他们的投标保证金或保函。中标通知书对招标人和中标人具有法律效力，招标人改变中标结果或中标人拒绝签订合同均要承担相应的法律责任。

【经典案例】服务器政府采购招标流程

随着电子政务建设的不断推进和应用的深入发展，政府部门需要服务器产品越来越多，服务器采购就成为政府采购招标中重要组成之一。只要网络应用方案进行招标，一般都包含有服务器产品，政府部门也有单独专门对服务器进行招标采购的，特别是高性能服务器和小型机等产品。因为价格较贵，一般都作为采购包对外进行招标，达到政府服务器采购的最终目标。那么对于政府服务器采购来说，整个采购流程是如何进行的，应当按照下面的步骤来进行政府服务器采购。

1. 根据政府部门用户需求，提出采购服务器的技术性能要求

首先，政府采购服务器产品主要是满足他们应用的需求，如建设网站、邮件服务器、数据库服务器、数据存储与备份系统以及其他应用系统等方面的应用。根据应用的不同，所需的服务器性能指标要求也就不同。

其次，由于每个政府建设项目都有一定的资金限制，用于采购的服务器的资金和技术性能要能对应起来，特别是采购服务器的配置问题，如 CPU、内存和硬盘等重要硬件。

最后，采购的服务器必须能放置在机房里，也就是主流的机架式服务器，机架式服务器安装在标准的 19 英寸机柜里面，节省有限的机房空间。

2. 通过政府采购机构来确定采用何种方式进行招标

由于服务器的货号规格、标准较统一、现货货源充足且价格变化幅度较小，加之政府部门在采购的时候采购量分散、批次多但批量小，主要差别是价格因素。目前主要是询价采购方式和竞争性谈判的采购方式为主。"询价"采购的具体做法是通过网络公开、广泛"询价"。采购过程中要求采购人向三家以上的供应商发出询价单，对各供应商一次性报出的价格进行比较，最后按照符合采购需求、质量和服务相等且报价最低的原则，确定成交供应商。

"竞争性谈判"方式要求采购人可就有关事项，如价格、设计方案、技术规格、服务要求等，与不少于三家供应商进行谈判，最后按照预先规定的成交标准，确定成交供应商。

3. 委托政府采购中心等中介机构制作招标文件，公开招标

招标文件在投标邀请中包括招标项目、招标内容、招标文件编号、合格的投标人的要求、招标文件发布时间、投标截止时间、开标时间、开标地点以及有关联系人等，都必须说明清楚。按照招标文件的格式和要求来操作，项目的业务需求即服务器的技术性能指标，是招标文件中不可缺少的重要部分，它是供应商制作投标文件的主要依据，也是评审专家评标的依据之一。招标文件制作好后，发布到专业的网站上进行公开招标。

4. 供应商根据采购服务器招标要求，在政府采购中心网站下载招标文件，制作投标文件

凡符合《政府采购法》规定条件的供应商都可参加，如系统集成、网络工程中包含有服务器的，按项目大小或招标或竞争性谈判等。参加竞标的供应商必须按照招标文件的服务器性能指标等技术要求，在规定时间内完成应标的投标文件，进行服务器采购项目的投标。

5. 政府采购中心邀请专家进行评标，确定成交供应商

每次参加评标的评审专家都是从专家库里随机抽取的，专家都必须按规定到开标地点进行评标。按照招标文件的评价与打分，评审专家应以科学、公正的态度参与政府采购的评审工作，并对自己的评审意见承担责任，不参加与自己有利害关系的项目评审。

根据供应商的投标文件内容，进行服务器的技术性能、价格、供应商的业绩以及售后服务等方面进行综合评价和打分。最后将平均每个专家的综合得分，第一名的供应商为采购服务器项目的中标单位，发布中标公告。整个评标过程都有政府公证机构人员参与，通过监控摄像等方式进行全场监督，确保评审过程的客观公平和合理合法。

至此，政府服务器采购流程就基本上完成了，招标结束后，服务器采购项目的用户与中标的供应商签订合同，按照合同要求，如期交货，进行系统集成和项目的实施。

第六章　服务采购成本

第一节　成　本

成本是商品经济的价值范畴，是商品价值的组成部分。人们要进行生产经营活动或达到一定的目的，就必须耗费一定的资源（人力、物力和财力），其所费资源的货币表现及其对象化称之为成本。并且随着商品经济的不断发展，服务采购成本概念的内涵和外延都处于不断的变化发展之中。

一、成本概述

（一）成本的概念

中国成本协会（CCA）对成本术语的定义是：为过程增值和结果有效已付出或应付出的资源代价。这里的成本是广义的概念："应付出的资源代价"是指应该付出，但目前还未付出，而且迟早要付出的资源代价；"资源"是指凡是能被人所利用的物质。在一个组织中资源一般包括：人力资源、物力资源、财力资源和信息资源等。

美国会计学会（AAA）所属的"成本与标准委员会"对成本的定义是：为了达到特定目的而发生或未发生的价值牺牲，它可用货币单位加以衡量。

《成本与管理会计》（第11版）中对成本下的定义是：为了达到某一种特定目的而耗用或放弃的资源。

费用和成本是两个独立的概念，但两者又有一定的关系。企业会计制度中将成本、费用分别定义为：成本是指企业为生产产品、提供劳务而发生的各种耗费；费用是指企业为销售商品、提供劳务等日常活动所发生的经济利益的流出。

两者的联系在于，成本是按一定对象归集的费用，是对象化了的费用。也就是说，生产成本是针对于一定的成本计算对象（如某产品、某类产品、某批产品、某生产步骤等）对当期发生的费用进行归集而形成的，期末当期已销产品的成本结转计入当期的费用中。两者的区别是，费用是资产的耗费，它是针对一定的期间而言的，而与生产哪一种产品无关；成本与一定种类和数量的产品或商品相联系，而不论发生在哪一个会计期间。

（二）成本的含义

成本有以下几方面的含义：

（1）成本属于商品经济的价值范畴，即成本是构成商品价值的重要组成部分，是商品生产中生产要素耗费的货币表现；

（2）成本具有补偿的性质，它是为了保证企业再生产而应从销售收入中得到补偿的价值；

（3）成本本质上是一种价值牺牲，它作为实现一定的目的而付出资源的价值牺牲，可以是多种资源的价值牺牲，也可以是某些方面的资源价值牺牲；甚至从更广的含义看，成本是为达到一种目的而放弃另一种目的所牺牲的经济价值，在经营决策中所用的机会成本就有这种含义。

（三）成本的经济性质

马克思曾科学地指出了成本的经济性质："按照资本主义方式生产的每一个商品 W 的价值，用公式来表示是 $W = C + V + M$。如果我们从这个产品价值中减去剩余价值 M，那么，在商品剩下来的，只是一个在生产要素上耗费的资本价值 $C + V$ 的等价物或补偿价值"。"商品价值的这个部分，即补偿所消耗的生产资料价格和所使用的劳动力价格的部分，只是补偿商品使资本家自身耗费的东西，所以对资本家来说，这就是商品的成本价格"。马克思的这段话主要包含以下三个层面的意思：

第一，指出的只是产品成本的经济实质，并不是泛指一切成本。

第二，从耗费角度指明了产品成本的经济实质是 $C + V$，由于 $C + V$ 的价值无法计量，人们所能计量和把握的成本，实际上是 $C + V$ 的价格即成本价格。

第三，从补偿角度指明了成本的补偿商品生产中使资本自身消耗的东西，实际上是说明了对成本对再生产的作用。也就是讲产品成本是企业维持简单再生产的补偿尺度，由此可见，在一定的产品销售量和销售价格的条件下，产品成本水平的高低，不但制约着企业的生存，而且决定着剩余价值 M 即利润的多少，也制约着企业再生产扩大的可能性。马克思对于成本的考察，既看到耗费，又重视补偿，这是对成本性质完整的理解。

在商品生产条件下，耗费和补偿是对立统一的。任何耗费总是个别生产者的事，而补偿则是社会的过程。耗费要求得到补偿和能否得到补偿是两个不同的事情。这就迫使商品生产者不得不重视成本，努力加强管理，力求以较少的耗费来寻求补偿，并获取最大限度的利润。也有的人认为：我国处在社会主义初级阶段，允许多种所有制的生产主体同时并存；成本的含义应与目前的经济体制相适应，采用如下的多种理论成本。生产主体是小商品生产者的，只有生产资料需要购买即开支费用，所需要的劳动成本的制度就是生产者本身，不需付给资，可以用 C 作为其理论成本；生产主体是国有企业的，以社会作为主体，商品生产中物化劳动和活劳动的耗费都可看做社会的耗费，是社会生产成本，可以用 $C + V + M$ 作为其理论成本；其他生产主体一般用 $C + V$ 作为理论成本。

二、成本的构成与分类

（一）成本的构成

成本的构成内容要服从管理的需要，并且随着管理的发展而发展。国家规定成本的构成内容主要包括：

① 原料、材料、燃料等费用，表现商品生产中已耗费的劳动对象的价值。

② 折旧费用，表现商品生产中已耗费的劳动对象的价值。

③ 工资，表现生产者的必要劳动所创造的价值。

在实际工作中，为了促使企业厉行节约，减少损失，加强企业的经济责任，对于一些不形成产品价值的损失性支出（如工业企业里的废品损失、停工损失等），也列入产品成本之中。此外，对某些应从为社会创造的价值中进行分配的部分（如财产的保险费用等）也列入产品成本。这说明产品成本的实际内容，一方面要求反映成本的客观经济实质，另一方面又要按照国家的分配方针和财务管理制度规定，把某些不属于 C + V 的内容列入成本，而把某些属于活劳动耗费性质的费用列为营业外支出或从留利中开支。

成本作为资本耗费，发生于生产过程，而补偿价值的生产成果的分配，属于分配领域的范畴；作为商品的所有者的经营者为首，常常会对分配领域的一些支出，列作生产成本，导致实际补偿价值和已经消耗的 C + V 不一致。

（二）成本的分类

按照不同的标准可以对成本进行不同分类：

（1）按概念形成，可分为理论成本和应用成本；

（2）按应用情况，可分为财务成本和管理成本；

（3）按产生依据，可分为实际成本和估计成本；

（4）按发生情况，可分为原始成本和重置成本；

（5）按形成时间，可分为历史成本和未来成本；

（6）按计量单位，可分为单位成本和总成本；

（7）按计算根据，可分为个别成本和平均成本；

（8）按包括的范围，可分为全部成本和部分成本；

（9）按生产过程中的顺序关系，可分为车间成本和工厂成本；

（10）按生产经营范围，可分为生产成本和销售成本；

（11）按与收益的关系，可分为已耗成本和未耗成本；

（12）按与决策的关系，可分为相关成本和非相关成本；

（13）按与现金支出关系，可分为付现成本和沉没成本；

（14）按与计划的关系，可分为计划成本和预计成本；

（15）按数量变化关系，可分为边际成本、增量成本和差别成本；

（16）按可否免除，可分为可避免成本和不可避免成本；

（17）按可否推迟发生，可分为可递延成本和预计成本；

（18）按发生可否加以控制，可分为可控成本与不可控成本；

（19）按性态，可分为变动成本和固定成本；

（20）按发生与产品生产的关系，可分为直接成本和间接成本；

（21）按产品成本的构成情况，可分为主要成本和加工成本。

为了便于进行成本管理，还可运用其他一些成本分类概念，如机会成本、责任成本、定额成本、目标成本、标准成本等。

（三）成本在经济活动中的重要作用

成本在经济活动中的作用如下：

（1）成本是补偿生产耗费的尺度；

（2）成本是制订产品价格的基础；

（3）成本是计算企业盈亏的依据；

（4）成本是企业进行决策的依据；

（5）成本是综合反映企业工作业绩的重要指标。

三、成本数据来源

成本数据主要来源于三个方面：符合条件、有意提交计划和参与竞标的潜在供应商；有战略伙伴关系的供应商；成本模型。

（一）潜在供应商

当供应经理认为需要进行成本分析时，他应该在竞标企业提出报价请求的时候一并提出对成本报表的需求。这是提出这样的需求最为恰当的时机，绝不能在谈判开始后才提出。此时，供应商不能抱怨制作这样的报表是额外负担，因为他们在准备投标时，必然得进行这样的分析。为获取成本报表，许多有经验的企业广为采用的步骤是，在报价请求时附加一条声明："我们将不予考虑没有附上成本报表的报价。"并非所有的供应商都能及时提供生产成本信息，但拒绝提供非标准化项目信息的供应商数量在不断减少。

（二）供应伙伴

随着企业间建立的基于互信与合作的开放式关系，买方企业之间会共享预测、日程表产品和生产过程所需集成项目的购买方式等信息。买方可以与供应伙伴共享设计、制造、质量控制以及成本等信息。

（三）成本模型

在有些情况下，买方企业或许无法从供应商处获取成本数据。而在另外一些情况下，获取的成本数据无法反映真实情况或者由这些数据所支持的价格并不能被接受。在这些情况下，买方企业就得自己构造成本模型以估算供应商的成本。构建这样的模型需要应用会计和工业设计的知识。虽然这种方法在中小企业中不常用，但在拥有先进技术资源的企业却有广泛的应用。

四、直接成本

除了在配备有大型固定设备的工厂里，直接成本往往仍是产品或服务成本中主要的组成部分，为此，它们常常作为卖方分配一般成本的基础。因此，精明的供应经理必须对卖方的直接成本进行仔细调研。与利润大幅度减少（相对较小）相比，直接成本小幅度缩减（相对较大）对买方更有价值。表6－1中，情况1中8美元的直接人工成本降到情况2中6美元，减少25%，结果导致价格减少了6.05美元（33.88美元－27.83美元）。利润减少25%仅导致价格减少了77美分（0.25×3.08美元＝0.77美元）。

表6－1	直接成本和价格	单位：美元
成本构成	情况1	情况2
物料	8	8
直接人工成本	8	6
直接人工成本的150%作为固定费用	12	9
制造成本	28	23
制造成本的10%作为管理费用	2.8	2.3
总成本	30.8	25.3
总成本的10%为利润	3.8	2.53
价格	33.88	27.83

（一）直接人工成本

一个新项目在开发和生产阶段，供应商明显会有沉重的压力去进行设计和改进生产工艺，这个过程中工作量先是上升至顶峰然后下降。在此作用下，装备和安装工作量也是一样的发展态势，机械、组装和测试工作需要分配大部分的劳动力。供应专业人士应该意识到这些因素，并且应对供应商的预算进行分析，保证它的考虑是基于正确的规划和合理高效的运作之上。

在分析直接生产劳动预算时，供应经理应对以下事情倍加关注：

（1）返工津贴。供应经理应该仔细审视投标者对关于返工的成本预算。现代生产工艺使得大幅缩减废料率成为可能。供应商通过高效地组织购买，可以将进料的残次率降低95%。

（2）地理区域的差异。工资水平因为国家与国家的不同而相去甚远，即使在同一国家的不同地区，也可能有天壤之别。供应经理一定要确保提案中的工资水平与事实上劳动力工资水平是一致的。美国劳动统计局可以提供其国内不同地区的现行工资水平。

（3）劳动技能的差异。在工艺设计和生产部门的协助下，供应经理应该对提案所述劳动技能类型进行审视，以确保它们是任务所需或是相关类型。

（二）直接物料成本

直接物料是在生产过程中被消耗或转移的。金属片、紧固件、继电器和汽车音响都是直接物料的例子。在许多情况下，这些物料是通过许多供应商而购得。在某些情况下，这些物料已经在供应商的其他工厂和部门中生产和处理了，所以应该对最终成本中的内部转让费用和制造费用进行详细检查。

买方对计划物料成本的估算与供应商的估算有出入，这些差异常常通过对提交的物料成本进行深入分析后才会表现出来。在这样的情况下，供应经理可从供应商处索取相应的支持数据。在某些情况中，随着产出不断增加，提交的物料成本中的劳动因素应该反映出学习效用。不论如何，仔细的分析和讨论有助于确定差异的原因。

（三）工具和装置的购买开支

许多采购方面的权威机构宣称，买方应该负责支付购买特殊工具和装备的费用。这样一来，买方企业就可以扩大其控制范围了。生产成本的分析因此变得简单了，一旦环境有变，工具和装备也可以转移。

工具与设备的投资与生产单位产品所需时间之间应该是反比关系。供应经理应该确保供应商使用了足够的工具和设备，从而将工作时间降到最低。但与此同时，要避免无谓的开支。

五、间接成本

间接成本一般占供应商生产总成本的 30% ～ 40%。间接成本的五个主要方面是：工程设计费用、物料管理费用、制造管理费用、一般行政管理费用、销售费用。

1. 工程设计费用

这个费用是指工程部门维持日常运作的开支和支付给其员工的工资。它包括监督和维护人员的工资、员工福利、间接供给费用和诸如折旧这样的固定费用。

2. 物料管理费用

这项间接费用通常包括间接购买费用、来料运送的运输费、接收费用、监管费用、操作费用和储存费用。

3. 制造管理费用

除了可以直接归入此项目的直接物料费用、直接人工成本以及其他有关成本外的其余所有生产费用皆归属于此。制造管理费用包括：

（1）监督管理费用、检验费用（有些企业把它记做直接成本）、维护费用、保管费用以及有关人员的工资；

（2）员工福利，包括社会保障及失业保险金、旅游津贴以及集体保险；

（3）间接供应费用，如润滑油、砂轮等开支；

（4）固定费用，包括折旧、租金、保险和财产税；

（5）公用设施费用。

4. 一般行政管理费用

一般行政管理费用包括公司的办公室开支、员工工资及其他杂项开支。

5. 销售费用

销售费用包括销售人员的工资、奖金和佣金以及销售部门的运营费用。

六、西方服务成本分摊理论

1. 监控性分配理论

服务部门成本分摊给使用部门，由使用部门营业利润来补偿，这就使使用部门的人员注意服务部门的成本，监督服务部门各项成本发生的合理性，从而鼓励他们协助控制服务部门的成本。可以称之为交叉部门控制。如某公司一个计算机中心，该部门发生的成本一向不分摊给其他部门，这就造成各使用部门任意使用这种免费服务，致使计算机中心成本巨额增加。当采用计算机中心成本分摊使用部门措施后，各使用部门经理不仅对本部门使用计算机时间进行控制，而且还提醒计算机中心工作人员，不要把他们在工作中浪费的时间也记入服务成本中，从而起到部门之间的监控作用。

2. 能量需求分配理论

能量需求是指使用部门预计对服务的需求量。由于使用部门提出了能量需求而占用了企业服务部门的资源，使服务部门无法再投入其他项目获得其他可能的收益。因此，服务部门成本分摊时常常要按各使用部门的能量需求分配，而非按实际用量分配。按能量需求分配可使使用部门充分做好工作计划，也使一些服务成本分配更合理。

3. 成本效益性分配理论

在某一情况下，需要进行详细的成本分摊；但在另一些情况下，过分详细并不能提供更多的效益。一项成本分摊方法究竟详细到什么程度，应根据成本——效益为基础作出决定。成本效益性分配理论指某项服务成本的核算所需成本与其所产生经济效益是否配比，能否达到公司的总体目标，能否提高公司的整体效益。

4. 行为性分配理论

行为性分配理论指通过服务成本的分摊来调节人们的行为。服务部门提供的服务如果是免费的，使用部门通常任意使用，有时甚至会影响正常工作，但一些固定成本分摊给使用部门后，又会产生一定的消极作用，从而造成整个企业经济利益更大的损失。在分摊固定服务成本时，要将副作用降到最低，这就要确定一个合适的分配率。即达到不是最优，但是最好的状态。

5. 成本动因分配理论

如果一个因素驱动产生了成本，这个因素就称为成本动因。成本动因理论下，可确定服务成本分摊基础。一般分配基础有：

（1）因果关系，即在服务部门成本分摊时，找出服务成本发生的最根本影响因素，以此为基础分配成本。如公司人事服务成本与职工人数、房屋热力和空调费与房屋面积、食堂费用与供膳人数，他们间存在密切的因果关系；

服务采购管理

（2）受益关系，即在服务部门成本分摊时，谁受益的多，谁分摊的多。找不到因果关系时根据取得的收益比例为分配基础。

第二节　采购成本

一、采购成本概念

采购是一个复杂的过程，它可以从狭义和广义两方面来定义。狭义的采购是指企业购买货物和服务的行为；广义的采购是一个企业获得货物和服务的过程，它是物流和资金流结合转换的过程，也是企业之间信息交换的过程。因此，采购成本也就可以划分为狭义的采购成本和广义的采购成本。狭义的采购成本也就是购买货物和服务的费用；广义的采购成本也就可以定义为整个采购过程中发生的各种费用的总和。

（一）采购成本

狭义的采购成本是指采购过程中发生的物流费用，包括持有成本、订购成本及缺货成本，但不包括所购产品的价格。采购成本除了包括订购活动的成本费用（包括取得货品的费用，订购业务费用等）。还包括因采购而带来库存维持成本及因采购不及时而带来的缺货成本。本书将狭义的采购成本称为采购管理成本，即采购部门在采购过程中的管理费用支出。狭义的采购成本将采购成本控制责任局限于采购部门内，不符合现代企业全面管理的发展趋势。

（二）总采购成本

总采购成本是指在采购的全过程中所支付的全部费用，包括产品购置费、安装费、运输费、检验费、库存成本、维修费、采购不当引起的风险费用以及相关税费等。总采购成本也称总购置成本或总所有权成本（Total Cost of Ownership，TCO）。

总采购成本包括三大部分：

（1）所采购的原材料费用、运杂费、保险费等原材料成本；

（2）采购过程的成本：采购部门完成采购过程所付出的成本，主要是采购部门人工和差旅费。采购过程是指从采购计划，采购询价，采购合同签订，到采购材料进场为止的过程；

（3）因采购失误而造成的损失成本：质量成本、效率成本、资金占用成本、风险成本、其他浪费等。

总采购成本包括采购的显性成本和隐性成本，跨越单一的采购部门的管理职能，从供应链管理的层面上来考虑，则包括材料价格以及与采购活动相关和因采购行为不当形成的所有费用或造成的损失。

（三）显性成本

采购的显性成本就是采购时的产品价格，是最容易被关注的成本。传统的采购交易重

· 144 ·

点放在产品价格谈判上，其次才考虑产品的质量性能和交货期等因素。因此采购成本主要围绕与产品价格等相关的显性成本，较少考虑采购的总体成本。

（四）隐性成本

采购的隐性成本是指除产品价格以外的不易统计和计算的采购成本，例如采购的产品质量成本、管理成本等。采购的隐性成本是最容易被忽视的成本。采购的隐性成本包括产品价格之外的很多方面，如单纯追求产品低价而导致供应商选择不当，从长远看频繁更换供应商所带来的管理成本、过量存货的积压损失、进货不足的短缺损失、货物到达时间过早或延误形成的费用或损失等。管理人员一般非常重视"看得见"的成本，而对悄然增长的隐性成本视而不见。隐性成本指的是不容易在财务报表中变现出来的，易被人所忽视，但又十分重要的那一部分成本。隐性成本归纳为以下几类：

1. 由于长时间才能响应客户需求所产生的时间成本

随着经济的高速发展，消费者的需求变化速度日益增快，那么提高服务水平就成为降低这类成本的措施。供应链管理环境下的采购是即时化的订单驱动模式，从而得以即时的响应消费者的需求。应用JIT，实现同步化的运作。当采购部门接到一个订单时，供应商即开始着手物品的准备工作。与此同时，采购部门编制详细采购计划，制造部门也进行生产的准备过程，当采购部门把详细的采购单提供给供应商时，供应商就能很快地将物资在较短的时间内交给用户。当用户需求发生改变时，制造订单又驱动采购订单发生改变，这样一种快速改变的过程，从另一个方面缩短了企业响应消费者需求的时间，降低了因为响应时间长而造成的时间成本。

2. 缺货成本

缺货成本是指由于存货耗尽或供货中断等原因而不能满足生产经营正常需要所造成的经济损失。这一类成本虽然在财务报表中不能体现出来，但是一旦发生就会产生很大的经济、名誉的损失。一旦产生缺货，企业的生产经营就会有部分或者全面的停滞，会产生违约风险，造成违约产生的经济损失。不但经济上会受到影响，名誉上也会受到损失。违约产生的后果使企业不敢再与之合作。在供应链中，企业拥有良好的信誉是供应链能够良好发展的前提，一个企业的缺货，可能造成整个链条上的停顿，因此会对企业名誉有很不好的影响。但是，太多的库存不但会直接导致库存运输费用的增加，而且还占压了企业的发展资金，产生过时、损坏等风险，因此过多的库存也一样不利于企业的发展。企业要制定科学的、经济的进货批量，既不会产生库存的积压，也不会造成缺货。计算出经济以及符合企业实际生产情况的安全库存，只有保证安全库存，才可能减少缺货的存在，从而减少这一成本。

从以上分析可以看出，无论是企业能够在财务报表上分析得出的显性成本，还是不易直接从报表中分析得出的隐性成本，都应受到企业的重视，采用科学的方法降低采购成本，提高企业经济效益。

二、采购成本的分类

根据图 6-1 以及现代项目管理知识体系的分类,项目采购管理、项目信息管理、项目人力资源管理这三个知识体系均为项目组织从外部获得资源方面的项目管理知识体系,而项目的采购一般包括物资及服务的采购。因此,项目采购管理也就是项目组织在人、信息、物资、服务方面采购的管理。

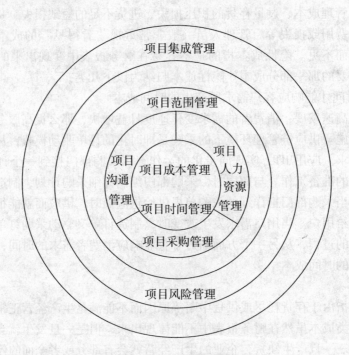

图 6-1 现代项目管理知识体系

根据采购的广义定义可以得出采购的流程:采购计划编制;采购;采购过程监督——对配套生产厂家的生产情况进行跟踪;提货,验货;入库检验;结算;仓储保管;出库配送;供销结算。这些流程所产生的成本属于"看得见"的成本,即可以直接从财务报表中得出或者比较容易分析得出的成本。按采购的程序,可以将采购成本划分为以下几类:

(一)采购计划编制的成本

采购计划的编制需要专门的人员,这就要有一定的费用,同时采购计划的编制又十分的重要。首先,要制订准确的采购计划,则必须能够准确地预测和掌握市场部门的需求、销售和生产计划,从而可以使企业在满足原材料需求的前提下,能够最大限度地减少采购资金占用;其次,对资源市场进行全面分析,调整订单计划,并确认能否按照要求规定的时间和数量交货。正因为采购计划编制的关键性作用,使得提高计划编制人员的素质显得尤为重要。如果在企业费用不增加的基础上能够更科学地编制采购计划,也就从另外的环节里降低了成本。

（二）材料成本

材料成本是指材料的价格成本。造成采购成本高的原因，是商品价格和供求关系、商品质量、物流费用都存在着直接关系，由于现在进货渠道的多元化，商品价格和物流服务价格的透明度越来越低，采购人员采取低买高开、高买高开吃回扣、与供货者沆瀣一气做手脚等方式，中饱私囊，给采购企业埋下产品成本膨胀的隐患。这样，控制采购价格、降低采购成本，就可以从采购渠道建立的角度考虑。应当实施全方位、开放型的采购订货方式，开辟降低供货成本的新途径，减少人为因素造成的损失。然后，应当选择适当的供应商，建立供应商战略联盟的关系。这时，企业应当把降低企业采购成本作为立足点，在客观分析市场竞争环境和自身规模以及未来发展目标等的基础上，明确企业采购目标，设立严格的供应商绩效评价体系，对供应商进行客观的评价，优胜劣汰。

（三）运输成本

应该采用科学、合理、经济的运输方式，减少运输带来的费用。有规模的企业应该视运输为重要环节，实现采购过程的专业化，选择合理的运输线路和运输工具，安排合理的运输路线，从而节约运费，降低采购成本。如果达不到一定规模的企业，那么，可以考虑采取把物流外包出去的策略，节约运输的费用，从而节约采购成本，同时也能更加专注于建立企业的核心竞争力。

（四）采购管理成本

组织采购过程中所发生的费用称作采购管理成本。它包括：①招标成本：招标成本是指从发出招标要约前进行调查，编制需求建议书，考察和认同供应商到发出要约进行竞标、开标、评标、定标、谈判、批准等一系列活动所发生的全部费用，可占到合同总额的2% ~ 5%。②建设成本：建设成本是投标报价的主要依据，一般包括前期准备、正式建设费用、与其他系统的集成、授权、交付与保险、相关手册、对员工管理者的培训等，以及在采购过程中发生的人力成本、办公费用、招待费用、差旅费用等。这一部分费用的发生是为了企业能够节约其他更多的费用。因此，选好人、选对人是企业的一个重要发展措施。有道德的采购人员，就可以避免高价采购等不符合经济发展的采购行为；有文化的采购人员，可以避免提前采购、超量采购、舍近求远等不经济的采购方式，从而节约企业的成本。

（五）检验成本

采购回来的原材料或者半成品都需要进行入库检验，要加强采购物资的入库检验，防止不合格材料或不符合合同约定的材料入库。如果一旦入库后发现了产品短缺或者破损甚至是产品品种出现错误，那么企业要面临的可能不仅仅是由于质量问题，退换货所发生的费用，还有可能受到缺货的损失，产生缺货所造成的成本。

（六）存储成本

存储成本是物资在库存过程中发生的费用。科学地进行仓储管理是降低供应成本的重要一环。建立合理化存储，用最经济的办法实现储存的功能，并且要存放得当，注意易破损的产品、易变质的产品存放环境，妥善保管并建立健全的档案，及时对库存商品进行盘查，降低存储成本。此外由于超量采购所造成的库存积压，也会增加存储成本。因此，采用什么样的合理经济库存是企业应当提高重视度的一个问题。

三、项目采购成本的构成

（一）按项目采购对象划分

根据项目采购的对象不同，项目采购成本可以分为：

1. 工程项目采购成本

工程项目采购成本包括两部分：工程合同价及调整价、工程保修维修成本等；采购方的采购管理成本，例如招标管理成本、现场管理成本等。

2. 货物采购成本

货物采购成本包括两部分：货物合同价及调整价、设备保修维修成本等；采购方的采购管理成本，例如招标管理成本、设备检验成本等。

3. 咨询服务采购成本

咨询服务采购成本包括两部分：咨询服务合同价及调整价；采购方的采购管理成本。

（二）按项目采购阶段划分

根据项目采购的阶段，可以将项目采购成本分为交易前的成本、交易中的成本和交易后的成本。

1. 交易前的成本

项目采购交易前的成本指采购方准备项目采购需求、确认需求、调查市场、编写招标文件、委托招标代理机构、考察和选择承包商、人员培训、各种许可办理等成本。

2. 交易中的成本

项目交易中的成本通常指采购交易过程中发生的费用，例如采购对象的合同价格、合同变更价格、索赔费、运输费、检查费、现场管理费，以及工程监理费、项目实施过程中的各种管理费、许可费、项目竣工移交费等。

3. 交易后的成本

项目采购交易后的成本指项目采购结束后发生的相关费用，例如项目的维修费、采购不当造成的损失、低劣的项目质量造成的间接损失等。

以设备采购成本为例，其项目采购成本分解如图6-2所示。

（三）按成本支付对象划分

根据成本支付对象，项目采购的资金主要支付给承包商、供应商、咨询服务的提供者，也可支付给项目采购方内部组织。

1. 采购方的外部成本

采购方的外部成本就是项目采购方支付给所有外部组织或单位的采购相关费用，这些外部组织或单位包括承包商、供应商、咨询服务的提供者、采购业务外包的提供者、监理工程师、设计师、造价工程师、采购顾问、技术管理顾问、政府部门等。

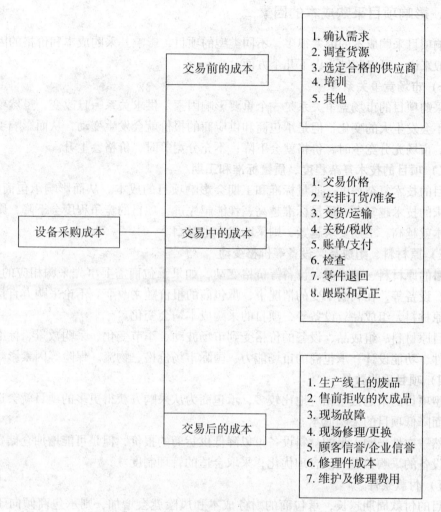

图6-2 设备采购成本的阶段分解示意

采购方的外部成本一般以合同为依据，在合同执行过程还可能存在合同变更费和索赔费等调整。在合同执行结束后进行最终决算。

2. 采购方的内部成本

采购方的内部成本指采购方为保证项目采购顺利完成而组建项目采购班子、编制项目采购计划、采购询价和市场调查、采购过程和所购对象的检查监督控制等在项目班子内部的费用支出，以及由于采购不当等造成的各种损失等。

采购方的内部成本一般没有合同依据，主要成本支出为采购管理人员的工资酬金、管理费、办公费以及因采购不当造成的损失等，直接依据为企业和项目的组织结构和管理制度等。

四、影响项目采购成本的因素

影响项目采购成本的因素很多，不同类型的项目，影响其采购成本和价格的因素也不同。一般来说，可以归纳为以下几个方面：

（一）市场竞争关系

所采购项目的市场竞争关系是一个重要影响因素。供求关系一旦改变，虽然项目的组成成本不会发生大的变化，但是承包商和供应商的报价就会发生变动，从而影响项目的采购成本。市场充分竞争时，价格就会下降；不充分竞争时，价格会上升。

（二）项目的技术复杂程度、质量标准和工期

项目的技术复杂程度、质量标准和工期会影响项目的成本。从而影响承包商的报价。项目要求的技术越复杂、质量标准越高、性能越先进，项目的竞争程度会下降，则项目的采购成本就越高；工期要求越紧，则采购成本也越高。

（三）原材料、组成品、设备等价格变动

项目的原材料、组成品、设备等价格变动，如果承包商需要事先采购相应的原材料、组成品、设备等，在利润不变的情况下，承包商的报价随之改变。不论采购方直接或者间接采购原材料、组成品、设备等，项目的采购成本均会变化。

项目原材料、组成品、设备的价格受到市场波动、季节变化、采购数量、标准件还是非标准件、功能设计、承包商的市场能力、国际市场价格、物流、保险等因素影响。

（四）项目采购数量

大型项目的采购数量相应地比较多，承包商为从采购方获得更多的项目就会选择报低价，从而降低项目的采购成本。

虽然一次性采购大量的材料设备可以降低供货商的报价，但是可能增加仓储费用，因此材料设备的采购数量应该合理优化，采取合适的管理制度。

（五）付款条件

项目的付款周期越长，承包商的财务成本和风险就会增加，则承包商倾向于提高报价，从而增加项目的采购成本。

（六）项目管理模式和合同条件

项目管理模式有传统模式、设计建造模式、施工管理模式等。合同条件有固定总价、单价、成本加酬金等不同计价方式和风险分配原则，这些不同的项目管理模式和合同条件都会影响项目的管理效率和承包商控制成本的积极性，影响项目的实际采购成本。

（七）采购方的管理能力

采购方的管理能力和合同执行能力可以影响承包商的报价和实际成本变更等。

五、采购成本的控制

如果企业仅仅从自身利益出发，要求降低价格，难免引起供应商的反应，甚至引起供应商的不满，这说明了仅仅控制狭义的采购成本——原材料价格的局限性。为了有效地降低采购成本，必须寻求成本节约的可能节点和环节过程。这时就需要对采购成本进行针对性的项目分析并采取措施降低成本。

控制采购成本对一个企业的经营业绩至关重要。采购成本下降不仅体现在企业现金流出的减少，而且直接体现在产品成本的下降、利润的增加，以及企业竞争力的增强。由于材料成本占生产成本的比例往往达到50%以上，因此，控制好采购成本并使之不断下降，是一个企业不断降低产品成本、增加利润的重要和直接手段之一。降低采购成本是企业参与市场竞争的需要，加强采购成本的控制与管理是降低采购成本的主要手段。企业应建立全方位成本观念，通过完善采购制度，采取公开招标、电子采购等方式，增加采购透明度，建立供应商信息库，确保采购主渠道的畅通，减少采购中间环节，选择最优采购方案，降低采购成本。

（一）建立、完善采购制度，做好采购成本控制的基础工作

1. 建立和完善采购管理制度

企业应当用制度去约束和规范行为，明确采购的计划和方式以及招投标程序、资金拨付等相应的制度和办法，防止盲目采购、重复采购和随意采购，降低采购费用。严格的采购制度和操作程序不仅能规范企业的采购活动、提高效率，还能明确责任人的工作权限，理顺物料采购的流程、相关部门的责任和关系。采购制度应包括：采购计划、申请、预算制度；招标、投票和定标制度；采购验收和审核制度等，如采购方在采购项目使用前应组织相关人员进行调试、验收，必要时可聘请专家共同组织验收或聘请国家认可的质量检测机构参加验收，确保在正式使用前各项性能指标等完全满足各项采购要求，验收成员应当在验收书上签字，对验收质量承担责任等。此外还应建立采购人员业绩考核与培训制度。

2. 建立供应商档案和准入制度

对企业的正式供应商要建立档案，供应商档案除有编号、详细联系方式和地址外，还应有付款条款、交货条款、交货期限、品质评级、银行账号等，每一个供应商档案应经严格的审核才能归档。企业的采购必须在已归档的供应商中进行，供应商档案应定期或不定期地更新，并由专人管理。同时要建立供应商准入制度。重点材料的供应商必须经质检、物料、财务等部门联合考核后才能进入，如有可能要实地到供应商生产地考核。企业要制定严格的考核程序和指标，要对考核的问题逐一评分，只有达到或超过评分标准者才能成为归档供应商。

3. 建立价格档案和价格评价体系

企业采购部门要对所有采购材料建立价格档案，对每一采购物品的报价，应首先与归档的材料价格进行比较，分析价格差异的原因。如无特殊原因，原则上采购的价格不能超过档案中的价格水平，否则要作出详细的说明。对于重点材料的价格，要建立价格评价体系，由分公司有关部门组成价格评价组，定期收集有关的供应价格信息，来分析、评价现有的价格水平，并对归档的价格档案进行评价和更新。这种评议视情况可一季度或半年进行一次。

4. 建立材料的标准采购价格，对采购人员根据工作业绩进行奖惩

财务部对所重点监控的材料应根据市场的变化和产品标准成本定期定出标准采购价格，促使采购人员积极寻找货源，货比三家，不断地降低采购价格。标准采购价格亦可与价格评价体系结合起来进行，并提出奖惩措施，对完成降低公司采购成本任务的采购人员进行奖励，对没有完成采购成本下降任务的采购人员，分析原因，确定对其惩罚的措施。

（二）选择合理的采购方式和渠道

企业除了可以通过与供应商面对面谈判采购以外，还可采用公开招标采购、电子采购等方式。公开招标采购方式是竞争最充分的一种采购方式，企业大宗采购，首先应该考虑公开招标采购方式，它能实现厂家直供、争取价格优惠、节约采购费用、降低采购成本、提高采购质量的目的。电子采购也是现代企业采购的一种有效方式，它能优化采购过程，缩短采购周期，提高采购效率，降低采购成本。

为了能获得最优的采购渠道，企业应加强市场调查，建立供应商信息库。对与企业采购有关的供应商要建立详细的信息档案。供应商档案应定期或不定期地更新，并由专人管理。重点材料的供应商必须经质检、物料、财务等部门联合考核，如有可能要实地到供应商生产地考察。在确定企业的合适供应商后，企业应采取稳定主渠道、及时付款的供应策略，建立起与主渠道供应商协同发展的长久合作的良好关系，谋求共同发展，这样既可以降低材料采购成本，确保采购主渠道的畅通，又可强化与供应商的密切合作关系，共同抵御市场风险。

（三）树立全方位成本管理观念

企业要降低采购成本，不能片面地注重采购价格的降低，应树立全方位成本观念。在选择供应商时，应把所购货物的性价比作为采购决策依据，既要考虑采购价格，也要注重货物的质量、性能和供应商的承诺，如售后服务、保质期、送货与安装等。企业降低采购成本的另一举措就是要注重产品设计的创新，在保证和提高产品质量、性能的前提下，通过改变材料状态减少原材料消耗，科学尝试材料替代，从而降低材料成本。

（四）实行竞争招标采购

对于大宗的材料采购企业，应成立由涉及采购、技术、经济及法律等方面的人员组成评标委员会，由评标委员会择优选定中标供应商并签订购销合同。这种公开竞争的招标机制，既能防止采购部门滥用职权，又保证了中标供应商以最低的价格和最优的质量提供采购材料，为企业节约采购资金。

（五）实行信息公开制度，增加采购透明度

企业应当建立价格信息网，广泛收集原辅材料、市场价格信息、供货渠道与货源等情况，并使信息在内部公开。各级参与决策人员应当充分掌握信息，在采购过程中进行质量、价格、供应商等方面的比较，实现最优选择。

（六）实施有效的监督和制约机制

在采购过程中实行"三审一检"制度，即审核采购计划、价格和票据，检验质量。"三审"保证低价，"一检"保证质量，从而最大限度地消除腐败。同时，根据内部控制

不相容职务分离的原则，将采购审批与采购执行分开，付款审批与付款执行分开，有效地进行监督和制约，以降低采购成本，提高经济效益。

第三节　采购成本的管理方法

一、ABC 管理法

（一）ABC 管理法

ABC 管理法的指导思想是"20/80"原则，它是一个统计规律，即20%的少量因素带来80%的大量结果。当然，20%和80%不是绝对的，它只是提示人们，不同的活动在同一活动中起着不同的作用。在资源有限的情况下，公司应当注意起关键作用的因素，加强管理工作的针对性、提高效率，取得事半功倍的效果。ABC 管理法又称重点管理法，主要被用来保持合理的库存量，从而实现合理的采购。其基本方法是将库存货物根据其消耗的品种数和金额按一定的标准进行分类，对不同类别的货物采用不同的管理方法。

1. ABC 管理法的特点

仓库中所保管的货物一般种类繁多，有些货物的价值较高，对于生产经营活动的影响较大，或者对保管的要求较高。而另外一些品种的货物价值较低，保管要求不是很高。如果公司对每一种货物采用相同的保管办法，可能投入的人力、物力很多，而效果却是事倍功半。所以在仓库管理中采用 ABC 管理法，就是要区别对待不同的货物，在管理中做到突出重点，以有效地节约人力、物力和财力。

2. ABC 货物的分类方法

ABC 分类方法是将所有的库存货物根据其在一定时限内的价值重要性和保管的特殊性的不同，按大小顺序排列，根据各个品种的累计金额和累计数量统计，并计算出相对于总金额和数量的比率，按序在图中标出对应的点，连成曲线图，如图 6-3 所示。

根据 ABC 分类方法，我们可以确定 A 类货物的种类占3%~5%，而其总价值占货物总价值的70%左右；B 类货物的种类占10%~15%，价值占货物总价值的20%，而 C 类货物的种类占75%以上，价值只占货物总价值的10%左右。

（二）ABC 分类管理的措施

用上述方法分出 A、B、C 三类货物之后，应在仓储管理中采用不同的方法。

1. 对 A 类货物的管理

由于 A 类货物进出仓库比较频繁，如果供给脱节将会对生产经营活动造成重大影响。但是，如果 A 类货物存储过多，仓储费用就会增加很多，因此，对 A 类货物的管理要注意以下几点：

（1）根据历史资料和市场供求的变化规律，认真预测未来货物的需求变化，并依此组织入库货源；

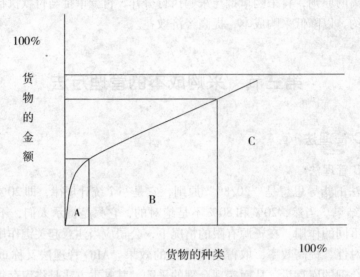

图 6 - 3　ABC 分类法的曲线

（2）多方了解货物供应市场的变化，尽可能地缩短采购时间；

（3）控制货物的消耗规律，尽量减少出库量的波动，使仓库的安全储备量降低；

（4）合理增加采购次数，降低采购批量；

（5）加强货物安全、完整的管理，保证账实相符；

（6）提高货物的机动性，尽可能地把货物放在易于搬用的地方；

（7）货物包装尽可能标准化，以提高仓库利用率。

2. 对 B、C 类货物的管理

B、C 类货物相对进出不是很频繁，因此一般对货物的组织和发送的影响较少。但是，由于这些货物要占用较大的仓库资源，使仓储费用增加，因此在管理上重点应该是简化管理，可以参考以下原则管理：

（1）那些很少使用的货物可以规定最少出库数量，以减少处理次数；

（2）根据具体情况储备必要的数量；

（3）对于数量大价值低的货物可以不作为日常管理的范围，减少这类货物的盘点次数和管理工作。

二、作业成本分析

作业成本计算（Activity - Based Costing，ABC）是西方国家于 20 世纪 80 年代末开始研究、20 世纪 90 年代以来在先进制造企业首先应用起来的一种全新的企业管理理论和方法。

近一二十年来，在电子技术革命的基础上产生了高度自动化的先进制造企业，带来了管理观念和管理技术的巨大变革，准时制（JIT）采购与制造系统以及与其密切相关的零库存、单元制造、全面质量管理等崭新的管理观念与技术应运而生。高度自动化的先进制造企业，能够及时满足客户多样化，小批量的商品需求，快速地、高质量地生产出多品种少批量的产品。在这种崭新的制造环境下，企业传统采购与制造过程将发生深刻的变化。相应地，原来为传统采购与制造乃至企业决策服务的产品成本计量与控制、会计决策、业绩评价等会计理论和方法也将发生相应变革。例如，在先进制造环境下，许多人工已被机器取代，因此直接人工成本比例大大下降，固定制造费用大比例上升。70 年前的间接费用仅为直接人工成本的 50%～60%，而今天大多数公司的间接费用为直接人工成本的 40%～50%；以往直接人工成本占产品成本的 40%～50%，而今天不到 10%，甚至仅占产品成本的 3%～5%。产品成本结构如此重大的变化，使得传统的"数量基础成本计算"（如以工时、机时为基础的成本分摊方法）不能正确反映产品的消耗，从而不能正确核算企业自动化的效益，不能为企业决策和控制提供正确有用的会计信息。其最终后果是企业总体获利水平下降。

（一）作业成本法的定义

作业成本法又叫作业成本计算法或作业量基准成本计算方法（Activity Based Costing, ABC）法，是以作业（Activity）为核心，确认和计量耗用企业资源的所有作业，将耗用的资源成本准确地计入作业，然后选择成本动因，将所有作业成本分配给成本计算对象（产品或服务）的一种成本计算方法。

作业成本法的指导思想是："成本对象消耗作业，作业消耗资源。"作业成本法把直接成本和间接成本（包括期间费用）作为产品（服务）消耗作业的成本同等地对待，拓宽了成本的计算范围，使计算出来的产品（服务）成本更准确真实。

作业是成本计算的核心和基本对象，产品成本或服务成本是全部作业的成本总和，是实际耗用企业资源成本的终结。作业成本法在精确成本信息，改善经营过程，为资源决策、产品定价及组合决策提供完善的信息等方面，都受到了广泛的赞誉。自 20 世纪 90 年代以来，世界上许多先进的公司已经实施作业成本法以改善原有的会计系统，增强企业的竞争力。作业成本计算是一个以作业为基础的管理信息系统。它以作业为中心，而作业的划分是从产品设计开始，到物料供应，从生产工艺流程（各车间）的各个环节、质量检验、总装，到发运销售的全过程。通过对作业及作业成本的确认、认量，最终计算出相对真实的产品成本。同时，通过对所有与产品相关联作业活动的追踪分析，为尽可能消除"不增值作业"，改进"增值作业"，优化"作业链"和"价值链"增加"客户价值"，提供有用信息，促使损失、浪费减少到最低限度，提高决策、计划、控制的科学性和有效性，最终达到提高企业的市场竞争能力和赢利能力，增加企业价值的目的。其结果有可能导致企业受到双重损失、总体获利水平下降。如图 6 - 4 所示是作业成本基本模型。

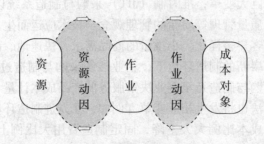

图 6 – 4   作业成本基本模型

（二）作业成本核算的应用

作业成本核算是一种以"成本驱动因素"理论为基本依据，根据产品生产或企业经营过程中发生和形成的产品与作业、作业链和价值链的关系，对成本发生的动因加以分析，选择"作业"为成本计算对象，归集和分配生产经营费用的一种成本核算方式。

作业成本核算是基于传统成本核算制度下间接费用或间接成本分配不真实而提出来的。在传统成本核算制度下，间接费用或间接成本的分配标准一般采用直接人工小时或机器台时，这种分配方式在以前起过积极作用，即在产品品种少或间接费用数额不大的情况下比较适用，一般不会对产品成本水平产生较大的冲击波。在现代企业制度下，由于企业生产产品品种较多，工时或机器台时在各产品间很难精确界定，又由于间接费用或间接成本较高，分配也难以做到合理。在作业成本制度下，成本归属从因果关系出发，间接费用或间接成本不在各产品间直接分配，而在各作业项间进行分配，这种就体现了费用分配的因果性，从而使作业成本乃至产品成本的计算较为准确。

作业成本核算的基本思维是：作业消耗间接资源，产品消耗作业，生产导致作业的发生，作业导致间接费用或间接成本的发生。可以看出，作业成本的实质就是在资源耗费与产品耗费之间借助作业这一"桥梁"来分离、归纳、组合，然后形成各种产品成本。

（三）服务作业成本计算的关键点和应用的要求

作业成本计算的关键点是由作业成本计算的原理决定的，主要包括以下方面：

1. 提供劳务所需要的作业

由于服务业没有有形产品，提供劳务没有明确的工序划分，因此服务业的作业划分比制造业要困难一些。一个企业的所有作业，既可以简单地划分，也可以细致地划分。无论企业的所有作业划分为多少个，也就是作业成本计算中的"成本库"的数量，作业的划分应该满足两点：第一，要体现企业提供劳务各部分的有机联系，一个层次的作业往往由下一层次更细致的作业环节构成；第二，作业环节不能重叠，也不能遗漏。需要注意的是，应从提供劳务必要的作业入手去划分企业的作业，而不是从企业设置的职能部门去划分作业，即从需要入手，逆向思维。

2. 确定代表作业量大小的指标

作业量指标可以根据积累的管理经验，结合数理统计等方法确定。从道理上讲，代表

· 156 ·

作业量大小的指标可以是一个，也可以是多个，取决于管理的价值取向，例如出租车对乘客的服务，可以是里程指标，也可以是时间指标。但是采用什么指标代表出租车作业时，不能同时采用两个指标，因为在成本计算时不能准确确认哪些成本与时间有关，哪些成本与距离有关。因此，采用单一的指标尽管不能有完全的代表性，但却能不破坏作业量和与作业有关的成本费用之间的逻辑关系。如果要以一个以上的指标代表作业量，就必须把与作业有关的成本费用和指标人为地对应划分。

3. 计算需要消耗的作业量

计算提供一定劳务所必须消耗的作业量，或者完成上一层次作业量需要消耗的下一层次的作业量。例如计算铁路把一整车煤炭从大同运到秦皇岛需要一台机车行走多少千米。

作业量计算可以根据历史统计指标推算，也可以从实地研究或测定得出结论，还可以根据统计调查得到。

4. 计算单位作业成本

单位作业成本有不同的成本形式，如全成本、边际成本等。从核算的角度，企业的所有成本费用都必须体现在作业中，因此应该是全成本概念。但从管理成本的角度，必须运用一定的科学方法，如数理统计方法、技术经济分析法等找到作业和与作业有关的成本费用的关系，发现作业的成本性态，为管理提供各种形式的成本信息。

5. 服务成本或作业成本的计算分析

如果已经计算出某项劳务必要消耗的作业量和对应作业量的单位成本，二者的乘积就是企业提供某项服务的成本。依据作业成本和作业量之间的变动关系规律作业成本性态，就可以对作业成本乃至劳务成本进行预测、计划、分析和控制等管理活动。

作业成本计算是成本计算的新基点，它同时也对管理活动提出了更高要求。它要求管理部门，尤其是会计和业务统计部门能够提供计算作业成本需要的作业量统计和与作业相关的成本费用数据，并进行长期的数据积累，据以计算提供劳务所需要消耗的一般作业量，计算和研究单位作业成本，找到作业量与成本费用之间的数量关系。在服务作业成本计算之初，可以采用一定的替代方法，在保证一定程度可靠性的前提下，采取对历史数据分析、典型调查、抽样调查等方法，获得初步计算所需要的最少数据量。

作业也有层次之分。若干作业环节构成劳务服务，同时本层次的作业又是由其他层次的作业构成的。作业可以一层层分解，直到管理者满意的同时又是有意义的层次。因此，作业成本的计算深度以管理需求为目标。管理需要越深层次的作业成本，对会计和统计提供的数据详尽程度越高。作为决策者，必须在作业成本的取得成本和收益之间进行权衡。

（四）服务作业成本计算案例——以铁路运输服务为例

在铁路运输成本计算中，作业过程划分和作业量指标选定是系统建设的基础工作，具体设想是管理、房屋建筑、通信和水电部门共同为机务、车务、车辆、列车、工务和电务各部门的作业服务，而这个部门又共同完成铁路运输的发送、中转、运行和到达作业服务。发送、运行、中转和到达各作业环节又分别可以划分为若干作业，各种不同作业用一些运营作业量指标反映。如表 6-2 所示。

服务采购管理

表 6 - 2　　　　　　　　　　　　　　货运指标体系

作业过程	作业分析	作业部门	作业内容	指标名称
发到作业	车辆作业	车站、车辆段	空车到达、解体、送车作业；撞车作业；重车取车、编组、出发作业	货车小时
	机车作业	机务段	专调机车运用修理	调车小时
	车站、线路、信号等作业	车站、工务段、电务段	车站站线线路、信号机运用修理	货物发送车数
中转作业	车辆中转作业机车调车作业	编组站、区段站、机务段、工务段、电务段	有调中转作业：按照列车编组计划，进行车辆到达、解体、集结、编组成列、出发；无调中转作业：列车到达、出发专用调车机在技术站的调车	调车小时货车小时
	货物中转作业	编组站、区段站	零担货物倒装集装箱中转	零担货物中转吨集装箱中转吨集装箱小时
运行作业	车辆作业	车辆段	货车运用修理	货车车辆千米
	机车作业	机务段	机车运行、修理、机车燃料消耗	机车千米总重吨千米
	线路作业	工务段、供电段	线路运用修理	机车车辆总重吨千米
	信号作业	电务段	通信、信号运用修理	货运列车千米
	列车作业	列车段	列车检修	列车千米
	接发列车作业	车站	车站运转	货运列车千米

注：发送作业、中转作业的货车小时、集装箱小时反映运输作业过程发送、中转作业的车辆运用指标和中转作业中集装箱运用指标。

为了配合作业成本计算系统的建设，采取以下措施：

（1）划分成本计算区间。针对我国铁路现行以运营站段为成本信息源点，成本数据不能反映分线、分方向、区段情况，不能适应作业成本计算要求的问题，提出全国铁路成本计算区间划分方案。相应成本核算、运营统计等均按成本计算区间进行改革，提供分区间的成本计算资料，为分区间进行作业成本计算提供条件。

（2）改革铁路运输成本核算体系。铁路现行成本核算体系中存在着核算粗、缺乏分线核算等问题，难以适应以作业成本为基础的成本计算改革要求。为此，要对成本核算体系进行改革，主要是细化核算，如对机车车辆修理分车辆类型核算对机车牵引能耗、线路修理等分区间进行核算增加编组站科目，核算全部编组站支出等。通过这些改革，从核算上为成本计算提供足够的数据。

（3）改革铁路运营统计制度，建立适应成本计算要求的分区间、分设备类型的新运营作业量统计体系。一方面要增加新的工作量统计指标，如分区段的车辆千米等；另一方面，运营统计指标要细化到设备类型。近期内尽快建立分线的运营作业量统计制度。

（4）建立铁路局和铁道部两级成本计算数据库。鉴于2000年前后的管理体制、会计制度变化较大，数据可比性较差，两级数据库主要收集、储存2000年以后的成本核算资料、运营统计资料、设备投资资料。建立数据库需要规范数据格式，利用运营管理信息系统，建设成本计算数据专用通道，从全路各数据采集点集中传输到两级数据库。

（5）利用各种统计资料，采用数理统计、抽样调查等方法，计算完成具体运输产品所需要的各种运营作业量。运营作业量是完成运输产品的中间作业量，如完成百万吨千米需要的机车行走千米、产生多少通过总重吨千米等，以此计算完成运输产品所需要的机务作业费用和工务作业费用。开发单位作业成本计算模型。在现有资料基础上，组织有关专家、工作人员和部内有关部门，对成本数据进行分组，研究成本科目组与运营作业量指标的关系，对成本项目的固定性和变动性进行专题研究，开发出科学地能够反映中国实际情况的直接指定法、直拨分析法、回归分析法、工程模型法、特殊研究法等成本计算模型，积极开发和引进成本计算软件，计算各运营作业量的单位支出。

通过这些工作，以作业成本单位支出计算为基础，计算客货平均成本、货运分品类成本、客运分席别成本、分线成本、货运单车、客运单列成本等。这些成本计算信息有助于优质优价列车上座率盈亏分析、客货运盈亏分析、分品类货物运输盈亏分析等各种运输问题分析能够为国家运价制定和调整、铁路运价浮动界限提供依据能够用来计算分线成本，提供分线收益，为铁路进行多元化投资试点服务。

三、学习曲线

在许多环境中，随着产出的不断增加，劳动和监督会变得更有效。学习曲线（有时称做改进曲线）定义为产出数量与生产它们所需时间两者之间的经验关系。生产经理可以利用这一关系，在特定的时间针对特定的产品，制订生产计划和决定所需的人力资源。供应经理可以利用这一关系，分析供应商在单位生产成本中的生产和管理"学习"效用。

以前，学习曲线用于航空、电子及其他高科技产业中复杂设备的购买。如今，已广泛应用于其他产业。学习曲线在价格和成本分析中都很有用。在谈判过程中，对新项目进行定价的时候，其效用尤为显著。除了针对要价太高而提供保障外，学习曲线还能有效地应用于政府及商业性专业供应商，以达到以下目的：

（1）明确新产品的目标成本；

（2）获得自制或外购信息；

（3）开发配送计划；

（4）确定支付给供应商的计划。

服务采购管理

（一）累积曲线和单位曲线

实际上，学习曲线有两种基本形态。第一种是"累积平均成本曲线"，常应用于价格和成本分析。曲线表示的是随着平均直接人工成本的变化，累积产成品数量的变化情况，或者说是所有制成品中，单位产品所需的平均工时。第二种是"单位或边际成本曲线"，也是应用于劳动和成本估算工作中的。边际成本曲线表示的是随着实际生产每一单位产品所需工时的变化，累积产成品数量的变化情况。图6-5对这两条曲线进行了演示和比较。

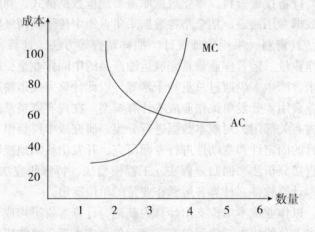

图6-5 累积平均成本曲线和单位边际成本曲线的比较

选择哪条曲线往往要根据企业以往的经验。在观念上，到底是选择累积平均成本曲线还是单位边际成本曲线，这是由生产过程来决定的。有些运作的情况是累积型，有些单位是单位型。如何进行选择？方法只有一个，就是记录生产过程中的实际数据，看哪条曲线更为适合。

（二）目标成本预算

如果一件新产品是根据特定规格定做的，那么生产出第50件、第500件产品时，支付情况如何呢？显然，费用是应该不断减少的，但应该减少多少呢？通过分析学习曲线可以得到答案。只要在图中简单地读数，就可以轻而易举地得知成本减少了多少，预计的费用是多少。

学习曲线是日常观测的量化模型，它表示由于不断学习，单位新产品的成本会随着总产品数目的增加而减少。制造商通过不断重复的制造过程，逐渐学会了如何以更低的成本制造产品。例如，单个劳动者在重复进行复杂劳动的时候，他劳动的次数越多，就会变得更高效，这表现在速度和技能上。这就意味着大大降低了单位人工成本。相似的过程也可能使得产品返工的次数减少、更好地规划、改进工艺、减少设备的更换以及提高管理系统的效率。

· 160 ·

第四节　服务外包成本核算

一、服务外包项目劳务成本核算

按照企业会计准则规定，劳务企业在会计核算上应设置"劳务成本"科目，核算其对外提供劳务发生的成本，并按劳务项目设置明细科目进行明细核算。期末余额反映尚未完成劳务的成本，或尚未结算的劳务成本，具体核算内容有：人员费用是指派出劳务人员应付的境内外工资、奖金、加班费以及支付出国人员的培训费、技术资料费、体检费、伙食费、服装费等，按对外合同规定应由我方支付的境内外差旅费、保险费。如果派人单位负责劳务人员的境内工资等费用，一般由劳务企业支付给派人单位一定的包干费。其他直接费用如派出劳务人员使用的工具、用具的使用费，劳务人员使用的工具、用具费一般采用使用时一次摊销办法。管理费用是指劳务企业为组织和管理对外劳务合同一切业务所发生的国内外管理费用，包括广告宣传费、考察联络费、业务资料费、交际应酬费、管理人员的工资、奖金、办公费、管理设施使用费等，期末按劳务合同项目人员费用的比例分配计入项目劳务成本。材料费用，对服务外包劳务项目发生的临时搭建设施费，在用周转材料费、人员取暖费等，应通过待摊费用科目核算，期末确认分配额计入项目"劳务成本——材料费"科目。

（一）人员费用的核算

人员费用可按用途如境内劳务人员工资、境外劳务人员工资、培训费、境内差旅费、境外差旅费等明细核算。当支付劳务人员境内或境外工资性支出时，借记"劳务成本——××项目——人员费用（工资）"科目，贷记"银行存款、现金"科目；当支付劳务人员境内外差旅费时，借记"劳务成本——××项目——人员费用（差旅）"科目，贷记"银行存款"等科目；当支付派人单位包干费时，借记"劳务成本——××项目——人员费用（包干费）"科目，贷记"银行存款"等科目。上述发生的人员工资福利费用，在账务处理上一般应先通过"应付职工薪酬"科目核算，发生支付费用时，借记"应付职工薪酬"科目，贷记"银行存款"、"库存现金"科目，期末转入项目劳务成本时，借记"劳务成本——××项目——人员费用（工资）"科目，贷记"应付职工薪酬"科目。

（二）材料费用核算

当发生领用材料时，借记"劳务成本——××项目——材料费"科目，贷记"原材料或待摊费用"科目。

（三）其他直接费用的核算

当劳务人员发生领用工具、用具时，借记"劳务成本——××项目——其他直接费用"科目，贷记"低值易耗品——工具用具"科目。当发生支付派人单位的管理费用时,借记"劳务成本——××项目——其他直接费用"科目,贷记"银行存款"科目。

(四)管理费用的核算

当劳务企业发生支付劳务项目的管理人员工资、差旅费、办公费用等时,借记"劳务成本——××项目——管理费"科目,贷记"银行存款"科目。或通过"待摊费用"科目核算本期汇集的管理费用,期末按劳务项目人员工资比例分配到劳务项目的"劳务成本——××项目——管理费"科目内。

二、服务外包项目收入确认及其核算

(一)服务外包项目收入确认

对服务外包项目实行劳务合同管理,按照企业会计准则规定:在同一会计年度开始并完成的项目劳务,应在完成项目劳务时确认收入。如项目劳务的开始和完成分属不同的会计年度,在提供劳务交易的结果能够可靠估计的情况下,企业应在资产负债表日按完工百分比法确认相关的劳务收入。其对劳务的完成程度一般可按下列方法确定:

(1)对已完劳务量工作的测量(一般采用完工百分比法);

(2)按已经提供的劳务占应提供劳务总量的比例;

(3)按已经发生的劳务成本占估计劳务总成本的比例;

(4)对提供劳务总收入应按企业与接受劳务方签订的合同规定的金额确定。

在提供劳务交易的结果不能可靠估计的情况下,企业应在资产负债表日,按已经发生并预计能够补偿的劳务成本、金额确认收入,并按相同金额结转成本;如预计发生的劳务成本不能得到补偿,则不应确认收入,应将已经发生的成本确认为当期费用,并借记"管理费用——(服务外包项目成本转入)"科目,贷记"劳务成本——(服务外包项目转入当前费用)"科目。

(二)服务外包项目收入的核算

(1)当企业按照服务外包项目合同收到境外预付合同款(原币)时,按上月末汇率折算成人民币后,借记"银行存款"科目,贷记"预收账款"科目;

(2)当服务外包项目合同期内发生各项支出费用时,借记"劳务成本"科目,贷记"银行存款"或有关项目;

(3)期末按已经发生的成本占预计总成本的比例确认服务外包项目劳务收入时,借记"预收账款——××单位"科目,借记"应收账款——××单位"项目,贷记"主营业务收入——服务外包项目——劳务收入"科目;

(4)期末结转服务外包项目劳务成本时,借记"主营业务成本"或"其他业务成本"科目,贷记"劳务成本——服务外包项目"科目;

(5)期末将主营业务收入,主营业务成本转入本年利润科目时,借记"主营业务收入——服务外包项目收入"科目,贷记"本年利润——项目劳务成本"科目;同时借记"本年利润——项目劳务成本"科目，贷记"主营业务成本——项目劳务成本"科目。

　　上述涉及按外国货币结算的预收合同款和应收合同款，由于原币汇率的变动所发生的汇兑损益在"财务费用——汇兑损益"科目核算（应按原币发生日的上月末国家挂牌的中间价汇率计算汇兑损益）。

第七章 服务采购绩效

第一节 服务绩效

一、服务绩效概述

（一）概念

绩效是指个人、组织、系统或项目在履行其特定职能、实现特定目标和任务方面的综合表现。绩效评价是指运用科学规范的评价方法对企业一定经营期间的资产经营、财务效益等经营成果进行定量和定性对比分析，作出真实、客观、公正的综合评价。绩效评价的过程就是量化分析企业行为的效率和有效性的过程。有效性是指客户需求的满足程度，而效率是指企业资源利用的经济性。服务的绩效评估既可以是对服务部门在提供服务方面的综合表现进行的评估，也可以是对服务项目的实施情况进行的评估。

（二）服务绩效系统

服务绩效评估的具体内容是通过一定的项目或指标系列的评估来实现的。服务绩效评估可以运用价值量指标、实物量指标和劳动量指标为计量单位进行记录、计算与反映服务效果。这些评估的指标就构成了服务的绩效系统。服务绩效系统主要包括以下四个方面：

1. 服务质量

服务质量是服务满足规定或潜在要求（或需要）的特征和特性的总和，是服务工作能够满足被服务者需求的程度。它的好坏对服务营销中的客户满意度起着决定性的影响。服务质量既由技术质量、功能质量和有形环境质量三个方面构成，又由体验质量与预期质量的差距所体现，它既有有形的部分，也有无形的部分。对于服务质量，既可以通过定量指标进行考核，又可以通过定性指标进行分析。

2. 服务生产率

生产率是指在服务或制造过程中将投入的资源转化成客户价值的效率。由于服务的特性，生产率在服务业中是一个很全面的概念。为了在服务组织中管理生产率，服务生产率概念应包括成本（内部）效率、收益（外部）效率及能力效率，而且是唯一有意义的生产率概念。关于服务生产率的度量方法，无法提供成熟的解决方案，因为目前还没有关于服务生产率的充分的研究。在这里，我们只能探讨一些关于思考方法和方向性的问题。

3. 服务财务收益

评估财务收益的方法最为先进，并且是在企业中创建的，至今已有 400 多年的历史了。服务型企业的管理者，越来越倾向于利用财务分析来判别影响公司净资产报酬率的各种要素。主要考核营业收入、成本费用、利润等经营状况，赢利能力、偿债能力及社会贡献等指标。

4. 服务的创新与学习能力

这是评估通过推出新产品为客户创造更多的价值以及改进经营效率的能力。这个方面最难从量上衡量，但可以运用绩效指标——目标百分比来衡量。例如，公司确定一年推出十种新产品的目标，然后，测定这一年完成目标的百分比。如果推出了四种新产品，该年的绩效——目标百分比即为40%，可以用来与以后的年份进行比较。

二、服务绩效评估

（一）服务绩效评估的目的

服务绩效是服务企业及服务人员完成工作的效率和效能。有效地进行绩效评估，可以充分了解服务人员的工作贡献或不足，检查服务目标的实现程度，为管理决策提供依据。一般地说，绩效评估的目的主要表现在以下几个方面：

1. 服务绩效评估是检查和改进服务人员工作状况的有效手段

企业通过对每个工作岗位上的员工的工作绩效进行定期的考评，可以检查出企业员工的工作状况，发现招聘、培训和激励等方面存在的问题，确定培训目标和计划，明确高效的工作标准，以作为人事决策的主要依据。

2. 服务绩效评估有助于对员工的信息反馈

服务绩效考核的最积极目的，就是使员工了解绩效目标与公司期望间的关系。经营者将评估结果反馈给员工，可以使员工了解公司的目标；可以帮助员工认识自己的潜力，从而努力改善工作；可以使员工认识到努力与奖酬之间的关系，激励员工工作效率的提高。

3. 服务绩效评估对公司政策与计划的拟订、修正具有指导意义

服务绩效评估是服务企业营销管理的主要工作之一，通过服务绩效的评估能够使营销管理者明确服务营销工作的状况，从而为调整服务营销策略提供充分的实践依据。

（二）服务绩效评估的流程

服务绩效战略目标的制定、评估执行与监控评估、评估结果分析、激励与指导、服务战略目标修订。整个绩效评估系统以回路相连，以保证关键绩效评估指标与服务战略的紧密相连。这是一个系统的评价体系。如图 7 - 1 所示。

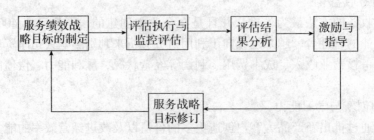

图7-1 服务绩效评估流程

1. 服务绩效评估指标体系的确定

服务绩效评估要借助指标体系，选择的指标应与服务目标一致，与发展战略相符，并将其置于当前与未来可预测的市场发展环境中，且是可控的。依据服务战略发展目标的不同，评估指标的选择主要有以下三种思路：

（1）将财务指标作为绩效评估的主要方面：常用一些短期的财务指标，如投资报酬率、销售增长率和经营收入等。这种指标体系，注重的是对过程和结果的反映。

（2）将非财务指标作为绩效评估的主要方面：这些指标包括服务质量、服务生产率、服务过程创新与学习能力等。采用这种指标体系，目的在于检查服务管理整体水平的提升与发展情况。

（3）财务指标与非财务指标的结合：这是一种综合绩效评估体系，它一方面强调对财务业绩指标的考核，另一方面也注重对非财务业绩的评价。综合绩效评估体系将战略、过程与管理联系在一起，提供一种综合的计划与控制系统，它是动态评价与静态评价相互统一的结果。

在确定了评价指标体系后，要给出各项指标的评价权重系数。值得注意的是，在这些指标体系中，要结合企业服务发展目标中的重点，确定关键指标，对相对重要的或需要特别强调的关键绩效评估指标给予较高的权重。权重的选择，是管理层把握企业服务整体发展、激励员工正确行为的重要手段。

2. 评估执行与监控

评估体系确定后，专门的评估机构开始实施评估过程。服务的生产与传递涉及整个服务企业的不同部门不同环节，评估又可分为针对各部门各环节的单项评估以及整个服务系统绩效的整体评估。单项评估涉及不同的责任人，为确保评估过程的公平、公正性，真正实现通过评估发现服务工作中的问题与差距，监控是一个重要环节。通过监控及时发现评估过程中的问题以及评估绩效指标和权重的不足，及时向决策层提出修正的意见和建议。

3. 评估结果分析

对评估的最终结果进行认真分析，找出所存在的各种绩效问题，对所有这些问题的原因进行分析，提出相应的改进措施，进一步分析改进过程中的瓶颈因素是什么，对这些瓶颈因素应采取什么样的策略才能消除，这个过程非常重要。它涉及新的服务战略目标能否取得实质性成效。

对问题原因分析的方法，可采用控制图法，通过控制图的描述，可以清楚地显现问题的原因。对于瓶颈问题的解决办法，可采用约束理论的相关技术，比如，约束理论中的"四棵树"方法。

（1）用"当前现实树"来回答要"改进什么"；

（2）用"未来现实树"来回答要"注入什么"，即解决各瓶颈因素的突破点，这些突破点要达到的结果，解决问题应当采取的策略等；

（3）用"必备树"来回答应该"怎样做"，或者说是我们对瓶颈因素施加压力的具体手段。即解决问题的过程中可能涉及哪些相关的部门和个人，并引导他们来参与制定实施改变的行动方案，以有效地消除改进过程中的负面效应；

（4）用"转变树"来回答"关系沟通"问题，即在解决问题过程中哪些部门的关系沟通和管理，以拟订相应的解决方案。

评估结果分析过程，除了寻找问题，提出解决问题方案以外，还应通过结果的分析，检查差距，以及时修订目标。

4，激励与指导

激励与指导环节的设立与运行，旨在鼓励企业内部的正确行为，激励员工为达到目标而努力。同时，对出现的问题进行指导和纠正，以达到整体进步。激励与指导环节还有一个重要的任务是，希望通过这个环节的运作，提升员工团队意识，激励员工创新精神，同时也希望员工能对目标提出改进意见。

5. 服务战略目标修订

通过评估发现问题以及对问题的分析，检查和修订企业服务发展战略目标。服务战略目标的修订或制定，是服务企业根据市场环境变化及其未来可能的变化，优化自己的资源配置和运行机制。通俗地讲，是优化自己的市场定位。市场定位可分为彼此既独立又关联的三个子问题：

（1）"向何处去"——目标或前进的方向问题；

（2）"从哪里来"——起点或现状问题；

（3）"路径选择"——实现目标的竞争策略或手段问题。

目标问题要解决的是未来发展的问题，必须回答未来的客户范畴，目标客户的服务竞争战略走势，服务品种，运作规模，运营和管理模式，所需的资源配置，可能产生的服务成本节约或赢利水平提高等问题。起点问题要解决的是现状评价问题，即通过上述评价过程，找出问题，修订（制定）目标。手段问题要解决的是服务竞争战略选择问题，必须回答企业的核心竞争力所在，竞争对手的状况，市场拓展的切入点在哪里，组织机构的改变、服务模式的创新和通过何种手段来弥补服务能力与市场竞争要求的差距等问题。

三、服务绩效评估的方法

在科学的服务绩效评估系统构架下，只有运用合理有效的绩效评估方法，才能更好地实现绩效评估最终达到的目标。基准化法和平衡记分卡法，是两种较好的服务绩效评估方法。

（一）基准化法

1. 基准化的概念与发展

基准化的简单定义是：不断寻找和研究同行一流公司的最佳实践，以此为基准与本企业进行比较、分析、判断，找出本企业的优劣势，向最优企业学习，确定自己的新目标，不断改进和创新，从而使自己的企业进入赶超一流公司、创造优秀业绩的良性循环过程。其核心是向业内或业外的最优企业学习。通过学习，企业重新思考和改进经营实践，使之最佳化。这实际上是一个模仿创新的过程。

基准化管理始于 20 世纪 80 年代初的美国学习日本的运动中，首开先河的是施乐公司。1976 年以后，一直保持着世界复印机市场实际垄断地位的施乐，遇到了来自国内外，特别是日本竞争者的全方位挑战，如佳能、NEC 等公司。它们以施乐的成本价销售产品，且能够获利，产品开发周期、开发人员分别比施乐短或少 50%，施乐的市场份额从 82% 直线下降到 35%。面对竞争威胁，施乐公司最先发起向日本企业学习的运动，开展了广泛、深入的基准化管理。通过全方位的集中分析比较，施乐弄清了这些公司的运作机理，找出了与佳能等主要对手的差距，全面调整了经营战略、战术，改进了业务流程，并很快收到了成效，把失去的市场份额重新夺了回来。在提高交付订货的工作水平和处理低值货品浪费大的问题上，同样应用基准化管理方法，以交付速度比施乐快 3 倍的比率作为公司的基准，并选择 14 个经营同类产品的公司逐一考察，找出了问题的症结并采取措施，使仓储成本下降了 10%，年节省低值货品处理费用数千万美元。于是，西方企业群起学习借鉴，把基准化管理作为竞争的最佳指导，优化企业实践，提高企业经营管理水平和市场竞争力，取得了显著的改进成效。一些企业取得了系统突破，许多公司投资回报在 5 倍以上。

基准化旨在与外界进行比较，并确定衡量的尺度。在服务绩效评估中，有几个方面值得考虑作为尺度选择的范围。

第一，即客户对公司服务绩效的满意度；

第二，即把绩效与行业最佳者对比；

第三，不仅要衡量和比较结果，还要考虑产生结果的过程，即这些好的和劣的结果是在什么情况下产生的。

这三个方面也是基准化的核心。在构建的服务绩效评估系统框架下，可运用基准化的管理思想，确定关键评价指标，给出相应较高的权重；在评价结果分析、激励与指导、战略目标修订中，用基准化作为指导，可使评估取得较好的效果。

2. 基准化的类型

（1）战略性基准化

在与同行业基准企业比较和衡量的基础上，从总体上关注企业如何竞争发展，明确和改进服务战略，提高运作水平。需要收集和分析基准企业服务运作的财务状况、服务能力、服务规划以及服务成效的因果关系，然后提出自己的最佳战略。

（2）操作性基准化

操作性基准化管理，是一种注重服务活动整体或某个环节的具体运作，找出赶超基准企业的运作方法。从内容上可分为流程基准化管理和业务基准化管理。流程基准化是从具有类似流程的企业中发掘最有效的服务操作程序，使企业通过改进核心服务过程，提高服务绩效。业务基准化管理是通过比较服务产品，来评估企业的服务活动对整个供应链绩效的影响，从而评估企业的竞争地位。

（3）国际性基准化

当参与国际竞争时或企业服务水平达到一定水平时，当外国竞争者威胁到企业的传统优势市场时，当企业与几家外国和国内公司的竞争陷入胶着状态时，企业就应当要通过基准化管理了解最成功的公司是怎样运作的，从而帮助企业从竞争者和最好公司的运作中获得有益的思路和宝贵的经验，再结合本企业的实际来改进和提升自己的服务管理，以从竞争者重围中冲出。

基准化旨在通过与业内外基准企业比较，找出自己的优劣势和发现新目标，通过制订和实施持续改进和突破性变革计划来改进自己和实现目标。它提供了一套学习和赶超基准企业的管理思想和可行的操作方法。

（二）平衡记分卡法

1992 年 Kaplan 和 Norton 首次提出了平衡记分卡概念。平衡记分卡法打破了传统的绩效评估体系，建立了一个全新的绩效评估体系，为管理人员提供了一个全面的框架，用以把企业的战略目标转化为一套系统的绩效测评指标。平衡记分卡法应用于服务绩效评估与控制，可以克服传统的服务绩效评估的不足之处，将财务测评指标和业务测评指标结合在一起使用，从而能够同时从几个角度对服务绩效进行快速而全面的考察。

平衡记分卡的基本思想：存在一些关键绩效指标（KPI），其中大多数是非财务的，与传统的财务导向的指标相比，它们为管理者提供了实现战略目标的更好方法。如果能够识别与服务战略目标的实现相关的关键绩效指标，以这些指标为基础，我们就可以建立相应的服务绩效衡量的平衡记分卡系统。

1. 关键绩效指标的选取

服务绩效评估经常遇到的一个很实际的问题就是，很难确定客观、量化的绩效指标。其实，对所有的绩效指标进行量化并不现实，也没有必要这么做。通过行为性的指标体系，也同样可以衡量企业绩效。

服务关键绩效指标（Key Performance Indication，KPI）是通过对整个服务流程的关键参数进行设置、取样、计算、分析，衡量流程绩效的一种目标式量化管理指标，是把服务战略目标分解为可操作的工作目标的工具，是服务绩效管理的基础。KPI 可以使部门主管明确部门的主要责任，并以此为基础，明确部门人员的业绩衡量指标。建立明确的切实可行的 KPI 体系，是做好服务绩效管理的关键。

确定关键绩效指标 KPI 要遵循 SMART 原则。SMART 是五个英文单词首字母的缩写：

S（Specific）代表特定的，是指绩效考核要切中特定的工作指标，不能笼统；

M（Measurable）代表可度量的，指绩效指标是数量化或者行为化的，验证这些绩效指标的数据或者信息是可以获得的；

A（Achievable）代表可实现的，指绩效指标在付出努力的情况下可以实现，避免设立过高或过低的目标；

R（Realistic）代表现实的，指绩效指标是实实在在的，可以证明和观察；

T（Time－bound）代表有时限性的，是指注重绩效指标的特定期限。

指标体系的构建要根据评估目标而设定。目标侧重点不同，指标体系无定式。围绕评价目标而设定的指标体系有其规律性，关键在于必须能反映目标的"特质"，同时也是关键服务环节管理以及关键环节间协调管理的关键指标。

建立 KPI 指标的要点在于流程性、计划性和系统性。首先明确服务战略目标，并在企业会议上利用头脑风暴法和鱼骨分析法找出服务的关键业务，也就是服务价值评估的重点。然后，再利用头脑风暴法找出这些关键业务领域的关键业绩指标（KPI），即企业级 KPI。接下来，部门的主管需要依据企业级 KPI 建立部门或环节级 KPI，并对相应部门或环节的 KPI 进行分解，确定相关的要素目标，分析绩效驱动因素（技术、组织、人），确定实现目标的工作流程，分解出各部门或各环节级的 KPI，以便确定评价指标体系。

然后，需要将 KPI 进一步分解，分解为更细的 KPI 及各职位的业绩衡量指标。这些业绩衡量指标就是员工考核的要素和依据。这种对 KPI 体系的建立和测评过程本身，就是统一全体员工朝着企业战略目标努力的过程，也必将对各部门或各环节管理者的绩效管理工作起到很大的促进作用。

采用 KPI 考核服务流程，将有助于企业服务流程合理化，提高服务的效率，精简不必要的机构、不必要的流程和不必要的系统。

2. 平衡记分卡系统的建立

平衡记分卡系统使我们能够从四个重要的方面来观察服务绩效，这四个方面是：

（1）客户服务质量——如何更好地满足客户要求；

（2）内部运作的生产率——如何提升自身服务效率；

（3）创新和学习——持续的提升与价值创造；

（4）财务状况——反映赢利要求。

管理者可以通过以下五个步骤建立一个平衡记分卡系统：

① 为重要的财务绩效变量设置目标和衡量变量。虽然传统的财务指标的测评体系存在着很多的不足之处，但不能对财务指标予以全盘的否定。如果能使服务战略转化为具体的、可以测度的目标，却不能在财务指标上反映出服务绩效的改善，那么所有的工作都失去了存在的价值。财务目标与可衡量的指标是不可缺少的。

② 为客户服务质量变量设置目标和衡量指标。应用平衡记分卡法时，要明确客户服务所应达到的目标，然后把这些目标转化为具体的测量指标。

③ 为重要的服务生产率变量设置目标和衡量指标。客户服务目标的实现，是以良好

的内部运作为基础的。因此应当对服务生产率进行内部的测量。

④ 为重要的创新与学习绩效变量设置目标和衡量指标。激烈的全球性竞争，需要企业不断地学习与创新，紧跟时代的步伐，才能实现持续的发展。

⑤ 使用平衡记分卡来传达服务战略。使用平衡记分卡，服务管理者可以衡量服务流程在创造现有和未来客户，建立和增强服务能力，对人员、服务系统、服务流程、未来绩效的投资方面是否有效。平衡记分卡抓住了隐藏在传统的收益表和资产负债表之后的关键的价值创造活动，揭示了长期财务业绩与竞争能力的价值驱动，平衡记分卡法与绩效测评指标的联系如图 7-2 所示。

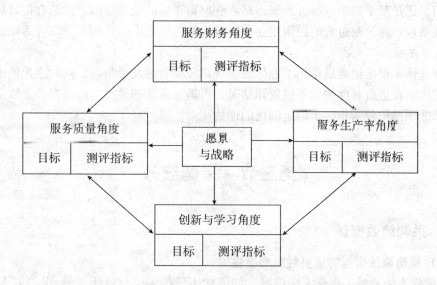

图 7-2　平衡记分卡与各种绩效评估指标的联系示意

平衡记分卡把企业的愿景和战略目标分解在服务环节中，体现的是目标管理的思想。平衡记分卡衡量指标来源于组织的服务战略目标和竞争需要，把服务战略和愿景而非控制置于中心地位。它确定了目标，并假定人们会采取一切必要的行动来努力实现这些目标。

（三）基准化与平衡记分卡结合的评估方法

基准化管理为服务管理提供了一种可行、可信的奋斗目标，以及追求不断改进的思路，是发现新目标以及寻求如何实现这一目标的一种手段和工具，具有合理性和可操作性。而平衡记分卡辨别并跟踪一系列财务及非财务评价指标，为基准化管理提供了更为广泛的视野。根据平衡记分卡进行分类，设计战略绩效基准化指标，建立基准化指标体系是非常有效的。平衡记分卡旨在将愿景和战略转换到目标。记分卡提供给管理者了解服务绩效的一组基准化数据。这些数据帮助管理者在一系列目标之间进行平衡。

平衡记分卡的"平衡"意义在于：

（1）短期与长期目标之间的平衡；

（2）财务与非财务量度之间的平衡；

（3）滞后指标与领先指标之间的平衡；

（4）外部与内部之间的平衡。

平衡记分卡的优点是它既强调了绩效管理与企业战略之间的紧密关系，又提出了一套具体的指标框架体系，能够将部门绩效企业、组织整体绩效很好地联系起来，使各部门工作努力方面同企业战略目标的实现联系起来。

基准化与平衡记分卡的有效结合，可以更好地进行服务绩效评估，无论是对于单个的服务部门，还是对于整个的服务系统，都能够取得很好的效果。两者的结合把目标与过程紧密地联系在一起，对过程的控制建立在对目标的追求之上的，两者的综合运用，达到了思想与行动的统一。

该评估体系框架清晰地给出了能体现服务系统绩效的几个角度，同时也提供了一种视角思维工作。在进行具体的服务绩效评估时，可通过收集的最佳实践数据建立数据库，构建在该基准平衡记分卡指导下的定制化的评估体系框架。

第二节　采购绩效

一、采购绩效概述

（一）采购绩效指标的重要性和必要性

"如果你不能测量，你就无法控制；如果你不能控制，你就无法管理。"这句商业名言指出了绩效测量在企业管理中的重要地位。对企业内部而言，假如它所取得的成果无法用一定的方法或指标进行测量，那么管理者就无法知道成果的数量、质量及其对企业的具体贡献，管理工作也就失去了基础和依据；对企业外部而言，假如企业所取得的成果无法用一定的方法或指标进行测量，那么企业间业绩和成就的比较就失去了标准和意义，企业绩效的改善和提高就无从谈起了。绩效测量是开展绩效管理的重要组成部分，而绩效测量的依据和基础则是绩效指标。因此企业绩效指标的建立是十分必要的。对于企业绩效管理的分支——采购绩效管理也是同样的道理。采购绩效指标有助于企业明确所要测量领域内的重点（如对象、角度、标准等），会在广度和深度上对绩效成果作出不同的反应，继而影响到对采购绩效的最终评价。谨慎合理地选择采购绩效指标对于企业能否获得有意义的采购绩效结果至关重要。

（二）采购绩效指标的建立过程

采购在很多组织中都是一个重要的职能，根据企业业务的本质，营业额的大部分都是通过采购部门花出去的。大多数的组织需要一些形式的货物和服务来经营它们的业务，包括原材料、零部件、耗材、设备、维修和保养、整体销售和零售库存等。没有这些基本的货物和服务，企业就不能运转。采购的作用是使供应平稳有规律，不断满足企业的需要。要对采购的这个核心任务进行测量，就必须建立起一套有意义的采购绩效指标。采购绩效指标明确了采购绩效的衡量对象和标准，从而能帮助管理者系统科学地了解采购达到目标的情况，对采购绩效成果作出合理的评判。

采购绩效指标是对采购效果的衡量标准，采购效果是通过已经取得的采购成果表现出来的。采购供应有四个具体目标，即客户满意最大化、供应机会最大化、供应风险最小化和供应成本最小化。每个具体的成果都与这四个基本目标中的一个或多个相联系。然而这些目标之间是具有矛盾性的，例如供应风险最小化通常需要一个更高的供应成本。因此采购供应的任务是达到一种通常能良好协调的平衡过程，这个过程要考虑到不同的竞争要素以便能尽可能长期地为企业及它的客户服务。由于成果表现形式的多样性和实现目标类型的不同，我们可以把不同的采购成果归属到不同层次的采购绩效领域，然后从绩效领域的各个层次入手，通过建立相应的层次性绩效指标来考察这些成果在多大程度上实现了既定的目标，为公司作出了贡献。

绩效领域可分为定量绩效领域和定性绩效领域。定量绩效领域能得到客观的度量并倾向于具体的数量目标，例如，成本节约、采购供应前置期的缩短、发出的采购订单数量、在处理重要文件时由于延时而引起失误的数量、预期市场价格的变动等。定性绩效领域是一些在本质上带有主观性的绩效领域，所以很难进行度量。定性绩效包括：客户态度与客户满意度、采购供应与其客户之间的关系、采购供应职能的领导与高层管理者之间的关系、部门员工之间的关系、与其他部门进行团队合作的质量等。定性绩效取决于人们的理解和看法，而这些理解和看法在不同的情况下会有本质上的不同。因此，与定量绩效相比，定性绩效的衡量显得更加困难。

在一定的绩效领域范围内确定相应的绩效指标的，绩效领域的一个或数个元素构成了绩效指标的基础。因此，绩效领域的划分和确立对绩效指标的建立起着重要的作用。在划分和分析每一个绩效领域时，准确地理解和定义要对什么进行评价是很关键的，它将有助于我们制定相应有效的绩效指标，选择合理的度量方式。对绩效领域的明确定义是制定绩效指标的基础。由于具体需求和环境不同，这些定义在各个公司之间也许是不同的。例如，不同公司对供应连续性、成本控制目标、供应前置期等的定义上就会有很大差异。但重要的一点是，定义应该是准确的，而且在公司内可以得到准确的理解并能长时期保持一致。

二、采购绩效指标的选择原则

系统性的采购绩效指标的选择应考虑以下几个原则：

1. 可靠的

这是要求考评所基于的数据应来源于健全、可靠和稳定的信息源。最佳的信息源是来自每日定期更新的业务处理过程提供的高质量数据。

2. 有意义的

所选择的指标对反映采购的实际成果，对采购员、管理者及其他人员必须是有价值和有意义的。指标是为衡量和考评绩效服务的，考评的最终目的是了解目标的达成情况并找到可以改进和完善的地方。因此，不能因为某个指标容易得到就选择它，否则可能会导致人们为了避免受责备而故意歪曲绩效标准，使采购绩效管理失去实际意义，得到的是测量的东西而不是绩效的结果了。

3. 有针对性的

测量指标应当关注核心业务或运作性问题，一个有针对性的指标只测量我们所计划测量的东西，而且指向明确。

4. 公平和平衡性

绩效指标应能反映运作的各个方面，而不只是反映让企业"看上去很好"的那一部分。层次性的系统指标是要能全面细致地反映企业采购运作的各方面，并能如实地反映采购绩效的现状。

5. 能够变化和改进

指标并不是一成不变的。采购绩效指标把采购部门和其他部门以及整个公司的整体目标联系在了一起。因此当绩效成果通过绩效指标反映出来后，我们势必要做出一些"扬长避短"的动作，来解决绩效考评中暴露的问题，并可能要对目标和计划做出一些修正。当目标和计划改变时，绩效指标也需要作出相应的调整，以更好地反映绩效情况，促进企业的持续经营。因此，所选择的指标要能适应这种反馈式的变化。

6. 对目标进行管理

考评的目的不只是达到目标，更是要在规定的时间内改善成果。单个量化的指标可能会被人为操纵，比如对于某类原材料的购买成本，一个采购员为了应付"原材料购买成本"这一指标，为了使这一指标"看上去很好"，而只专注于降低这一类原材料的购买成本，却忽视了由此而增加的谈判成本、库存成本、实际需求量等相关因素，结果反而使该类原材料总成本上升。这种因为对目标不明确而采取的片面、短视的做法，也是我们在指标建立时要考虑的因素，应尽量避免这种情况的发生。

绩效指标的确立需要花费大量的时间，在选择绩效指标时需要我们在所有管理层次上进行深思熟虑，特别要注意指标建立的目的和服务对象。目标是客观的，绩效指标将反映出我们多快、多好地实现了目标。因此，和目标的质量标准相似，我们也可以从 SMART，即 S（特定的）、M（可度量的）、A（可实现的）、R（现实的）、T（有时限性的）这几个标准角度来衡量我们建立的指标是否是合格的。

三、公司级指标与采购绩效领域

在对绩效领域有了基本的了解后，我们要考虑对绩效领域进行分层。一般地，我们将与成果有关的绩效领域分为三个层次，分别为公司级、职能级和职能要素级。针对这三个绩效领域层次，我们建立起相应的评价指标，并将这些指标归类为公司级、职能级、职能要素级三个层次。

公司级指标的建立，是从公司级成果的分析开始的。公司级成果是指通过实行采购部门的总体目标而对公司目标、战略、客户（主要是高层管理者）所作出的贡献，这些贡献通常主要集中在公司利润的增加和竞争力的加强上。这些成果是以我们之后将要分析的职能级成果为基础，但又把它们提高到一个更高的水平。

公司级的成果可以包括：公司整体的生产能够不间断地连续进行、公司在市场竞争中赢得一席之地、公司提供的产品或服务具有竞争对手不可比拟的特殊性、公司开发和推出新产品的周期缩短、公司能够提供技术创新的产品和服务、公司能够将非核心的服务或职能进行外包、公司做出成功的自制或外购决策、与其他公司成功的联盟（或合作、合资）的协商与实施、公司战略选择的正确评价、公司全面质量管理的开展与实现、公司总成本降低等。这些公司级成果能否取得以及取得的质量，和相应的采购绩效领域密切相关。

以上面列举的部分公司级成果为例：公司整体的生产能够不间断地连续进行，得益于生产供应的连续性，而生产供应的连续性取决于生产所需材料、设备、用品、服务供应的连续性和可靠性；要在市场竞争中赢得一席之地，公司必须对市场变化作出快速反应，先于竞争对手一步，这得益于采购供应对生产的灵活性及公司快速反应的支持力度；公司提供的产品或服务要具有竞争对手不可比拟的特殊性，需要采购供应对公司差异化生产的支持，比如找到新的原材料、新的供货方式等；公司开发和推出新产品的周期缩短取决于研发和生产所需投入的快速供应和高质量保证；公司作出成功的自制或外购决策得益于采购供应对这类决策的支持和配合；本公司与其他公司成功的联盟（或合作、合资）需要采购部门的充分参与；公司总成本的降低在很大程度上取决于采购部门的成本控制等。明确公司级成果与采购绩效领域的联系和对应关系，是我们建立采购绩效指标的前提和基础。只有在这样的前提和基础上建立起来的采购绩效指标才能为成果的衡量和考评服务，才能帮助企业从采购角度看清总目标的达成情况。

需要指出的一点是，每一级成果最终都是指向客户满意度的。公司级成果的主要客户是高层管理者。因此，评估高层管理者对这些成果的满意度将是非常重要的。但是，公司的其他职能部门（例如研发、生产、销售、财务等）也会对这些成果感兴趣，因此，对他们的满意度也应该进行评估。评估客户满意度的主要目的之一就是确定在采购供应所取得的定量成果和客户对这些成果的看法之间是否存在脱节。

为了帮助大家直观地感受公司级成果和采购绩效领域的联系，我们在表 7 - 1 中列举了公司级成果和相应采购绩效领域之间的相关关系。

表 7 - 1　　　　　　　公司级成果和相应采购绩效领域的相关关系

序号	公司级成果	对应关系	采购绩效领域
1	公司整体生产的不间断进行	↔	生产供应的持续性
2	公司在市场竞争中赢得一席之地	↔	采购供应对生产的灵活性及公司快速反应的支持性

序号	公司级成果	对应关系	采购绩效领域
3	公司提供的产品或服务具有竞争对手不可比拟的特殊性	↔	采购供应对公司差异化生产的支持性
4	公司开发和推出新产品的周期缩短	↔	采购供应对研发和生产所需投入的快速供应和质量保证情况
5	公司能够提供技术创新的产品和服务	↔	采购供应部门对产品创新的支持性
6	公司能够将非核心的服务或职能进行外包	↔	采购供应将非核心服务或职能进行外包
7	公司作出成功的自制或外购决策	↔	采购供应对自制或外购决策的支持性
8	与其他公司实施成功的联盟	↔	采购供应对公司联盟工作的参与度和支持性
9	公司战略选择的正确评价	↔	采购供应关于供应成本、风险、机会的选择
10	公司全面质量管理的实现	↔	采购供应对公司实施全面质量管理的贡献
11	公司总成本的降低	↔	采购供应对公司降低成本计划的贡献
12	公司取得的阶段性进步	↔	高层管理者对采购部门的满意度

四、公司级采购绩效指标的建立与示例

要考察采购绩效领域在多大程度上实现了以客户为中心的企业目标，了解与公司级成果密切相关的采购绩效领域的完成情况，就需要我们建立公司级的采购绩效指标。在建立公司级采购绩效指标时，首先要满足指标的基本原则，其次还要明确相对应绩效领域的概念界定。

那么，什么是绩效领域的概念界定呢？简单来说，就是本公司所有员工（特别是绩效考评实施者）对绩效领域内所涉及的概念或定义的共识。比如在"生产供应的持续性"这一绩效领域中，"持续性"就是一个需要企业界定的词，"持续性"可以定义为"采购供应能始终保证生产线的正常运作"，也可以定义为"采购供应与生产计划的一致性"。对"持续性"的定义不同，会导致指标选择的不同。假如"持续性"定义为"采购供应能始终保证生产线的正常运作"，我们可以选择"生产线由于得不到所要求的投入（原料、部件、配件等）而意外停产的百分比"作为我们的考核指标；假如"持续性"定义为"采购供应与生产计划的一致性"，则我们可以选取"由于采购供应不及时导致生产计划发生变动的比例"作为我们的考核指标。

从上面的例子可以看出，制定采购绩效指标的一个关键是对采购绩效领域所涉及的概念作出明确的界定，这种界定的决定权在企业自身，而界定的依据则是本企业开展考核的

目的、考核的对象、考核结果供谁使用、工作优先级及可利用的有效资源。企业一旦对概念作出了明确的界定，要确保每一个参与考核的人都能对此达成共识，这样才能保证绩效指标是符合最初设计者的意愿的，是能为企业绩效控制和提高提供有效参考依据的。

再者，建立绩效指标时，要定义出它的关注点、测量公式及方法、测量尺度及频度。这种定义不仅要符合一般的客观原则，而且要符合本公司的实际情况与可操作性。通过定义，既可以明确指标的指向性，也便于考核者的实际操作。

公司级采购绩效指标可以包括：本月企业生产线由于得不到所要求的投入而意外停产的百分比、本季度因不能及时地适应市场需求变化而提供需要的投入所导致的销售额的减少、由于采购支持导致的公司本季度市场份额的增长、研发与生产公司要求的新产品所需投入的供应前置期缩短的百分比、本年度由于采购供应一流的原料投入而使得公司技术创新型产品的数量增加的百分比、本年度高层管理者接受采购供应外包提议的百分比、本年度由于采购供应标准提高引起的公司全面质量管理系统的提升、总采购支出缩减的百分比、高层管理者因对采购供应工作表示满意和赞赏所做的报告次数等。

结合前面提到的部分采购绩效领域，我们给出了一些公司级采购绩效指标的示例，并对各绩效指标的定义或关注点、测量公式或方法、测量频度等作了简要说明（如表7-2所示），以帮助大家更好的理解公司级采购绩效指标的建立过程及指标选择中要注意的问题。

表 7-2 公司级采购绩效指标的示例

序号	采购绩效领域	公司级采购绩效指标	指标解释或备注
1	生产供应的持续性	• 本月企业生产线由于得不到所要求的投入（原料、部件、配件等）而意外停产的百分比 • 本月由于采购供应不及时导致生产计划发生变动的比例	关注于生产线的正常运作。其中，意外停产是指由于投入的不可得而使原本可以继续的生产暂停 关注于采购供应与生产计划的一致性。其中，变动比例＝本月（因采购）发生变动的计划数/本月总计划数
2	采购供应对生产的灵活性及公司快速反应的支持性	• 本季度因不能及时地适应市场需求变化而提供需要的投入所导致的销售额的减少 • 本季度因灵活适应市场需求变化、提供需要的投入带来的销售额的增加	关注于销售额。测量的是由于不能获得生产投入而无法满足客户新的购买要求导致的销售额减小 关注于销售额。测量的是由于生产投入的支持、满足了客户新的购买要求，从而带来的销售额增加
3	采购供应对公司差异化生产的支持性	• 由于采购支持导致的公司本季度市场份额的增长	指标中所测量的市场份额增长，是指因为提供了相关的生产投入，使公司可以通过提供与竞争对手有实质性区别的产品带来其市场份额的增长

序号	采购绩效领域	公司级采购绩效指标	指标解释或备注
4	采购供应对研发和生产所需投入的快速供应和质量保证情况	• 研发与生产公司要求的新产品所需投入的供应前置期缩短的百分比	关注于新产品所需的供应前置期，可以采用平均供应前置期、最长供应前置期等
5	采购供应部门对产品创新的支持性	• 本年度由于采购供应一流的原料投入而使得公司技术创新型产品（由市场来衡量）的数量增加的百分比	要注意判断创新产品的数量增加是否与某一原材料的改进有必然联系
6	采购供应将公司非核心服务或职能进行外包	• 本年度高层管理者接受采购供应外包提议的百分比 • 本年度新的外包服务或职能的价值贡献	从管理者角度考虑 价值贡献 = 非核心服务的自供成本 − 外包成本
7	采购供应对自制或外购决策的支持性	• 本年度高层管理者接受采购供应生产或外购提议的百分比	从管理者角度考虑
8	采购供应对公司联盟工作的参与度和支持性	• 本年度高层管理者接受采购供应有关公司联盟提议的百分比	从管理者角度考虑
9	采购供应关于供应成本、风险、机会的选择	• 本季度高层管理者接受采购供应有关供应成本、风险及其机会的战略决策提议增加的百分比	需要注意不同企业对战略决策的定义
10	采购供应对公司实施全面质量管理的贡献	• 本年度由于采购供应标准提高引起的公司全面质量管理系统的提升	可采用因采购供应标准提高导致的全面质量管理正向完善的次数来衡量
11	采购供应对公司降低成本计划的贡献	• 有文件证明的采购供应对总成本节约的贡献增加的百分比 • 总采购支出缩减的百分比 • 采购供应的成本节约比率	这是由财务部门正式认可的成本节约，采购供应的成本节约贡献率 = 采购带来的总成本节约/总成本节约 是成本节约的另一种形式，但是，必须把它放在公司总体经营水平中考虑 采购供应的成本节约比率 = 采购供应所节约的成本/采购供应的运营成本

续　表

序号	采购绩效领域	公司级采购绩效指标	指标解释或备注
12	高层管理者对采购部门的满意度	●高层管理者因对采购供应工作表示满意和赞赏所做的报告次数 ●高层管理者因对采购供应工作提出批评或不满意所做的报告次数	需要注明这些报告是自发做的，还是被要求做的，要对"报告"及"表示满意"作出界定 要对"报告"及"批评或不满意"作出界定

第三节　采购绩效的评价流程及模型框架

一、采购绩效评估的意义

通过采购绩效评价，可以对采购工作进行全面系统地评价、对比，从而判定采购状况所处的整体水平。通过自我评估、内审、管理评审等方式，依据事先制定的审核评估标准，对照公司实际情况进行检查，对照同行或者最佳水平找出薄弱环节进行改进。一般认为，评估绩效可以带来五种好处：

（1）为管理者提供采购管理信息。一项调查显示，有75%左右的被调查者认为，由于不能对采购业绩进行有效地评估，管理者对采购活动的认识受到了妨碍。如果总经理没有办法评估采购活动对总绩效的影响，他就只能进行粗略的评估。而这种粗略的绩效评估方法往往会得到否定的评估结果，发现采购活动中失败的而不是成功的一面（例如，生产供应货物没有送到或者没有通过检查）。

（2）把实际绩效和某种标准进行对比有助于提高绩效。如果一名参加奥运会比赛的短跑选手知道100米的奥运会纪录是X秒，他的训练就会有目标。在参加奥运会比赛时，他会有两个目标，第一，打破奥运会纪录；第二，赢得短跑比赛。假如没有纪录，不记下跑步速度，所有的运动员都只顾自己跑，很难说运动员能不能取得今天我们看到的那些成绩。

（3）通过绩效评估，我们可以确定用于评估采购人员业绩的基本规则。管理者如果在工作中能将绩效评估问题考虑进去，就可以在工作中制订出对人员进行招聘、培训、报酬和提拔的计划。许多正式的员工绩效报告中都必须包括评估对象以及评估指标。

（4）进行绩效评估得到的各种数据对于采购部门的组织工作，以及采购部门与其他部门的联系都有很大的价值。也为公司改组提供了各种必要的数据。

（5）如果采购人员知道自己的努力会得到认可，他们的工作动力会更大，整个团队的士气也会随之提高。

更广泛地说，正确地对采购绩效的衡量，可以对采购过程进行检查控制，形成下一阶段的行动目标和计划。采购供应绩效评价的目的，是理解并持续改进对采购供应职能发挥作用的方法及其所实现的效力。更具体地说，绩效评价有助于：

（1）有效地控制采购过程，使采购工作依计划、有目标地进行。不同企业采购目标的侧重点不同，例如国外或发展成熟的企业采购偏重于"防弊"，采购作业以如期、如质、如量为目标；而民营企业的采购单位则往往注重成本的降低；

（2）了解客户（外部和内部）的满意度，建立更好的客户关系，包括与供应商和公司其他职能部门的关系。例如向客户提供建设性的反馈意见。通过分析那些需要特别检查的发货单，使付款程序得到更合理的安排，增强采购部门同管理部门之间的协调。通过展示采购部门和个人的成绩，增强采购部门的被认可程度等；

（3）改进决策。通过分析计划实施后的差异，判断产生的原因，在决策时考虑这些因素；

（4）确认为了改进绩效所需要的资源或组织安排；

（5）区分员工和团队绩效的高低，确认是否需要开展培训和建立更好的工作组织。如果在评估中发现缺乏某种特殊人才，可以向公司建议进行内部甄选或向外招募，例如成本分析人员；

（6）产生更好的激励效果。有效而公平的绩效评估制度，可以使采购人员的努力效果获得适当的回馈和认定。采购人员通过绩效评估，可以与业务人员一样，对公司的贡献有客观的衡量尺度，成为受肯定的工作伙伴。合理设计的评价体系可以更好地结合个人需要，有效地用于建设性的目标、个人的发展计划和奖励机制；

（7）了解可能产生问题的不同因素；

（8）解决问题时将注意力集中到重要方面；

（9）寻求改进绩效的新途径；

（10）对存在的问题采取补救措施。

采购绩效评价的基本要求是：采购绩效的评估必须与企业的战略目标相符合；采购主管需要具备对采购人员工作绩效进行评估的能力；要有合适的评估尺度。

二、采购绩效评价流程

（一）采购绩效评价流程

采购绩效评价是一个在企业总体战略的指导下，在采购供应部门的客户参与下，确定采购过程中的问题和机会，不断进行计划、实施、检查和反馈循环，从而使评价方法得到完善规范、采购绩效得到持续改进的过程。

绩效评价通常的流程如图7-3所示。

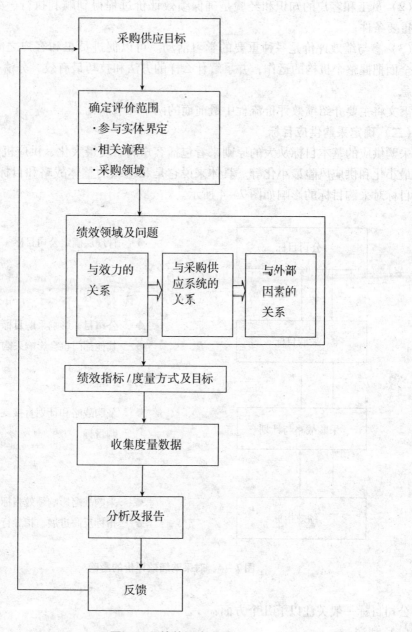

图 7 - 3　绩效评价流程

　　绩效评价流程的每个阶段都需要与评价结果相关的所有人参与，既包括采购供应部门的领导和员工，也包括各种相关客户。需要采购供应的客户和所有员工参与绩效评价的主要原因有：

　　（1）确保在采购供应目标、评价方法等方面达成共识，认可评价结果；

（2）员工和客户的知识和经验是确保绩效评价过程得到顺利执行、关键问题受到关注的重要条件；

（3）参与绩效评价是一种重要的学习活动。可以促进员工和客户之间的相互沟通理解，全面把握整个机构的运作，并了解什么样的方法和技巧最有效，分清日常工作中的轻重缓急。

下文将主要介绍绩效评价流程中最前面的两个环节。

（二）确定采购供应目标

采购供应的基本目标从大的原则来看包括客户满意度最大化、供应机会最大化、供应成本最小化和供应风险最小化等。具体来说它是和组织的整体战略和目标联系在一起的。组织目标对采购目标的影响如图7－4所示。

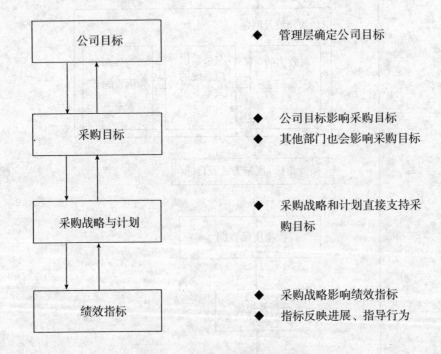

图7－4　对采购绩效评价的影响

公司目标一般关注以下几个方面：

（1）利润；

（2）销售收入；

（3）市场份额；

（4）市场地位；

（5）客户满意度；

（6）全面质量管理；

（7）道德行为；

（8）对社会发展的贡献；

（9）对环境保护的贡献。

为达成这些目标，公司战略通常包括以下决策领域：

（1）提供什么产品和服务？

（2）目标市场是哪些？

（3）给客户提供什么样的条件？

（4）如何进入和开拓市场？

（5）怎样进行有效运作？

采购供应的目标是支持公司的战略从而实现总体目标，对应公司的战略内容，采购供应可以在以下几个方面作出贡献：

（1）通过投入的供应，提高公司产品或服务的差异性；

（2）通过投入的供应，缩短新产品开发和引进的周期，从而增加市场机会；

（3）通过外包非重点的职能和服务，增强公司的核心竞争力；

（4）协助公司作出自制或外购决定；

（5）在公司联盟、合作、合资、合并等情况下，尽量优化供应安排，为公司的发展和成长作出贡献；

（6）对相关供应成本、风险和机会进行分析，有助于对公司的战略选择作出评价；

（7）确保公司能对市场条件和客户需求的变化作出快速反应所需投入供应的灵活性和速度；

（8）通过获得一流的原料、零配件、技术和生产手段，对创新和发展公司的技术能力作出贡献；

（9）保证客户满意（例如，可获得性、采购供应提前期、交货、质量、客户服务和成本）；

（10）确保完成公司的短期和长期生产计划所需投入供应的连续性；

（11）促进公司的全面质量管理；

（12）降低公司运营总成本。

（三）确定评价范围

采购供应的评价范围确定包括：参与实体的界定、业务流程分析和采购项目定位。

1. 参与实体的界定

参与绩效评价的实体包括直接客户、相关实体和高层管理者。

企业常常强调"以客户为核心"、"使客户满意"、"客户成功"等理念，但我们的客户到底包括哪些，他们有什么样的需求，在这些需求之间如何权衡等问题并没有得到细致的分析。只有在确定客户后，才能进一步进行客户调查以确定客户满意度，确定邀请哪些客户参与评价等。

客户的界定是评价过程重要的开始，需要分析确定：

①谁是采购供应的客户；

②客户的需求和期望是什么；

③他们对于采购供应的重要性；

④客户与采购供应的不同关系性质。

了解谁是客户及其具体需求，是设定绩效标准的基础。不同的客户其需求各不相同，有时甚至是互相矛盾的，因此需要对客户进行合理分类。

（1）直接客户

直接客户就是所购商品和服务的直接使用者，他们可以是内部客户，也可以是外部客户。

对一家生产型企业来说，采购物料的直接使用者可能基本上都是内部的，包括：生产车间、研发部门、维修和客户服务部门。他们与采购供应的绩效密切相关。如果采购供应不能及时送达所需的货物或服务、不能确保供应的连续性、不能保证必要的质量、不能确保从供应商那里得到合适的客户服务水平，或者在成本方面无法取得竞争优势，内部用户就要受到很大的影响。因此，内部用户也愿意参与到采购供应的绩效评价中来。

在商业企业中，用户对于企业来说常常是外部的，例如，最终用户和其他公司。因为外部用户一般不会直接与供应商的采购供应部门打交道，因此要了解他们的需求，需要采取客户采访、实地调查等方式。

对公司外部客户的分类可以根据其重要程度和他们的需求特点来进行。例如，一类客户特别看重产品范围和低价格，另一类客户特别看重交货速度和服务水平。在进行客户分类时，不仅要从公司的角度来分析客户为公司带来的价值，还要分析客户对公司的价值感知。

（2）相关实体

相关实体是指采购供应职能在业务流程中需要与之合作的实体。主要包括供应商和公司其他部门。

随着专业化和外包趋势的发展，供应商发挥着越来越关键的作用。一类供应商是物料和零部件的提供者，他们又是采购供应进行询盘、发盘、下单、签订合同等活动的对象。对他们来说，采购供应部门的效率提高了，他们的业务活动就更能优化顺畅，带来的结果是双方都能降低成本、增强优势，因此他们更有积极性和企业一起对采购供应的绩效进行评价，对绩效好的企业他们会表现出更高的合作积极性，否则，合作的效果就会被打折扣。另一类供应商是专门的服务提供商。他们主要提供能满足采购供应职能特殊需要的服务。如专门的运输公司、货运代理、物流提供商、信息服务商、银行、鉴定和检验机构、报关公司等。

供应商和企业建立的关系越密切，就越有兴趣参与采购供应的绩效评价。例如对提供第三方、第四方物流服务的供应商，企业与他们往往要建立战略伙伴关系，他们就可能非常有兴趣参与评价。

公司的其他一些部门，如生产计划部门、财务部门、质量管理部门、储运部门、新产品设计开发、营销等部门与采购供应密切相关，采购供应的绩效和他们的工作效果直接相关，因此他们必然会直接参与评价。

（3）高层管理者

高层管理者的重要责任是针对企业目标提出有效的战略，并确保各类业务在战略框架下运作。采购作为企业运作的输入，是否发挥了应有的作用，当然是高层管理者关心的事。

采购在不同的企业受重视的程度不同，在一个产品生命周期长、原料充足的企业，采购可以看做是一种事务性工作。但是对一家产品生命周期短、发掘新材料、新工艺关系作为关键竞争优势的企业来说，采购供应对于公司具有战略性意义，高层管理者对采购的绩效就更为关注了。采购对公司具有战略意义的情况还有：

①公司产品种类较多，不同的产品需要不同的物料，对市场复杂多变的需求快速反应对企业非常重要；

②对于公司需要的重要原料，供应市场在供应可获得性和价格方面有很大的变动性，市场的变化可导致供应困难和显著的成本变化；

③采购成本占了总收入很高的比率（如50%~60%甚至更多），采购供应成本的变化对企业影响很大；

④企业采取的是差异化战略，差异性可通过新的产品特性、提高质量、更好的服务和更快的交货等手段来实现，而这些实现差异化的手段需要通过改进采购供应管理来获得；

⑤公司正在通过"自营/外包"决策分析重新划定核心业务边界，采购成本的发展趋势和自制的优势需要仔细研究，以决定是否对一个重要业务进行外包；

⑥发展公司的技术能力和将公司业务扩展到新的产品或市场方面，与供应商的联合是公司战略的关键组成部分。

高层管理者参与绩效评价的计划及其结果的分析是非常重要的。高层管理者理解企业战略，明白为何只挑选这么几个有限数量的战略绩效指标。有调配资源的权力，可保证完成评价所涉及的任务，此外还可以从中意识到采购供应对于公司的战略性意义，从而确保采购工作的顺利有效进行。

2. 业务流程分析

采购活动不仅仅是一个买卖过程，其价值是在与供应商和用户相互参与的过程中体现的。供应商价值创造活动的绩效受到采购商的活动的影响，采购活动的绩效要受到用户活动的影响。因此采购的价值评估是相当复杂的，需要根据公司的组织情况和评价本身的预期目标，关注涉及的多个方面。例如，在有些公司的组织结构中，采购可能是从物料管理或库存部门中分离出来的，那么就会导致只关注与购买有关的那些流程。有些组织建立了专门的供应链管理部门，协调组织供应商的早期介入，负责与客户一起管理联合库存等，那么绩效的评价就比较容易将有关流程较全面地纳入其中。

流程重组的理论强调要有专门的人员对整个供应链流程负责，这经常要涉及多个部门甚至多个公司之间的协调。例如向供应商付款的活动，尽管这一流程源于采购供应，但采购供应部门并不直接进行处理，而是由财务和会计部门进行直接控制。但是，整个采购流程离不开供应商收到货款这个环节，因此它也应该是采购绩效评价的一个组成部分。

也就是说，采购绩效的评价不应局限在采购供应部门，而应该关注实现采购供应的全部流程。例如为了将货物和服务从供应商运送到购买商处，要涉及供应商的发货和物流提供商的业务流程。在这种情况下，绩效评价甚至超越了企业本身，而且考虑了企业所处的整个供应链是怎样管理的。向上走，要考虑供应商和供应商的供应商，一直指向原料来源；向下走，绩效评价就会关注公司的客户和客户的客户，一直到终端用户或消费者。

毫无疑问，沿供应链进行的绩效评价越远，评价的范围越广，结果就越有意义。例如，仅从某个单独的购买企业（例如自行车的装配者和分销商）及其一级供应商的层次来评价采购供应周期和存货成本时，其结果看起来可能是比较乐观的，但是评价沿供应链的向上延伸表明，这一结果是以零配件和其他投入的供应商的过量存货为代价而取得的，那么整个供应链的绩效很可能是不理想的。

绩效评价所包含的流程要由具体的情况决定，这将受到评价所关注的内容和供应链中不同企业间的合作程度的影响。

在一个单独的企业内进行的采购供应绩效评价主要包括以下程序：

（1）确定需求与规划供应；

（2）分析供应市场；

（3）制订供应战略；

（4）评估与初选供应商；

（5）获取与选择报价；

（6）与供应商进行谈判；

（7）准备合同；

（8）管理供应合同的实施（包括付款）；

（9）管理物流；

（10）管理库存和仓库。

3. 采购项目定位

一个公司要购买的物品涉及很多类别，大到生产厂房、机器设备，小到圆珠笔等诸多领域的不同货物与服务。因此，每项采购应根据内外环境状况在公司内设置不同程度的优先级。

总的来说，采购的材料和服务可以归为下列几种：

（1）原料。指未经转化或最小限度转化的材料，在生产过程中作为基本的材料存在。

（2）辅助材料。指在生产过程中被使用或消耗，但并不被最终产品实际吸收的材料。如润滑油、冷却水、抛光材料、焊条和工业用气等。

（3）零部件。指不经过额外的物理变化而被嵌入最终产品内部的产成品。如电池、灯泡、前灯装置、变速箱等。可以分成专用件和标准件，专用件是按照客户的设计或规格生产的，而标准件是按照供应商的规格生产的。

（4）半成品。这些物品已经过一次或多次处理，并要在后面的阶段继续深加工后存在于最终产品中，如钢板、钢丝和塑料薄片等。

（5）成品。包括被采购来直接销售的所有产品，如供应商提供的装饰品、百货公司销售的消费品等。

（6）投资品或固定设备。这些产品不会被立刻消耗，但其价值会不断贬值。账面价值一般在每年的资产负债表中反映，如生产中使用的机器、建筑物、计算机等。

（7）维护、修理和运营用品（MRO物品）。它们是为保持组织运转，尤其是辅助活动所需要的材料，一般由库存供应，如办公用品、清洁材料、维护材料和备件等。

（8）服务。服务是通过合同由第三方（承包商、工程公司等）完成的活动，如清洁服务、介绍临时劳务、运输、保险等。

对不同的采购项目，关注的重点不同。例如关于成本的问题，在评价主要设备的采购时，一般侧重于生命周期的成本；而评价原材料采购则更注重价格水平。对服务采购的评价因素与对商品采购的评价所涉及的因素有很大的区别。

如何对采购的产品和服务进行合理的分类是一个非常重要的问题。最简单的是ABC分类法。例如将物品按年度货币占用量分为三类：A类是年度货币量最高的库存，这些品种可能只占库存总数的15%，但用于它们的库存成本却占到了总数的70%~80%；B类是年度货币量中等的库存，这些品种占全部库存的30%，占总价值的15%~25%；年度货币量较低的C类库存品种，它们只占了全部年度货币量的5%，但却占库存总数的55%。

针对不同的物品，制定不同的采购策略，如表7-3所示。

表7-3　　　　　　　　ABC物品采用不同的采购策略

物品类型	采购策略
A	对A类物品提供仔细、准确的订货量、订货点与MRP数据。对计算机数据需用人工核对，再加上频繁地监控以压缩库存
B	对B类物品，每季度或当发生主要变化时评估一次EOQ与订货点，MRP的输出按例行公事处理
C	对C类物品不要求作EOQ或订货点计算。订货往往不用MRP作计划。手头存货还相当多时就订一年的供应量，使用目视评审，堆放，等等

ABC分类法有不足之处，通常表现为C类货物得不到应有的重视。而C类货物往往也会导致整个装配线的停工。因此，有些企业在库存管理中引入了关键因素分析法（Critical Value Analysis，CVA）。CVA的基本思想是把存货按照关键性分成四类，即：

（1）最高优先级：这是经营的关键性物资，不允许缺货；

（2）较高优先级：这是指经营活动中的基础性物资，但允许偶尔缺货；

（3）中等优先级：这多属于比较重要的物资，允许合理范围内缺货；

（4）较低优先级：经营中需用这些物资，但可替代性高，允许缺货。

CVA 管理法比起 ABC 分类法有着更强的目的性。在使用中要注意，人们往往倾向于制定高的优先级，结果高优先级的物资种类很多，最终哪种物资也得不到应有的重视。CVA 管理法和 ABC 分析法结合使用，可以达到分清主次，抓住关键环节的目的。在对成千上万种物资进行优先级分类时，也不得不借用 ABC 分类法进行归类。

更一般的分类方法是采用所谓的供应定位模型，也称采购组合定位模型。它主要根据采购风险和采购价值两个维度来对采购项目进行定位。

某个项目的采购价值能够通过采购数量或总成本百分比来定义。供应风险可通过以下项目进行评价：

（1）可获得性；

（2）供应商数量；

（3）需求市场竞争程度；

（4）自制或外包备选方案；

（5）仓储风险；

（6）可替代程度。

根据项目在每个维度上的高低值，就可以得到一个 2×2 矩阵以及四种采购物品的分类：

（1）战略性（Strategic）：高利润，高供应风险；

（2）瓶颈性（Bottleneck）：低利润，高供应风险；

（3）杠杆性（Leverage）：高利润，低供应风险；

（4）非关键性（Non-Critical）：低利润，低供应风险。

对非关键性项目的采购，关注的重点是有效的操作流程、产品标准化、库存和订购数量优化。杠杆项目使得采购公司有机会充分利用自己的购买优势，比如通过强势的议价、购买替代物品或定价能力。而瓶颈项目相反，往往是供应商占据主导权，因此可采用提高订单吸引力（如常年数量保证）、卖家控制、安全库存、设置后备方案等策略。最后，对于战略性项目，主要的任务是与供应商发展长期供应关系。对于关键项目，特别的数据分析技术，比如市场分析、风险分析、价格预测、计算机仿真优化模型等都会有用。跨国公司在采购中还要考虑更多的问题，例如知识产权的问题。

第八章　物流服务外包

第一节　物流服务概述

一、物流服务的概念

物流服务是指对客户商品利用可能性的物流保证。企业的存在就是为了满足客户某方面的需要，为客户提供产品和服务，而物流服务是保证企业能有效提供优质服务的基础。面对日益激烈的竞争和消费者价值取向的多元化，企业管理者已发现加强物流管理、改进客户服务是创造持久的竞争优势的有效手段。

二、物流服务的分类

（一）按业务分

1. 基本物流服务

（1）运输功能。运输功能是物流服务的基本服务内容之一。物流的主要目的就是要满足客户在时间和地点两个条件下对一定货物的要求，时间的变换和地点的转移是实现物流价值的基本因素。

企业既可以通过拥有自己车辆的方式自己设计运输系统，也可将这项物流业务外包给第三方专业物流公司。专业的物流公司一般自己拥有或掌握一定规模的运输工具；具有竞争优势的 TPL 经营者的物流设施不仅仅只在一个点上，而是一个覆盖全国或一个大的区域的网络。因此，TPL 服务公司首先可能要为客户设计最合适的物流系统，选择满足客户需要的运输方式，然后具体组织网络内部的运输作业，在规定的时间内将客户的商品运抵目的地，除了在指定交货点的交货需要客户配合外，整个运输过程，包括最后的市内配送都可由 TPL 经营者完成。

（2）保管功能。它是物流服务的第二大职能，实现了物流的时间价值。

对于企业来说，保管功能是通过一定的库存来实现的。与运输一样，企业既可以构建自己的仓库，或租用仓库来对产品进行管理，也可以交给 TPL 来完成这项功能。决策必须是在综合考虑了各方面因素的情况下作出的，最主要的目的是利益最大化。在由运输路线和仓库组成的物流网络中，库存处于节点的位置。

（3）配送功能。这是物流服务的第三大职能。配送是将货物送交收货人的一种活动，目的是要做到收发货经济，运输过程更为完善，保持合理库存，为客户提供方便，可以降低缺货的危险，减少订发货费用。

（4）装卸功能。这是为了加快商品的流通速度必须具备的功能，无论是传统的商务活动还是电子商务活动，都必须配备一定的装卸、搬运能力，TPL公司应该提供更加专业化的装载、卸载、提升、运送、码垛等装卸、搬运机械，以提高装卸、搬运作业效率，降低订货周期（Order Cycle Time，OCT），减少作业对商品造成的破损。

（5）包装功能。物流的包装作业目的不是要改变商品的销售包装，而在于通过对销售包装进行组合、拼配、加固，形成适于物流和配送的组合包装单元。

（6）流通加工功能。流通加工的主要目的是方便生产或销售，专业化的物流中心常常与固定的制造商或分销商进行长期合作，为制造商或分销商完成一定的加工作业，比如贴标签、制作并粘贴条码等。

（7）信息处理功能。由于现代物流系统的运作已经离不开计算机，因此可以将物流各个环节及各种物流作业的信息进行实时采集、分析、传递，并向货主提供各种作业明细信息及咨询信息，这是相当重要的。

2. 增值物流服务

所谓增值服务就是在提供基本服务的基础上，满足更多的客户期望，为客户提供更多的利益和不同于其他企业的优质服务。针对特定客户或特定的物流活动，在基本服务基础上提供的定制化服务。

增值服务是竞争力强的企业区别于一般小企业的重要方面。有时，在基本服务的基础上也能够实现增值服务。例如丰田汽车公司提出一个星期的交货期，在基本服务的基础上为客户提供了其他公司无法做到的增值服务；摩托罗拉公司可以根据客户的要求生产出定做的产品，这也为客户提供了增值服务。

增值服务可以在完成物流基本功能基础上，根据客户需求提供各种延伸业务活动；在竞争不断加剧的市场环境下，不但要求物流企业在传统的运输和仓储服务上有更严格的服务质量；同时还要求它们大大拓展物流业务，提供尽可能多的增值性服务。

一般的附加增值服务包括：

（1）订单处理。包括订单的收取或记录、货物的查询、订单的确认、发货通知、缺货处理等。

（2）货物验收。

（3）货物的再包装与简单的流通加工。

（4）代办货物保险。

（5）代办通关。

（6）代收货款。

（7）安装调试。

（8）货物回收/替换等。

高级的物流增值服务包括：

（1）库存分析与控制。

（2）销售预测。

（3）分销中心的建立：利用物流企业的自身网络优势，为客户建立产品分销中心。

（4）供应链设计和管理：经销渠道、采购渠道的设计，供应商和经销商的协调与管理建议。

（5）物流系统规划。

（6）物流成本核算分析等。

（二）按服务对象分

（1）以客户为核心的物流服务。指第三方物流以满足买卖双方对于配送产品为目的的提供各种可供选择的物流服务。

（2）以促销为核心的物流服务。如对储存的商品提供特别介绍，为销售点展销提供物流支持。

（3）以制造为核心的物流服务。通过独特的产品分类、递送等定制化服务来支持制造活动。如软管供应按用户要求尺寸。

（4）以时间为核心的物流服务。如准时化（JIT）供应。

三、物流服务的重要意义

1. 物流是企业生产和销售的重要环节，是保证企业高效经营的重要方面

对于一个制造型企业来说，物流包括从采购、生产到销售这一供应链环节中所涉及的仓储、运输、搬运、包装等各项物流活动，它是贯穿企业活动始终的。只有物流的顺畅，才能保证企业的正常运行。同时，物流服务还是提高企业竞争力的重要方面，及时准确地为客户提供产品和服务，已成为企业之间除了价格以外的重要竞争因素。

2. 物流服务水平是构建物流系统的前提条件

物流服务水平不同，物流的形式将随之而变化，因此，物流服务水平是构建物流系统的前提条件。企业的物流网络如何规划，物流设施如何设置，物流战略怎样制定，都必须建立在一定的物流服务水平之上。不确定一定的物流服务水平而空谈物流，可谓"无源之水，无本之木"。

3. 物流服务水平是降低物流成本的依据

物流在降低成本方面起着重要的作用，而物流成本的降低必须首先考虑物流服务水平，在保证一定物流服务水平的前提下尽量降低物流成本。从这个意义上说，物流服务水平是降低物流成本的依据。

4. 物流服务起着连接厂家、批发商和消费者的作用，是国民经济不可缺少的部分

四、衡量物流服务水平

（一）存货可得性

存货可得性是指当客户下订单时所拥有的库存能力。目前，存货储备计划通常是建立在需求预测的基础上的，而对特定产品的储备还要考虑其是否畅销、该产品对整个产品线的重要性、收益率以及商品本身的价值等因素。存货可以分为基本库存和安全库存。可得性的一个重要方面就是厂商的安全库存策略，安全库存的存在是为了应付预测误差和需求等各方面的不稳定性。

许多厂商开发了各种物流安排方案，以提高其满足客户需求的能力。一家厂商可以经营两家仓库，其中一个指定为主要仓库，而另一个作为后备的供给来源。主要仓库是厂商用于输出其绝大多数产品的地点，以便利用自动化设施、效率及其所处地点的优势。一旦主要仓库发生缺货时，就可以利用后备仓库来保证一定的客户服务水平。

高水准的存货可得性需要进行大量的精心策划，而不仅仅是在销售量预测的基础上给各个仓库分配存货。在库存管理中，有 ABC 库存策略。包括对存货实施 ABC 管理和对客户实施 ABC 管理。

可得性的衡量指标主要表现在：

（1）缺货率是指缺货发生的概率。将全部产品所发生的缺货次数汇总起来，就可以反映一个厂商实现其基本服务承诺的状况；

（2）供应比率（Fill Rate）衡量需求被满足的程度。有时我们不仅要了解需求获得满足的次数，而且要了解有多少需求量得到了满足，而供应比率就是衡量需求量满足的概率。如一个客户订 50 单位的货物，而只能得到 47 个单位，那么订货的供应比率为 94%。

（二）物流任务的完成

物流任务的完成可以通过以下几个方面来衡量：

1. 完成周期的速度

完成周期的速度是指从订货起到货物实际抵达时的这段时间。根据物流系统的设计不同，完成周期所需的时间会有很大的不同，即使在今天高水平的通信和运输技术条件下，订货周期可以短至几个小时，也可以长达几个星期。但总的来说，随着物流效率的提高，完成周期的速度正在不断地加快。

2. 一致性

一致性是指厂商面对众多的完成周期而能按时递送的能力，是履行递送承诺的能力。虽然服务速度至关重要，但大多数物流经理更强调一致性。一致性是物流作业最基本的问题。厂商履行订单的速度如果缺乏一致性，并经常发生波动的话，那就会使得客户摸不着头脑，使其在制订计划时发生困难。

3. 灵活性

作业灵活性是指处理异常客户服务需求的能力。厂商的物流能力直接关系到处理意外事件的能力。厂商需要灵活作业的典型事件有：

（1）修改基本服务安排计划；

（2）支持独特的销售和营销方案；

（3）新产品引入；

（4）产品衰退；

（5）供给中断；

（6）产品回收；

（7）特殊市场的定制或客户的服务层次；

（8）在物流系统中履行产品的修订或定制，诸如定价、组合或包装等。

在许多情况下物流优势的精华就存在于作业灵活性中。

4. 故障与修复

故障与修复能力是指厂商有能力预测服务过程中可能会发生的故障或服务中断，并有适当的应急计划来完成恢复任务。因为在物流作业中发生故障是在所难免的，因此故障的及时修复也很重要。

（三）服务可靠性

物流质量与物流服务可靠性密切相关。物流活动中最基本的质量问题就是如何实现已计划的可得性及作业完成能力。实现物流质量的关键是如何对物流活动进行评价。

五、物流服务存在的问题及对策

（一）目前企业的物流尚存在一些问题，这必将影响企业的竞争优势

企业在管理物流时，应该注意以下几个方面：

（1）有些企业对物流不够重视，只是把物流服务水平看做是一种销售手段而不做出明确的规定。在很多企业中，并没有专门的物流部门，物流只是在安排生产或销售计划时才会考虑，并且由于各个部门之间存在这样那样的矛盾，使得企业无法从一个系统和全局的高度来看待本企业的物流系统。随着批发商和零售商要求的升级，这种对待物流的态度将使企业无法应对他们的要求。目前，许多企业或是由于销售情况不稳定，或由于没有存放货物的地方，或为了避免货物过时，都在努力削减库存。库存削减必然导致多批次小批量配送，或多批次补充库存，所以说过度削减可能导致物流成本上升而不是下降。因此，企业必须建立新的物流服务机制，提出物流服务决策。

（2）许多企业还在用同一物流服务水平对待所有的客户或商品。这样对甲乙丙不进行区分的企业将失去很多来自重要客户的机会。正确的做法应该是把物流服务当做有限的经营资源，在决定分配时，要调查客户的需求，根据对公司销售贡献的大小，将客户分成不同层次，按客户的不同层次，决定不同的服务方式和服务水平。

（3）物流部门应及时对物流服务进行评估。评估应该是贯穿物流活动始终的一项工作，要随时检查销售部门或客户有没有索赔，有没有误配、晚配、事故或破损等。可以通过征求客户意见的方法，来检查物流是否达到了既定的标准，成本的合理化程度如何，以及是否有更好的方法。

（4）物流服务水平应该根据市场形式、竞争对手状况、商品季节性等做及时的调整。物流部门应尽量掌握较多的信息，使整个物流系统在与外界的互动中不断获得调整，而非闭门造车。

（5）企业应该从盈亏的角度看待和设计物流系统，而非从单个销售部门的角度来考虑物流系统。

（6）应重视物流信息在物流服务中的重要性。整体的物流服务水平在不断变化，客户对物流的要求也越来越高。今后，为客户提供各种物流过程中的信息也是至关重要的。

（7）现在的物流应把企业物流放在社会大物流的环境中去，企业应该认真考虑环保、节能、废物回收等社会问题。

（8）物流服务水平的确定应作为企业的重要决策。物流服务作为社会系统的重要的一环，越来越受到人们的重视，物流服务是客户服务的重要因素，是与客户进行谈判的条件之一。因此，物流服务水平的确定应作为企业的重要决策。

（二）如何保证具有竞争优势的物流服务水平

物流服务作为企业竞争手段之一，首先必须超出同行业的其他企业。它不应是防御性的物流，即不应该毫无创新性地模仿他人的做法，而应该是进攻性的，积极地改善物流服务，形成自身的个性。

企业要想设计出具有竞争优势的物流服务，应注意以下几点：

（1）首先要弄清楚有哪些服务项目，分析不同服务项目的客户满意程度；

（2）通过问卷调查、专访或座谈等形式，收集有关物流服务信息，了解客户服务要求，并分析企业能否满足这些要求以及经济性怎样等；

（3）分析本企业在激烈市场竞争中相对于其他企业的优势和劣势。了解本企业和竞争对手在物流需要上的满意程度，一般称为基准点分析。基准点分析即把本企业产品、服务以及这些产品和服务在市场上的供给活动与最强的竞争对手进行比较评估；

（4）建立物流机制，并对整套物流机制进行追踪调查。

第二节　物流服务供应商

一、集成物流服务供应商的作用和特点

集成物流服务供应商也被称为合同物流（Contract Logistics）、外包物流（Outsourcing Logistics），它是一类新型的物流企业。其核心业务是为所服务的对象企业提供全部或重要部分的物流服务。集成物流服务供应商的特点如下：

（一）提供定制化、集成的物流服务

集成物流服务供应商可以完成仓储、运输、信息管理、承运人选择、报关、业务咨询、货运单据审计和支付、库存补充等多种服务，把一家功能型物流企业不能独立完成的

业务集成起来。集成物流服务供应商从客户的需求出发，依据客户特定的业务流程提供包括选择包装方法、运输方式、线路选择、仓库选址、库存管理等全方位的物流解决方案，以达到提高客户物流业务效率和消减客户物流成本的目的。

（二）实行建立在信息技术基础上的电子化物流管理

集成物流服务供应商在为物流需求方提供最佳物流方案的时候，需要处理大量关于客户调货、仓储、配送等方面的信息。因此需要拥有适应综合物流发展需要的信息技术平台，从而具备高效的信息处理能力，实现资金流、信息流、物流的有机结合。具体的需要有：客户服务系统软件、物流成本核算软件、货物跟踪软件以及相应的信息网络支持等。

（三）建立与功能型物流服务提供商、物流消费者之间的战略联盟

集成物流服务供应商与物流消费者并不是一般意义上的买卖关系。集成物流服务供应商是物流消费者的战略投资人，也是风险的承担者。与功能型物流企业共同组建物流网络是集成服务提供商的一大特色。在战略联盟当中，集成物流服务供应商灵活地采取业务自理或外包两种方式。例如宝供物流是我国首家注册的集成物流服务供应商，它采用"虚拟企业"经营手段，凭借其良好的信息系统和战略联盟关系建立了高度集成的物流运作网络。

（四）实行规模化经营

资源集成化和利益一体化是集成化物流管理的利润基础。集成物流服务供应商采取规模化经营，努力成为多条供应链的渠道成员，采用先进的物流技术和管理方式，取得规模经济效益。

二、物流服务供应商的选择

物流服务供应商是指能够为物流需求方提供全方位物流服务的企业或企业联盟。随着供应链管理思想的发展，实践和理论界对供应商的选择和决策讨论不断深入，但是大多数是针对供应链的起点即制造或零售企业的采购行为。当第三方物流、第四方物流等物流服务为主导的供应链模式出现后，企业将面临对物流服务供应商的选择。

（一）物流服务供应商的作用

企业所需求的物流服务通常由具有一定物流服务资源整合能力的第三方、第四方物流提供。选择物流供应商的决策将直接关系到企业的物流运营以及企业是否有足够的能力发展其核心竞争力。以物流服务供应商的提供者第三方物流为例，第三方物流是物流产业发展到一定水平的产物，是专业的物流企业，也被称作"合同物流"、"外包物流"。第三方物流可以为物流需求方提供物流解决方案，以及仓储、运输、配送、流通加工、信息管理等多种物流服务，完成单一功能型的物流企业不能实现的服务目标。第三方物流通常与功能型物流企业以及物流服务需求企业之间建立较长期的合作关系或者战略合作伙伴关系，以此实现资源集成和规模化经营。所以，作为物流需求企业对第三方物流的选择是复杂的、多属性的。

（二）物流服务供应商的选择方法

物流服务供应商的选择方法有很多，可以分为定性方法和定量方法两类。

1. 定性方法

选择物流服务供应商可以采用的定性方法有：直观判断法，主要根据调查及历史记录资料、结合决策者的直观感觉，对供应商进行分析、决策；招标法，由企业提出招标条件，各物流服务供应商进行竞标，最后企业选择最有利的供应商；协商决策法，企业与几家有利的物流服务供应商分别谈判、协商，最后确定其中一家。

2. 定量方法

主要的定量方法有：层次分析法与线性规划法（Analytic Hierarchy Program，AHP）、数据包络分析法（Data Envelopment Analysis，DEA）、逼近于理想解的排序法（Technique for Order Preference by Similarity to Ideal Solution，TOPSIS）、人工神经网络算法等。

因为定性、定量的决策方法在实践中各有利弊，所以有些时候企业会利用定性与定量相结合的方法进行供应商决策，即层次分析法。严格地说，层次分析法具备了定性与定量方法相结合的优点，因为它把决策问题分解为若干层次，并在比原来问题简单的层次上逐步分析，把难于完全用定量方法解决的问题有效处理，把人的主观判断用数量形式表达处理。

第三节　第三方物流与物流外包

一、第三方物流的内涵

"第三方物流"（Third Party Logistics，3PL 或 TPL）是 20 世纪 80 年代中期由欧美国家提出的。第三方物流就是由供应链上的第一方（供应商或生产者）、第二方（买方或客户）之外的第三方（专业物流提供者）去承担客户物流服务的运作模式。第三方物流提供者充当了第一方与第二方之间的桥梁，他们利用自有资源或整合、利用外部资源，为物流需求者（第一方和第二方）提供全方位、高水平、专业化、低成本的物流服务。

我国在 2006 年公布的国标《物流术语》中，将第三方物流定义为"独立于供需双方，为客户提供专项或全面的物流系统设计或系统运营的物流服务模式"。第三方物流（3PL）服务商为客户提供整个的或部分供应链物流服务，以获取一定的利润。第三方物流有时也被称为"承包物流"、"第三方供应链管理"和其他一些称谓。第三方物流诞生的 20 多年来，并在近 10 年来得到了飞速发展。在美国，第三方物流业被认为是处于产品生命周期的发展期的产业；在欧洲，尤其是在英国，第三方物流市场已经有了一定的成熟程度。这种由第三方行使的物流业务可以是公司的整个物流活动，也可以是公司的部分物流功能。

二、第三方物流的特征

第三方物流具有以下五个主要特征：

（1）以电子信息技术为基础。信息技术的发展是第三方物流出现的必要条件，信息技术实现了数据的快速、准确传递，提高了仓库管理、装卸运输、采购、订货、配送发运、订单处理的自动化水平，使订货、包装、保管、运输、流通、加工实现一体化，企业可以更方便地使用信息技术与物流企业进行交流和协作。

（2）利益一体化。利益一体化是第三方物流管理的利润基础。第三方物流管理的利润从本质上讲来源于现代物流管理科学的推广所产生的新价值，也就是我们经常提到的第三利润源泉。与传统的物流服务不同，第三方物流企业的利润来源与生产经营企业的利益是一致的，第三方物流服务的利润来源不是来自运费、仓储费用等直接收入，不是以生产经营企业的成本性支出为代价的，而是来源于与生产经营企业一起在物流领域创造的新价值。

（3）合同导向的一系列服务。第三方物流有别于传统的交易物流，不是满足客户企业的临时物流需求，而是根据长期合同条款的规定，提供多功能、全方位的物流服务。

（4）强调战略联盟关系。第三方物流企业与客户企业之间是共担风险、共享收益的关系。企业之间所发生的关系不是仅有一两次的市场交易，而是在物流方面通过契约结成优势相当、风险共担、要素双向或多向流动的中间组织，因此，企业之间是物流联盟关系。

（5）强调增值服务。第三方物流企业站在客户企业的角度，按照客户企业的业务流程和需求，量身定制全方位的、差异化的物流解决方案，提供物流运作服务。这也表明物流服务理论从"产品推销"发展到了"市场营销"阶段，同时通过一定的加工、包装等拓展服务范围，来满足不同客户需求。

三、第三方物流与传统物流的联系与区别

（一）第三方物流与传统物流的联系

现代物流是在传统意义上的仓储、运输业的基础上，包括了现代化的科学技术在流通过程中的应用以及企业信息化等。从这个意义上看，物流服务中表现内容最为丰富、表现过程最为漫长的核心部分仍然是运输与仓储。

实践中，我们可以看到物流虽然包括采购、运输、仓储、配送、包装、流通加工以及信息处理等诸多内容，但其核心依然是运输、仓储、配送和信息处理等，流通加工、包装等其他内容只是物流服务的附带内容，不能成为物流的核心服务内容。否则，就会与加工业、包装业混为一谈了。

（二）第三方物流与传统储运的区别

1. 经营上的区别

现代物流公司和传统储运公司的关键区别在于，现代物流公司服务的最大附加值是基

于信息和知识，而不是靠提供简单的一般服务，如运输、仓储、配送等。另外，现代物流更加强调系统性，即对产品在从生产者到消费者这一全过程进行系统全面的管理，使这一过程在线路、成本费用等方面达到最优化。

在服务范围方面，现代物流服务较之传统仓储、运输更为广泛，物流所提供的服务更全面、更及时。现代物流的主体功能是仓储、运输、装卸、搬运、包装、配送、信息处理等，而传统储运是以仓储与运输为主要业务的。

在信息处理上，现代物流比传统物流有更加完善的信息处理系统，现代物流广泛地应用现代化 IT 技术，收集物流过程中仓储、运输、配送等方面的信息，并对其进行统计分析，然后以此为依据做出及时、合理的安排，以确保信息在物流的各个环节之间准确地传递。

在服务理念方面，二者存在很大的分歧。传统储运企业缺乏主动性，缺乏对市场在企业经营管理中重要作用的充分认识，"大而全，小而全"的观念，"坐、等、靠"或寄希望于政府行政保护的经营思想长期以来严重地制约了传统储运企业的发展；而现代物流的观点是以客户为中心，以市场为导向，以降低客户的成本为目标，为客户提供安全、迅速、准确、节省、方便、满意的物流服务。

从运作效率来看，储运企业的效率非常低下。国内储运企业之间竞争激烈，而国外同行业中的知名跨国公司（如马士基、联邦快递等）的进入更加剧了竞争的激烈程度。伴随着我国加入 WTO，会有更多这样的外国公司抢滩我国物流市场。面对国际知名公司的竞争，我国传统储运企业显露出了明显的竞争力不足的问题。我国储运企业长期以来缺乏以市场为中心的经营理念，不能迅速适应经济、社会及市场发展的需求。目前，我国的储运企业大多为中小型规模的企业，它们的基础设施落后，经营网络不健全，缺乏组织国际多式联运的经验和能力，服务质量较差，不能为客户提供高质量全方位的服务，在这点上无法与国际大公司进行竞争。

从基础设施与装备来看，传统储运更加落后。传统储运企业普遍存在资金不足的问题，使得企业长期以来没有能力改善其基础设施，不能拓展其业务能力及企业营运能力，而原有的设施已经不能适应现代物流发展的需求。我国现有的储运企业所用的库房多为20 世纪 50 年代修建的，经过 40 多年的运作已严重老化，与之配套的电梯、货架等设施也已经不能适应现代物流配送以及客户的要求。有的企业虽然有计算机，但离仓储信息网络化的要求仍然有较大的差距。储运企业必须建立新的设施来适应现代客户在新形势下的新的需求。

2. 与货主企业之间关系的区别

首先，第三方物流企业与货主企业之间是一种"双赢"关系，传统储运企业与货主企业之间大多是一种"零和"关系，即一方的获利来源于另一方的利益减少或不利。在这种情况下，企业之间的关系仅仅是建立在交易基础上的，而且在交易过程中双方也是恪守各自立场不愿作出让步，而这种态度往往带来交易成本的上升；而物流企业却是把货主满意作为经营目标，通过为货主企业提供增值物流服务而使货主企业的营运成本降低，市场竞争能力提高。物流企业的利润来源于货主企业新增利润的一部分，从而实现现代物流企业与货主企业"双赢"的目标。

其次，物流企业力图与其货主企业之间建立起长期合作伙伴关系，传统储运企业与货主企业之间的关系仅仅停留在交易关系层面。尽管有些企业之间也发展起固定交易关系，但企业与企业之间仍是彼此冲突的利益实体，合作关系只是停留在交易层面；而物流企业则致力于与其货主企业建立全方位的长期合作伙伴关系。它们将参与货主企业战略、战术目标的制定，有些甚至与货主企业形成独立的经营实体。

四、第三方物流供应商的选择原则

选择合适的供应商无疑是外包服务成功的关键，主要的选择标准有：

（1）供应商的信誉，即业界知名度、年业务量、客户构成和数目；

（2）供应商的主营业务，即供应商是否有能力满足企业在降低物流成本和提高客户服务水平方面的需求；

（3）是否具备能够证明其具有良好运营管理能力的成功案例；

（4）根据企业的行业特点，供应商是否能够拿出真正迎合企业业务的解决方案；

（5）供应商是否具有强大系统整合能力；

（6）供应商是否有长期经营的能力、是否具备本地与全球一致的资源能力、是否拥有先进的技术能力、对专职人员是否制订了详尽的计划等。

在选择物流供应商时，要改变仅着眼于企业内部核心竞争力的提高，而置供应商的利益于不顾的观点。企业应以长远的战略思想来对待外包，如果通过外包既能实现企业利益最大化，又有利于供应商持续稳定地发展，就能达到供需双方双赢的局面。

五、第三方物流服务的评估

首先，要对照合同对第三方物流企业进行定性和定量评估。定性评估主要包括服务的可靠性、及时性、方便性、订货间隔期、柔性（满足意外需求、较好地应对环境的变化为企业提供应急服务）、第三方物流企业的财务稳定性等；定量评估主要包括服务的价格问题（成本节省）、物流的综合绩效问题。

其次，对合同之外的因素进行评估。例如：企业能否对第三方物流企业的绩效做到有效监控；第三方物流企业依托先进的信息技术能否为企业提供无缝隙服务；能否通过获得的信息帮助企业作出需求计划、帮助企业提供分销计划与预测等；能否为企业主动设计物流服务项目或创新服务项目；二者合作是否默契，在共担风险和共享收益的合作竞争中是否实现了双赢等。

通过评估，如果认为第三方物流企业不仅很好地满足企业的需要，不断改进服务质量和运作效率，而且与企业实现了密切的合作，并成长为企业经营中不可分割的组成部分，则企业可继续实施物流外包并进一步强化与第三方物流企业的合作关系。否则，就要认真考虑是否更换合作伙伴，甚至考虑是否将物流重新回到内部经营的问题。但如果不是非要解除合作关系，与第三方物流企业通过充分沟通以分析问题、解决问题（根据实际需要可修订合同），继续保持合作关系应是明智之举。因为依据交易费用经济（交易费用由交易行为的有限理性和机会主义以及交易特性中的资产的专用性、交易的不确定性以及交易频率决定），更换服务对象的成本或转由内部经营的成本往往很高，且风险较大。

供应商的绩效评价是运用数量统计和运筹学方法，采用特定的指标体系，对照统一的评价标准，按照一定的程序，通过定量、定性分析，对第三方物流供应商在提供服务期间各项物流服务的业绩，作出客观、公正和准确的综合评判，真实反映第三方物流供应商的服务现状，以便建立适宜的持续改进机制。

然而，绩效评估和衡量机制不是一成不变的，随着企业的发展，企业需求会不断发生变化，合作双方需对绩效评估和衡量机制进行及时修改，以适应企业总体发展战略的需要，促进战略的逐步实现，提升竞争优势。企业不断对供应商进行考核的过程正是促使第三方物流供应商的核心能力得到长期、持续、稳定发展的过程。在企业与第三方物流供应商明确了责任后，监督就显得极为重要。根据马里兰大学物流中心的调查结果，联合定期回顾会议是评价第三方物流供应商性能非常有效的方法，客户调查是客户对物流服务水平的最好评价，而外部顾问审计在监督第三方物流供应商性能上也是很有效的，但在监督方法中定级最低。

第四节　物流外包管理

一、物流外包的诞生

物流活动从人类社会开始有生产劳动和产品交换时就存在，但作为一门科学，其研究历史却较短，直到 20 世纪早期才受到人们的重视。从物流概念的产生到物流外包理论与理念的形成，期间经历了四个发展阶段。

第一个阶段：物流概念产生阶段（1950 年以前）

物流学一词对应的英语表达是"Physical Distribution"，意为对产成品的运输、储存。

第二个阶段：物流理论体系形成与实践阶段（1950—1978 年）

随着军事物流在第二次世界大战中的成功运用，物流思想不断被企业界和经济界所认识和接受，并推动了物流学理论体系的形成和发展。1963 年，美国物流管理协会（The Natioanal Council of Physical Distribution Management）的成立，进一步推动了物流科学的形成和发展。

第三个阶段：物流理论日臻成熟与应用阶段（1978—1985 年）

20 世纪 70 年代末期以来，随着商业领域中 MRP、MRPⅡ、ERP、JIT 等管理方法的形成以及计算机技术和机械自动化技术的综合应用，使得管理者能够前所未有地、行之有效地执行物流管理。尤其是在更为激烈的市场竞争环境中，无论是理论界、学术界、企业界都更加深刻地认识到进一步降低成本，提高客户服务水平的重要性。

第四个阶段：纵深发展阶段——物流外包/第三方物流阶段（1985 年至今）

随着 1985 年美国物流管理协会由 National Council of Physical Distribution Management 更名为 Council of Logistics Management，拉开了物流学向纵深发展的序幕。特别地，20 世纪末以来，对物流的研究普遍以整个供应链为视角，物流外包、第三方物流等研究文献不断涌现。2000 年，《物流外包：管理指南》诞生，标志着物流外包与管理理论系统的形成。2002 年，《供应链物流管理》诞生，该书的诞生使人们不再孤立地研究与认识物流，物流已发展为跨组织的一项非常重要的活动。

在我国，进入 20 世纪 90 年代以来，物流概念才日益引起我国理论界、学术界的重视。理论界突破了传统仓储和运输业的限制，将物流理解为包含运输、仓储、包装、装卸、搬运、流通加工和配送等诸多功能要素的综合服务系统。物流概念已从流通领域延伸到了生产领域。21 世纪以来，有关物流与供应链的研究也得到了空前发展。

二、物流外包管理的基本任务

（一）确立物流外包理论体系

物流外包日益成为美、日、英等发达国家的物流发展趋势，在我国，物流自营乃是物流运作模式的主流。虽然有计划经济的后遗症、第三方物流不发达等原因，但理论研究滞后也是一个非常重要的原因。

进入 21 世纪以来，虽然有关物流外包的书籍和论文已陆续问世，但理论研究限于外包的优缺点、原因、障碍的居多。为了指导我国的物流实践，需要对物流一体化、物流外包、发展第三方物流的机理进行深入研究。比如，物流一体化、物流外包的理论基础，如何开创物流外包的合作性竞争关系，物流外包的工作程序和管理方法与技术，物流外包绩效的测度等。

（二）从综合性的角度研究物流外包

物流是一个广义的概念，涉及很多职能与部门，仅从交通的角度或物资流通的角度研究物流是不够的。以工业企业为视角，对物流外包决策的制定等问题，尤其是进行定量分析不可忽视。因为工业企业是国民经济结构的主体，并体现出国家科学技术水平和综合国力，是物流发展的原动力。

（三）从可操作性的角度研究物流外包

今后的研究内容不应停留在概念的引进上，必须发挥研究成果的理论指导作用。物流企业如何经营组织、企业物流如何运作、物流整体效益如何评价、物流质量标准和相应的保证体系如何建立都是理论工作者需要尽快解决的问题。

三、物流外包管理的研究内容

（1）物流外包的理论基础研究。物流外包理论包括交易费用理论和代理理论资源基础理论、一般系统理论和网络理论。因此，需要全面系统地对这些理论进行研究，揭示相

服务采购管理

互之间的联系性。

（2）物流外包活动研究。物流外包活动既包括分散的常规性的物流活动，也包括集成的增值性物流活动，要指导企业作出正确的物流决策，需要对不同物流活动的特点、运作要求进行深入研究。

（3）物流市场研究。物流市场是物流供需双方为保证生产和人民生活进行各种交易关系的总和。物流市场反映的是物流服务供需双方的互动关系，由供需双方构成。为此，研究物流市场就要剖析物流供给市场和物流需求市场的现状及其构成，据此为供需双方制定正确的物流发展战略提供依据。

（4）物流外包合同研究。物流外包合同不同于交易型的短期物流合同，一般期限较长。研究物流外包合同就是为了了解物流外包合同的特点，明确物流外包合同主体的法律关系，洞悉物流外包合同的内容以及物流外包合同的实施与监控。

（5）物流成本与绩效研究。物流成本就是物流活动中所消耗的物化劳动和活劳动的货币表现。分析研究物流成本的目的就是为了降低物流总成本，寻求降低物流总成本和增强企业竞争优势的有效途径。物流成本具有隐蔽性、乘数效应等特点，只有了解了物流成本的构成及在企业中的作用，才能更好地加强成本管理。物流绩效反映了企业物流管理的综合水平。要加强物流绩效管理，需要加强对物流绩效的指标体系、物流绩效测度方法及其应用研究。

（6）物流外包决策研究。企业的物流运作模式包括物流自营、物流内包、物流外包、战略联盟、市场采购等形式，每种形式都对应着不同的背景。为此，需要对不同运作模式的内涵，不同运作模式适应的环境进行深入分析。

（7）物流外包关系研究。物流外包关系是基于长期合同的跨组织关系，物流外包各方之间体现的是合作关系，一般合作伙伴数量少。如何发挥物流外包的作用，需要对影响物流外包合作关系的因素进行研究。企业要在物流运作中做到有的放矢，需要了解物流外包的风险。

（8）物流供应链管理研究。广义的物流管理就是供应链管理，企业要在物流外包中与物流供应实现双赢，提高竞争力，即从供应链管理的角度审视物流的经营理念和管理思想。

四、物流外包管理的研究范围

（一）微观物流

微观物流主要研究企业生产经营中的物流活动。企业是国民经济的细胞，是商品市场的主体，它的生产经营状况直接关系到市场经济的运作，它的改革是建立社会主义市场经济的基础。在生产社会化、专业化水平不断提高，科学技术水平高度发展的时代，物流与企业的每项业务都有着密切的联系。对于企业物流来说，无论是自营还是市场、外包等，物流成本如何、绩效如何都是企业经营者需要经常考虑的问题。研究微观物流的目的，是为了有效组织和管理企业的物流活动，降低物流成本和提高客户满意度。

（二）宏观社会物流

宏观社会物流主要是研究整个经济社会运行中的物流系统。其目的是为了促进整个社会物质资料从生产领域向消费领域的迅速转移，实现产品的使用价值，使物流社会消费最省、整体效益最大、服务水平最好，并根据资源供给状况和消费者的需求状况采取相应的宏观物流政策。

（三）物流系统综合研究

物流外包与管理研究就是从研究物流系统的外部经济环境和内部结构入手，揭示物流系统存在和运行的普遍规律，并按照这些规律的要求，建立物流管理体系。

五、物流外包管理的研究方法

科学理论体系建立的关键不仅在于研究什么，而且在于怎样研究。物流运作管理是企业生产与经营管理的重要组成部分，不仅与外部有着紧密联系，内部也有多重结构，存在着一系列运动发展的客观规律和趋势，对微观经济实体和宏观经济管理有着不同的客观要求。

要认识和把握如此复杂的经济过程，不能仅仅依靠某一种方法，而必须依靠一整套科学方法，或一个方法论体系。迄今为止，研究流通现象的方法大体上分为三种类型：

（1）商品划分法。它以特定商品作为研究对象来论述和分析流通问题，然后再将整个流通理论化。以生产资料流通和以物质生活资料流通为研究对象建立起来的物资经济学和商业经济学，应用的就是这种方法。

（2）体制划分法。它按照构成流通的社会结构的体制，即批发业、零售、运输、仓储等，进行说明和分析，并以其为主线，建立流通理论体系。这种方法很具体，但不易得出一般结论。

（3）职能研究法。它是选出与全部商品和全部体制有关的职能进行分析，并将整个流通的结构合理化。这种方法是实现逻辑体系化的基本方法。

本书采用的是综合职能研究法，主要建立起以下逻辑体系：

（1）宏观经济环境与物流运作模式之间的关系，包括物流外包的产生与发展，物流市场的运行结构等。

（2）物流外包活动间的关联结构，如分散物流与集成物流等。

（3）物流外包管理与效率、效益、经济发展之间的因果关系结构，如物流成本的核算与管理，绩效测度与管理等。

除了综合职能研究方法，物流外包与管理还要综合运用科学抽象法、静态—动态分析法和定性—定量分析法等。

第九章 金融服务外包

第一节 金融服务与金融服务外包

一、什么是金融服务

（一）金融服务的定义

金融服务是指金融机构运用货币交易手段融通有价物品，向金融活动参与者和客户提供的共同受益、获得满足的活动。按照世界贸易组织附件的内容，金融服务的提供者包括下列类型机构：保险及其相关服务，还包括所有银行和其他金融服务（保险除外）。

（二）金融服务的范围

广义上的金融服务，是指整个金融业发挥其多种功能以促进经济与社会的发展。具体来说，金融服务是指金融机构通过开展业务活动为客户提供包括融资投资、储蓄、信贷、结算、证券买卖、商业保险和金融信息咨询等多方面的服务。增强金融服务意识，提高金融服务水平，对于加快推进我国的现代金融制度建设，改进金融机构经营管理，增强金融业竞争力，更好地促进经济和社会发展，具有十分重要的意义。

（三）金融服务的内容

金融服务的主要内容包括：

（1）直接保险（包括共同保险、寿险、非寿险）；

（2）再保险和转分保；

（3）保险中介，如经纪和代理；

（4）保险附属服务，如咨询；精算、风险评估和理赔服务；银行和其他金融服务（保险除外）；

（5）接受公众存款和其他应偿还基金；

（6）所有类型的贷款，包括消费信贷、抵押信贷、商业交易的代理和融资；

（7）财务租赁；

（8）所有支付和货币转移服务，包括信用卡、赊账卡、贷记卡、旅行支票和银行汇票；

（9）担保和承诺；

（10）交易市场、公开市场或场外交易市场的自行交易或代客交易，包括：货币市场工具（包括支票、汇票、存单），外汇，衍生产品（包括但不仅限于期货和期权），汇率和利率工具（包括换汇和远期利率协议等产品），可转让证券，其他可转让票据和金融资产，包括金银条块；

（11）参与各类证券的发行，包括承销和募集代理（无论公开或私下），并提供与该发行有关的服务；

（12）货币经纪；

（13）资产管理，如现金或证券管理、各种形式的集体投资管理、养老基金管理、保管、存款和信托服务；

（14）金融资产的结算和清算服务，包括证券、衍生产品和其他可转让票据；

（15）提供和传送其他金融服务提供者提供的金融信息、金融数据处理和相关软件。

（四）金融服务提供者

金融服务提供者指希望提供或正在提供金融服务的一成员的自然人或法人，但"金融服务提供者"一词不包括公共实体。"公共实体"指一成员的政府、中央银行或货币管理机关，或由一成员拥有或控制的、主要为政府目的执行政府职能或进行的活动的实体，不包括主要在商业条件下从事金融服务提供的实体；或在行使通常由中央银行或货币管理机关行使的职能时的私营实体。

二、金融服务外包的内涵和动因

美国服务外包专家 Michael Corbett（2004）认为："外包指大企业或其他机构过去自我从事（或预期自我从事的）工作转移给外部供应商"。2005 年 2 月，以巴塞尔银行监管委员会为主导的"联合论坛"出台的《金融服务外包》（Outsourcing in Financial Services）文件中把外包定义为：受监管实体持续地利用外包服务商（为集团内的附属实体或集团以外的实体）来完成以前由自身承担的业务活动。外包可以是将某项业务（或业务的一部分）从受监管实体转交给服务商操作，或由服务商进一步转移给另一服务商（有时被称为"转包"）。按此定义，外包不包括购买合同。此处"购买"被定义为：从供应商取得服务、货物或设备但买方不转移与客户有关的财产权信息或与其商业活动相关的未公开信息。Jensen 和 Pedersen（2007）认为外包是一个动态概念，企业在不同时期外包的决定因素不同，外包的业务也不同。

就服务外包的动因，大多数学者认为是在于降低成本、提高管理水平和获得先进的技术等。其实，我们从《世界是平的》作者弗里德曼在书中的一段描述可以看出还有其他好处。他认为，尽管要让那些失去工作机会的人理解外包给发达国家带来的好处并不容易，他们总是会觉得千里之外的工人用低得多的工资抢走了他们的工作，但他们确实应该在感到痛苦的同时看到新的机遇，我们的资本和劳动力得到了释放，可以从事更加精深的工作，最终产品会变得更加便宜，这给消费者带来的好处大过给企业带来的利润。

李元旭、吴晨（2000）认为业务外包是一种商业战略，即企业把自身内部业务的一部分承包给外部专门机构。银行业务外包的动因是控制成本，提高银行对市场的迅速反应能力。孙光辉（2004）对"外包"的概念、银行外包的优缺点和策略进行了详细分析，继而提出了"外包"可作为银行治理公司结构的有效工具的建议。陈菲（2005）将业务外包的动因分为内部动因和外部动因。认为外部动因主要有：技术动因、经济动因和市场动因；内部推动力量是为了节省成本和提高核心竞争力。杨国亮（2005）分析商业银行业务外包的内在动因为降低成本和风险、集中有限资源塑造核心竞争力和适应市场竞争环境的变化。曾康霖、余保福（2006）认为，金融服务外包可以强化金融企业的核心竞争力，提升组织效率，规避经营风险，降低经营成本等好处。郭伟奇（2007）认为金融服务离岸外包已经成为金融企业提高金融核心竞争力的手段。许小苍、焦勇兵（2007）认为选择金融服务外包主要是出于降低成本、转移风险、突出核心竞争力、提供优质的服务、业务创新、提高劳动效率、自身能力有限等原因。廖力平、陈春环（2008）通过研究 CEPA 后，认为内地银行将面临具有庞大资本实力的港资银行竞争。因此，内地银行只有通过业务流程的不断再造提升其竞争力，而服务外包是银行再造过程中一个核心的战略手段。

同时，他们认为，业务外包能降低银行经营成本，实现利润增长；有助于银行应对复杂多变的市场环境与客户需求；可以在一定程度上提升银行的技术水平，银行有机会利用最先进的技术和工具。从而使银行可以大胆借用外部资源和力量塑造银行竞争力。

三、金融服务外包的价值分析

根据巴塞尔银行监管委员会《金融服务外包》文件，金融服务外包是指金融机构在持续经营的基础上，利用外包商（为公司集团内部的附属实体或公司集团的外部实体）来实施原本或打算由自身进行的业务活动。外包的金融服务通常有如下几种类型：

（1）信息技术，如信息技术的应用开发、编程、编码；

（2）具体操作，如会计服务、后勤服务及管理工作等；

（3）契约功能，如呼叫中心（Call Centers）等。

根据业务外包理论，金融服务外包具有以下价值：

（1）降低经营成本。节约经费是外包的最重要的原因。在资源配置日趋全球化的背景下，将特定业务外包到资源和服务价格相对较便宜的国家和地区，能直接降低金融机构的加工成本、人力资源成本和管理成本。

（2）强化核心竞争力。通过金融服务外包，金融机构可以集中有限的资源，建立并强化自己的核心能力。目前金融业在产品市场上的竞争焦点已由传统的价格竞争、功能竞争和品质竞争等转向了响应能力竞争、客户价值竞争和技术创新竞争。竞争形态的转换要求金融机构重新审视本机构在整条产品价值链上的增值优势，确立其核心业务范围，并将优质的资源和独特的能力集中到该领域，挖掘和寻求特定的客户群体，为客户提供最快的、能够带来最大价值的金融产品，形成强化核心竞争力的业务平台。

（3）规避经营风险。金融服务外包的一项重要优势在于其能降低风险，与合作伙伴分担风险，从而使金融机构变得更有柔性，更能适应外部环境的变化。此外，由于战略联盟的各方都利用了各自的优势资源，将有利于提高新的产品或服务的质量，提高新产品开拓市场的成功率。最后，采用外包战略的金融机构在与其战略伙伴共同开发新产品时，实现了与他们共担风险的目的，从而降低了由于新产品开发失败给金融机构造成巨大损失的可能性。

（4）提升组织效率。将部分金融服务外包后，金融机构组织目标更为明确、人员结构更为趋同、信息传播更为快捷、组织原则更为统一、组织文化更为融合，组织更加精简，从而可以更加灵活地进行竞争，使管理更有效率，可以更快、更好地满足客户价值实现的需要；此外，金融服务外包能降低固定资产在资本结构中的比例，降低金融机构的退出屏障和转换成本，有利于提高自身的适应性。

此外，金融服务外包还有获得免费资源、推进组织整体变化和增强组织灵活性等方面的益处。

四、金融服务外包行业分布

尽管外包在各金融行业都有相当增长，但每个行业的外包模式却不尽相同。特别是基金管理业及保险业有时会将核心业务外包，这包括：

（1）投资管理：许多保险公司及基金管理人目前将投资管理外包给外部机构及（或）相关实体；

（2）基金单位定价及托管：在许多情况下，将单位连接基金及产品的单位定价及托管安排等外包给服务商；

（3）核保与索赔支付：核保人允许保险经纪人代其处理索赔，并要求后者承担某些核保风险。

第二节　金融服务外包发展趋势

一、国际金融服务外包的发展

当前国际金融服务外包呈现出以下几种发展趋势：

（一）大企业自建外包中心

德勤公司的研究报告表明，大金融机构利用离岸业务外包的比例远高于小金融机构，并且有越来越多的金融机构设立了自己的离岸业务中心。目前，已经有超过一半的金融企业在选择金融服务外包模式时通常选择利用其在海外地区自建的全权持有的企业分支，而不再考虑将其业务活动外包给第三方外包提供商。

（二）业务流程与 IT 混合外包

金融机构外包业务规模不断扩大，出现很多将整个 IT 部门外包的情况。在人力资源等一些更具战略性的领域，业务外包也开始增长，出现了"业务流程外包"（BPO），即将整个业务流程由头至尾外包。"业务流程外包"也意味着发包企业与服务供应商的关系发生了变化，后者不只是传统的服务供应商，而且成为了发包企业的战略伙伴。外包业务从一般 IT 服务扩展到金融服务领域，外包的商业模式也从一般软件配套服务进入了运营操作过程承包，运营过程与高技术外包逐渐融合，形成一个更完整的外包服务供应链。

（三）离岸业务发展迅速，形式多样

"离岸业务"即跨越国境的业务外包。许多企业集团试图将交易处理和服务中心放到境外从而在全球范围内实现经营的高效率，许多大型银行争相将其操作管理中具有特殊功能的业务派送到海外。金融机构的离岸外包市场衍生出许多新的运作模式，如近岸外包、两岸外包、多岸外包等形式。德勤公司的研究报告表明，2003 年全球的金融服务公司中设有离岸业务机构的占 67%，而 2002 年只占 29%。该报告估算 2005 年约有 2100 亿美元的世界金融业成本是用于离岸业务，到 2010 年这一数字将达到 4000 亿美元，占世界金融业总成本的 20%。

（四）外包服务逐渐向更细分的专业市场发展

这些定位于特定领域的细分市场外包服务供应商目前很受欢迎，他们依靠纵向业务取得主导控制力。供应商正在忙于提供特殊的专业能力以帮助客户处理特殊需求的商业功能，比如图像处理、数据管理、ATM 服务、E－Banking 服务等。这对于业务范围窄、综合竞争力弱的小型外包供应商具有启发意义，它们可以发挥自身灵活的特点，敏锐地寻找和挖掘新的需求和细分市场，及时提供有特色的或专精式服务。

（五）离岸外包市场趋向整合

那些在外包市场上占有突出位置的供应商，在即将到来的外包市场兼并战中将握有主动权，而新组合的外包供应商将进一步形成经济规模以降低成本、增强实力。

二、中国金融服务外包发展趋势

服务外包是中国金融产业未来发展中不可逆转的趋势，健康快速发展的金融业服务外包将为中国金融产业的发展和创新，以及中国整体服务外包产业的迅速壮大提供强劲的动力。

（一）金融机构未来业务将不断多元化

金融机构未来发展过程需要服务外包的有效辅助，以突破在发展过程中遇到的各种资源及内部能力上的瓶颈。从金融各行业来看，外包服务有不同特点。国内银行业在拓展多元化业务的同时，必将面对未来应当将什么业务确定为其核心业务的问题。如何将自身有限的资源集中在其确定的核心业务上，同时将非核心业务外包，是银行业的重要战略决策之一。

1. 银行业务重心在变

银行业务未来将从传统的对公信贷向多种业务发展，如零售银行、财富管理、投资银行等。对核心业务的定义和划分也会随之改变。

2. 客户基础在变

在对公信贷业务中，银行对不同客户的信贷比例在变化，中小企业信贷增长趋势明显。服务对象的变化也影响了银行核心业务从简单地依靠放贷扶持央企成长，向多主体多业务方向发展。银行的战略定位和业务模式必然会相应调整。

在业务转型中，银行很多传统的核心业务很可能就变成非核心业务，而原有完成核心业务的人员并不能马上就任未来核心业务。这就涌现了对外包的需求。保险业未来业务调整幅度可能不会像银行业这么大，其新兴业务主要在于资产管理业务的兴起，更多的外包将会集中于对业务流程的优化及外包领域的延展。目前传统寿险业务的主要外包需求在于前台数据录入和集中，而未来需求将会进一步扩展至定损、核保和风险管理等。

（二）金融机构向运营集中化、精益化的转型会进一步深入

金融机构向运营集中化、精益化的转型将为未来服务外包形成规模提供强有力的动力和基础。近期多家银行纷纷进行的银行网点转型，就是针对业务流程进行细致整理，调整运营，提高绩效的相应改变。近年来，大型商业银行加强网点的撤并整合及综合性网点的发展，实现传统网点向服务营销型网点的转型，通过数据和中后台运营集中，来减少网点的低附加值工作量，将网点转型为能够灵活提供多种金融产品的咨询和销售的机构，建立以服务营销为中心的全新定位。这样的发展趋势需要更强大、更快速的后台业务处理能力来支持前台的业务拓展。

目前信用卡业务在发卡管理多个环节都已经实现了外包。未来的外部驱动主要在于业务流程的横向整合和业务环节的精细执行方面。信用卡从交易性业务（如刷卡消费）向信贷性业务（如信用卡贷款）的转移对风险管理要求加大，从而对发行行在数据收集、整理和分析以及客户管理方面提出了更高的要求。如招商银行信用卡中心高层认为，呼叫中心业务是信用卡公司和客户沟通的重要渠道，可以了解客户的需求和反馈意见，当业务操作成本适当时，自营自然就成为更优的选择，因为招商银行自身培养的后台服务人员具备在与客户沟通过程中挖掘宝贵的消费者信息，并借此机会向消费者进行交叉销售的能力。服务于这样的金融机构，外包服务提供商自然需要具备更高、更宽泛的能力。随着中国信用卡市场的逐步发展，更多的信用卡公司呈现类似的要求是不可避免的。

目前很多保险公司面临从以产品线为中心到以客户为中心的转型，因此需要突破原有的组织模式，集中后台服务，形成公司的统一服务平台，以期实现内部资源的最大化利用。因此，太平集团集中资源建设了公司的共享服务中心。太平集团后援中心在集团内部实现了统一资产调拨，不仅做到了降低资产冗余，削峰平谷，提高整体效率，而且可以真正的按照客户类别来经营业务并完成考核，而后台的共享中心提供了业务环节化的基础，形成相当规模的外包需求。

（三）金融混业经营是不可忽视的趋势

金融控股公司的出现，决定了未来外包服务提供商在通过帮助客户解决业务量波峰问题方面的价值会逐步减低，但是在辅助金融公司细化业务流程、整合可以共享的后台平台，并提供统一的外包服务方面却可以显现出更多的价值。

服务采购管理

（四）金融业服务外包的发展对释放外包需求市场将起到关键作用

不论是国际市场还是国内市场，金融业服务外包通常都是整体服务外包市场中的重头部分。作为一个快速发展的全球离岸外包新兴接包地，中国需要加速释放内需，推动整体产业上的规模，同时催化大型外包服务提供商的出现。从这一角度出发，金融业服务外包的健康快速发展将对整体服务外包产业起到关键作用。

此外，从国际经验来看，金融行业也是服务外包发展最成熟的行业之一，多年发展的积累为很多其他行业在考虑和选择外包时提供了非常宝贵的经验，如外包模式、外包标准、外包监管等。由于中国金融行业在信息化等领域起步较早，且目前对于数据集中、后台运营集中和流程化管理的变革也较深入，最有条件逐步形成规模化服务外包的基础。因此，金融业服务外包应当力争成为中国整体服务外包历程中的先导行业。

【经典案例】上海金融业的发展与昆山花桥国际商务城的金融服务外包

2009 年，上海国际金融中心的建设从"国家战略，上海推动"进入到"国家战略，国家推动"的新阶段。花桥作为江苏延伸在上海的陆地半岛，在地缘优势上接受上海辐射，具有承接上海商务外溢得天独厚的条件。

与上海相比较，花桥具备"建设成本减半、服务成本减半、人才成本减半、生态环境更优"等优势。花桥国际商务城定位为金融"硅谷"，着力于建立在基础设施、政策创新、产业集群等方面的竞争力。商务城在国内率先提出服务外包保税概念，设立中国首个金融 BPO 基金，对于龙头企业采取了"一事一议"、"一企一策"等方法，给予政策扶持。

在配套设施支持方面，商务城已建立了与上海之间的铁路、轻轨、高速公路、公交网络等交通网络，到上海的通行时间缩短到了 18 分钟。此外，商务城还建立了符合产业需要的配套生活设施和生态环境系统。

上海在发展高端金融业之际，把辅助性的金融后台业务转移到花桥，形成"前店后厂"的效应，加强了上海的核心竞争能力。在这个意义上，花桥国际商务城有希望成为上海打造国际金融中心的重要支持。

中国金融业服务外包虽然起步较发达市场晚，目前仍然处于早期阶段，但是发展迅速、未来潜力不可忽视。要充分释放这一行业的巨大潜力，除了中国整体经济和金融行业的持续发展外，一系列瓶颈问题必须得到解决。这其中，整体外包监管环境的完善，政府政策导向的明确和具体实施措施的清晰化（尤其是对客户信息安全问题的解决），以及地方政府对于金融业服务外包的支持（如配套设施的建立和人才的培养），都应当逐步形成，以建立一个有助于外包发展的宏观环境。

在微观方面，金融机构的一系列运营变革（如集中化、流程改造）必将持续深化。随着服务提供商的进一步成长和优胜劣汰，发包方和接包方的合作关系也将更加紧密地结合起来，从而推动形成一个健康且有活力的中国金融业服务外包生态圈。

三、金融机构外包业务的未来发展模式

金融业服务外包市场的发展对金融机构既是机遇，也是挑战。金融机构应当审视自身需要，有选择地利用外包推动业务发展，形成符合中国市场要求和自身特色的外包合作模式。对于不断变化的中国市场，如何洞悉市场变化为我所用，更好地利用不同的外包模式实现自身业务运营的目标是金融机构应当关注的。具体来说包括两个方面的内容：

（一）明确最适合自身发展需求的外包合作模式

选择适合自身发展需求的合作模式，需要从企业总体战略的制定开始。明确自身未来发展的战略价值定位是什么，对应这些价值定位的核心业务和核心业务环节是什么，然后确定完成这些核心业务的路径如何。

在此基础上，外包与否的关键衡量因素一方面在于金融机构的内部因素，尤其是金融机构对于自身核心业务的界定和金融机构自身能力的培养；另一方面取决于外部因素，即服务提供商的服务范围和质量是否能够有效地解决金融机构的担忧和问题。中国金融产业快速发展，外包生态系统也在迅速变化之中，不同的企业会有不同的选择，同一个企业在不同发展阶段也有不同的选择。因此在很长一段时间内多种外包模式将会共存。

（二）与优秀的外包服务提供商形成战略伙伴关系

目前，鉴于发包方的需求释放存在障碍，且外包服务提供商的服务范围和能力有待提高，外包还是以后台业务（如数据的录入和初步处理）为主，特别是数据录入和初步整理。而在未来，随着需求释放瓶颈的解除和服务提供商能力的提高，外包业务必将更多地向语音类别和前台业务（如 CRM 客户关系管理）拓展。有能力的外包服务提供商将被外包企业引入其流程设计和规划的前期过程中。在这一点上，中国市场将可能呈现国外市场演变的趋势，即逐渐从最初的成本控制型向收入增加型发展，从后台非实时业务逐步向前台实时业务或客服业务转移。

这一转变一方面对外包服务提供商来说，将带来对人才需求的根本性变化。谁拥有更多的能与客户直接沟通、有效地挖掘客户需求，且提高相对应的产品服务的人才，谁就会掌握业务链上的关键环节，如前台。在这一点上，用前瞻性眼光来培养储备人才的外包服务提供商旗下的强大运营和管理团队将成为未来强大的竞争优势。

另一方面，金融机构不仅应当将服务商团队的质量作为关键的考量要素，而且应当立志于锁定与高质量的服务提供商的长期合作。这样的合作关系不仅将有助于金融机构以外包模式深化自身业务流程的梳理和提高运营精益化，而且也可以间接阻碍竞争对手通过类似方式培育能力，从而确立自身的有利竞争地位。这样的战略合作关系对双方都是有益的。

第三节   金融服务外包的风险及控制

一、金融服务业风险分析

按照风险的性质，我们把风险划分为系统性风险与非系统性风险。

（一）金融服务的系统性风险与非系统性风险

系统性风险即市场风险，即指由整体政治、经济、社会等环境因素对金融产品价格所造成的影响，包括政策风险、经济周期性波动风险、利率风险、购买力风险、汇率风险等。而非系统性风险是指对某个行业或个别金融产品产生影响的风险，它只对个别或少数金融产品的收益产生影响。这种风险可以通过多样化投资来分散，即发生于一家公司的不利事件可以被其他公司的有利事件所抵消。由于非系统性风险可以通过投资多样化分散掉，也称"可分散风险"。因而我们进行风险管理的重点是非系统性风险，这同样适用于金融外包风险管理。

一般情况下，由于业务外包导致金融服务业务操作方法和管理模式的改变，这种改变会增加金融服务业的风险。风险管理的重点即金融机构风险，包括流动性风险、信用风险、商品价格风险、资产价格风险、汇率和利率风险。而对于外包这一特定产业又会包括战略风险、决策风险、声誉风险、合规风险、操作风险、退包风险、履约风险、人力风险、财务风险、合同风险。

（二）金融服务外包的非系统性风险管理

进行任何一项风险管理，都必须按照这样的过程进行，即识别风险、测度风险、管理风险。

1. 金融服务外包的风险识别和规避

对金融服务外包的风险管理要首先分析风险因素，进而注重风险规避。这是一种在预计风险发生前采取的方法。

① 外包准备。金融机构在进行业务流程外包之前，必须充分了解该业务流程。包括该业务流程的需求、工作范围、实现方法以及预期经济效益等，对于外包服务商提供的服务质量要有合理的质量评估方法。

② 市场调查。在了解外包业务流程的基础上，可以采用多种方法或聘用外部专家来对外包服务商进行调查和评估。

③ 合同设计。一个有效设计的合同可以最大限度减少信息不对称带来的逆向选择和道德风险。

④选择服务商。选择服务商时，可以考虑将业务流程分解为多个模块外包给不同的服务商，以分散风险。

2. 金融服务外包的风险度量

在对外包的风险进行识别之后，需要对风险进行衡量，为后续的风险管理和控制提供依据。在这里我们可以采用风险矩阵法、多因素层次分析法、VaR 法等衡量单个风险事件的风险大小并按重要性进行排序，进而衡量整体风险。

① 风险矩阵法。其思路是找出业务外包中的风险事件，然后评价外包风险事件的影响等级以及风险发生的概率，通过参照风险级别对照表给出的标准来确定风险等级，然后进行排序，最后实施计划管理以降低风险。

② 多因素层次分析法。多因素层次分析法则可以衡量外包决策的整体风险，为外包业务的选择和实施提供依据。多因素层次分析法的步骤是首先要构建评价指标体系，并在此基础上对指标类型进行划分，找出模糊指标和精确指标并赋予相应的权数，再根据不同的方法进行加权计算，从而得到总体风险评价值。

③ VaR 法。VaR 称为在险价值，它实际上是要回答在概率给定的情况下，银行的投资组合价值在下一阶段最多可能损失多少。它最先运用于可交易金融资产受险价值的计算，后来延伸到非交易性金融工具及其他业务的风险衡量。单在风险管理中，VaR 方法不能涵盖一切，仍需综合使用各种其他的定性、定量分析方法。

3. 金融服务外包风险的内部控制

对外包风险的控制主要是指可控性较强的非系统性风险。不同的企业所面临的风险不同，企业必须根据风险的重要性来分配管理资源。

① 整体风险控制。战略风险、决策风险、声誉风险体现的是业务外包整体的风险管理，业务外包实际是将金融机构的内部风险管理外部化，因此金融机构应通过董事会和高级管理人员的内部管理机制对外包业务在会计和风险的管理上做出适当的安排，尤其是在确定战略方针和目标方面应设定必要的批准程序。

② 过程风险控制。操作风险、退包风险、信用风险、财务风险、技术风险体现的是外包过程的风险管理，要在管理过程中为业务外包安排设计合理的结构、管理、控制机制。

③组织风险控制。合规风险、履约风险、合同风险、外包商风险体现的是组织的风险管理，要善于选择合适的外包机构，设定合理的评价标准，科学地评价外包机构的履职情况；要注重周期性地审查外包合同，并根据环境和业务发展需要及时修改合同、重新设定服务标准。

（三）金融服务外包的主要风险种类

根据《金融服务外包文件》中的风险分类，可以将金融服务外包的主要风险归纳为以下十种：

（1）战略风险：第三方自行处理业务，未必符合发包机构的总体战略目标；发包机构未对承包方实施有效监督；发包机构没有足够的技术能力对承包方进行监督。

（2）声誉风险：第三方服务质量低劣；对客户不能提供与发包机构同一标准的服务；第三方的操作方式不符合发包机构的传统做法。

（3）合规风险：第三方不遵守关于隐私的有关法律，不能很好地遵守保护消费者以及审慎监管的相关法律，没有严格的确保合规的制度。

（4）操作风险：技术故障；没有充足的财力来完成承包的工作，而且无力采取补救措施；欺诈或错误；发包机构难以对外包项目实施检查或检查成本过高带来的风险。

（5）退包风险：过度依赖单一承包方；金融机构自身失去业务处理能力，无法在必要时将外包业务收回；快速终止外包合同的成本极高。

（6）信用风险：信贷评估不当；应收账款质量下降。

（7）国家风险：政治、社会和法律环境造成的风险。

（8）履约风险：履约的能力；对跨国外包来说，适用法律的选择很重要。

（9）监管障碍风险：被监管机构无法及时向监管当局提供数据和信息；监管当局了解承包方业务活动有一定难度。

（10）集中和系统性风险；承包方给行业整体带来的风险相当大，体现在各个金融机构对承包方缺乏控制和行业整体面临的系统性风险。

二、控制金融服务外包风险的政策建议

（一）完善金融服务外包配套法律框架及健全相应的监管制度

为了规范维护金融服务外包的市场秩序，我国必须推动相关政策法规的出台，明确金融监管机构、金融机构以及外包商之间的权利义务，为金融服务外包提供完善、强大、有序的法律制度保障。我国可借鉴国外的经验，结合我国具体的市场环境，逐步制定《外包管理条例》《抵押登记办法》《经营主体审批管理办法》等法律，以及完善《商业银行法》《合同法》等相关配套法律，以此来鼓励和支持金融服务外包，为维护交易双方的权利提供法律保障。

更为重要的是，监管机构应以适当的办法确保任何的金融服务外包都不得削弱其监管的要求。特别是金融行业，尤其离岸金融服务外包可能涉及国家的金融安全和国家秘密，事关一国金融业的核心竞争力，面临着较高的风险。因此，我国金融监管机构应充分认识到金融服务外包活动潜在的风险，立足于我国金融服务外包的实践，参考巴塞尔银行监管委员会《金融服务外包》，借鉴国外金融服务外包监管的成功经验，尽快推出金融业务外包监管指引文件。

（二）建立系统规范的金融外包商资格审查和信用评级制度

外包商的资格审查制度，有利于确保金融外包的程序和外包后的操作与记录能得到监管当局的有效监管，因此，需要设计合理完善的外包商准入机制，制定科学合理的外包商选择标准和流程。资格审查的重点是考察外包商的履约能力，包括资金担保、技术规格、资金实力、商务资历、技术能力等内容。考察过程中要求标准和程序统一，做到公开透明和公平合理。

信用评级则能够提供市场信息，帮助投资者选择项目，减少投资风险，同时它还是现在监管机制中非常有用的工具。信用评级制度的形成，应从专业信用评级机构开始，而专

业信用评级机构的前身，可以追溯到专门调查个人和企业信用，并向委托者提供调查报告的征信机构。征信机构的最大贡献，就是帮助经济主体克服交易中的信息不对称困难，从资本市场或商业市场上，调查指定企业或个人的真实信用状况，为准确的信用评价提供有效证据，稳步地朝着科学评价的方向发展。此外，征信机构的实践也刺激了投资者对企业经营能力和企业信用状况等方面真实信息的需求。外包商的信用评级制度有助于金融机构选择服务质量高、技术有保障、信誉优良的外包商作为业务外包合作伙伴。

（三）　合作伙伴的选择及风险控制

金融机构对外包合作伙伴的风险控制可以采取以下措施：

（1）完全竞争控制。金融机构的外包业务通常是普通的非核心业务。对于大多数金融机构来说，可以通过完全竞争的方式规避风险。

（2）合约控制。金融机构可通过合约的方式来规定自己和外包合作伙伴双方的权利和义务、服务的质量标准、外包的执行程序、款项的支付、知识产权的规定、后续合同的续延等。采取合约控制时，应该对所关注的问题规定得越详细越好，避免含混不清给外包的合作制造麻烦。

（3）技术管理输出控制。为避免出现道德风险，金融机构可对相关的技术申请专利予以保护，对于某些外包所需要的技术可采取黑箱的方式提供给合作伙伴。同时金融机构可以参与到外包业务活动的监督管理中，通过现场管理，可及时大量地了解到外包业务的准确信息，从而为防范风险采取相应措施，避免因时滞或信息失真而导致损失。

（4）激励机制控制。金融机构可通过价格激励、订单激励、商誉激励、信息激励、淘汰激励、组织激励、新产品/新技术的共同开发等方式，促使合作伙伴提高服务质量控制水平、降低成本和提高服务质量等，调动合作伙伴的积极性，消除由于信息不对称或败德行为所造成的风险，实现双赢的局面。

（5）股权控制。为避免对外包合作伙伴失去控制，金融机构可适当地购买合作伙伴的股份，或者相互持股，信息共享，加强沟通，增加双方的信任度。

（四）　充分利用合同控制金融服务外包的风险

要通过谈判与外包商签订一个可操作性强、尽可能完备的合同，准确、清楚地表述涉及外包的所有实质性要素，包括权利、义务、各方预期和责任。对于信息技术的外包，金融机构在合同中必须对外包商的人员与技术准备和维持作出明确约定并注意保持合同对未来变化环境的充分估计，留出必要的弹性空间以应对可能发生的环境变化。对于离岸金融服务外包，还应包括法律适用条款和争议解决条款，以明确外包合同的法律适用争议解决地点以及争议解决机构等。

具体说来，合同应明确规定外包什么业务，包括适当的服务和履约标准；合同不应阻止外包机构接受监管的义务，也不应妨碍监管机构行使监管权利；合同应规定外包服务提供商分包部分或全部业务时，应得到金融机构的批准；合同还应包含一个终止条款以及执行终止规定的最低期限并对违约责任及纠纷解决机制与法律适用作出明晰的规定等。

（五）有效、规范的金融服务外包市场监管

为了规范金融机构的外包行为，规避与控制风险，对金融外包市场的有效监管也是控制风险的主要手段之一。作为金融服务外包的监管机构，如银监会、证监会和保监会，应细化对被监管方的要求，做好外包的外部监管。如要求被监管机构应当保证其外包安排不会减弱其对客户和监管者履行义务的能力，也不会妨碍监管者的有效监管；外包关系应当为书面合同所规范，该合同应当清楚地规定外包安排的所有实质内容，包括各方的权利、义务以及期待等；被监管机构及其服务供应商应当建立并维持应急计划，包括突发性灾难的补救计划。监管者在评价被监管机构时应当将其外包业务作为其整体业务不可少的一部分。同时，无论是监管机构还是被监管机构，都应当建立全面的外包风险监控程序来记录外包活动及其与服务供应商的关系。

在建立外包风险管理计划时，包括以下几个方面：

（1）外包业务的范围和重要性；

（2）被监管机构的管理能力；

（3）对外包风险的监督和控制；

（4）服务供应商控制潜在经营风险的能力。

明确外包业务的重要性和建立风险管理计划时应当考虑，服务供应商不能按约履行时对金融机构可能产生的财务、声誉以及经营等方面的影响；服务供应商违约对发包方的客户和同行可能造成的潜在损失；服务外包对金融机构遵守监管法规及其变化的影响等。

总而言之，全面的外包风险管理程序应当是对外包的所有相关方面进行监控，这些将为金融机构服务外包创造良好的内外部监管条件，使金融机构服务外包实现互利共赢的目的。

第十章 信息服务外包

第一节 IT 服务外包

一、IT 服务外包的概念

从概念上说，IT 服务外包（IT Outsourcing）又称为 IT 资源外包，就是企业将信息系统（Information System）或信息功能整体或部分移交给外部的专业性公司管理与执行，由其按照双方约定的条款，承担起企业 IT 硬件设备、应用软件甚至业务流程的日常管理和维护，来替代原来内部 IT 部门或人员的工作，以精简机构、降低费用、提高效率的服务模式。严格意义上的 IT 服务外包，意味着将企业信息技术部门（包括设备和人员）整体交由外部服务商来管理，直至成为后者的一个部门。

从企业管理的角度来看，相对于企业内部组织而言，如果外部服务商能以更富有效率和低成本的方式完成某项信息技术任务，则该任务应交由外部服务商来完成；反之，则应保留在企业内部完成。IT 业务外包的真正意义是对于企业非核心事务的进一步压缩，将非核心领域但又非常重要的业务或管理，外包给擅长于该项业务的公司去完成，利用专业化分工，以更低的价格，获得更为专业和灵活的 IT 应用服务和 IT 系统维护服务，从而使企业行为变得更有效率，产品更加专业化，更具有竞争实力。

因此，IT 服务外包更准确的解释是战略性的使用外部资源，企业整合利用其外部最优秀的 IT 专业化资源，从而提高效率、降低成本、充分发挥企业自身核心竞争力和增强企业对外部环境的应变能力。

二、IT 服务外包的特征

IT 服务外包作为专业服务的一种，一般具有以下几个特征：

（一）基于企业战略发展的选择

尽管 IT 服务外包的出现是源于降低企业在 IT 系统运营维护方面的日常开支，缩减管理成本，但是现在企业选择外包服务更多的是处于培育企业核心竞争力的考虑。企业将更多的精力和资源投入到自己擅长的核心业务中，而把辅助性的业务、非核心的业务则交给外部的专业人士来承担，以获得更高的整体运营效率。IT 服务外包正成为企业实施长期发展战略的重要选择。

（二）属于市场交易行为，双方关系由合同确定

外包合同是外包管理中最重要的文件之一，是企业控制外包服务商进而降低外包风险的主要杠杆，同时也是约束外包方的重要手段。外包服务提供方根据合同规定的服务水平协议，提供资源和专业技能，交付相应的服务。

（三）履行服务的时间一般比较长

IT 服务外包是一种长期的委托行为，一般合同履行的时间比较长，三年、五年，或者十年、几十年。但也有些合同比较短，在一年以内。许多 IT 服务外包合同都会规定一段时间的试用期，作为对外包服务商的考察和绩效指标体系设计的基础。

（四）IT 系统或 IT 系统之上的业务为外包对象

IT 服务外包的外包对象是针对 IT 系统或者 IT 系统之上的业务流程。随着 IT 服务外包的发展，特别是业务流程外包的发展，IT 服务外包里包含的内容更加广泛，介入用户内部管理的层面更加深入。

三、IT 服务外包的发展趋势

外包已经有了数十年的历史，最近几年来这项业务得到了突飞猛进的发展。虽然中国 IT 服务市场短期内跟世界发达国家比还存在较大差距。但 Gartner 公司曾大胆预测，2007—2010 年，中国的 IT 外包市场规模将进入世界三强。

（一）全球 IT 服务外包市场

IT 服务外包起源于国外 20 世纪 70 年代末 80 年代初，但是直到 90 年代初为止，IT 外包服务发展依然局限在以下两个方面：第一，由于公司对于特殊的专业或偶尔才会使用的计算机能力或系统开发技术等方面有需要，才决定通过外包来解决并取得成本效益；第二，避免在公司内部建设特殊的信息技术技能和技术装备，这主要是指那些小型的和只有低水平技术的组织。

真正推动 IT 服务外包服务的是 KODAK 公司，1990 年的柯达公司宣布将其几乎全部的信息系统职能外包给 IBM 和 DEC 等公司，当时柯达公司的 CIO 是一名高级经理而不是一名计算机专家，因此他的思维态势使他得以跳出计算机专家的固有模式。在大型计算机主机、通信和个人计算机的外包方面采取了积极的态度，对在此之前被中、大型企业认为是细枝末节的 IT 服务外包问题予以了足够的重视。受柯达公司这一决策的影响，当时召开了一系列的如暴风骤雨般的有关 IT 服务外包问题的研讨会。而且，这项史无前例的外包合约在市场上引起了强烈震撼。

此后，许多大公司纷纷效仿行事，IT 服务外包在国际上蔚然成风，尤以欧美国家为代表。业内有关人士指出，在今后很长一段时间内，很多客户虽然拥有服务器、中间件、应用软件、存储设备和 IT 人员，但是会有更多的客户购买 IT 服务，这是因为电子外包将会从根本上改变计算机行业的市场运作模式，能有效减低成本、增强企业的核心竞争力。目前已有许多公司从 IBM、HP、EDS、CSC 等专业服务公司寻求服务支持，将那些仅做后台支持而不创造营业额的工作外包出去，以此来降低技术成本。20 世纪 80 年代以来，数据调查公司的研究显示，全球信息技术外包服务 1990 年只有 90 亿美元，而到 1994 年即达到了 280 亿美元，年均增长速度在 25% 以上。Gartner 集团 2003 年推出的研究报告认为，公司在信息技术外包服务上的支出 2001 年已经达到 3000 亿美元，曾预计到 2008 年增长到 7000 亿美元。有的研究者曾甚至预计到 2010 年信息技术的外包服务市场将达到 10000 亿美元。Yankce 集团在 1996 年对 500 家公司的调查表明，其中 90% 的公司中至少有一项主要 IT 业务职能已进行了资源外包，而 45% 的公司的信息技术环境的某些主要部分也已进行了资源外包。

美国外包协会进行的一项研究显示：IT 服务外包协议使企业平均节省 9% 的成本，而能力与质量则上升了 15%。目前在世界许多国家和地区，外包服务得到了极大肯定和广泛应用，尤其是一些大型跨国集团公司。据外包协会的调查显示，预计在 21 世纪的头十年会以更快速度增长，IT 服务外包服务正成为世界商业发展的趋势。在欧美市场，外包服务商基本上由系统集成商或是增值代理商转变而来，如 EDS 等，当然也有像 HP、IBM、Unisys 等硬件厂商的介入。IT 服务外包业务的收入目前已经占据 CSC 公司总体收入的 50% 以上，并仍然在增长。对于中国市场，目前 CSC 在中国的客户主要还是那些跨国公司，比如北电网络、摩托罗拉等。而对于 IT 服务外包公司来说，最重要的是经验和规模。经验是在长期的外包工作中积累下来的，跨国公司的要求很高，但是像 IBM、CSC 这样的 IT 服务外包巨头都几乎能满足任何苛刻的要求。这显然是中国的 IT 服务外包企业不可企及的，目前国内的 IT 服务外包仍然停留在比较低的层次上。从规模来说，国内几乎没有一个专业的、成规模的 IT 服务外包的公司，而 CSC 公司在全球共有 9 万多名员工，年收入达到 121 多亿美元。IBM 就更不用说了，和国外的巨头相比，国内的公司几乎微不足道，但联想等公司正在加大进入这一领域的力度。经济全球化的不断发展、信息通信技术的广泛应用、新兴市场国家基础设施的改善和劳动力素质的提高，为全球服务外包创造了有利条件。

目前，尽管受到国内政界和公众的反对与阻碍从降低成本、提高收益和竞争力的角度出发，服务外包在欧美仍将获得继续发展。亚洲公司也开始将业务外包给一些大型跨国公司。外包咨询公司 TPI 认为，亚洲公司，特别是银行、航空和电信集团，将会把更多业务外包，全球服务外包的发展趋势正在不断加快。Gartner 集团认为目前美国和欧洲等发达国家外包出的 IT 职位比例还不足 5%，而到了 2015 年该比例将增至 30%，这将是一个根本性的转变。外包业务咨询公司 Neo Advisory 近日发布的研究报告表明，那些准备将 IT 业务外包到海外的美国公司优先考虑印度、加拿大和中国这三个国家。在 Neo Advisory 公司选出 14 个可能的 IT 服务外包目的地中，这三个国家名列前三。该研究公司称：名列第一的印度可提供"有竞争力的成本、技术素质高的劳动力队伍，还有高水准的完备服务"。印度占全球 IT 服务输出首位，2004 年销售额达到了 120 亿美元。Neo Advisory 公司将加拿大排在第二。加拿大的优势是"地理上接近美国"和"熟练劳动力"，加拿大 2004 年 IT 服务输出金额总计 82 亿美元。报告指出，名列第三的中国具有"低成本"、

服务采购管理

"熟练劳动力的大量储备"和"迅速改善的基础设施"等各方面优势。然而，Neo Advisory 的报告警告说，由于英语熟练程度不够，中国的吸引力受到消极影响。中国 2004 年 IT 服务的输出金额是 7 亿美元。该公司的研究报告还考察了一些正在兴起的外包目的国家。报告称，名列第四的波兰具有"低水准企业总运营成本"，另外波兰与西欧具有语言和文化上的联系。第六名捷克共和国是正在兴起的竞争者。俄罗斯排在第七名，原因是该国不可预测的政治和商业气候。

长期以来，美国一直处于核心技术和标准制定的上游地位，全球有 90% 以上的基础软件被美国所垄断。以印度为代表的国家，大多从事子模块开发和独立的嵌入式软件开发，并参与产业规则的制定，可以划分为第二集团。我国则处于第三集团，大部分企业则是从事一般应用软件和系统集成中的开发，处于全球软件产业格局的中下游。

（二）中国 IT 服务外包的发展趋势

作为全球 IT 业的新兴力量，中国近几年取得了长足的进步。尽管我国 IT 服务外包业务启动时间较晚，但一直呈高速增长态势，从 2000—2003 年，我国 IT 服务外包年均增长达到 70.2%，2003 年达到 20 亿美元，被公认为是新兴的国际 IT 服务外包中心。从技术定位角度考虑，中国 IT 企业一开始就做高端显然力不从心，因为国内的 IT 企业并不具备这样的实力，因此外包必然会成为中国 IT 企业的首选。发展 IT 服务外包业务，必须要与产业密切结合，这就需要具备与之相对应的经济实力。

在软件业的国际分工趋势日益明显的情况下，以美国为代表的信息产业大国正加快将本国的软件生产转移到发展中国家，这无疑为第三集团的崛起提供了契机。而尽管与一些软件大国相比，中国的 IT 服务外包业落后了十年，但是在近几年全球软件产业的又一次大规模变迁，使得中国找到了切入市场的最佳时机。2004 年，IBM、EDS 等全球外包和咨询公司将继续加强在印度的存在，印度仍将是最合适的外包国家，印度公司将继续保持在外包市场的领导地位。然而，全球外包业的既成格局正在悄悄发生着变化：美国一些 IT 巨头在把服务器等生产外包到亚洲国家和地区的同时，也开始考虑根据利益的最大化，在这些国家和地区间对外包进行分配，而不是一味地把工厂设在印度。美国和印度的企业管理人士称，许多跨国公司也在寻求将其中国和印度的业务联系起来，将制造工作交给成本低廉的中国企业，应用软件交由印度公司，高层管理人士以及一些技术人士则依然留在美国。

IT 外包服务在中国刚走完概念阶段，正向应用层稳步发展。外包服务增长速度在硬件、软件、咨询及解决方案等项目中一直名列前茅。Gartner 集团的最新研究指出，未来随着对 IT 服务外包需求的增长，印度、爱尔兰、菲律宾等现有的 IT 服务外包市场将吃紧，所有寻求将 IT 业务外包的企业都应该对中国保持应有的重视。

在各种积极因素的促进下，中国 IT 服务外包市场规模迅速扩大。2002—2004 年中国服务外包市场的年均复合增长率达到 36%，由 2002 年的 35.7 亿元上升到 2004 年的 66.2 亿元。进入 2005 年后，IT 服务外包市场依旧保持高速增长。2005 年的第二季度，中国 IT 服务外包市场规模达到 20.5 亿元，同比增长 36.4%。中国未来将成为外包合同的一个主要发包地，世界第三大信息产业市场，2015 年中国会跃居全球首位。

从行业现状来看，中国整体 IT 服务外包收入的近 60% 来自日本客户，日本市场依旧占据主导地位，在 2004 年中国软件外包 66.2 亿元的市场中，日本对中国企业的发包市场规模达到了 41.6 亿元，占据了 62.9% 的市场份额，是中国目前最主要的发包市场。其次是欧美市场，占到 20.4%。但欧美市场被认为是未来发展最快的市场，需求规模要远远大于日本。欧美市场开始逐步升温。业内人士反映，国内企业对日本的软件外包普遍处在比较低端的阶段，"工作内容基本局限于软件测试和代码编写"。而欧美市场更多的是BPO（Business Process Outsourcing）业务流程外包，对外包企业的管理和服务水平要求更高，产生的利润也更大。

虽然在中国推行 IT 服务外包还存在许多难度，主要表现在：

（1）欠缺信息技术应用的深度和广度；

（2）人员体制很难改动；

（3）外包的机制和运行环境有待培育；

（4）用户业务对信息技术的依赖程度有待提高；

（5）作为最大的潜在需求群体   政府部门和大企业，还尚未形成购买服务的成熟观念等。

然而，随着信息技术及产品的加速发展，随着商务解决方案的日趋重要，外包势头将会越来越迅猛，IT 服务外包在解决信息技术课题、加速企业信息化、打破重复建设的怪圈等方面，对于中国企业而言都将成为最有效的市场化手段。

四、IT 服务外包风险分析及对策

尽管企业实施 IT 服务外包有多个理论动因支持，也有多方面意义，包括追求核心竞争优势、保持企业组织弹性、促进市场竞争力、降低风险、改善技术服务、增强成本控制、促进信息技术在企业中的运用及发展等。然而，实施外包并不轻松，企业在实施 IT 服务外包过程中就会产生代理问题，通常面临着很多不确定性，始终处于风险环境之中。如果盲目追随潮流，忽视其间的风险分析、防范及处理，则不仅无法给企业带来预期的优势和效益，反而会让企业蒙受损失。因此，企业对风险的把握直接决定着 IT 服务外包的成功与否，以及企业的成功与否。风险分析及控制将对推动 IT 服务外包市场的发展、加速与国际先进水平的接轨、推动中国企业的信息化建设乃至提高市场竞争力等方面，都起到很好的借鉴及指导作用。

（一）IT 服务外包风险的概念

这里的风险（Risk）是在商业范畴之内的概念，它是指一个事件或一个行动对一个组织实现其商业目标或成功实施其战略的能力产生的负面影响，其特性实际上是一种不确定性。因此风险是指损失发生的不确定性，它是不利事件或损失发生的概率及其后果的函数，用数学公式表示为：

$$R = f(P, C)$$

式中 R 表示风险，P 表示不利事件发生的概率，C 表示该事件发生的后果。其含义为：风险是人们因对未来行为的决策及客观条件的不确定性而可能引起的后果与预定目标发生多种负偏离的综合。

IT 服务外包风险，从经济学角度分析则是指 IT 服务外包工程实施结果相对于预期结果的变动程度，即企业 IT 服务外包预期收益的变动程度。IT 服务外包的风险系数有多大呢？可以用 IT 服务外包的成功率作为参考。2002 年 7 月 Gartner 集团 IT 服务首席分析师 Rolf Jester 曾经在亚太 IT 服务高级研讨会上说："中国的 IT 服务外包市场仍不够成熟，大约 50% 的 IT 服务合同是以不能让用户满意的方式提交的。"如此高比率的 IT 服务外包合同不能让用户满意，IT 服务外包也不容乐观。企业要想获取预期利润，必须正确地评估进而努力控制 IT 外包风险。

针对 IT 服务外包的风险进行分析，是因为它对 IT 服务外包市场的促进及供求双方都具有特别意义。表现在：

一方面，IT 服务外包的需求方可以借助风险分析，强化管理层的风险意识，正确指导企业信息技术资源外包战略的制定、实施、控制及管理，从而将该战略的积极作用发挥到极致。从大的方面看，还可以通过 IT 服务外包，尽快缩小与国际先进企业在信息技术应用及管理方面的差距，推动信息技术在企业中的发展，加快企业信息化建设的步伐。

另一方面，IT 服务外包的提供方可以站在需求方的角度，重视风险分析与控制，从而规范自身的服务，配合服务购买方的需求，双方共同建立起双赢的合作关系。

（二）基于代理理论的 IT 服务外包风险分析

1. 什么是代理理论

代理理论（Agency Cost）最初是由简森和梅克林（Jensen 和 Meckling）于 1976 年提出来的。委托代理关系起源于专业化（Specialization）的存在。当存在"专业化"时，就可能出现一种关系，在这种关系中，代理人由于相对优势而代表委托人行动。

代理理论认为，代理人拥有的信息比委托人多，并且这种信息不对称会逆向影响委托人有效地监控代理人是否适当地为委托人的利益服务。代理人出于自我寻利的动机，将会利用各种可能的机会，增加自己的财富，其中一些行为可能会损害到所有者的利益。它还假定委托人和代理人都是理性的，他们将利用签订代理契约的过程，最大化各自的财富。而当在委托人（业主）和代理人（经理）之间的契约关系中，没有一方能以损害他人的财富为代价来增加自己的财富，即达到"帕雷托最优化"状态，或者说，在有效的市场环境中，那些被市场证明采用机会行为损害他人利益的人或集团，最终要承担其行为的后果时，委托代理问题就会被解决。因此为了保证在契约程序上最大化各自的利益，委托人和代理人都会发生契约成本，为了降低代理人"磨洋工"的风险，委托人将支付监督费用，另外，代理人也会发生守约成本，这些都是代理成本。

企业将 IT 系统交给外部服务商时，外部服务商拥有的关于 IT 技术的信息明显多于企业掌握的信息，外部服务商出于自身的利益，将利用自己掌握的信息赚取更大的利益，甚至损害企业的利益，这时 IT 服务外包的风险就产生了。因此企业和外包商之间一定要签署 IT 服务外包合同来确保双方的利益都不受损害。在外包合同的签订当中，会产生签订合同的成本，以及企业监督外包商的成本，这些都是代理成本。只有当代理成本小于企业建立内部开发系统的成本时，企业才会选择 IT 服务外包战略。

2. 由代理问题产生的 IT 服务外包风险

（1）选择外包高成本的风险问题

首先选择 IT 服务外包可能不仅不会降低信息技术的成本，反而可能会降低企业的利润，而导致费用更高的原因通常是那些不可预测和未予说明的变更。由于技术更新的速度非常之快，技术成本会随着时间的推移而降低，外包合同价格的相对不变性与市场技术成本不断下降之间造成了不对称性，但因服务商缺乏来自企业的激励，或者为了赚取更多利益，反而限制了新技术的应用或服务费用的降低，服务费用不随技术成本的降低而变化，相对来说更昂贵，从而存在着与企业想要分享信息技术进步、增强成本控制的初衷背道而驰的风险。还有可能性就是，成本容易超出客户预算，有时候，公司要配合外包服务提供商的需求进行一些额外工作，这其中的协调成本，可能会非常昂贵。除此之外，签约金和监督外包厂商进展的支出，也可能远高于预期支出。

（2）信息不对称情况下的风险问题

外包实质是企业和服务商之间的一种"委托—代理"关系。一般而言，由于委托方和代理方之间存在着信息不对称、信息扭曲问题，加之市场及宏观环境的不确定性，委托人往往比代理人处于一个更不利的位置，实施 IT 服务外包的企业（委托人）与外包服务商（代理人）之间的关系也是如此。在企业和外包服务商的交易中，当交易的一方掌握有另一方所不知的信息时，交易便处在不对称信息结构当中，导致企业在实施外包过程中存在种种风险，如果不加以重视和管理，则企业不但无法从中受益，反而会受损。

① 逆向选择（Adnerse Selection）

逆向选择的风险是由隐蔽信息引起的，是指在签订契约之前，代理人就已经掌握了一些委托人所不知道的信息，而这些信息可能是对委托人不利的。代理人因此而与委托人签订了对自己有利的契约，而委托人因处于信息劣势并处于对自己不利的位置上，使得自己的利益极易受到损害。这是契约签订阶段的一种机会主义行为。隐蔽信息的问题在企业选择 IT 服务外包服务商的过程中非常具有普遍性。由于信息不对称，外包服务商比企业更了解自己的资信、真实的技术实力、人员实力，并向企业提供不充分或不真实的信息。同时在企业方面，由于企业没有能力或没有严格设计和遵照招标规程去了解服务商的实际运作情况、背景、主导产品与核心业务情况，也没有对服务商的财务状况、非财务状况、稳定性等进行认真核查及分析，从而无法把握来自于服务商的风险。这种信息不对称的决策导致了企业误选了不适合自身实际情况的服务商。

如果企业选择了不适合自身实际情况的外包服务商，那么企业和外包服务商之间的问题就会层出不穷。当双方企业的文化、理念差距太大以至于在沟通、协作等方面产生障碍，外包服务商的文化与人员的适应性差，特别是一些创业型的外包服务商为跨国公司提供服务时，这种文化与管理上的差异往往成为很大的问题时，外包可能会增加协调难度，对商业的理解在沟通上缓慢，造成磨合期过长，这样企业并没有从外包上得到好处。还有的外包服务商对外包业务和项目的内容及其外延定义不清，由此带来了运营混乱与责任不清，或者双方均存在控制力度差及责任义务不明确的现象，这会引起企业内部更大矛盾。另外，外包服务商的系统落后，对客户的响应性降低，对于变化的响应和敏感性低，差强人意的服务水平，合同的可发展性低，缺乏对企业运转和需求的理解，企业各组织部门缺乏一致性，信息的安全性受到破坏或威胁等都是逆向选择带来的风险。

② 道德风险（Moral Hazard）

道德风险是由隐蔽行动引起的，是指委托人和代理人达成契约后，委托人无法观察到代理人的某些行为，或者外部环境的变化仅为代理人所观察到。在这种情况下，代理人在有契约保障之后，就倾向于不会像委托人期望的那样努力，可能采取不利于委托人的一些行动，进而损害委托人的利益。这是契约实施阶段的机会主义行为。隐蔽行动的问题在企业对合同进行管理的过程中也非常具有普遍性。由于信息不对称，企业无法及时了解外包服务商是否严格履行合同的承诺，同时由于企业过度依赖于服务外包商，也却无法像以控制自己职员行为的方式对外包商的行为进行控制。

首先是失控问题，一旦外包服务商和企业之间的关系以契约形式加以固定，企业内部的信息技术业务或资源交由外部的服务商管理之后，企业无法对外包的内容进行直接控制，也得不到来自外包商服务人员的直接报告，加之合同中双方权利义务的界定不清，失控的风险显而易见，比如外包可能会让企业失去产业信息，泄露私有信息，存在损失战略信息的风险，企业的商业秘密和内部资讯，乃至知识产权等方面也都有可能存在风险。外包也可能会使企业受制于服务商，对外包的内容控制有限，难以对服务商的职能与安排进行控制，失去对信息系统的控制，失去对服务资源的控制。

其次是在外包服务商方面，由于缺乏可操作的而且严格的监控措施，服务商有可能不履行先前的承诺，服务商的稳定性和质量有所下降，服务效率、服务水准、对服务需求变化的灵活性也有所降低，服务资源也存在级别被降低的风险；同时外包服务商可能增加潜在费用。使潜在费用上升，造成费用控制问题。

在信息经济学中，习惯把商品分为搜寻商品（Search Goods）和经验商品（Experience Goods）。一般来说，商品的有关特性可通过用户在购买时的触摸、掂量和视察来辨别的，即为搜寻商品，而那些需要在使用一段时期后才能辨别和了解其特性的，称为经验商品。实际上，外包服务商向企业提供的服务便是一种典型的经验商品。因此，针对经验商品的交易，如何避免逆向选择外包服务商，以及如何有效地进行合同管理进而防止外包服务商的道德风险，最终变不对称信息为对称信息，尽可能使服务这种经验商品变为一定程度上的搜寻商品，是企业应加以足够重视的问题。

（3）机会成本的风险问题

机会成本指由于选择一种方案而放弃另一方案的收益，又称替换成本。它反映不选择最佳方案或机会的"成本"，或者说是因选择某一经营项目所牺牲的另一机会可获得的利益。机会成本是人们可以预见和认知的将要被放弃或已经放弃的最佳机会和最高收益。真正的收益不仅仅指某种选择获取的收益减掉会计意义上的成本，还须减掉机会成本。在资源有限的情况下，若选择一种手段来获取收益，就必须放弃用其他手段来实现收益。选择正确，效率很高，则收益就有可能会实现，反之，就会有所损失。

企业一旦选择了外包，就有可能减少企业的学习机会和培养核心竞争力的机会，尤其是选择了 IT 服务外包，就有可能切断了企业学习所处商业领域技术的最新发展及应用的途径的机会。企业形成对外包服务商的依赖，就可能会对业务的控制与洞察能力有所降低，而不能及时而有效地了解业务情况，另外，选择了外包也有可能造成人才的流失，专业人士或骨干力量可能因为不能直接从事运营与人员管理改做业务协调而另寻高就，企业从而失去信息技术应用方面的能力，丧失组织内部的信息技术专家。

（三）IT 服务外包风险的对策

1. 建立有效的 IT 服务外包管理机制

在 IT 服务外包过程中，如果发生了不可预见的问题，企业就要靠有效的 IT 服务管理机制来处理问题。

首先，企业应该建立起一个三层次的管理模式。

（1）成立最高层的策略性委员会，把握自身业务的发展方向，了解承包商的看法，对中层进行方向性的指导；

（2）组成中层的管理委员会，主要管理外包的运作，监控外包的进展和效果，并随时协调、改进；

（3）构建一支底层的执行团队，对每天的实施进行具体的管理。

其次，依据外包服务合同，制定详细的服务商考核和评价指标，是约束双方行为，量化管理的宝典。企业要考核外包服务公司，就要拿出一套考核体系。如果这方面经验不足，就只能有一个比较感性的认识，对于外包管理中很多日常工作都无法进行有效管理，对于外包服务商也无法提出明确要求和具体的改进意见，这样就没有办法评估外包服务商的好与坏。企业可以依照外包服务合同中相关条款的约定，采取定期服务报告、审核会议、用户满意度调查、服务投诉统计等方式，对服务承包商所提供的外包服务进行监督和考核。可以每三个月对服务商水平进行一次评估，为便于考核外包商服务水平，企业可根据签订的服务条款建立优质服务通告版，显示对外包服务商服务周期的评估结果，实现外包服务水平的跟踪评价，供管理层了解与参考，以约束及保障外包商的质量。

另外，管理机制应该涉及其他方面，由于任何一个合同最初都不可能考虑到所有的问题，况且外包项目持续那么长时间，中途不可能一成不变，增加、减少部分内容的情况都会发生，所以要建立起变更机制。此外，定期的会议非常重要，可以保证有效地沟通，及时探讨合同履行的情况是否符合约定，如果出现了问题又该怎么去改进。

2. 建立 IT 服务外包事务管理机构

要对 IT 服务外包实施全面有效的管理，首先必须建立 IT 服务外包事务管理机构。如果企业在外包过程中，仅在外包决策、外包商选择或发生了法律纠纷时，才成立临时性机构，处理相应外包事务，那么管理组织的不稳定会造成管理人员的频繁调动和流失，削弱对外包项目的充分理解，影响了合作双方感情的建立。人员的不稳定必将造成管理策略的不连续，削弱双方合作和信任基础，给外包项目的管理和监督带来不必要的麻烦，影响外包的服务质量和进度。如果企业内部没有合适的管理人员进行过程跟踪、度量和控制，那么就会有外包项目进度和质量失控的风险。因此企业必须安排一位熟悉企业规章制度，有对信息技术有一定了解的管理人员对外包过程进行控制。

对于服务提供商也要指定唯一的项目经理，对内安排具体的外包任务，对外与企业交流、报告进度和问题。企业和服务提供商之间的沟通，使得双方的信息入口和出口唯一，避免了多头管理带来的混乱降低了过程失控的风险。在合同签订以后，有一段业务移交时期。双方都要有一支专门的团队，就外包服务的内容做出更详细的规定，并明确外包的业务流程。如果牵涉到资产的转移，就要负责资产的清点。如果涉及人员转移，就要在前期做好沟通工作。这些细致的工作都要有专门的团队去做，那么外包事务管理机构的建立还是有一定的必要性的。

外包事务管理机构应该由外包咨询专家、各部门熟悉本企业业务信息流关系的代表、信息技术专业人员、费用预算人员、法律顾问、实施管理和协调人员组成。主要负责以下内容：

（1）外包前对国内、外行业、竞争对手以及自身的信息化需求进行调查研究；

（2）识别信息技术的核心竞争能力；

（3）在收益、成本和风险之间进行平衡并进行外包决策；制定外包的建设技术标准；

（4）设计外包方案，避免重复投资与信息孤岛；

（5）评价外包商的技术等级、发展能力，选择承包商；

（6）签署外包合同；

（7）对外包服务过程进行全面监督、协调和控制，处理与现有外包商的外包关系；

（8）监督并审议通过外包商的技术决策，积累外包经验并帮助制定未来的外包决策；

（9）谈判并推行未来的外包合同；

（10）使 IT 整体战略与不断变化的企业的整体战略保持一致。

3. 企业和外包商之间形成紧密的合作关系

为了尽量避免 IT 服务外包的风险，双方都应将对方视为亲密的合作伙伴，并都向对方做出合同条款规定之外的额外付出。这样才能形成紧密的合作伙伴关系，让业务流程更优化，生产力更高，成本更节省，风险更小。这样即使在外包过程中出现什么问题，双方也会鉴于紧密的合作关系而去共同解决问题。

执行一项 IT 服务外包合同最难的就是最初的几个月。一般企业都不大可能将业务全面停顿下来等待外包交接的完成，因此对于厂商和客户两方面而言，如何保证原有的工作不被打乱，新的服务又逐步走上正规，就要求服务商能够动态地完成人员和服务的切换。企业和外包公司合作的第一守则是"不惜任何代价避免静态关系"。

在外包实施的过程中，指望把制定好的工作流程都一律套进每一个项目里去是不现实的，有的地方做得很好，有的地方做得不是很到位，也需要不停总结经验，需要根据实际情况进行调整。外包服务商对企业的想法要了如指掌，并随时配合企业的要求做改进。企业对外包服务商要大力支持配合，对外包服务商做一定的培训，并提供更好的运营环境。这些都依赖于双方的密切合作。如果企业有新的变动，如体制改革、流程变化时，而不能及时地让外包服务商了解的话，服务商就不能采取相应的变更手段，提供满意的服务，双方肯定会产生一些摩擦。如果不把对方当做合作伙伴，关系就会立刻变得紧张起来。如果双方互相理解，都把对方的人员当成自己团队的成员，就能搞好关系，合作的基础就会更好，问题就更好解决。

通常产生矛盾不是由于技术问题，而是项目管理和沟通的问题。比如企业的外包管理机制还没有健全，承包方对整个任务的分配、划分不是很清楚。这时候，都要双方平心静气地坐下来沟通、协商解决问题。摩擦主要是因为沟通不够导致的，比如，软件开发远程外包，派一个技术含量高、项目管理和沟通能力强的人过去，充当桥梁作用，和企业一起并肩作战。反过来，企业也派人过来，配合外包服务商，来弥补沟通和文化方面的差距。这都需要双方的配合。另外相互做一些让步也是必要的。比如企业提出的要求，外包服务方觉得超出了合同的范围，不能断然拒绝，这种态度会让对方觉得很不舒服。而应该尽量满足客户的要求。外包项目一般都很复杂，最初肯定有一些考虑不到的地方，在后来的运作过程中，只有通过协调，才能达成统一的意见往下走。如果企业和外包公司之间的关系退化成一种敌对关系，那么这种关系会使企业以损失服务提供商的利益为代价来追求自身利益，从而导致一种无法调和的"得失"关系。按照当今业务和技术的发展速度，现在的基本需求在六个月后可能就变得无关紧要。因此，外包的关键是创建适应变化的合作关系机制。从合同签订的那一刻，服务商就需要尽全力帮助企业完成各项任务，双方之间应该形成紧密的合作关系。

第二节　软件服务外包管理流程

流程包括业务流程和管理流程。其中，业务流程是指软件外包业务活动按照一定的业务规则运行形成的流程，即为完成软件外包项目所需要的一系列有着先后顺序的活动的组合。管理流程是指项目运作过程中管理人员进行管理工作时所从事活动的时间序列。业务流程是项目业务运作的基本工作，管理流程是为业务流程服务的，两者协调一致，具有动态适应性。

流程管理就是从项目目标出发、从满足客户需求出发、从业务出发，进行流程规划与建设，建立流程管理组织机构，明确流程管理责任，监控与评审流程运行绩效，适时进行流程变革的过程。流程管理的目的在于使各种流程能够适应项目环境的变化，能够体现先进实用的管理思想，使项目降低成本、缩减时间、提高质量、方便客户，提升项目运作的综合竞争力。项目生命周期是指按照时间顺序先后衔接的项目阶段的集合，是在业务流程和管理流程的基础上进行划分的。由于项目的一次性、独特性等特点，使得项目具有较大的不确定性。因此，必须明确划分软件外包项目生命周期各个阶段，并对每个项目阶段实施阶段审查，才能力争以较小的代价、有效的措施查明和纠正偏差，降低风险。

一、软件外包项目业务流程

从发包方角度而言，软件外包项目管理是指发包方依据既定的规范和流程，评估选择合适的承包方，采用合适的发包方式，签订合同、监控开发过程和验收最终成果的所有活动。作为承包方，为了更好地使客户满意，顺利地完成外包任务，提高自身竞争力，必须熟悉发包方的外包业务流程和规范。只有软件外包的双方对软件外包项目管理规范和流程达成共识，才有可能有效地管理整个外包过程，从而使双方共同获益。

软件外包业务由五个主要流程组成，即外包决策流程、承包方选择流程、合同签订流程、软件开发流程、成果验收流程。

（一）外包决策流程（Outsourcing Decision - Making Process）

发包方根据企业战略和市场或产品需求，会同承包方业务拓展人员（BD）的推动，对软件项目进行自制、采购或放弃决策，决策的依据主要是从降低成本或资源有效利用方面考虑。通常发包方会成立外包管理小组来讨论和决定外包事务。

（二）承包方选择流程

（1）由发包方向承包方的业务拓展人员发出竞标邀请书；

（2）发包方对有意向的承包方进行小项目测试或参观考察；

（3）发包方结合由承包方提交的应标书，对候选承包方进行评估和选择；

（4）确定外包服务层次。

（三）合同签订流程

（1）首先由外包管理小组和承包方就合同的类型和合同的主要条款进行协商谈判，达成初步意向；

（2）其次发包方向承包方提供工作任务陈述（Statement of Work，SOW），描述工作任务和要求；

（3）然后承包方提供方案和建议（Proposal），将初步协商好的报价、承诺等内容文档化；

（4）最后经过反复谈判协商后，双方正式签署外包服务合同。

（四）软件开发流程

软件外包的软件开发流程与一般的软件开发流程相似，所不同的是增加了发包方自始至终的监管活动。软件开发流程包括项目启动、需求分析、设计、实施和测试五个部分，承包方自身对开发过程的监督、控制与调整也会贯穿过程始终。

（五）成果验收流程

（1）验收准备，如待验收的工作成果、相应的文档资料等；

（2）成果审查，确保成果的完整性和正确性；

（3）接着是问题处理，对审查和测试时发现的缺陷，视问题的严重程度相互协商，并予以妥善处理；

（4）成果交付，双方签字认可。

二、软件外包项目管理流程

软件外包项目管理流程是为了保证软件外包项目过程的顺利进行而进行的一系列对业务流程、人力、物力、财力的综合管理活动，是在遵循软件外包项目全过程管理生命周期的基础上，增加各管理控制环节而建立的对软件外包项目进行全过程组织与控制的管理流程。

作为重要的管理和控制手段，在软件外包项目管理过程中各流程或阶段都有相应的可交付成果和里程碑，每个里程碑都有两个出口，要么通过，进入下一个流程或阶段；要么不通过，返回入口或项目终止。只有通过了对可交付成果的流程或阶段评审，建立了里程碑，项目才能继续进行。

软件外包项目中的管理决策活动、软件工程活动及软件监理活动并不是由各相关主体独立进行的，从发包方与监理方签订监理合同，乃至与承包方签订软件外包合同起，就逐渐出现了两方或三方组织间的协作过程，尤其在承包方进入软件开发，监理方进入项目监理阶段，这种协作关系会越来越重要。

（一）外包决策阶段

外包决策阶段的管理流程为：首先由发包方进行外包决策，决定外包的项目和内容后编制《软件外包项目需求说明书》，再由发包方与监理方洽谈监理意向，由监理方草拟《软件外包项目建议书》和《软件外包初步监理规划》，得到发包方认可后，双方签订《软件外包监理合同》。外包决策阶段的可交付成果有两项，分别是《软件外包项目需求说明书》和《软件外包监理合同》。

外包决策阶段的主要工作内容包括：发包方制定外包决策、监理方完成项目建议书及初步监理规划、发包方与监理方签订监理合同三项活动。

发包方根据公司战略和市场或产品需求，必然首先对软件产品的取舍进行决策。在发包方制定外包决策活动中，面对一个软件开发项目，对发包方来说，考虑"是否进行外包"、"外包什么"是企业面临的最重要，也是最困难的决策之一。如果决策失误，损失的不仅是资金，更可能丧失企业的竞争优势和持续竞争能力。

在进行外包决策分析时，有四种情况适宜将软件业务外包：

其一，从财务角度，如果软件企业未达到规模经济且管理水平比较低时；

其二，从技术角度，如果技术成熟度比较高且技术集成度比较低时；

其三，从企业战略角度，如果业务对价值创造不重要且不属于企业核心竞争力时；

其四，从时间角度，如果业务对企业短期运作、中期战术和长期战略没有大的影响时。

外包决策阶段需解决三个主要问题：

（1）从财务、技术风险、企业战略和时间角度考虑外包影响，对企业内外部条件进行分析，如 SWOT 分析、盈亏分析或决策树分析等；

（2）制定切实可行的外包和内制策略；

（3）制定《项目总体需求说明书》和《软件外包项目需求说明书》。

在签订监理合同之前，监理方首先应针对软件外包项目的性质和要求进行市场调研。调研的直接目的是为了编制更详细的项目建议书，以获得监理合同，同时也是为招投标阶段编制招标文件做准备。调研中主要需明确以下问题：发包方在该项目上要达到的目标、质量、时间、投资预算方面的要求等，从而完成项目建议书和初步监理规划，在与发包方反复谈判和协商后，双方签订《软件外包项目合同》。

（二）承包方评价与选择阶段

确定了外包业务之后，下一步将面对外包给谁，即承包方的评价与选择问题。承包方评价与选择阶段的管理流程为：

首先，由发包方和监理方共同讨论竞标事宜，由监理方编制竞标邀请书并发出竞标邀请，由候选承包方编制应标书，同时由监理方对候选承包方进行小项目测试和参观考察，并组织承包方初评。

其次，发包方和监理方结合承包方的投标书对候选承包方进行评估和选择，由监理方起草《评标报告》。

再次，由发包方和监理方共同确定承包方应当承担的外包服务项目或层次，承包方根据要求编制《用户需求说明书》，由发包方和监理方对用户需求说明书进行评审。

最后，由发包方与承包方共同签订《软件外包项目合同》。承包方选择阶段的可交付成果有两项，分别是《评标报告》和《软件外包项目合同》，里程碑分别是评标报告的通过和软件外包项目合同的签订。

承包方评价与选择阶段的主要工作内容是竞标和签订外包合同。其中，竞标活动又包括编制竞标文件、发出竞标邀请、编制应标书、实施竞标及评标、编制评标报告、编制用户需求计划、评审用户需求计划七项子活动。

在竞标过程中，要求以《招标投标法》为依据，遵循公开、公平、公正、诚实守信的原则。首先要建立一个结构合理、高效团结的评标专家小组，在竞标过程中要充分理解和把握好资格预审环节，着重对投标人投标合法性和投标能力进行审查。不断提高和完善竞标文件（及评分办法）的制定，遵循齐全和严密的原则，尽量使用范本，防止因为竞标文件中的疏忽遗漏而造成竞标投诉，或让中标人在项目实施的过程中增加索赔的机会，给发包方造成不应有的损失。有意向的候选承包方与发包方、监理方有关人员及时交流，进一步分析和了解外包项目，在指定期限内撰写《应标书》，并将《应标书》及相关材料（用于证明自身能力）提供给监理方。《应标书》的主要内容有技术解决方案、开发计划、维护计划、报价等。

为了有效地评估候选承包方的综合能力，监理方可使用《评价检查表》对候选承包方进行初步筛选，剔除明显不合格的承包方，只对通过初步筛选的候选承包方进行综合评估。《评价检查表》主要评估承包方的技术能力、过程能力、人力资源能力、企业规模、国际化能力，软件外包项目承包方评价检查表（初评）如表 10 - 1 所示。

表 10 - 1　　　　　　　　　软件外包项目承包方评价检查表（初评）

序号	评价指标	评价结果
1	技术方案是否令人满意	
2	开发进度是否可以接受	
3	性能价格比是否合理	
4	是否可以提供较好的持续服务（维护）	
5	是否具有开发相似产品的经验	
6	以前开发的产品是否有良好的质量	
7	开发能力与过程管理能力如何	
8	资源（人力、财力、物资等）是否充足稳定	
9	外界评价及其信誉如何	
10	是否已经取得业界认可的证书（ISO 质量认证、CMMI 认证等）	
11	是否可以有效进行知识产权保护	
12	地理位置是否合适	

　　正式评标时，对承包方的评价主要包括核心能力评估和软件过程能力评估两个方面。

　　核心能力主要是指该软件企业的软件核心技术能力，包括技术水平、技术研发力量、背景力量（财力和资源支持）、行业经验及开发服务力量等要素。软件过程能力是指承包方在软件开发过程中软件开发工程化的能力，简单说就是以成熟、正确和可持续改进的软件过程保证软件质量的能力。

　　通常采用 CMM 级别评估软件承包方的软件过程能力。CMM 等级越高，得到高质量软件产品所花费的成本就越低，软件承包方关于软件开发过程的承诺可信度就越高，对于项目计划制订时的风险预估越有帮助。如果有些潜在承包方没有通过 CMM 评级，那么需要优先考虑其是否真有相应的软件质量保证制度、开发过程规范、配置管理和测试能力，并进行相关评价，同时可借用 CMM 中提供的问卷调查表进行相关测试。

　　在评标过程中，监理方要与候选承包方进行多方面的交流，如面谈、电话会议、正式会议、考察参观、小项目试验等，并依据《评价检查表》评价候选承包方的综合能力。竞标评标时，对候选承包方的综合竞争力进行排名，并逐一分析与候选承包方建立外包合同的风险，挑选出最合适的承包方，并将评估结论编制成《软件外包项目承包方综合能力评估报告》（评标报告）。

　　正式确认承包方后，监理方协助发包方和承包方就软件外包项目合同的类型及合同的主要条款进行协商谈判，以便达成共识。发包方向承包方提供工作任务陈述（SOW），描述工作任务和要求，承包方提供《用户需求分析》，经过几轮反复协商和谈判，双方签署

《软件外包项目合同》。

基本的软件外包合同有三种：

（1）固定价合同（Fixed – price Contracts），即在开始项目之前就在合同中商定了费用，其风险主要由承包方承担；

（2）成本补偿合同（Cost Reimbursable Contracts），即发包方向承包方支付直接和间接的实际成本，另加利润百分比或奖励费，此时发包方承担的风险较第一种合同大；

（3）时间—材料合同（Time – and – materials Contracts），也称单价合同（Unit Price Contracts），即按提供产品或服务的比率收取费用，发包方有责任监控项目进展，并承担成本的超出部分，其风险主要由发包方承担。

实际应用中多采用上述形式混用或变化的方式进行。发包方和承包方对合同类型选择的立场和利益取向是不同的，通常取决于各自对风险的偏好。对发包方来说，如果是风险厌恶型，多选择固定价合同；如果是风险喜好型，则多选择时间—材料合同。对承包方来说，情形正好相反。最终能够签订哪一种合同，多取决于双方的谈判能力。

谈判能力通常包括软件开发风险（如项目需求不确定性、项目规模、人员培训）、知识结构、讨价还价能力及市场条件等。随后，监理方根据前期调研结果，协助发包方编制《项目需求说明书》和《竞标邀请书》，对有意向承包方进行小项目测试和参观考察，根据《评价检查表》选择候选承包方，协助竞标评标并确认正式承包方，并编制《评标报告》。

被选承包方在签订合同之前，需要依据《软件外包项目需求说明书》进行用户需求分析，制订初步的《用户需求计划》，目的在于加强承包方对用户软件需求的理解和共识。最后，监理方协助发包方评审用户需求计划，并与承包方签订《软件外包项目合同》，并保管合同及文档。

（三）软件策划阶段

软件策划阶段的管理流程为：

首先，由监理方向承包方下达软件开发任务书，由监理方与承包方共同协商可交付成果的内容和设定里程碑的方式；其次，由承包方制订《软件开发计划书》，并经发包方和监理方的评审；最后，由监理方将初步的《监理规划》进行完善并经发包方评审。

软件策划阶段的可交付成果有两项，分别是《软件开发计划书》和正式的《软件外包项目监理规划》，里程碑分别是开发计划书的通过和监理规划的批准。

软件策划是进行软件开发前重要的计划准备阶段，属于项目经理以上人员的职责范围。主要工作内容有策划和编制技术文件等。其目的是对软件开发过程和软件管理制订合理的计划。

此阶段监理方的主要任务是协助发包方评审由承包方编制的《软件开发计划书》，其中包括质量保证计划和配置管理计划，如项目描述、功能和性能特点、资源需求计划、人员计划、测试计划、验收计划、风险分析等内容。同时，监理方还要在承包方的软件开发计划的基础上进一步完善监理规划，形成正式的《软件外包项目监理规划》，并取得发包方的批准。

（四）需求分析及资源验证阶段

需求分析及资源验证阶段的管理流程为：

（1）由承包方进行需求分析，编制《用户请求报告》，由发包方和监理方共同进行评审；

（2）承包方修改《软件开发计划书》，经由发包方和监理方共同进行确认并冻结；

（3）同时，承包方准备并检查所有完成任务所需资源，并由发包方和监理方共同对承包方的资源进行验证；

（4）承包方编制《需求规格说明书》，并经内部评审。

需求分析及资源验证阶段的可交付成果有四项：

（1）《用户需求报告》；

（2）《软件开发计划书》；

（3）《需求规格说明书》；

（4）所有资源。

里程碑分别是用户需求报告、软件开发计划书和需求规格说明书的确认，以及所有资源通过验证。

需求分析及资源验证阶段的主要工作内容有需求分析和资源验证两项活动。其中，需求分析以系统分析师为主，对软件项目进行详细的需求调研，将系统的业务流、资金流、人才流和物资流集中表现在网络系统的数据流上，归纳整理出系统的功能点、性能点和外部接口列表，形成《用户需求报告》，并同发包方一起进行评审、签字确认，作为发包方的验收测试基线。

项目经理根据用户需求报告修改《软件开发计划书》，并要求发包方对其进行评审和冻结。然后，系统分析师将用户看不懂的、设计师必须知道的内容，加到用户需求报告中去，形成完整的目标系统业务模型和功能模型，并形成初步的数据模型，从而产生出《软件需求规格说明书》，通过内部评审后，成为项目的软件设计基线。

承包方负责对所有需要组织和采购的资源（软件、硬件、人力资源等）进行检验，监理方有权在任何时候对承包方所采购的资源进行验证，使之符合所采用的规格说明书、规范、标准和其他技术文件的要求，确保承包方专款专用，建立良好的开发环境。其过程是：

（1）由承包方提供资源验证建议书，得到监理方的批准后，准备好相关技术文件，包括硬件方面的厂商说明书、硬件性能数据表、配制清单、质检单，以及软件性能文件、人力资源配置清单等；

（2）提出资源验证申请，由监理方和发包方一起召集相关部门人员组成验证组，在规定的时间、地点对资源进行验证。只有通过了资源验证，项目才可以进入下一阶段。

（五）概要设计及详细设计阶段

概要设计及详细设计阶段的管理流程为：

（1）由监理方编制详细设计监理细则，并以此指导系统设计工作；

（2）由承包方进行概要设计和详细设计，并编制《概要设计说明书》和《详细设计说明书》；

（3）同时监理方根据设计监理细则要求定期检查项目进展并对设计说明书进行确认。

概要设计和详细设计阶段的可交付成果有两项，分别是《概要设计说明书》和《详细设计说明书》，里程碑分别是概要设计说明书和详细设计说明书得到确认。

概要设计及详细设计阶段的主要工作内容是进行概要设计和详细设计。

概要设计以系统设计师为主，主要进行以下内容：

（1）体系结构设计；

（2）命名规则设计；

（3）功能模块设计；

（4）数据库设计和接口设计；

（5）产生《概要设计说明书》。

详细设计属软件实现范畴，主要是实现设计，以高级程序员为主，进行：

（1）类库和构件库基本建设的设计；

（2）存储过程实现设计；

（3）触发器实现设计；

（4）产生《详细设计说明书》。

项目的内部流程除了遵循一般的项目流程外，还要考虑外包项目的特点。该阶段监理方的主要任务是定期检查承包方的工作进展情况，可从承包方定期提供的日报、周报、月报、可交付成果及里程碑报告等文档中获取相关的信息，并将结果记录到《软件外包开发过程监控报告》中。监督和检查的重点是实际进度是否与计划相符，承包方的投入是否充分，工作成果的质量是否合格，工作偏差是否得到纠正，等等。主要手段是定期与承包方沟通，检查文档，并在开始详细设计前向发包方提交详细设计监理细则，对概要设计和详细设计文档进行评审，直至不符合项为零，使概要设计和详细设计说明书通过确认后，成为项目的软件编程基线。如果需要变更合同、产品需求或开发计划，则应按照事先约定好的变更控制流程处理变更请求。

（六）编码及测试阶段

编码及测试阶段的管理流程为：

（1）由承包方进行软件编码和软件测试工作，编写《软件源程序文档》和《软件测试报告》，并获得监理方的评审确认；

（2）由监理方编写《里程碑监控评估报告》，并由发包方评审确认。

编码与测试阶段的可交付成果有三项：

（1）《软件源程序文档》；

（2）《软件测试报告》；

（3）《里程碑监控评估报告》。

里程碑分别是源程序文档、测试报告和里程碑监控评估报告得到确认。

编码及测试阶段的主要工作内容是进行软件编程和软件测试。软件编程以高级程序员为主，按照详细说明书的要求，组织其他程序人员进行编程、单元测试和集成测试。测试后编制的《软件源程序文档》成为项目的软件维护基线。

编码是将详细设计阶段的设计思想用某种计算机语言实现的过程。监理方应按照结构化程序设计原则来对编码工作进行监理：

① 使用语言中的顺序、选择、重复等有限的基本控制结构表示程序逻辑。

② 选用的控制结构只许有一个入口和一个出口。

③ 程序语句组成容易识别的块，每块只有一个入口和一个出口。

④ 复杂结构应该用基本控制结构进行组合嵌套来实现。

⑤ 语言中没有的控制结构，可用一段等价的程序段模拟，但要求该程序段在整个系统中前后一致等。

软件测试以项目组测试人员为主，按照软件需求规格说明书进行功能测试、性能测试、接口测试和验收测试，形成测试报告文档，并提交测试时发现的问题清单。项目组针对问题进行改正，最终提交一份经过评审的《软件测试报告》，成为项目的软件验收基线。

通常测试是伴随着编码而同时进行的，监理方在测试阶段应依据测试原则对承包方的测试过程进行监督：

① 尽早和不断地进行代码测试。

② 测试用例应由测试输入数据和对应的预期输出结果两部分组成，并包括合理的输入条件和不合理的输入条件。

③ 充分注意测试中的群集现象，即一般测试后程序中残存的错误数目与该程序中已发现的错误数目成正比。

④ 严格执行测试计划，排除测试的随意性，力争对每一个测试结果做全面检查。

⑤ 妥善保存测试计划、测试用例、出错统计和最终分析报告，为软件维护提供方便。

监理方主要依据监理规划对整个软件开发各阶段的可交付成果和里程碑进行监控和评估，在评估软件质量、进度和功能的同时，还要评估承包方人员的工作负荷程度、项目风险、费用和资源消耗情况，并编制《里程碑监控及评估报告》，成为项目的软件改进基线。承包方随时依据监理方提供的评估报告要求进行软件改进，直至满足发包方要求为止。

（七）软件验收阶段

软件验收阶段的管理流程为：

首先，由承包方进行验收准备，编制《用户指南》；

其次，由监理方进行成果审查，并组织验收人员进行验收测试，出具《软件验收报告》；

再次，承包方根据验收报告中提出的问题进行缺陷处理；

最后，由承包方向发包方交付成果（软件程序）。

软件验收阶段的可交付成果有三项：

（1）《用户指南》；

（2）《软件验收报告》；

（3）项目成果（软件程序）。

里程碑分别是用户指南得到批准、出具正式的软件验收报告，以及项目成果的交付。

软件验收阶段的主要工作内容是：

（1）验收准备；

（2）成果审查；

（3）验收测试；

（4）问题处理；

（5）成果交付。

其中，验收准备是由承包方将待验收的工作成果准备好，并将相应的材料提前交给监理方，监理方组织验收人员，双方确定验收的时间、地点、参加人员等。与此同时，由承包方组织成员编写《用户指南》（使用手册、安装手册），根据需要还可能编写《系统管理员手册》和《培训手册》，并对发包方相关人员进行培训，制作母盘，形成项目的软件使用基线。

成果审查是由验收人员审查承包方应当交付的成果，包括代码、文档等，确保这些成果是完整的并且是正确的。验收测试是由验收人员对待交付的成果进行全面测试，确保质量符合需求。软件验收时，由承包方向监理方提出软件验收申请，再由发包方和监理方组织相关人员，根据软件外包合同、用户需求报告、软件开发计划中的测试计划和验收方案进行测试验收，并出具《软件验收报告》。

问题处理是当监理方对审查和测试时发现的缺陷，视问题的严重性与承包方协商，并给出适当的处理意见。如果工作成果存在严重缺陷，则将工作成果退回给承包方。承包方应当按照处理意见纠正缺陷，并与发包方协商第二次验收的时间。给发包方带来损失的，应当依据合同接受相应的处罚。

成果交付是当所有的工作成果都通过验收后，承包方将其交付给发包方，双方的责任人签字认可。同时，发包方通知本机构的财务人员，将合同余款支付给承包方。在软件测试活动期间，为了检查系统的稳定性、适用性等，监理方在这个阶段的主要工作有：

① 审核完工文档资料的完整性、可读性及其与实际操作的一致性。

② 审核操作系统、应用系统等软件配置与设计方案的符合性。

③ 检测验证系统功能、性能与合同的符合性。

④ 检查人员培训计划的落实情况。

（八）项目评价及总结阶段

项目评价及总结管理流程为：

（1）由监理方对软件外包过程中的所有文档进行归类封存，编写《承包方评价报告》和《项目总结报告》，由发包方进行评审并通过；

（2）由承包方对在软件外包过程中形成的所有文档进行归类存档，同时进行项目总结。

项目评价及总结阶段的可交付成果有两项：

（1）《承包方评价报告》；

（2）《项目总结报告》。

里程碑分别是承包方评价报告和项目总结报告获得通过。项目评价及总结阶段的主要工作内容是文档整理和项目评价与总结。

其中，监理方在该阶段的主要工作有文档归类封存、承包方评价和项目总结三项活动。软件外包项目中会产生大量的管理文档和软件开发文档，监理方和承包方都需要对其进行归类封存，以备后续类似项目的参考查询。同时监理方对承包方的技术开发成熟能力、资源（包括已有的产品、硬件、软件、人力资源和培训效果）、信誉、组织配置结构、管理能力和企业文化等方面进行综合评价，并提交《承包方评价报告》，作为建立客户关系管理（CRM）的依据。

监理方还要对此次外包项目进行经验教训总结，包括范围控制、进度控制、质量控制、成本控制、客户关系控制、流程控制、风险控制等方面的成败得失，并提交《项目经验教训总结报告》。至此，该软件外包项目工作就全部完成了。

第三节　中国软件服务外包现状分析

一、中国软件服务外包现状

以 2008 年数据为例，2008 年中国软件出口 142 亿美元，同比增长 39%，其中完成软件外包服务出口 15.9 亿美元，同比增长 54.3%。从表 10-2 中可以看出，软件出口占软件产业总额的比例逐年稳步提升，从 2001 年的 7.5% 提升到了 2008 年的 13.1%。但是比例仍偏低，这说明国内软件市场需求旺盛，持续保持了高速发展势头，也说明软件出口与服务外包仍没有取得突破性的进展，未来将有很大的发展空间与潜力。

表 10-2　　　　2001—2008 年中国软件出口占产业总额的比例　　　　单位：亿元

年份	软件产业总额	软件出口额	出口额所占百分比（%）
2001	796	60	7.5
2002	1100	124	11.3
2003	1600	165	10.3
2004	2780	232	8.3
2005	3900	297	7.6
2006	4800	501	10.4
2007	5834	727	12.5
2008	7572.9	994	13.1

受金融危机的影响，使得全球外包需求大幅下降，另外由于受人民币升值、人力成本上升等因素影响，软件外包企业面临较大的生存压力，从2008年下半年增速有所放缓。我国外包主要是来自日本的金融类和消费电子类企业，目前日本的经济陷入衰退的迹象明显，短期来看我国的软件外包产业将受到一定的影响。从发包地区构成看，日本依然是中国软件外包业务的主要市场，占中国整体软件外包收入的将近60%。对欧美的出口外包快速增长，占出口总额已经超过20%。中日双方在软件与信息服务产业之间的合作也在不断深入，正在由"试探磨合"、"发包合作"向"战略协作"阶段过渡，两国企业之间的交融度逐渐增强。

未来国际软件外包多元化的趋势将更加明显，对欧美的外包出口将是下一个增长点。为了防范各种不可预期的风险，美国正在降低印度的接包比例，而且，在接包市场培养更多的竞争对手也有利于美国自身保持谈判的主动地位。未来将会有更多的外包业务流向中国、菲律宾、巴西、俄罗斯、墨西哥、新加坡、以色列、澳大利亚等国家。目前我国已有49家软件企业获得了CMM5（含CMMI5）级别评估，近30家企业获得CMM4（含CMMI4）级别评估，300多家软件企业获得了CMM3（含CMMI3）级别以上评估。软件出口群体逐渐形成，外包层次不断加大，自主知识产权软件产品出口不断增多，出口价值链逐渐从低端向中高端转移，利润率也有所提高。

2008年中国软件出口额排名第一的东软集团出口1.82亿美元，同比增长29.6%，增速有所放缓，占公司营业收入的份额上升至33.9%。目前东软软件与服务外包业务覆盖汽车、电子、手机、数字家电、DVD、金融、证券、ERP实施等嵌入式和应用软件领域，员工10000多名。2008年5月在美国华盛顿举办的Gartner集团外包峰会上，东软、中软国际、博彦、软通动力、海辉、文思、信必优等20家信息服务提供商和上海、西安两个国家软件出口基地集体亮相，占据了峰会展区面积的1/3，企业就中国发展服务外包优势、企业实力和成功案例进行了精彩演讲与推介，中国品牌争逐渐得到国际的认可。[①]

通过2001—2008年两国出口数据（如图10-1所示）对比可以看出，近几年中印两国在软件外包领域的差距在逐年拉大，但是金融危机给印度外包产业带来了较大不利影响，这也给中国的外包提供了新的机遇与发展空间。

在软件从业人才方面，印度软件人才的供应能力也比中国要强大。如图10-2所示。

二、中国软件服务外包的国际竞争力要素分析

为了更深入地认识中国软件外包的情况，从产业需求状况、国家策略和政策、国际联系、产业特征及供给要素五个方面探析中国软件服务外包的国际竞争力，并且选择软件外包大国印度作为比较对象。

（一）软件产业的需求状况

相对印度出口导向型的软件产业而言，中国软件产业呈现出明显的满足内需为导向的

---

① 数据来源：《2008年中国软件出口与服务外包》，中国软件行业协会副理事长兼秘书长，胡崑山。

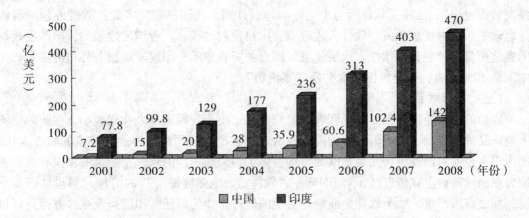

图 10 - 1　2001—2008 年中国、印度软件出口额对比

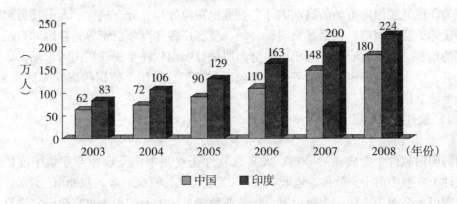

图 10 - 2　2003—2008 年中国、印度软件人才总量对比

特征。虽然从理论上来说，国内需求是长期产业竞争力的一个重要因素，但软件产业满足内需的特征在一定程度上抑制了软件服务外包的发展。相比较而言，出口导向型的软件产业对软件外包的促进作用更为直接，这可以从中印两国 2005 年的软件出口表现看出。2005 年我国软件产业规模为 484 亿美元，出口为 36 亿美元，仅占产业总收入的 7.44%。而印度软件及其服务的总收入为 226 亿美元，其中出口收入为 177 亿美元，占总收入的 78.32%。

（二）国家策略和政策扶持

正确的国家策略和政策是软件服务外包成功的一个关键要素。我国政府近年来才认识到软件产业的重要性，提出了要大力发展软件产业和促进软件出口，把承接国际服务外包作为扩大服务贸易的重点。印度政府和企业界早在 20 世纪 70 年代就认识到软件产业的重要性，以后历届政府都把软件业确立为国家发展的重点产业，先后成立了电子部和"软件发展促进局"，实施了软件园与电信港的建设计划。两国都制定了促进软件外包的税收优惠政策、金融优惠政策、软件人才政策、出口便利政策、产业园区政策等，但印度政策的实施更具体、更具操作性，也更优惠。据有关资料显示，印度发展服务外包的成本要比中国低 30% 左右，企业负担基本上是"零税负"。

（三）国际联系

成功的出口要求与国际市场和客户紧密联系。由于我国软件企业规模小，在国际市场上缺乏品牌知名度，加上语言上的障碍及缺乏熟悉跨国公司运作模式和规范的软件人才，国内很多企业对国外市场尤其是欧美市场整体了解欠缺。国内软件企业也大多没有意识或能力在国际舞台上宣传自己，对 CMM（"软件能力成熟度模型"的简称）质量认证不重视，加之盗版严重，欧美软件企业缺乏对中国软件企业的信任。印度企业在这方面具有很大的优势。印度有大量海外人才，仅硅谷高科技公司就有 30 多万名印裔，他们中有一半人和印度有业务往来，并有 1/4 的人在印度投资。自 20 世纪 90 年代中期以来，大批赴美留学及在欧美跨国公司工作的印裔，在了解、熟悉跨国公司的运作模式和规范后回国工作，成为印度开拓国际市场的高端人才。企业也在海外建立分支机构，充分接近海外客户和贸易伙伴，注重诚信，包括严格履行合同、替客户保守商业机密等，在国际市场上建立了良好的信誉。印度政府和中介机构也努力协助其国内软件企业开拓国际市场，集中组织企业尤其是中小企业，定期到服务外包发包国如美国、英国、德国等国家开展商务推介，帮助企业建立国际联系。

（四）软件产业特征

1. 产业集中度

我国国内软件企业成梯形分布，大多数软件企业是中小企业，产业集中度低。2004年，软件 100 强中前十家软件企业收入共 43.3 亿美元，百强总收入仅 90 亿美元；印度软件产业则以大公司为主导，人数过万、年营业额超过亿美元的企业也有数十家。最大的十家企业获得的出口收入占 57%，前十名的销售规模都超过了 1 亿美元，其中最大的一家营业额约占全国软件产业总额的 24%。

2. 竞争

我国软件企业间的竞争是很激烈的，这主要是因为我国软件企业大多从事低层次的应用性软件开发，多数企业注册资金很小，1000 人以上的大型软件企业不多；印度都是私人拥有的企业，进入和退出的壁垒相对较低。印度全国较大规模的企业有 850 多家，竞争和能力过剩使印度软件外包业赢利率大大降低，恶性降价竞争已经成为不得不采用的生存手段。在印度 100 家外包公司中，只有 20% 能够生存下来，其中 10% 的企业拥有 90% 的市场份额。

3. 集聚

我国为促进软件产业发展，组建了一批软件园作为产业基地，软件产业的聚集优势得到一定程度的加强。11 个国家软件产业基地和 6 个国家软件出口基地，2005 年就实现软件销售收入 1440.5 亿元，占全国软件销售收入的 37%；出口创汇 21.4 亿美元，占全国软件出口总额的 60%；聚集软件企业 6533 家；从业人员 29.6 万，占全国软件从业人员的 33%。但由于中国软件园建设的最初动力来自于城市地方政府，缺乏一种宏观的、整体的发展战略，因此，规模上仍有待进一步发展。印度多数软件出口企业集中在几个地区，如班加罗尔、孟买、德里、海德拉巴等，这种区域集聚对物质基础设施和软件人才供应更为有效。班加罗尔现有软件企业 1000 多家，达到 CMM5 级认证的有 20 多家，2002 年软件产品出口额 20.6 亿美元，占印度软件出口总额的 33%。在班加罗尔的推动下，马得拉斯、海得拉巴等南部城市的高科技工业园区也如雨后春笋般建立起来，同班加罗尔一起，成为印度南部著名的计算机软件业"金三角"。目前，印度软件技术园区的出口额占印度计算机软件总出口额的近 70%。

4. 合作

为共同开发海外市场，国内一些软件产业较为发达的城市组建起"出口联盟"，如"中软系列北京软件出口联盟"、"方正系列北京软件出口联盟"和"杭州软件出口联盟"。但由于联盟中大多数软件企业都缺乏开发国际软件市场的经验，开发能力和管理模式水平参差不齐，利益分配矛盾尖锐，其效果未能达到预期的目的。印度主要通过软件行业协会组织实现企业的合作。全国软件和服务企业协会（NASSCOM）是印度最成功和最有影响力的软件行业协会，对于印度软件企业在开拓国际市场时的团结合作、经验共享、共同树立印度软件外包品牌、相互维持市场秩序和防止企业间恶性竞争等方面起到了积极的作用，极大地促进了印度软件外包的飞速发展。

（五）供给要素

1. 人才要素

首先，软件人才的规模和技术水平是决定软件出口国际竞争力的一个重要因素。2004年，我国软件从业人员数量达到 70 万，但仍存在较大的人才缺口。初级人才和高级人才严重缺乏，尤其缺乏对市场和技术具有前瞻能力的 CTO（首席技术执行官）。其次，中国的软件人员在知识结构上存在严重的缺陷，缺乏基本的软件工程管理、项目管理、质量和过程管理、系统分析与设计方法、人际沟通与团队协作及文档编写等国际性软件项目合作技能。最后，我国计算机人才英语水平不高，直接影响了我国软件出口业的发展。

印度软件人才无论数量和质量均超过我国。2006 年软件产业就业人数达到 129.3 万人。同时，为了确保国内软件产业不断增长的人才需求，印度政府提出了软件人才培养及开发规划，印度 400 余所高等院校、700 多家私营商业性软件人才培训机构及软件企业都特别重视培养计算机人才。印度政府还积极引进国外的软件人才和留学人员回国工作或创业，带回技术、资本、经营企业的经验和创新者精神。印度软件出口人员熟知国外软件市场、商业规范、特定客户要求和价值，这使他们在软件出口业务上具有很强的优势。

2. 技术

中国的软件企业长期以来的运作经营模式，大多数都以贴牌别人的产品作为出路，核心技术研发水平较低。另外，我国软件企业标准化管理水平不高，到 2004 年，我国软件企业通过了 CMM4、CMM5 级认证的企业约有 9 家，其中，只有 6 家企业通过了 CMM5 级认证，企业的产品、服务和管理水平与国际大企业相比差距仍较大。印度软件开发人员在运用计算机语言开发应用软件方面具有较高的水平，60% 以上的印度软件公司已掌握并能运用当今世界最先进技术，如第四代语言（AGL）、图形用户界面（GUI），以及面向用户编程等。此外，印度是世界上获得质量认证软件企业最多的国家。截至 2002 年 12 月，印度有 254 家软件和业务流程外包公司获得了 ISO 9000 质量标准认证，有 48 家公司达到了 CMM5 级认证。印度具有专门提供标准化测试和质量认证的机构，该机构通过遍及全国的 20 多个实验室来完成软件产品的测试工作。

3. 金融

软件产业是高风险高回报的产业，需要大量资金的支持，风险投资对软件的出口非常重要。但我国风险资本市场发育不够成熟，且大多数软件企业是民营企业，信用严重不足，从而导致了融资难。近几年来，国家虽投入了一些政策性资金用于支持国内软件企业的发展，但从实际情况来看，效果不理想。由于目前银行贷款的基本条件是贷款担保抵押，这一要求使许多软件企业很难申请到贷款，只能依赖自身利润的积累进行滚动式的发展。印度软件产业具有良好的金融环境。印度政府通过减税、补贴、调整立法和减少行政审批程序，吸引了大量跨国风险投资，主要政策性金融机构设立的软件产业风险投资基金也在为印度软件企业提供信贷扶持。目前，印度政府设立了 10 亿卢比的基金支持金融风险资本，并放宽了软件出口企业通过国际融资收购国外软件企业的有关限制，使印度软件企业可以通过收购、兼并，进一步向集团化和跨国化方向发展。此外，印度政府还大力推动符合条件的软件企业公开上市集资。

综合上述五个方面的比较，可以看出在大多数要素上中国处于劣势，导致中国软件外包国际竞争力远远落后于印度，软件外包规模也明显小于印度。

三、加快软件外包发展的措施

（一）政府、中介机构和企业要各司其职，协调配合，争取发挥最大的作用

政府、企业和中介服务机构各司其职，为软件和信息外包服务产业获得知识、技术和人才上的优势共同努力。政府规范产业环境，制定产业发展促进政策，健全知识产权保护制度，引导产业健康发展。组建软件外包联盟，并有效协调联盟内利益不均衡等问题，切实实现信息资源共享，联合接包。中介服务机构帮助企业拓展国际市场，吸引风险投资，和政府一起，为企业培养、引进人才。可以为在华外资企业提供系统运行维护服务、数据中心、帮助台等 BPO 业务流程外包服务，来加速软件企业的国际化，熟悉国际大公司的业务运作。而企业抓紧时机，快速扩张规模，同时提升企业项目管理能力，健全企业管理机制，提升自身的竞争力。一方面必须以外包企业自身的实力为基础，如必须提供客户满意的产品与服务；另一方面可以与客户开展交流与合作，如共建研究室、实验室等。

（二）重视质量加强过程控制

要摒弃外包的短视行为，着眼于长远的战略利益，重视质量，并严格按照客户的需求

和行业标准作业。比较可行的方法之一就是遵循 CMM 规范。要加大 CMM、ISO 等各类认证力度，通过各类认证，切实提高企业的软件开发流程管理能力，尤其是大型软件开发项目的质量控制和交付保证。

（三）完善人才培训服务体系，为产业发展提供智力保障

从提高人才质量的角度看，现行教育体系很难满足这个需求，印度的经验表明，吸引海外留学人员归国是一个很好的途径。中国有大量高素质人才到美国、日本、欧盟等发达国家学习，有许多直接留在当地跨国公司就职，他们了解国际上先进的软件技术、项目管理经验和行业专业知识。

（四）建设公共服务支撑体系，促进外包产业跨越式发展

政府要创造良好的产业发展环境，要加强软件园区建设，积极引导和鼓励同类软件外包企业集群化发展，形成规模和特色；创造公平竞争的市场环境，消除生产要素自由流动的障碍，为软件企业依据市场规则向某些区域聚集创造条件；加强软件产业基地对软件企业的公共服务功能，使软件产业基地真正成为最适合软件开发和出口的区域，并率先成为软件"工厂化"的实践区和示范区。加强软件市场规范和监管工作，加强行业自律，避免资源的浪费；培育软件外包业的公平、有效竞争，杜绝恶性竞争，创造中国在软件外包业的良好国家品牌与形象。

第十一章　生产性服务外包

第一节　生产性服务

一、生产性服务的概念

生产性服务（Producer Services），又称为生产者服务，最早由 Greenfield（1966）提出，经由 Browning 和 Singelman（1975）的发展而得到深化。

1966 年美国经济学家 H. Greenfield 在研究服务业及其分类时，最早提出了生产性服务业（Producer Services）的概念。1975 年，Browning 和 Singelman 在对服务业进行功能性分类时，也提出了生产性服务业概念，并认为生产性服务业包括金融、保险、法律工商服务、经济等具有知识密集和为客户提供专门性服务的行业。

Hubbard 和 Nutter（1982）、Daniels（1985）等人，认为服务业可分为生产性服务业和消费性服务业，认为生产性服务业的专业领域是消费性服务业以外的服务领域，并将货物储存与分配、办公清洁和安全服务也包括在内。

Howells 和 Green（1986）认为生产性服务业包括保险、银行、金融和其他商业服务业，如广告和市场研究，以及职业和科学服务，如会计、法律服务、研究与开发等为其他公司提供的服务。

香港贸易发展局对生产性服务业的分类包括：专业服务、信息和中介服务业、金融服务和与贸易相关的服务。

一些学者还提出将货物储存与分配、办公清洁和安全服务纳入生产性服务业。而根据国家统计局公布的《三次产业划分规定》（2003）中产业划分目录，一般可以认为，生产者服务业涵盖的内容主要有：

（1）交通运输、仓储和邮政服务业；

（2）房地产、租赁和商务服务业。其中，商务服务业主要由企业管理服务、法律服务、咨询与调查，及其他商务服务（如广告、会议、展览、包装）服务等组成；

（3）金融服务业。由银行、证券、保险业，及其他金融活动（如金融信托与管理、金融租赁、典当服务等）组成；

（4）信息传输、计算机服务和软件业。其中，信息传输服务业由电信服务业和其他信息传输服务业（如广播电视传播服务、卫量传输服务等）组成；计算机服务业则包括计算机系统服务、数据处理、计算机维修等服务部门；

（5）科学研究、技术服务生。主要包括：研究与试验发展、专有技术服务业、科技交流和推广服务业。

我国政府在《国民经济和社会发展第十一个五年规划纲要》（以下简称《十一五纲要》）中将生产性服务业分为交通运输业、现代物流业、金融服务业、信息服务业和商务服务业。以上是一些学者和机构从服务活动的角度对生产性服务业的认识。

还有一些学者和机构从服务功能的角度对生产性服务业进行了定义。Gruble 和 Walker（1989）、Coffer（2000）认为生产性服务业不是直接用来消费，也不是直接可以产生效用的，它是一种中间投入而非最终产出，它扮演着一个中间连接的重要角色，用来生产其他的产品或服务。同时，他们还进一步指出，这些生产者大部分使用人力资本和知识资本作为主要的投入，因而他们的产出包含大量的人力资本和知识资本的服务，生产性服务能够促进生产专业化，扩大资本和知识密集型生产，从而提高劳动与其他生产要素的生产率。

Hansen（1990，1994）指出生产性服务业作为货物生产或其他服务的投入而发挥着中间功能，其定义包括上游的活动（如研发）和下游的活动（如市场）。美国商务部又进一步将这种中间功能的形态分为两类，一类是"联合生产性服务业"，总部与外国生产性服务业子公司之间的交易（占生产性服务业总量的10%）；另外一类是"独立的生产性服务业"，生产性服务业直接与国外厂商、私人企业、国外政府的合作（占生产性服务业总量的90%）。

我国学者钟韵、闫小培（2005）认为生产性服务业是为生产、商务活动和政府管理提供，而非直接向消费性服务的个体使用者提供的服务，它不直接参与生产或者物质转化，但又是任何工业生产环节中不可缺少的活动。

总体上来说，生产性服务业又称生产者服务业，在理论内涵上是指市场化的中间投入服务，即可用于商品和服务的进一步生产的非最终消费服务。生产性服务业是生产者在生产者服务业市场上购买的服务，是为生产、商务活动而非直接向个体消费者提供的服务。生产性服务也可理解为服务生产的外部化或者市场化，即企业内部的生产服务部门从企业分离和独立出去的发展趋势，分离和独立的目的是降低生产费用，提高生产效率，提高企业经营的专业化程度。

生产性服务业主要是指那些向其他组织提供用于其进一步生产和运作的服务活动的服务业。比较有代表性的分类是依据服务业内部各子业务提供服务产品所面向的使用对象、服务的层次以及提供服务的主体不同，定义的生产性服务业：是指那些不直接参与生产或者物质转化，但又是任何工业生产环节中都不可缺少的活动，即指那些为社会物质生产提供各种非实物形态的服务性产业。具体包括金融保险业、房地产业、信息咨询服务业、计算机应用服务业、科学研究与综合技术服务业，体现为"中间投入"，是信息、知识和技术密集的产业，其不直接参与生产或者物质转化，但其中间功能提高了生产过程中不同阶段的产出价值和运行效率。

二、生产性服务的基本特征

与商品相比，服务具有明显不同的感性特征，如无形性（Intangibility）、并发性（Inseparability）、异质性（Heterogeneity）、难存储性（Perishability）。前三个特点决定了购买服务不能事先预期可能得到的服务品质和效果，即服务具有较强的经验特征和信任特征。但是很多学者批评服务的这四个感性特征太一般化，不足以正确理解服务的传递过程，而且随着信息技术和通信技术的发展和应用，服务的无形性、并发性、难存储性正在发生变化。基于上述问题，Lovelock 和 Yip（Lovelock 和 Yip，1996）提出服务的八个特征，即：

① 服务产出的特征（与物理实体相比）；

② 客户参与服务生产过程；

③ 人是服务经验的一部分；

④ 质量控制的困难；

⑤ 客户难于评价；

⑥ 服务难以存储；

⑦ 时间对服务的影响；

⑧ 服务传递的方式。

营销专家 Kotler（Kolter，1988）提出服务还有另外两个属性：服务消费之后没有转让所有权（Lack of Ownership）和服务不稳定性（Service Variability）。生产性服务与传统服务相比，除了具备上述特征之外，还具有下列特征，如表 11 - 1 所示。

表 11 - 1　　　　　　　　　　　　生产性服务的特征

特征类型		特征含义
投入特征	中间投入性	作为生产商品或提供其他服务的生产过程投入
	投入形式	一种服务形式的生产资料
	投入特点	具有知识技术密集的特点
产出特征	产出结果	产出通常是有形结果和无形结果的综合体
	产出数量	直接依赖于服务部门和其他产业对生产性服务的需求
	产出质量	包括过程质量和结果质量
	产出性质	产出体现有人力资本和知识资本的服务
发展特征		具有"外部化"的趋势
		具有较强的产业关联性
		生产性服务业的布局呈现集中分布的态势
		动态性

续　表

特征类型		特征含义
设计和生产过程特征		客户参与生产过程
		基于规模经济
		生产性服务在一定程度上是定制化的
		一次性
		具有较强的可贸易型
功能特征	中间连续性	在产品生产过程中充当一个中间连续的重要角色
	服务对象	是经济中作为生产者的企业而不是作为消费者的个人
	服务功能	在生产过程中发挥统合、协调、控制、计划、评估等功能

（一）投入特征

（1）中间投入性（从服务接受者的角度）。中间投入性是生产性服务业最显著的特征，中间投入性确定了生产性服务业在制造业生产过程中的作用，即生产性服务被组织用做生产商品或提供其他服务的生产过程投入，其消费的过程会产生更多的产品和向社会提供更大的有效服务。

（2）投入形式。一种服务形式的生产资料（从服务接受者的角度）。

（3）投入特点。具有知识技术密集的特点。现代生产性服务业的主要活动集中于产品和服务价值链中价值含量最高的部分，因此生产性服务业能够促进生产专业化，扩大资本与知识密集型生产，从而提高劳动与其他生产要素的生产率。

（二）产出特征

（1）产出结果。产出通常是有形结果和无形结果的综合体，如服务与信息流合并在一起，共同构成了服务产出的一部分。

（2）产出数量直接依赖于服务部门和其他产业对生产性服务的需求。

（3）产出质量包括过程质量和结果质量。

（4）产出体现有人力资本与知识资本的服务。

（三）发展特征

（1）具有"外部化"（Externalization）的趋势。随着技术的进步、分工专业的深化和国际市场竞争的加剧，企业或公司内部的服务项目正在不断分离出来，形成独立的专业性生产服务行业，使得生产性服务业逐步外部化；生产性服务的外部化或市场程度取决于专业化经济——互补经济与交易成本之间的权衡。

（2）具有较强的产业关联性。中间投入性和中间连接性决定了生产性服务业必定要与其他产业之间发生相互联系，包括产业的前向联系（指某部门与吸收其产出部门之间的联系）和后向联系（指某部门与向它提供投入的部门之间的联系）。

（3）生产性服务业的布局呈现集中分布态势。生产性服务业的产业关联性和知识密集的特点使得生产性服务业的分布主要聚集在城市周围。

（4）生产性服务的发展特征也可以说是生产性服务具有动态性。

（四）设计和生产过程特征

（1）客户参与到服务生产的过程。

（2）生产性服务的提供或生产基于规模经济，即知识与技能一旦获取，其提供服务的边际成本就很低。

（3）生产性服务在一定程度上是定制化的，用于解决购买者的特定问题，因此存在着服务的差异化。

（4）由于服务的异质性和不能存储性，可以得出生产性服务具有一次性的特征。

（5）具有较强的可贸易性（商务活动、交易活动、有偿服务）。

（五）功能特征

（1）中间连接性。与中间投入性相对应的是生产性服务业在生产过程中充当一个中间连接的重要角色，通过这个连接的桥梁，生产性服务业为制造业生产过程提供服务，而制造业也会带动生产性服务业的快速发展。

（2）服务对象是一个经济中作为生产者的企业而不是作为消费者的个人。研究生产性服务，可以从其共性和差异两个方面进行。前面所述的服务特征基本上给出了生产性服务的共性，下面我们从分类的角度来讨论生产性服务的差异。

三、生产性服务的分类

对生产性服务进行分类，有助于更有条理地讨论生产性服务的管理和发展模式。但任何分类都必须遵循下列三个分类规则：

（1）每一种分类必须根据同一个标准进行，即根据对象本身的某种属性或关系进行；

（2）分类必须相应相称，即划分所得各子项之和必须与被划分的母项相等，否则就会出现分类过窄或过宽的逻辑错误；

（3）分类必须按照一定的层级进行，否则就会出现超级划分的逻辑错误。

目前生产性服务业可依据定义，按其服务功能和服务对象两方面进行分类，也可以依据制造业价值链来进行分类。

（一）基于生产性服务功能的分类

按照生产性服务业在生产中的不同作用，大致可以分为三类：

（1）产品服务；

（2）要素服务；

（3）社会化服务。

生产性服务的产生主要有两个原因：其一是传统上由企业内部组织进行的服务活动外置出来的生产性服务业，这种分离和独立的目的是为了降低生产费用、提高生产效率、提升企业经营的专业化程度，即所谓服务生产的外在化；其二是为了保障工业生产顺利进行，社会化分工逐渐发展并自成体系，如金融保险、信息产业、中介咨询机构。因此生产性服务业包括：

① 直接作为工业企业的中间投入；

② 作为商品交换过程的一部分的流通和金融服务；

③ 与新生产结构相适应的人力资本形成所需要的服务；

④ 对整个生产体系进行空间上协调和规制所需要的服务。

丹尼尔斯（Daniels，1993）基于生产性服务的中介功能，将其分为三类：

① 信息加工服务，如银行、保险、营销、会计、资产管理、广告、编集信息和技术，以及一些如专利、录音、建筑图的资产权等；

② 与商品有关的服务，如销售、交通管理、基础设施的维护与安装、维修和维护通信设备等；

③ 人事支持性服务（Personnel Support Services），如福利、食品提供、个人出游与住宿（Mar - shall 等，1987）。

美国商务部进一步将这种中间功能的形态分为两类：

① "联合生产性服务业"，总部与外国生产性服务业子公司之间的交易（占生产性服务业总量的10%）；

② "独立的生产性服务业"，即生产性服务业直接与国外厂商、私人企业、国外政府的合作（占生产性服务业总量的90%）。

由于生产性服务业主要是从制造业的生产环节分离出来的中间性服务，归纳上述描述可以总结出生产性服务分为以下八类：

① 向制造业提供资金支持的融资服务，如贷款、信用担保等；

② 物流服务；

③ 进出口后服务；

④ 科技服务（产品开发或升级、技术获取、技术合作、技术服务等）；

⑤ 信息技术服务（办公自动化系统维护、ERP、电子商务、网络和数据库建设与维护等服务）；

⑥ 营销服务；

⑦ 人力资源服务；

⑧ 法律、会计、管理咨询服务。

（二）基于生产性服务对象的分类

根据生产性服务业所服务的对象，麻省理工学院的经济学家将生产性服务业分为以下三类，如图11 - 1所示。

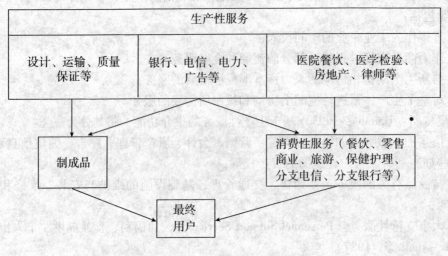

图 11 - 1　生产性服务业分类

第一类：指专门用于提高制造品价值的服务公司，如贸易公司、设计与产品开发研究所、货物运转商和环境检测试验室等；

第二类：指专门用于改善消费性服务的服务公司，如医院的餐饮、律师事务所等；

第三类：指既为制造业又为消费者服务的服务公司，如银行、电信、电力、广告等。

从上述生产性服务的分类可知：第一类服务于制造业的核心流程，主要是从制造业中分离出去的生产性服务业；第二类服务于制造业的非核心流程，是生产性服务业的附加功能；第三类不仅服务于制造业，作为生产过程的中间投入，而且也服务于服务业，作为服务业的中间投入或直接用于个体消费。

上述分类主要基于生产性服务的功能和服务对象。为了研究生产性服务的特征和发展模式，揭示生产性服务内部结构的变化及其对制造业和制造业价值链的作用和影响，还需要基于制造业价值链，根据生产性服务活动在价值链上的不同特点，对生产性服务进行分类。

（三）生产性服务活动在价值链上的分布及其分类

制造业价值链可分解为上中下游三个区段（郑吉昌等，2005），其中上游阶段主要包括产品研发，中游阶段主要包括生产制造，下游阶段主要包括产品销售，贯穿于上中下三个区段的生产性服务活动，如图 11 - 2 所示。

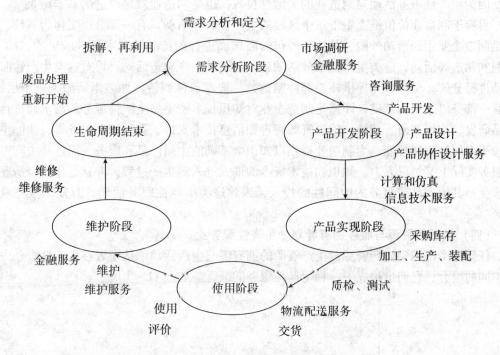

图 11-2 制造业价值链及其服务活动

图 11-2 所示为制造业价值链的全部活动，包括了六个主要阶段，即需求分析阶段、产品开发阶段、产品实现阶段、（产品）使用阶段、（产品）维护阶段、产品的报废阶段（即生命周期的结束）。

上游阶段：包括需求分析、立项、新产品设计和产品改型设计等主要业务活动。随着企业对知识技术密集型生产性服务业市场需求的增长，企业越来越多地将市场调研、可行性研究、产品设计、技术研发活动外包，由外部的生产性服务企业替其完成；另一种趋势是通过扩大本公司内的服务部门，直接向服务领域扩展。此外，这一阶段需要投入的专门服务还包括风险投资和金融服务。

中游阶段：围绕产品的生产、加工、装配和制造活动，涉及原材料的采购、库存、质检等活动。中游活动被认为是从原材料转换为最终产品的过程。基于核心竞争力和投资成本的考虑，越来越多的制造企业将生产活动外购、外协、外包。

下游阶段：包括产品销售、维修等。涉及产品的市场营销及广告、售后服务、维修、产品回收等服务。许多制造企业成立专门的销售子公司或委托独立的销售代理负责产品的销售及售后服务和产品维修等。

此外还包括服务于整个过程的信息管理、金融、人力资源等服务。在上中下游各阶段中，有的生产性服务与各阶段中的业务活动本身结合，有的与业务活动并行出现。按照制造业价值链上中下三个区段来划分生产性服务，是理解工业化最新进展情况的一个关键概念，因为生产性服务活动是制造业的关键性投入，也是制造业效率改进的基本源泉。

　　贯穿于制造业价值链上中下三个区段的生产性服务活动，有一部分以实体为基础，即满足制造企业生产活动外购、外协、外包的需求而进行的产品及其零部件的生产、加工、装配和制造等活动，这类生产性服务活动属于传统的生产制造活动。再对这类生产性服务活动进行分解，又可分为提供核心部件制造、一般零部件制造、加工组装服务三个层次；还有一部分以知识为基础，即满足制造企业对知识技术密集型生产性服务的需求而进行的产品研发、市场调研、营销、信息资源管理和信息技术支持、管理咨询服务等，他们主要依赖于专门知识和技能，为制造业提供以知识为基础的中间产品和服务，而这些中间产品和服务实际上又是以人力、知识和技术资本的形式进入到生产过程，并且是作为制造业进一步生产其他产品或服务的中间性的投入，因此这类生产性服务活动具有知识服务业的特征。

（四）按服务资源与服务拥有者划分生产性服务业

　　任何生产都需要生产资源。生产资源的拥有者与生产活动的从事者在生产性服务中会有不同的组合，它们也构成了一种生产性服务的分类。如图 11－3 所示。

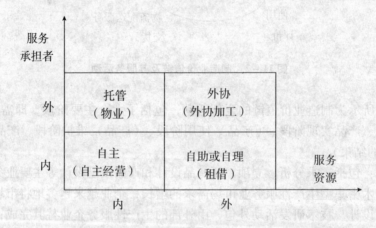

图 11－3　按服务资源与服务拥有者划分生产性服务业

　　在图 11－3 中，有两个坐标，一个是服务承担者，在这里为生产性服务的接受者，另一个是服务资源，代表从事生产性服务所需要的资源，两者交叉点为不同的生产性活动，主要包括：

　　（1）自主式。生产者利用自己的生产资源，由企业内的人力资源来从事生产性服务。这种模式就是生产性服务是企业内部的生产部门所提供的；

　　（2）自助式。生产者利用外部的生产资源，由企业内的人力资源来从事生产性服务，如很多矿山企业租用铁道部的机车从事生产。它的特点是以设备租赁的方式自主进行生产性服务；

　　（3）托管式。生产者将生产活动外包，但生产资源仍然属于自己，最典型的就是物

业管理;

（4）外协式。外协是生产性服务的要素，资源与人力都是由外部所承担，这是一种很完全的生产性服务。按照这种方式进行的生产性服务划分，有助于明白生产性服务的管理，即在生产性服务的组织与运作中，如何对服务资源与劳动者进行管理。不同的运作模式，其管理也不同。

四、现代生产性服务业发展的趋势

现代生产性服务业发展的趋势主要表现在以下方面：

（一）新的生产性服务业类型不断涌现

生产性服务业在许多国家大都市区的大规模迅猛发展，是产业结构高级化和经济服务化的产物。迈克尔·波特（Michael E. Porter, 1999）指出"工业革命中很重要的一部分是金融、运输和通信等服务业的发展"。不同类别的服务业对经济社会发展的影响存在着差异，不同性质的生产性服务业的作用也各不相同。随着经济社会发展内涵的不断深化和细分，在金融、保险和房地产等行业继续发挥作用的同时，会计、审计、管理咨询、工程咨询、资产评估、环境评估和房地产评估等专业中介服务业为适应社会发展的要求而创生和涌现，并在聚集和配置区域资源和促进区域经济发展上发挥着越来越重要的作用。随着社会的发展以及对服务需求的多样化和多元化，预计在未来还会有更多的新型生产性服务行业出现，新的生产性服务业类型的不断涌现是维持和提高区域竞争力和生命力的重要保障。

（二）服务外包化

通过服务外包，企业将生产或经营过程中的某一个或几个环节委托给专业服务商，由他们进行合作、管理并提供企业所需的信息技术服务。目前服务外包发展的状况是发达国家服务外包的范围和规模正在不断扩展，发展中国家接受服务外包的规模不断扩大，发达国家和发展中国家分别成为服务外包的主要客户和承接者。服务外包现象在空间形态上表现为服务业的国际转移：一是项目外包，即企业把非核心辅助型业务委托给国外其他公司；二是跨国公司业务离岸化，即跨国公司将一部分服务业业务转移到低成本国家；三是一些与跨国公司有战略合作关系的服务企业，为了给跨国公司在新兴市场国家开展业务提供配套服务而将服务业进行国际转移，或是服务企业为了开拓东道国市场和开展国际服务贸易而进行国际转移。鉴于经济全球化、科技发展、追求低成本和高利润等原因以及年龄结构变化和科技人员短缺等问题，这些因素会推动国际性服务外包向广度和深度发展，由此形成一个以生产性服务外包为载体的全球网络，这个网络可以把发达国家与发展中国家紧密地联系在一起。可以认为，作为一种新的生产和商务模式，服务外包将成为生产性服务业未来发展的趋势。

（三）生产层级化、集聚化发展

从国际层面上分析，目前世界上大部分大城市的中心区都已由过去的"工业中心"转型为"生产性服务业中心"。在全球范围，生产性服务业在世界城市表现出明显的集聚性，如纽约、伦敦和东京等大都市；在区域范围，生产性服务业在大都市地区表现出明显的集聚性，其集聚化程度要明显高于规模较小的城市。而在世界的大都市地区内部，尤其在大都市的中央商务区出现了一系列的群落，生产性服务业有在大都市核心区不断增长和集中发展并呈现集群化发展的趋势。在城市内部生产性服务业又主要集中于中心城区或中央商务区（CBD）内（如伦敦金融街），或者是受区位条件的影响（特别是交通条件、大学研究机构），高度集聚于城市的某一个或若干个点上，或者集聚于某一条或几条带状区域内，如硅谷的信息服务业集群、华尔街的金融业集群、印度班加罗尔的软件产业集群以及我国的北京中关村信息产业集群、北京金融街金融业集群、上海陆家嘴金融业集群等。由此在集聚化发展的基础上，形成具有层级化特征的全球生产性服务业分布态势，即在生产性服务业价值链的控制上体现为全球城市—国家城市—地区城市—中小城市发展程度和空间水平等级差异明显的格局。

（四）服务协同与融合发展

生产性服务业通过加速向制造业生产前期的研发、设计领域，中期的管理、融资领域以及后期的物流、销售、售后服务、信息反馈等全过程的渗透，不断趋向与制造业的融合发展，而且生产性服务业也只能在与制造业的融合发展过程中才能获得发展的动力。在产业边界日益模糊和企业生产向多元化和单一化两个方向发展的同时，生产性服务业与制造业之间的协同发展和融合发展将成为产业深化的必然选择。协同与融合发展主要表现为以下几个方面：一是制造业企业内部的产业融合，制造与服务功能相互叠加，将使一些制造业企业的服务性功能和收入占据主导地位，如美国通用电气公司的服务收入已占总收入的三分之二以上；二是产业链上制造业与服务业的协同与融合发展，研发、采购、售后服务等服务环节占产业链的比重将越来越大、时间越来越长。随着区域内产业融合的加快，制造业和生产性服务业将通过特定空间上的集群式发展来实现协同发展与融合发展的要求。[①]

五、生产性服务业与制造业之间的互动关系

以生产性服务业为主的现代服务业在其发展壮大的过程中，与制造业日益融合、共同发展。信息服务、研发服务、营销服务、融资服务、技术支持服务、物流服务等和生产活动的结合日益紧密，体现了服务与制造相互渗透融合并进一步增强的特点。制造业企业不再仅仅关注产品的生产，而是涉及产品的整个生命周期，包括市场调查、产品开发或改进、生产制造、销售、售后服务、产品的报废、解体或回收。服务环节在制造业价值链中的作用越来越大，许多传统的制造业企业甚至专注于战略管理、研究开发、市场营销等活动，放弃或者外包制造活动。制造业企业正转变为某种意义上的服务企业，呈现"制造业服务化"的趋势。

随着企业规模的扩大和国际市场竞争加剧，企业内部的服务项目不断地分离出来，形

---

① 资料来源：《国内外生产性服务业发展现状与趋势分析》，刘曙华，沈玉芳。

成独立的专业生产性服务业，同时也使得生产性服务业逐步外部化。实际上，就是制造业企业将一系列以前由内部提供的生产性服务活动进行垂直分解（Noyelle，1988），实施外部化，将研发、设计、内部运输、采购等活动外包给生产性服务企业。企业将其内部的非核心的服务性经济活动外包给专业的服务商来做，不仅使制造企业提升自己的核心竞争力，同时也带动生产性服务业的发展。根据 IDC 公司的预测，包括人力资源、后勤、采购、工程、营销和销售功能等业务流程的全球外包市场到 2006 年收入将达到 1.2 万亿美元。

从生产性服务业发展这一现象本身来看，伴随着生产组织方式的变革（如弹性生产方式的采用）和专业分工细化的趋势，制造业企业基于自身核心竞争力，对价值链进行分解的趋势也就变得非常明显。它们将自身价值链的一些支持活动，甚至是基本活动都外包出去，例如，人力资源活动、会计活动、研发设计、采购活动、运输、仓储、售后服务，等等。这些外包出去的业务就逐渐形成了独立的产业，这些产业在为客户提供专业化服务的同时，自身的业务水平也不断提高，同时分工也更加细化，提供服务所发生的成本也在不断降低，规模经济效应和学习效应不断得到释放，进而又推动制造业企业将更多业务进行外部化，从而进一步促进了生产性服务业的发展。

从经济学的角度来看，生产性服务业的产生和发展就是建立在成本优势基础上的专业化分工的深化，以及企业外包活动的发展。如果将企业视为一个生产函数，那么企业需要组织多种要素（包括劳动力、资本、技术、管理等）才能够生产出产品或者提供服务，同时，企业又必须寻求成本的最小化，即通过获得成本优势来赢得市场优势。在具体的生产过程中，企业需要对各种生产要素做出"做"或"买"（Make or Buy）的决定，是在自己内部生产还是在外部市场采购，因为这一决定直接影响到企业的成本结构、制造方式、组织结构以及区位选择。也就是说，对于企业而言，如果外部的组织能够做得更有效率，同时成本更低，那么此项活动就应该由外部的组织来完成；反之，如果企业自身能够做得更好，则应该选择自己做。科斯在《企业的性质》一书中就曾探讨过企业和市场的边界，并引入了交易费用这个概念，来对企业内部化和外部化的活动进行解释，并认为伴随着社会分工的深化，制造商和服务提供商之间交易数量将会扩大，只要劳动分工的边际收益大于交易费用的边际增长，那么劳动分工就会进一步细化，同时还会促进制造业生产效率的提升。

如果我们进一步将内部化—外部化的概念引入，就可以发现，事实上生产性服务业的发展本身就是内部化—外部化活动特征变迁的过程。在这里，我们将生产性服务业的发展阶段划分为三个阶段种子期、成长期和成熟期，如图 11-4 所示。

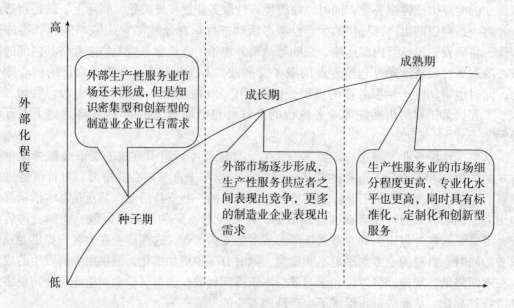

图 11 – 4　生产性服务业发展阶段

在种子期内，制造业企业所需要的各种生产性服务基本上是企业内部提供，还没有形成一个外部的生产性服务市场，但是，知识密集型和创新型的制造业企业已经对生产性服务产生了极大的需求。

在成长期内，外部的生产性服务市场逐步形成，制造业企业的内部活动逐步开始外部化，同时，外部的生产性服务供应者之间的竞争也开始表现出来。在该阶段对生产性服务业的需求不仅有那些知识密集型和创新型的制造业企业，还有那些知识密集和创新程度相对较低的一般性制造业企业。另外，值得强调的是，在该阶段生产性服务业的成长，又表现为两类特征，一类是成本驱动的成长模式；另一类是差异化驱动的成长模式。前者主要是那些标准化和日常性的生产性服务业，后者主要是信息和知识更加密集型的生产性服务业。当然，这种区分是为了对生产性服务业成长更好的理解，实际上，在生产性服务业成长过程中两种模式或特征通常是同时表现出来的，并没有十分清晰的边界。

在成熟期内，生产性服务业的市场细分程度更高，服务的专业化水平也更高，既有标准化的服务，也有定制化和创新型的服务。同时，在该阶段对生产性服务业的需求将来自于各类企业。

人类社会经过工业社会发展到后工业社会（或者说是信息社会），相应的经济活动也由以制造为中心转向以服务为中心。服务业尤其是以金融、物流、信息等为主的生产性服务业与制造业的关系日益紧密，并呈现出互动发展的趋势。一方面制造业的中间投入品中服务投入所占的比例越来越大，如在产品制造过程中信息服务、员工培训服务、研发和销售服务的投入日益增加。另一方面，制造业服务化的趋势日益明显。这主要体现在：

（1）制造业的产品是为了提供某种服务而生产，如通信产品和家电等；

（2）随同产品一起出售的有知识和技术服务等，最明显的就是计算机与信息服务紧密相连；

（3）服务引导制造业部门的技术变革和产品创新，服务的需求与供给指引着制造业的技术进步和产品开发方向。

实际上，在制造业服务化的同时，服务产业化的趋势也逐渐明朗，某些信息产品可以像制造业一样批量生产，形成规模经济优势。例如，IBM 公司在 20 世纪 90 年代成功由制造型企业转型为服务型企业等均有力说明了生产性服务业与传统制造业的关系。一些学者认为，随着信息通信技术的发展和广泛应用，传统意义上的服务业与制造业之间的边界越来越模糊，两者将会呈现互动融合发展趋势。

另外，需要进一步说明的是，从发达国家生产性服务业发展的经验来看，生产性服务在制造领域的作用也在发生着变化，从最初以辅助管理为主的润滑剂作用，发展到 20 世纪 70 ~ 90 年代以管理支持功能为主的生产力作用，从 20 世纪 90 年代以来，转向以战略导向功能为主的推进剂作用。如表 11 - 2 所示。

表 11 - 2 　　　　　　　　　　　生产性服务业的发展过程

第一阶段(20 世纪 50 ~ 70 年代) 辅助管理功能("润滑剂"作用)	第二阶段(20 世纪 70 ~ 90 年代) 管理支持功能("生产力"作用)	第三阶段(20 世纪 90 年代至今) 战略导向功能("推进器"作用)
财务 存货管理 证券交易	物流服务 管理咨询 金融服务	信息技术 创新和设计 供应链管理

第二节　生产性服务外包系统分析

生产性服务外包的管理究竟应该以哪一方为主导？采用何种管理方式？在外包业务整个生命周期有什么样的区别和联系？这是制造企业作出引进生产性服务外包的决策之后需要考虑的问题，甚至需要在与外包服务供应商进行长时间不断地磨合和协商后才能解决的问题。而这些问题的解决，需要建立在对整个系统元素及相互关系清晰认识的基础上，有的放矢地选择对应策略。

一、生产性服务外包系统

系统是由两个以上的相互联系的元素组成的具有特定功能的一个有机整体。用系统的观点来观察事物，可以扩大观察者的宏观视野，从整体上、从事物的发展过程中来把握事物的运行，从而提高运作的效率。根据系统的定义，我们可以把生产性服务外包系统定义为，由生产性服务外包各相互联系、相互制约的要素所构成的具有特定功能的有机整体。生产性服务外包系统是生产性服务的一个子系统或组成部分。生产性服务外包系统的目的是实现生产过程中服务空间或时间的效益，在保证服务满足生产需求的前提下，实现各种环节的合理衔接。

生产性服务外包系统与一般系统一样，具有输入、转换和输出三大功能。通过输入和输出使生产性服务外包系统与环境进行交换。输入包括人、财、物和信息，输出包括效益、服务、环境的影响和信息等。生产性服务外包系统的输入主要是承包方整合具有的专业化人、财、物和信息资源，其输出是发包方接受的服务所带来的各方面的影响结果，而转换过程就是承包方实施服务和发包方接受服务的过程，如图 11 - 5 所示。

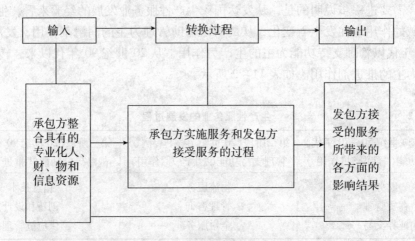

图 11 -5　生产性服务外包系统结构

任何一个系统的存在都不是孤立的，或者说没有绝对封闭的系统。生产性服务外包系统也不例外，也存在于一定的环境中，与外部环境进行某些方面的交换或者相互影响，这里称之为生产性服务外包实施环境。而这样的环境组成本身就是复杂的，如图 11 - 6 所示。

正如图 11 -6 所示，生产性服务外包实施环境是由制造企业的生产环境、生产性服务供应商的服务环境和生产性服务外包市场环境组成的。从一般与特殊的性质看，生产性服务外包实施环境和生产性服务供应商的服务环境是特殊环境，根据供应商和制造商的不同而不同；而生产性服务外包市场环境是一个一般性质的环境，也就是说是一个客观存在的环境，在同一个时间点，对于不同的供应商和制造商而言是不变的。这样，在同一个时间点，生产性服务外包实施环境根据生产性服务供应商和制造商的差异而有所不同，而生产性服务外包市场环境相对独立。所以，可以把生产性服务外包市场环境做单独的分析，而同时对生产性服务的供应商和制造商之间的利益关系做出分析，也就是发包方和承包方之间的利益分析。

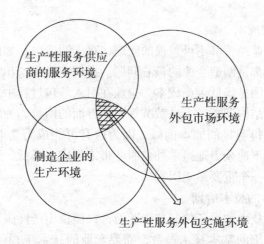

图 11－6　生产性服务外包实施环境组成部分

二、发包方与承包方的利益分析

当制造企业决定将生产性服务业务外包给专业的供应商时，就将一个内部管理问题转化为一个企业间的交易问题、协调问题。制造企业在获得专业服务的同时，把业务风险转交给了服务供应商，但是会面临信息不对称带来的一系列管理难题。所以，制造企业和外包服务供应商应该寻求双赢的合作形式和管理模式，促进双方合作的持续成功。下面就从分析双方在外包方面的各自利益点出发，找出双方利益点存在的共同点与差异点，以促使双方在合作中有效的求同存异。

（一）发包方利益点

制造企业选择生产性服务外包的形式获得生产过程的辅助支持，需要从服务过程中获得期望中的利益，承担相应的成本，并促进自身企业的良性运作。当然，外包不是包治百病的良药，但是发包方会维护自己根本的利益底线，否则可能会造成外包业务的中止或者失败。

1. 获得优质的服务，确保生产的正常运作

生产性服务对制造企业正常运营起到关键性的辅助支持，不仅提供制造企业生产需要的物流支持，还包括生产线稳定运转所需要的各种管理，具体包括刀具管理、化学品管理、设备维护管理、检具量具管理等，其服务质量直接关系到生产线运转效率和效果的情况。生产过程必然会造成生产设备和工具的消耗或损耗，如何有效地提前判断消耗或者损耗的情况，在考虑经济性、可行性、稳定性、专业性等方面基础上提出有针对性的管理和保障措施，同时，在实现过程中包含及时地沟通、认真地执行、耐心优质的服务，这正是制造企业希望从生产性外包服务供应商那里获得的。这也就是制造企业需要引进外包供应

商来承担的责任，就是将生产线的稳定运作维持在一个相对可以控制的范围，从而体现其服务水平。

2. 承担尽可能低的成本

成本问题是任何企业经营都不可忽视的问题，对于制造更是如此。在保证一定质量水平下如何降低成本一直都是制造企业的核心问题。据调查显示，70%以上的制造企业选择外包战略的最重要的动因是降低生产成本。企业在引入外包过程中，将不可避免地面临诸如企业文化融合、组织结构调整、人员裁减等其他方面的困难，为的就是争取在不降低服务水平的前提下可以获得明显的成本削减，因为这有可能成为企业的核心竞争力的一部分。所以，制造企业会不遗余力地追求外包服务带来的成本降低，这也将成为影响外包服务是否可以持续开展的一个重要影响因素。

3. 掌握尽可能详尽的技术信息

对于采用先进制造技术和设备的制造企业而言，提供生产性服务往往需要专业的技术信息，如生产设备和设施的基本技术参数，需要专业的技术工程师根据专业知识进行判断，制定相应的技术方案。由于制造企业引入外包服务供应商，就失去了第一时间掌握生产性服务过程中技术信息的主动权，对于某些特殊的生产设备，技术信息可能会是非常核心的商业秘密，如何保证其信息安全成为制造企业非常关心的问题。此外，如果制造企业需要更换外包服务供应商，或者重新由企业内部承担该业务，更需要掌握详尽的技术信息，避免制造企业由于自己不能掌握技术信息对自身的决策产生负面影响或者牵制。

4. 有稳定的供应商

制造企业希望与稳定的供应商伙伴建立战略合作伙伴关系，从可持续发展的角度深入考虑双方的合作利益，系统地、长远地规划生产性服务并制定实施规范，建立科学的、有效的绩效评价体系，促进双方合作的稳定发展，从而保证制造企业生产过程的有序、稳定。如果双方不能达成长期合作的意向，或者说在合作过程中由于某些方面的原因导致合作中止或者失败，会直接影响制造企业生产过程的稳定，同时，由于企业不得不寻找、评估新的供应商，会直接增加企业的交易成本；同时，对于生产性服务过程而言，新的供应商也需要一段时间了解熟悉企业先进生产设备的特性，给新老供应商工作的交接带来困难。

5. 优化企业内的组织结构

制造企业选择生产性服务外包，对企业组织结构带来直接的影响是对相应的部门进行裁撤或者合并，设立一个实体部门或者虚拟部门对生产性服务外包进行管理，同时增加制造部门、采购部门、财务部门、人力资源部门相应的职责。这不仅仅是业务再分配的过程，更是企业对组织结构进行调查、分析、优化的过程，伴随着企业内部业务的减少，制造企业希望能更加精化自身组织结构，提高组织运作效率，集中精力投入核心业务的扩展方面。相反的，由于生产性服务往往需要在制造企业生产一线进行服务过程，与企业内部人员有各种方面的交流，如果组织结构存在问题，或者责任不明晰，容易对企业内部的正常运作产生负面影响。

6. 组织间的沟通

生产性服务外包以后，原来一个组织内部的业务成为了存在合同关系的双方间相互协调的业务。制造企业需要发包方与承包方之间建立良好的组织协调机制，保证发包方的需求可以在第一时间准确地传递给承包方，并获得承包方有效的反馈。这其中可能会涉及人员的调动、备件的调用、资金的延迟等企业间合作存在的共性问题，也可能包括技术不确定等个性问题，需要承包方对发包方提出需求的变化做出支持。

（二）承包方利益点

1. 提供优质服务，保持自身技术的领先

作为生产性服务的供应商，保证企业提供的服务质量保持在相对的领先水平，是保证其核心竞争能力的重要方面，尤其是涉及的很多技术服务，要一直保持自身技术的领先地位，才能在市场中站稳脚跟并不断拓展市场。从承包方的立场，他们愿意尽自己的所能为客户提供最优质的服务，保质保量地履行合同义务，甚至提供达到更高质量水平的生产性服务以获得最大限度的客户满意，进而获得客户忠诚，获得更多的业务机会；同时，在提供服务的过程中，不断总结经验，进行技术改进，依靠技术提高来为客户获得更多的利益，加强自身的竞争能力。

2. 获得更多的业务机会，赢得更多的利润

作为一个以赢利为目的的企业，获得最大的企业价值是一个主要的目标，在很多情况下也就是要使企业利润最大化，或者说在其他因素不变的情况下，尽可能地扩大企业利润。在单价保持不变的情况下，业务量的提高可以直接带来企业营业收入的提高，进而获得更多的利润。对于同一个客户来说，业务量越多意味着承包方可以获得的收益越大；对于整个市场来说，拥有客户越多，承包方的收益越大。

3. 严格控制核心的技术信息

生产性服务在很多时候体现为技术服务，技术能力很大程度上决定了服务水平，尤其是对技术通用性不强的业务而言，关键技术的掌握可能就意味着竞争的优势。对于承包方来说，技术优势更多体现在一支出色的技术团队，不仅拥有出色的服务能力，更拥有持续改进的研发能力，能够根据客户的特定要求提供客户化的服务。所以，承包方要严格控制拥有的核心技术信息，积极培育自己的技术团队，从而能够更扎实地站稳市场。

4. 建立持久的合作关系，保持业务的稳步扩张

对于生产性服务这一特定的服务项目，需要在长久的服务过程中积累经验，不断根据服务对象的特性调整服务措施，一步步地提高服务绩效。所以，承包方希望与发包方建立持久的合作关系，逐渐展示出自身的服务能力和优势；需要在不断的摸索中制定出整套服务规范，在与制造企业生产线员工的配合过程中制定最佳的服务措施，逐渐体现技术团队和服务设备的优势。同时，一个长久成功合作的外包项目，可以增加承包方在业内的知名度和地位，赢得更多的业务。

5. 建立合理的工作团队

承包方与发包方成功的合作，不仅仅是提供符合要求的服务，更需要站在发包方的立

场，根据市场变化与发包方共进退。这就需要拥有一支配置合理的学习型的工作团队，既有强大的技术支持，为发包方提供专业的技术服务，也需要商务支持，为发包方提供经济的方案策划。同时，与发包方相应的工作组进行紧密的合作，从涉及外包业务的各个方面持续完善双方的合作，发挥出团队的合作效率。

6. 保持与发包方的及时沟通

生产性服务在很多情况下表现出来一个特点是故障的重复性，也就是意味着在一定相对较短的时期内，在同样的生产设备中出现类似的故障，也就造成了发包方和承包方就故障出现的原因判断不明，既有可能是承包方前面的服务不到位引起的故障重现，也有可能是由于发包方的操作人员的使用不当造成故障的反复。所以，在承包方的立场上，希望发包方能够认可自己提供服务的有效性，对反复出现的故障进行明确的责任认定，维护自身企业的利益。同时，承包方也要就反复出现的故障进行细致分析，及时查找原因与发包方沟通，在更高层次上满足客户需求。

三、生产性服务外包市场环境分析

一个相对完整的外包市场应该包括（如图 11 - 7 所示）：承包方、发包方、产品或者服务和外部政策环境。也就是说，在一定的外部政策环境中，承包方和发包方遵守相关的法律法规和行业协定，完成约定的外包交易（涉及产品或者服务）。

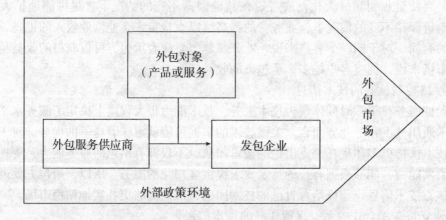

图 11 - 7　外包市场构成示意

同时，由于市场中供应商和采购方可能不仅仅只有一家，同时供应商和采购方可能也不是孤立的存在一个市场中，也有各自的供应商或者采购方，所以在市场的构成因素中还应该包括与其他合作伙伴的关系。

按照生命周期理论，一个市场的发展往往经历市场孕育期、市场形成期、市场发展期和市场成熟期几个发展阶段。而市场成熟度作为表现市场发展水平或者程度的指标，可以辨别市场发展的阶段。所以可以通过分析生产性服务外包市场成熟度来评价生产性服务外包市场环境的状况。

根据上述这些组成部分，可以得到生产性服务外包市场成熟度主要影响因素构成的因果关系（如图 11-8 所示），定性地反映出这些主要影响因素与生产性服务外包市场的关系。而较高的生产性服务外包市场成熟度往往意味着较低的外包成本、较低的外包风险和较好的外包服务，这样的情况下企业的管理者更容易通过适当的管理模式取得期望的结果。

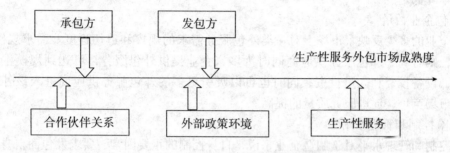

图 11-8　生产性服务外包市场成熟度因果关系

从图 11-8 中可以看出，影响生产性服务外包市场成熟度的主要因素来自承包方、发包方、生产性服务、外部政策环境以及合作伙伴关系五个方面。

（一）发包方

发包方对生产性服务外包市场成熟度影响主要体现为整个外包市场需求波动的情况，在这里，发包方不是指具体某一个企业，而是有同样类型生产性服务外包需求的群体。发包方的外包需求不仅仅受制造企业管理水平和方式、对未来产量预测的准确性和控制的可靠性的影响，而且还受产品更新换代、工艺的不断优化、订单的获得和取消等方面的工作情况的影响。

发包方外包需求的无规律波动将给外包带来较大的交易不确定性和较高的交易频率，从交易的频率看，基于供应链的制造商和供应商结合在长期的、重复的交易关系中，企业间交易频率高。交易频率越高就意味着交易量大、经常发生，从而产生较高的交易费用。从交易的不确定性看，交易的不稳定性、主体行为的不确定性和交易市场环境的多变性，已成为传统企业的交易风险和交易成本的关键所在。制造企业自身的准备情况对外包服务供应商提供服务有直接影响，若制造企业的未来生产计划的预期比较准确且比较长久，这对外包服务供应商的报价是很有利的，外包服务供应商可根据生产计划来作出比较准确的成本预期，且可根据中长期的生产预测来降低成本。

随着市场交易频率的减少，市场交易成本将降低。而在制造企业的生产方面，主要体现在产品不同生命周期阶段，具体来说，可以归纳为以下几点：

1. 产品稳定性

产品稳定性体现在制造产品的品种和工艺的变化频率。制造品种相对不确定或者制造工艺经常变动也意味着制造过程中更多的不确定性，产品或服务可能具有更大程度的不确定性，也就不利于外包服务过程的管理和控制。

2. 产量稳定性

产量的稳定性往往决定外包服务需求规模的确定性。产量波动很大或者说产量波动没有规律可循会增加外包难度和成本，例如库存数量的确定、人员配备数量等。稳定的产量或者相对有规律变化的产量有利于外包服务供应商制订更加明确的服务计划，以达到生产均衡、成本降低。

3. 发包企业数量

发包企业的多少反映了市场上对一类外包服务需求的规模和迫切程度。需求规模大、需求迫切，则有利于外包服务供应商同时为多家企业提供外包服务，可达到规模生产效应，可降低设备投资和人员投资，同时也可以吸引更多的外包服务供应商进入该外包市场，加剧市场竞争，促进服务质量的提高。

4. 风险控制和管理水平

风险控制和管理水平对于制造企业来说是自身控制的重要因素，要求发包商自身具备应对外包风险的能力和管理不同外包服务供应商的能力，防止对本方不利的情况出现，促进外包服务供应商提高服务质量，进而促进外包市场的成熟。

（二）承包方

承包方作为生产性服务的供应商，提供服务力图满足制造企业外包非核心业务的需求，其服务数量和质量是否可以满足发包商的需求决定于外包服务供应商企业规模、服务供应商数量、服务能力和技术能力，当然这里同样不是指具体的某一家供应商，而是市场所有提供相同类型服务的整个群体，因为对于发包方而言是在所有的群体中进行供应商选择，当某一家不能满足时可以选择更换。具体要素可以归纳为以下几点：

1. 承包方整体规模

企业规模的大小直接影响到外包成本的降低，如果外包服务供应商有较大的规模，形成一定的规模效应，而不是单一地针对特定企业的定制化的生产，可以降低制造企业的采购成本，达到降低成本的目的。

2. 服务供应商数量

在市场中的服务供应商数量和企业规模决定制造企业选择供应商的余地，如果外包服务供应商数量较多，制造企业可以有谈判优势，同时外包风险可以降低，有相应的替代者。

3. 服务能力

服务能力在一定程度上决定制造企业接受的外包服务质量，如果外包服务供应商有很强的服务能力可以在提供外包服务的同时帮助制造企业改进工艺或者提出更加优化的解决方案，则可以为制造企业提供"超魅力"的产品或者服务，可以促进制造企业产品的稳定性，更加促使外包市场的成熟。

4. 技术能力

制造企业对外包服务供应商的要求一般是动态变化的，也就是说随着制造企业业务的发展带来生产技术、工艺、流程等方面的变化，可能要求外包服务供应商有技术能力进行创新性改变，来适应制造企业要求的变化。

（三）生产性服务

生产性服务作为外包服务供应商和制造企业进行合作纽带的重要性不言而喻，可以说双方合作的一切都是围绕着生产性服务展开的，其自身的性质或者相关配套情况也反映了该业务是否适合外包的程度，也就反映了其管理难度，并直接影响了很多外包服务措施的选择，具体来说如图 11-9 所示的五个重要影响要素。

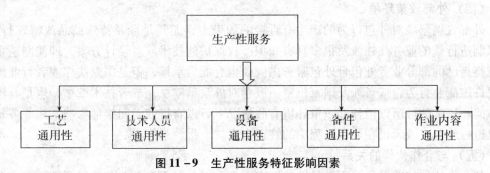

图 11-9　生产性服务特征影响因素

1. 工艺通用性

工艺通用性表示了外包产品或服务在技术层面一定时间段内是否相对固定，如果外包产品或服务本身在短时间内需要反复变化，则给外包服务供应商提供优质服务带来很大的困难，需要合作双方重点关注解决。

2. 技术人员通用性

技术人员通用性高意味着这些员工较容易从市场招聘或员工经过简单的培训就易上岗，企业可以在较短的时间内组织人员开展业务，因此技术人员通用性强的业务外包风险较小。

3. 设备通用性

设备通用性的强弱影响着制造企业和外包服务供应商设备投资的分摊。如果是通用性较弱或者专用的设备，一般应由制造企业采购，这样即使更换外包服务供应商也可以确保工作的延续。相反，通用性强的设备一般由外包服务供应商自带，一方面可以更好地发挥设备的作用，不会造成浪费；另一方面，设备通用性强意味着企业较易从市场组织到生产能力。在组织生产时，企业可以考虑不买或少买通用性高的设备而可采取委托外加工或设备租赁的形式，这样可减少制造企业在设备方面的投资，以降低固定成本。

4. 备件通用性

备件通用性的高低决定外包服务供应商备件库存的确定。在等同条件下，备件通用性强的外包服务对库存的要求不是非常苛刻，因为外包服务供应商总是可以在较短的时间内获得备件。如果备件能用于外包服务供应商承包的其他企业业务的所需备件，则可降低外包服务供应商的备件库存资金。与之相反的情况下总要保留一定的库存应付突发的情况，一旦没有备件可能会影响生产的正常进行。

5. 作业内容通用性

作业内容通用性意味着外包产品或服务是否可以分解外包，即分包给不同的外包服务供应商或者采取部分外包部分自制。这样可丰富外包服务供应商和制造企业的对策，找到更加优化的外包服务供应商，在某些比较适应的范围内先期进行外包合作，随着双方配合的默契以及外包服务供应商能力的提高，而逐步扩大外包范围，在更多方面为制造企业提供更有竞争力的服务，实现双赢。同时，业务通用性也代表这些业务是否是同行企业普遍性的业务，如果某项业务作业内容的通用性程度较高，则有利于相互借用和支持。

（四）外部政策环境

外部政策环境对外包行为的产生有直接的约束力，尤其是涉及特殊商品或特殊行业。机械制造行业的业务往往涉及很多具有知识产权保护的技术或者设计方案，即使制造企业有意将自己的部分业务外包且外包服务供应商也有能力承接，但是国家法律或者行业规范不允许该商业行为，或者涉及国家机密，或者对外政策壁垒，或者技术壁垒，也是有极大的障碍和风险的。所以说外部政策环境有些情况下可以直接或者间接地影响某些业务是否可以进行外包，或者说在外包过程中的管理力度。

（五）与合作伙伴的关系

与合作伙伴的关系虽然不是显性的影响因素，但是对于正常业务的展开还是有或多或少、时有时无的影响，如图 11 - 10 所示。

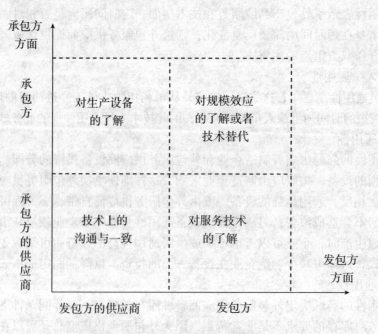

图 11 - 10　合作伙伴关系形成示意

承包方与发包方之间的紧密合作关系，有助于双方选择更佳的服务策略。尤其是一个承包方与多个发包方有合作伙伴关系，可以将其产生的规模效应与所有发包方一起分享，从而有助于推动整个生产性服务外包市场成本的降低；而一个发包方与多个承包方存在合作伙伴关系，可以了解相互的技术替代，找到更优的外包组合提高服务效果。承包方与发包方的供应商建立伙伴关系，可以更直接了解生产设备的技术特性，更好地为可能出现的问题做出准备。发包方与承包方的供应商建立伙伴关系，可以使发包方更好地了解承包方的服务技术，降低可能的信息不对称带来的风险。承包方的供应商与发包方的供应商之间的伙伴沟通，则在更高的层面上推动必要技术上的沟通，希望能在前期的环节取得一致，而降低承包方与发包方之间的合作难度。合作伙伴关系可以影响市场的发展，更加紧密的伙伴关系能更加积极地推动市场走向成熟，使得多方获益。正如前面小节所述，尽管发包方和承包方属于一个共同的系统中，但是由于存在着利益的不同点，并且受到各自所在子系统的特点限制，双方在协作方面有很多障碍，也构成了生产性服务外包的障碍，需要发包方在综合双方利益的基础上，建立有效的管理模式，将各方的要求和意见进行集中化的处理并反馈到日常具体的管理方式和内容中。

四、我国生产性服务外包现状及分析

（一）现状

总体来看，我国不论是政府还是企业，对外包这种现代化的运营模式都是大力提倡和认同的。我国同时又是制造业大国，中国制造业在经济发展当中占有主导的地位，制造业企业的数量在中国所有企业当中占91%，收入占86%，利润占73%。然而随着成本的提升，本处在微笑曲线低端的中国制造业形势更加严峻。中国制造业企业为国外企业进行贴牌生产很早就已开始。据调查，在美国商场里，诸如纺织品、玩具、电话机等几乎一半以上是贴着外国商标的中国制造，贴牌生产涉及的商品覆盖绝大多数制造业行业和门类。有专家预言，在未来几年内中国内地将成为全球生产基地。在政府和企业对外包充满热情投身到实践的时候，在运转的过程中却出现了一系列的问题。一方面我国的生产性服务外包产业是结构调整的要求，但生产性服务外包很难从生产中分离开来，需要循序渐进地推进。但急于求成的心态使许多生产性服务外包企业生存困难，而生产性服务外包难以发挥其应有功能；另一方面，我国的生产性服务外包市场还处于初步发展阶段，生产性服务外包产业集群难以形成，很难产生规模经济。目前中国正是这么一种情形，企业急于生产模式改革，而政府想要完成产业结构的升级和承接国际技术转移，但越是急于求成就越容易出现偏差。

（二）外包企业管理水平低

由于深度外包的趋势，OEM 对 EMS 的要求也越来越高，要求 EMS 有自己独立的采购计划系统，可以保证及时准确交货，要求 EMS 有自己独立的质量系统，能够保证产品质量。而我们的企业习惯了以前"衣来伸手"的方式，大多数 OEM 只重视生产环节，而对采购、计划、质量甚至财务都缺乏足够的重视，这也直接导致 EMS 在这些方面的管理薄弱。

（三）人才缺失

国内符合条件的服务外包人才短缺。一方面是缺乏大量的、具备特定外包要求、较高外语能力、熟悉外包和商业文化等技能型人才；另一方面是缺乏能够带领大型技术团队、承接复杂外包工作的高级管理人才。根据有关调查，中国教育机构的培养模式导致目前只有 10% 的工科大学毕业生能够胜任高级的外包工作。

（四）市场不健全

1. 没有产业化

生产性服务外包作为一个行业，在国内还没有真正形成。从中国目前的外包现状和外包关系模式上看，企业仍停留在"来料加工"或以产品为主的初级层面上。就是说它的层次还比较低，只是来给别人做一些贴牌的生产，它还没能全方位的，把研发、采购、生产、物流、销售这些全部整合起来。而这种深度外包模式，正是外包今后发展的方向与出路所在。

2. 资金缺乏

我国目前对于生产服务外包的投资渠道少、资金短缺，严重影响了这一行业的发展。我们看到，中国的生产性外包处于发展期，其中相当一部分是股份制企业或者是民营企业，资金积累少，申请银行贷款能力较差，投融资方面的困难较大。这是目前服务外包市场的一个普遍问题。

3. 名牌企业缺失

中国目前的服务外包企业规模较小、服务能力较低。印度目前已经有 300 多家软件公司通过了 ISO 9001 流程标准国际认证，有上百家企业获得了软件"能力成熟度模型（CMM）"5 级认证。而中国通过 ISO 9001 标准认证的企业寥寥无几，通过 CMM5 级认证的企业只有 20 余家。我国除了服务外包企业规模小、质量低，而且并没有出现几家带头性质影响力较大的龙头企业。现在我国的服务外包市场主要还是只能从事低附加值、技术含量不高的低端业务。

（五）政府政策滞后

在税收和人才培养方面与其他外包行业发达国家存在一定差距。我国对生产性外包企业的定义范围比较窄，相对扶持政策的实施很难推行到一些小型的服务外包企业。这限制了我国生产性外包行业以及相关支持产业的发展，进而影响到整个行业。

对服务外包市场准入的规定过严，制约了企业业务门类和经营范围的扩大。这就导致了整个生产性外包的产业链难以得到最大限度地延伸，制约了生产性外包向更深层次的发展。

知识产权的保护政策和体系还不够完善，不利于我国生产服务业的发展和产业结构的升级。由于知识产权保护的不利，企业在寻找外包伙伴的时候，最关心的是自身的核心竞争力是否有被泄露出去的风险，这也使得在进行外包时变得小心翼翼。如果政府不对知识产权的保护力度提高，将会产生阻碍生产性外包发展的不利影响。

第三节　生产性服务外包供应商

一、生产性服务外包供应商的选择

(一) 生产性服务外包供应商选择的要点

一般来说，在对生产性服务外包供应商的选择上，需考量其必备条件及综合能力两个方面。

1. 生产性服务外包供应商的必备条件

首先，生产性服务供应商将某一专业的技术知识服务于制造过程，在选择不同领域生产性服务供应商以前，要考核其生产性服务外包范围，认定其是否符合从事相应生产性服务的必备条件。具体来说包括以下几点：

(1) 经营资格：服务外包供应商必须具有符合招标要求的有效工商营业执照。并且具有经营范围服务内容的相关资质及证明；

(2) 法规承诺：服务外包供应商必须完全符合国家及当地环境保护、安全与健康、劳动法等法律法规的要求；

(3) 行业资质认证。生产性服务行业的供应商有一定特殊的要求，比如想要从事化学品服务供应商，必须具备一些特殊资质，有经营化学品管理的许可权，具备 ISO 14001 规范体系认证等。

2. 生产性服务外包供应商的综合能力

与一般的供应商综合能力的选择标准相比，生产性服务供应商的综合能力更强调企业的规范性及专业性要求、供应商企业的整合能力和长期合作的可能性。因为一旦发包企业与供应商企业建立合作关系，更换合作关系的代价是高昂的。因此企业在选择供应商时必须尤为慎重。长期以来，国内生产性服务外包供应商的资质良莠不齐、供应市场高度不透明以及缺乏经验而往往不能顺利开展。本书主要以生产性服务外包供应商的综合能力要素为讨论目标。拟在对汽车制造业的生产性服务调研的基础上，对生产性服务外包供应商的综合能力要素做出总结，为企业选择生产性服务外包供应商提供理论依据。

(二) 上海市对生产性供应商选择准则的调整

作为生产性服务外包，供应商的选择标准具有自身的特色。以汽车制造产业的服务外包的供应商选择准则为例，上海市外包管理专业委员会组织了部分中外汽车制造商和化学品供应商的高层管理人员及专家举办沙龙活动，根据生产性服务行业的特点，提出各自的想法及意见，对一般供应商理论准则做出调整。根据各位高层管理人员及专家的意见，将生产性服务外包供应商的综合能力准则调整如下：

1. 完整保留 6 个指标：

(1) 技术能力；

（2）生产设施/能力；

（3）培训机制；

（4）业务预期；

（5）以往业务量；

（6）行业信誉与地位。

2. 根据生产性服务行业特点对部分 9 个指标做出修改，如表 11-3 所示。

表 11-3　　　　　　　　　　　生产性服务行业的指标

	原指标	修改后的指标
1	担保	注册资本
2	财务状况	资信状况
3	管理与组织	组织结构
4	地理位置	注册地
5	运作控制	现场核心团队
6	沟通系统	沟通机制
7	准时交货	服务延伸供应商
8	互惠安排	行业合作
9	质量	考核机制

3. 删除 8 个不适合的指标：

（1）历史效益；

（2）价格；

（3）遵循报价程序；

（4）维修服务；

（5）态度；

（6）形象；

（7）包装能力；

（8）劳工关系记录。

4. 增加 8 个与生产性服务相关较显著的指标：

（1）管理信息系统；

（2）专业认证机构证书；

（3）产品供应商；

（4）国内核心团队；

（5）其他团队支持；

（6）国内经验；

（7）国外经验；

（8）整合能力。

经过调整后，新的生产性服务供应商选择准则包含 23 个指标。调整后的供应商选择准则更强调了生产性服务外包供应商服务的特点和与发包企业间合作的特点。能较为准确地反映生产性服务发包企业的关注重点。

经过从事生产性服务行业领域高层管理者及专家的讨论与研究，已经初步形成了生产性服务供应商综合能力选择的准则。但是可以看出，新的准则间各个指标之间并不完全独立，具有一定的相关关系。要对外包供应商综合能力作出有效的评价，必须消除各个指标间的相关关系。

（三）生产性服务外包供应商综合能力关键要素的提取

首先，将新的准则做成调查问卷。由 7 家汽车生产企业的高管、部门经理及专家对 4 家知名化学品外包服务公司进行评分。共发放问卷 100 份，最后回收问卷 91 份，回收率 91%，其中有效问卷 83 份，有效回收率 83%。其次，根据调查问卷结果，利用 SPSS16.0 软件，用因子分析法对 23 个评价指标进行了分析。分析结果显示，KMO 的值为 0.714，非常适应进行主成分分析。另外，采用巴特利球体检验法进行显著性检验，显著性概率为 0.000，小于 0.001，说明数据具有相关性，适宜做因子分析。在进行因子提取和因子正交旋转之后，共提取到 7 个因子，其中 22 个指标的载荷系数都在 0.5 以上。7 个因子描述原变量总方差的能力为 75.617%，可以认为这 7 个因子基本上反映了所调查项的绝大部分信息，具有代表性。如表 11 - 4 所示。

表 11 - 4　　　　　　　　　　评价指标因子载荷选装结果

	Component 1	2	3	4	5	6	7
注册资本	—	0.464	—	—	—	—	—
技术能力	0.803	—	—	—	—	—	—
培训机制	0.915	—	—	—	—	—	—
生产设施/能力	0.861	—	—	—	—	—	—
维修区域	0.949	—	—	—	—	—	—
考核机制	0.882	—	—	—	—	—	—
专业认证机构证书	—	—	—	—	—	0.771	—
工作范畴深度	—	—	—	—	—	—	0.877
服务延伸供应商	—	—	0.875	—	—	—	—
备件供应商	—	—	0.913	—	—	—	—

服务采购管理

续 表

Component 1	2	3	4	5	6	7
行业合作	—	—	0.933	—	—	—	—
资信状况	—	0.870	—	—	—	—	—
组织结构	—	0.875	—	—	—	—	—
注册地	—	0.895	—	—	—	—	—
以往业务量	—	0.710	—	—	—	—	—
现场核心团队资质	—	—	—	0.749	—	—	—
国内核心团队	—	—	—	0.539	—	—	—
国内经验	—	—	—	—	0.844	—	—
其他团队支持	—	—	—	0.433	—	—	—
沟通机制	—	—	—	0.681	—	—	—
国外经验	—	—	—	—	0.871	—	—
备件整合能力	0.667	—	—	—	—	—	—
行业形象	—	—	—	—	—	0.804	—

资料来源：由上海市管理科学学会外包管理委员会提供。

表 11 - 4 是对因子载荷矩阵旋转后的结果，它可以使因子变量的含义变得更加清楚。其中，第一个因子变量基本上反映了技术能力、培训机制、生产设施/能力、维修区域、考核机制、备件整合能力这 6 个指标，可以给该因子变量命名为"技术水平"。第二个因子主要反映了注册资本、资信状况、组织结构、注册地、以往业务量这 5 个指标，可以给这个因子变量命名为"经营状况"。第三个因子主要反映了服务延伸供应商、备件供应商、行业合作这三个指标，可以给这个因子变量命名为"外部资源整合能力"。第四个因子主要反映了现场核心团队资质、国内核心团队、其他团队支持、沟通机制这 4 个指标，可以给这个因子变量命名为"国内、国外专业团队"。第五个因子主要反映了国内经验、国外经验这 2 个指标，可以将该因子变量命名为"行业经验"。第六个因子主要反映了专业认证机构证书、行业形象这 2 个指标，可以将该因子变量命名为"行业资质认证"。第七个因子反映了业务预期这个指标，可将其命名为"业务预期"。

综合上面的研究结果，得出生产性服务外包供应商选择的关键要素，如图 11 - 11 所示。

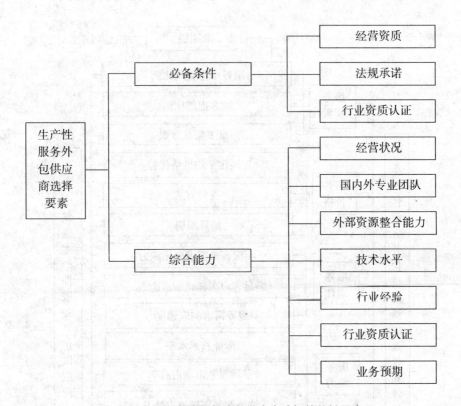

图 11 – 11 生产性服务外包供应商选择的关键要素

二、生产性服务外包供应商的评价体系

目前对生产性服务外包供应商的评价主要围绕一些具体的生产性服务行业展开，还没有建立一个通用的生产性服务外包供应商评价体系。另外，以上对服务外包供应商的选择和评价都是站在服务发包方与服务承包方两级互动的角度来进行分析的，没有从整个服务供应链管理的角度来进行综合评价。通过对相关文献的研究，结合对生产性服务企业的调查，在服务供应链管理模式下，构建了生产性服务外包供应商选择和评价的通用模型，如图 11 – 12 所示。

在生产性服务供应商的选择和评价指标体系中，客户对服务产品的满意度如何，是首先必须考虑的因素。通常用服务质量、服务价格和服务柔性等指标来评价客户满意度，但由于服务与产品的不同，客户对于服务的满意度衡量具有较大的主观性。除此之外，考虑到服务性企业是以服务能力来取代制造性企业中的库存来缓冲供需矛盾，因此服务企业的服务能力在服务外包供应商的选择中也尤为重要。同时，由于生产性服务具有知识密集性和专业化程度较高的特点，因此在衡量企业服务能力时，需要特别对服务供应商的专业技术水平进行评价。对于合作能力这一评价子目标的提出，主要是考虑到对服务供应商的选

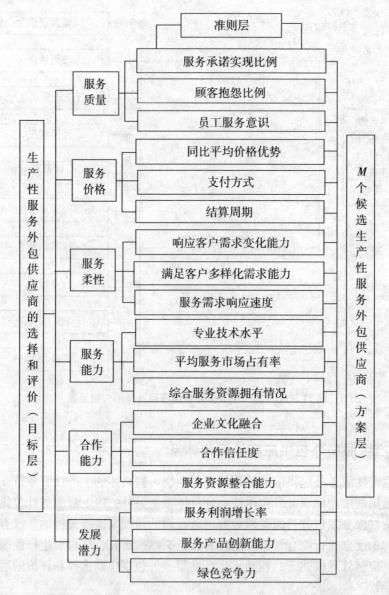

图 11-12 生产性服务外包供应商选择和评价通用模型

择和评价并不是单纯的服务外包过程中对供应商的选择这一简单的活动，而是属于整个服务供应链的设计和运行中的重要一环，服务供应商选择得合适与否，将直接影响到整条服务供应链运行的有效性，因此对服务供应商与服务发包企业的合作信任度进行评价是非常必要的。在合作能力评价的三级指标中还设置了企业文化融合和服务资源整合能力，这些都是从服务供应链管理的角度出发，为了更好地衡量服务供应商与服务供应链上下游企业的无缝连接能力而设置的指标。

三、生产性服务外包竞争优势分析

迈克尔·波特在反思传统的国际贸易理论的基础上，提出了国家竞争优势理论，国家竞争优势理论是指一个国家使其公司或产业在一定的领域创造和保持竞争优势的能力。我们运用迈克尔·波特的国家竞争优势理论，从国内需求条件、生产要素、政府角色、相关与支持性产业、机会因素，以及企业战略、组织结构与同业竞争因素等方面分析了我国发展生产性服务外包产业的基础条件，对各要素之间的互动进行了剖析，通过"钻石模型"分析工具，推导出我国发展生产性服务外包产业，已日益形成产业集群效应，具有了国家竞争优势的结论。

（一）需求条件

1. 产业转移效应

在全球化背景下，服务外包已经成为一项新兴的行业，正在成为新一轮国际产业转移的重要内容。对我国而言，承接跨国公司的服务外包，是一种全新服务贸易方式，这种产业转移无污染、无能托，有利于发挥服务资源优势，扩大服务贸易规模，促进对外贸易可持续发展，扩大我国在国际服务市场上的份额，提升企业参与国际竞争的能力。对我国当前解决贸易结构低级化状态具有更重要的现实意义。

2. 生产性服务业促进制造业产业升级，提高经济发展质量和效益

传统加工制造业占地多、污染大、产出少、科技含量低。生产性服务企业一般规模较小运营成本低，且多由掌握一定专业技能的人士开创与运营。因此，它不仅可作为制造企业精简机构时的一种无奈选择，而且还因成本优势与技术优势为制造企业升级提供了一种合理选择。用生产性服务业改造并提升低端产业是实现产业结构调整的重要趋势。例如，软件和计算机服务业逐渐渗透到现代制造业中，能够极大地提升现代制造业的生产效率；研发设计服务业在产业链条上处于上游和高端环节，能够通过研发攻关和创新设计增加产品的技术含量、提升产品附加值，进而增强高技术产业和现代制造业的市场竞争力。

3. 突破贸易壁垒效应

以软件、技术研发、信息技术服务和业务流程服务为主的服务外包，是现代高端服务业的重要组成部分，是人才知识密集型产业。服务外包作为一种智力劳务，主要集中在金融、信息技术等知识密集行业，完全可以不出国门实现"智力出口"，突破货物贸易壁垒和国际劳务输出中自然人的流动的贸易障碍，直接降低劳务出口的成本，提高出口竞争力和经济效益，对我国发展服务贸易实现互利双赢具有重要意义。

4. 劳动力就业的需要

充分就业是经济发展与社会稳定的必要前提，目前我国也面临较大的就业压力。尽管生产性服务企业的规模较小，如美国的生产性服务企业的规模多年来一直保持在 12 人左右，但这丝毫不影响其在解决就业方面的贡献甚至超过了其他任何行业。譬如，从1975—1995 年，美国经济共增加了 5000 万个工作机会，就业增长率为 50%，期间生产性服务业的就业增长率为101%，是全国平均增长率的2倍。1977—1996年，加拿大经济共增加了370万个工作机会，就业增长率为37%，而期间生产性服务业的就业增长率为138%，大约为全国平均增长率的4倍。生产者服务外包的发展必然带来新的工作岗位的增加，有助于提高我国劳动者队伍中智力密集型劳动力的比例，进而提高第三产业就业人口在就业总人口中的比例，促进现代服务业规模的发展，在当前，对提高我国劳动力整体素质和整体就业量，缓解就业压力具有重要作用。

（二）生产要素

生产性服务外包作为新兴的产业，它与传统产业的不同之处在于它是知识密集和技术密集的产业，决定了该产业生产要素的特殊性，人力资源要素尤其占有突出地位。

1. 人才储备丰富

中国能够提供快速增长的具有多语言支持和跨文化融合能力的人才储备。全球仅有少数国家如中国、印度拥有大量可以培养的工程和IT人才，在人才供应成为服务外包产业发展主要瓶颈的情况下，拥有充足、可培养的初级人才资源将为中国承接服务外包打下坚实的基础。中国每年大学毕业生的数量巨大，2006年，全国研究生、普通本专科和成人本专科在校生规模达到2374万人，与美国每年130万毕业生相比，2007年中国普通高校毕业生人数将达495万，比2006年增加82万，同比增幅达19.9%，2008年中国高校毕业生人数高达559万人。同时，每年到海外学习的人数和回国工作的人数不断增加。中国的海外留学人员已经成为推动中国经济发展中的重要资源，构造世界级服务外包产业的重要组成部分，是吸引国外企业将外包业务转移到中国来的重要原因。不断充实的人才储备，为产业的持续发展提供了充足的人才支持。

2. 中国独有的语言文化优势

企业与外包商之间的一种合作行为，合作过程中必然产生文化的交叉与碰撞。中国和日本、韩国地理位置接近，生活习惯和文化相通。地理和文化相似性、语言优势帮助中国确立了在北亚服务外包与离岸市场的绝对领先地位。我们得到的日本服务业务一直占我国离岸服务外包业务的50%以上。按照Gartner集团对日本的统计：日本服务外包离岸业务，占日本国内市场需求的5%，而日本离岸服务业务的70%发到了中国，2007年日本发到中国的业务总量为18亿美元。

（三）政府角色

为推动中国服务外包业的发展，国务院已在"十一五"规划纲要中明确提出要在全国建设若干个服务外包基地，有序承接国际服务业转移。商务部2006年开始启动了承接服务外包的"千百十"工程，确定的首批五个服务外包基地城市，分别是大连、西安、成都、上海、深圳。2007年年初，天津、北京、南京、杭州、武汉和济南被认定为第二批"中国服务外包基地城市"。从政策环境看，我国初步形成了良好的外商投资环境，很多地方政府出台了相关产业扶持政策，建立了较完整的支持服务体系。

（四）相关与支持性产业

相关与支持性产业包括国家在相关与支持性产业的国际竞争力，以及提供创新与升级的优势。软件、通信等信息技术是现代服务外包的技术载体和实现手段，通信网络则为服务外包提供了硬件基础设施，其基础设施的建设水平已成为衡量服务外包商业环境的重要指标。离岸的人力资源管理、数据处理、呼叫中心、远程培训、系统运营维护等都是通过现代信息技术和软件工具搭建的平台实现的。中国具有高质量和大规模的交通、通信等现代基础设施。中国拥有世界级的电信基础设施。与其他国家相比，中国在高速互联网和宽带接入、向主要的软件基地提供稳定的不间断双电源供电、拥有连接大部分一级和二级城市的大约 150 个民用机场方面具有明显优势。

（五）机会因素

创新能力不断增强，推动生产性服务业竞争力提升。生产性服务业的发展离不开各种技术创新活动以及创新成果的支撑和应用。生产性服务业特别是新兴领域的技术创新日趋活跃，产生了一批对行业具有重要影响的技术成果。例如，基于 IPv6 的下一代互联网关键技术、第三代移动通信技术、数字出版技术等一批对行业发展具有关键作用的技术成果。

（六）企业战略、组织结构与同业竞争因素

公司战略、结构和竞争包括公司建立、组织和管理的环境以及国内竞争的性质。信息产业部统计资料显示，在中国，主要从事软件与信息服务外包业务的企业已经达到 3000 家以上，从业人员高达 30 万。企业业务类型齐全，能力素质全面，承接业务覆盖 ITO 与 BPO 的所有细分领域，能够为我国以及海外客户提供软件开发、软件配置与支持、应用实施、应用管理以及应用托管、硬件配置与支持、硬件设备托管、网络集成、IT 培训、IT 咨询等各类 ITO 业务，也能够提供研发设计、人力资源、金融财会、采购、营销、客户关系等各类 BPO 业务。

第十二章 公共服务外包

第一节 公共服务外包理论依据

一、公共服务外包的概念

(一) 公共服务的基本概述和特征

公共服务,是 21 世纪公共行政和政府改革的核心理念,包括加强城乡公共设施建设,发展教育、科技、文化、卫生、体育等公共事业,为社会公众参与社会经济、政治、文化活动等提供保障。公共服务以合作为基础,强调政府的服务性,强调公民的权利。

公共服务主要有以下三个特征:

(1) 权利性:公共服务权是公民的一项基本权利。许多国家都以法律的形式作出规定,明确提出公民享有公共服务的权利;

(2) 普遍性:每个公民都享有公共服务的权利,公共服务覆盖全社会。对公民实行普遍的公共服务,是各国公共服务立法共同奉行的一条基本原则;

(3) 公平性:全体公民平等享有公共服务的权利,在基本公共服务待遇面前人人平等。公共服务的公平性是政府干预公共服务的重要原因,因为市场机制运作不可能解决公平问题。

(二) 公共服务外包概念的界定

公共服务外包也称合同外包 (Contracting Out),源于企业管理中的外包定义。美国外包协会给外包下的定义是:外包是指通过合约把公司的非核心业务、无增值收入的生产活动包给外部的"专家"。Richard L. Dunn (1999) 认为,外包从企业的法律边界外的独立组织获取商品和服务,而不是自制或者自己来完成这些商品和服务的这样一个战略决策。而 John Gillett (1994) 认为,外包就是这样一种管理方法:它通过战略性的使用外部资源来处理那些传统上由内部人员或者资源来完成的活动。可以看出,外包的定义是广泛的,当今学者大都认为外包还应包括组织从外部获得虚拟的产品和服务的行为,它并非是简单的买进行为而是组织的战略决策,能够提高整个组织的绩效。

而关于公共服务外包,OECD (1996) 的定义具有代表性。他们认为,政府公共服务外包是从外部购买产品和服务而不是在政府机构内部提供这种产品和服务,外包代表了在公共服务的管理和供应过程中，特别是直接民营化（例如所有权的变更）不可能的时候，模仿市场的努力。其基本原理是要在服务供应商之间促进竞争。政府公共服务外包的本质是把竞争和其他私人部门制度安排引入公共服务部门。这样一种"进口"市场机制的做法形成了常常被称为公私混合或公私伙伴关系（Private and Public Partnership，PPP）。

目前理论界普遍接受的公共服务的定义为：公共服务实际上就是政府及其他公共部门提供有形的以及无形的公共物品，是指一国全体公民都应公平、普遍享有的服务，不仅包含通常所说的具有非竞争性和非排他性的公共产品，而且也包括那些市场供应不足的产品和服务以及制度安排、法律、产权保护、宏观经济、社会政策等。严格意义上，公共服务外包应该不包括政府内部的辅助性服务外包，即狭义公共服务外包。但是，政府内部的辅助性服务外包一方面能够使政府从日常的一些繁杂事务中解脱出来，集中精力更好地为公众提供公共服务；另一方面可以节省政府支出，即节省纳税人的钱。从这两个角度来说公众都是间接的受益者。因此，从宽泛的角度来说公共服务外包的对象可以是公共服务，也可以是政府内部辅助性服务。

Wamer Beyond 指出政府间协议或合作（Intermunicipal Cooperation）可视为广义公共服务外包。陈振明认为公共服务外包是把民事行为中的合同引入公共管理的领域中来，它的做法是以合同双方当事人协商一致为前提，变过去单方面的强制行为为一种双方合意的行为；并指出公共服务合同承包本质上是一种委托—代理关系，政府作为委托人，将公共服务委托于他人运营，并通过各种手段（主要是竞争招标手段）来选择代理人，即该项服务的合同承包商。可以发现，作者只是说委托于"他人"运营，没有对服务商进行具体界定。相比而言，Young Chool Choi 对公共服务外包的界定则更为准确。他从政府角色转变的角度，认为公共服务外包是指"引入私人承包商来提供公共服务"，在这样的情况下，政府仍保留其资金提供者的身份，但不再是服务的生产者和直接提供者。此处 Young Chool Choi 的界定强调了外包的对象是"公共服务"，服务商是"私人承包商"。但是不足之处是，"私人承包商"的范畴比较模糊。

基于以上学者的定义，可以从狭义和广义两个角度对公共服务外包的概念进行规范。狭义公共服务外包是指：为实现公共利益最大化，政府通过竞争机制，利用外部比较优势资源，将本应由自身承担的公共服务，委托私人部门或非营利部门来完成的一种公共服务供给方式；而广义公共服务外包是指：为实现公共利益最大化，政府通过竞争机制，利用外部比较优势资源，将本应由自身承担的公共服务或内部辅助性服务，委托私人部门、非营利部门或其他政府部门完成的方式。本书的研究对象是广义的公共服务外包。

二、公共服务外包的依据

（一）政府失灵的存在

为了满足社会需求和公共安全的需要，由政府提供公共服务曾被看做是自然而然的事情。自 20 世纪 60 年代以来，随着对政府失灵认识的不断深化和市场机制提供公共服务理论和实践的发展，人们逐渐认识到公共服务仅仅依靠政府提供会不可避免地产生一系列问题。如果精心设计，控制得当，引入市场机制的公共服务可以更加公平、更有效率。理论和实践都表明，政府可能不会做出最佳的公共选择，政府也存在低效率运行的可能性，政府也会失灵。政府失灵的原因存在于以下几个方面：

1. 公共选择难以达成一致

阿罗（Arrow，1951）在《社会选择与个人价值》一书中提出的阿罗不可能定理表明，由于获取信息的差异和利益的多元，每个人的偏好是不同的。因此，试图在任何条件下从个人偏好次序推导出社会偏好次序是不可能的。这就从理论上否定了政府单方面提供公共服务最优的可能。

2. 政府垄断导致低效率

由于在提供公共服务上没有与政府竞争的对手，公共产品的数量并非按照成本/收益原则来生产，由此可能导致公共产品供给成本提高，生产公共产品资源配置不当，造成社会财富的巨大浪费。

3. 降低成本动力不足

因为政府官员不能将利润占为己有，所以政府官员追求的是政府规模最大化而不是利润最大化，以此增加升迁机会，扩大权力范围。结果是政府不会把最大的努力致力于减少公共服务的成本上，社会支付的费用超出社会本应支付的限度，并且会带来政府机构臃肿、人浮于事、效率低下。

4. 存在寻租、设租行为

任何可以通过改变政府的决策而可能得到好处的企业或个人都有动机进行寻租。寻租行为不仅消耗大量资源，也必然导致政府决策的低效率。而政府自利的本性也会促使政府有动机进行设租，以满足其自身利益。

（二）市场介入的合理性

20世纪60年代，科斯（Ronald Coase，1965）对占主流的政府供给理论提出质疑，认为政府在政治压力下做出的不受任何竞争机制调节的、有缺陷的限制性和区域性管制，并不必然地会提高经济制度运行的效率。科斯主张，在解决负外部性这类公共事务方面，既存在政府失败，也存在市场失败，成功与否的衡量尺度就是社会总产值的变化。他坚信财产权是解决一切问题的关键，将财产权放到市场上进行自愿交易，可能比政府直接管制方式更经济地处理外部性以及公共产品问题。公共选择理论也认为，只要公共产品和服务存在生产的可分割性，在一定的技术条件下，可以通过市场定价的方式，使生产能够在边际效益等于边际成本的资源配置的最优条件下，完成市场交易，公共产品和服务的市场供给是可能的，同时可以将免费搭乘者排除在公共产品和服务的消费范围之外。正如文森特·奥斯特洛姆所指出的："每一公民都不由'一个'政府服务，而是由大量的各不相同的公共服务产业所服务。"布坎南（J. Buchnan，1965）提出的俱乐部假说，为准公共产品市场供给指出了更加明确的模式。他把介于纯私人产品和纯公共产品之间的准公共物品称为"俱乐部产品"。对于俱乐部产品，应采取收费制度排斥非俱乐部成员享用公共产品。这种具有非竞争性但同时具有排他性的产品，可以通过收费方式很好地在有限的消费容量和无限的消费规模之间的冲突。

第二节 公共服务外包决策现状

目前公共服务外包决策的研究主要集中在法学、管理学、经济学、行为学四个维度。其中前三个领域对公共服务外包决策分别在法律规制、操作程序、成本/收益等方面进行了各自研究体系的构建，而行为学理论从执行模式对公共服务外包决策有效开展的反馈性影响方面进行了考察。

一、法学视角下决策的规制问题

任何一种制度安排均是各有利弊，公共服务外包涉及相当多的法律问题，在我国还没有成熟经验。值得注意的是，现在提起外包，舆论一边倒的认为是政府、企业和社会公众"三赢"的结果，却忽视了其中隐藏的风险。根据郑鹏程（2001）、史晋春（2005）等学者的观点，正是由于法律体制不健全，导致了在实施公共服务外包的过程中出现了风险。这些风险无论对政府还是对市场来说都是直接的威胁。具体说来，在法律方面，政府的风险包括：选择企业的程序风险；选择企业的风险；选择的企业能否规范操作的风险；监管企业的风险。而企业的风险则包括：政府是否守约的风险；合同产生争议后如何解决的风险；定价的风险。杜煊君（2003）在《对公用事业规制的研究：芝加哥学派的观点与评论》一文中也表达了类似的看法。汪永成（2005）在《公用事业市场化政策潜在的公共风险及其控制》中表明，公共服务外包需要很多的条件，其中之一便是确立法律框架，包括中央法规和地方法规。这是非常重要的准备工作，英国国家电力公司外包之前，政府准备的法律文书及配套规章制度装满整整一个办公室。只有将激励机制、竞争机制、风险机制、责任机制等重要机制引入公共服务领域，并用法制化手段确定下来，才能使我国公共服务的改革走上健康发展的道路，才能使公共服务外包向真正为民着想、为民服务、为民谋利的理想目标前进。因此，为了防范和控制公用服务外包的公共风险应该坚持法制化的原则，通过立法，对包括地方政府、监管机构、中介组织、经营者、公民个人在内的所有参与主体的权利、义务和责任进行确定，并使这些法律具有至高无上的权威，得到普遍的服从。

二、管理学视角下决策的程序问题

管理学视角下公共服务外包决策有两个限度。从横向上看，公共服务的公共性奠定了政府管理的横向视域，政府决定把何种事务纳入外包的管理范畴；从纵向上看，管理方式的不同决定了政府外包的纵向深度，政府决定把纳入外包的事务在何种程度上进行外包。具体的公共服务引入外包的决策则是一项复杂的工作，涉及制度、人事、资产等诸多方面。萨瓦斯将公共服务引入外包归纳为十二个步骤：

（1）考虑实施外包；

（2）选择拟外包的服务；

（3）进行可行性研究；

（4）促进竞争；

（5）了解投标意向和资质；

（6）规划雇员过渡；

（7）准备招标合同细则；

（8）进行公关活动；

（9）策划管理者参与的竞争；

（10）实施公平招标；

（11）评估标书和签约；

（12）监测、评估和促进合同的履行。

其中前九项都是外包决策应考虑的环节。而史密斯的观点更为彻底，在他为外包操作程序开列的清单上，八个环节全部属于外包决策的范畴，包括：

（1）对某项公共服务的资金加以评估：它是必要的、合理的吗？它受公共预算的影响有多大？

（2）确定该项服务的合法受益人：谁是此意愿的消费者？如何确定它们？

（3）确定该项服务的合法供给者：合法性的标准是什么？

（4）选择市场环境：该项服务的提供需要竞争还是垄断？

（5）确定绩效标准：该项服务需要哪些内容？其主要绩效标准是什么？

（6）将报酬与成本挂钩：确定报酬的形势与多少；确定支付报酬的制度；

（7）确定合同的其他方面：合同的形式与期限；合同变更及争议如何解决；

（8）建立管理结构：管理的范围；谁来负责。

也有学者对公共服务外包决策从政府决策工具的角度出发进行研究。戴维·奥斯本和特德·盖布勒（2006）在《改革政府》一书中对当代政府决策所使用的工具（他们称之为"政府箭袋里的箭"）进行概括，分三大类（传统类、创新类和先锋派类）共36种，其中外包决策被视为最重要的一种。詹姆斯·W. 费斯勒和唐纳德·F. 凯特尔（2000）在《行政过程中的政治》一书中也将政府决策工具分为外包决策、直接行政决策、管制决策、税式支出决策等。

三、经济学视角下决策的成本/收益问题

公共服务外包的出现调和了传统经济理论用亚当·斯密的市场秩序概念来处理所有的私人品，而用霍布斯的主权国家概念来处理所有的公共品的观点。如新制度经济学从公共服务提供的实际上是某种公共产品的观点出发，关注公共服务外包决策的交易成本和社会收益问题。其决策在经济学研究者看来最重要的莫过于交易成本和社会收益。

当公共服务跨过某个技术上可分的界面而被让渡时，交易就会发生。交易的中介是治理

机构，如政府、市场、政府与市场的混合等。交易成本经济学认为，以经济收益为其重要目标之一的公共服务外包决策，实质是一个为了达到某种特定目标而如何签订合同的问题。既然是签订合约，就必然涉及交易成本的问题。交易成本包括起草、协商一份协议并为之提供保障措施的事前成本，尤其是在因为各种缺陷错误、忽略和出乎意料的干扰而使合约执行被错误匹配时发生的适应不良和调整的事前成本，还包括运行经济制度的成本。科斯（Coase，1960）的"社会成本问题"从产权经济学的角度分析认为，交易成本在本质上是社会资源和财富的损失，因而交易成本的节约必然带来经济效率的提高和社会福利的增加。

由于不同的制度安排就意味不同的经济效率，公共服务外包决策要在最大限度上减少交易成本，增加社会福利。在一定条件下，公共服务外包决策代表着社会的理性选择，把一种产品当做公共产品提供的制度安排替代相应的私人产品的制度安排，以实现帕累托最优的经济目标。这与史蒂文斯（1999）的集体选择经济学如出一辙。

四、行为学视角下决策的反馈问题

行为学中的政策执行理论认为，外包的关键问题在于执行阶段模式、工具、程序的系统设计与选择。作用于外包决策方面，执行的模式、工具和程序会给决策带来不同的反馈途径和效果。史密斯在《政策执行过程》一文中提出了一个描述政策执行过程的模型。他认为政策执行过程中涉及四个重大因素：理想化的政策、执行机构、目标群体、环境因素。可以认为凡此等均是外包执行过程中影响其成败所需考虑和认定的因素。具体包括外包的受支持度、社会影响、执行的结构与人员、主管的方式技巧、执行的能力与信心、目标群体的组织或制度化程度、接受领导的情形以及先前的经验、文化、社会经济等。对于公共服务外包决策的制定来讲，受支持度和社会影响这两点最为重要，在很大程度上决定着公共服务外包决策的成功与否，对公共服务外包决策有着明显的反馈性作用。但是通过分析政策执行的线性过程得出的反馈性影响使得各因素之间缺乏关联，不能准确描述公共服务外包决策所受到的综合性反馈影响。

马丁·雷恩和弗朗希·F. 拉宾诺维茨于提出了执行循环的理论。他们把政策执行过程分为三个相互循环的受到环境条件的冲击与影响的阶段：纲领发展阶段、资源分配阶段、监督阶段，每一阶段必须奉行合法、理性官僚和共识原则。这一模型预示着公共服务外包应侧重分析执行要素和环境因素的双重影响力。在这一理论指导下，公共服务外包决策不但要特别注意最终的受支持度和社会影响，而且在纲领发展、资源分配、监督各个阶段都要根据实际情况实时反馈给决策层，使公共服务外包决策成为一个开放性的动态过程。当然，这样决策的成本很高，实际可行性不强。

萨巴蒂尔和马泽曼尼安建构了一个完整的理论模式，称为综合模型。他们认为影响政策执行各个阶段的因素，最主要可分成三大类：

（1）政策问题的可办性；

（2）政策本身的规制能力；

（3）政策本身以外的变数。

这是从系统论角度对公共服务外包问题在执行环节给予的理论支持和方法指导。这一理论改进了执行循环理论对公共服务外包要求实时反馈的严格规定，抓住了实施决策中的主要问题，并以系统的思想将各种可能的影响因素综合在一起，使公共服务外包决策摆脱了线性规划，以综合的视角看待决策执行行为与公共服务外包决策的相互关系。这一设计的因素看似虽然简单，但由于没有给出具体的系统最优算法，其对公共服务外包决策的反馈性影响难以作出具体量化。

第三节 公共服务外包决策的症结表现及对策

一、公共服务外包决策的症结表现

（一）法律法规不健全

西方国家的公共服务改革开始较早，相关的法律法规制定也较为完善。英国对公共服务提供的改革始于1984年。通过颁布实施《电信法》、《电力法》、《煤气法》、《自来水法》等法律法规，相继对煤气、电力、自来水、铁路运输等主要基础设施产业进行了重大的政府管理体制改革，放松政府管制，打破国家对产业垄断的格局，取消新企业进入产业的行政法规壁垒。英国实行改革后原来的国有企业效率有了较大幅度的提高。例如英国电力工业的改革，1991—1993年发电企业的税前利润增长了56.28%，劳动生产率提高了59.3%，改变了电力供不应求的局面，电价成下降趋势，服务质量明显改善。美国于1978年颁布了《天然气政策法》等法律法规，逐步开放了能源和运输市场。同时，通过判决形成的判例以及专门立法，使美国电信市场形成了竞争局面。1974年，美国司法部向AT&T提起反垄断指控，美国法院于1982年对该案做出了最终判决。随着判决的生效，AT&T公司于1984年分离为几个相互独立的法人实体。1996年，美国通过了《电信法》，其立法宗旨是开放市话市场和进一步开放长话市场。该法颁布后，美国的电信市场很快成为一个竞争性领域，效益以及服务质量大大提高。由此两例可以看出，主要发达国家破除垄断，引入竞争的法律规制表明了在公共服务领域法律规制不仅必要，而且也是切实可行的。

我国并没有一部法律专门规定对哪些公共服务行业的进入应当或者可以实行限制，对哪些行业实行宽松的准入政策，而是零散地见于各部门法的相关条文中。如在《中华人民共和国电力法》第3条，《中华人民共和国公路法》第4条，《中华人民共和国港口法》第5条、第22条，《中华人民共和国民用航空法》第92条，《中华人民共和国邮政法》第3条等条款都简单地作出了涉及各自领域公共服务市场准入的规定。其中《电力法》、《邮政法》、《公路法》、《航空法》是由全国人大常委会制定的，而涉及范围也很大的《城市供水条例》、《电信条例》等是由国务院制定的。国务院指定的其他行政法规和部委规章也直接对公共服务业引入市场机制作了相关规定。如2002年12月，我国建设部发布《关于加快市政公用行业市场化进程的意见》，以正式文件的形式规定民营资本和外资可进入原属国家专营的城市公用事业行业；2003 年 10 月，中共十六届三中全会《中共中央关于完善社会主义市场经济体制若干问题的决定》也指出允许非公有资本进入法律法规未禁入的基础设施、公用事业及其他行业和领域，这两份文件是某些城市进行公共服务外包最直接的规范性文件的依据。

（二）战略方向不明确

当前的公共服务外包决策大多以 SWOT 作为系统的环境分析工具。SWOT 方法能迅速掌握竞争态势，来对自己面临的优势（Strength）、弱势（Weakness）、机会（Opportunity）与威胁（Threat）作一个综合分析，对当前情况进行客观公正的评估。如图 12 - 1 所示。

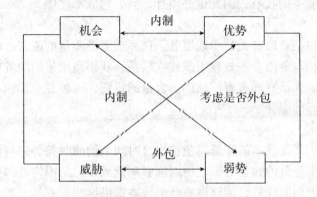

图 12 - 1　外包战略制定的 SWOT 分析

如图 12 - 1 所示，以外部环境中的机会和威胁为一方，以内部环境中的优势和弱势为另一方，从而得到一个 SWOT 二维矩阵。该矩阵的用途在于：首先，能帮助明确公共服务外包整体战略目标，尤其是资源的整合目标和计划；其次，能为公共服务外包决策中的影响因素提供评估和判断的依据，增强公共服务外包决策的准确性；最后，该矩阵能为外包战略的制定提供初步的认识和重要的参考。

（三）成本/收益分析难以量化

外包的成本/收益分析应综合考虑定量与定性因素，其中定量因素又分为直接定量因素和间接定量因素。

1. 定性成本

定性成本主要是对政治、运作、技术、关系四种风险的预测。政治风险主要指由于外包而可能产生的腐败、社会不公加剧、民众对政府信任度降低等；运作风险主要涉及外包服务的期限、要求和质量目标的实现情况，以及争议、诉讼等方面的问题；技术风险主要涉及外包中技术变化、新技术出现等所带来的问题；关系风险主要指由于双方关系发展不良或提前终止等带来的损失预测。

2. 直接定量成本

直接定量成本主要是执行合同本身涉及的因素，包括执行人员配置与管理成本、维护与许可成本、培训成本、通信成本、差旅成本等。围绕合同订立和执行涉及的成本主要有合同谈判成本、交易成本、合同管理成本、部门运营成本等。签契约前，需要收集有关外包业务行业环境的信息，需要寻找供应商的候选人，需要对内部环境进行仔细的评价；在签订契约的过程中，需要就契约的细节问题同目标供应商进行详细的谈判。

3. 间接定量成本

由非政府部门的工作人员承担外包的职能，合同的管理成本就不可避免。在契约签订后的实施过程中，需要进行维护和控制契约内容得到有效的执行，这些都会产生一定的成本。外包还可能会造成过去用于提供服务的建筑物和设备的闲置。这些富余的建筑物和设备抵消了外包公共服务的收益，因此也必须计入到外包成本之中。

4. 定性收益

定性收益主要包括获取有关技术或服务、产品或服务质量的改善、对公民反应速度的提升等。外包是一种与专门业务处理组织建立联系，获得高质量的服务的重要途径。他们往往在技术、方法、人员方面有着广泛的、大量的投资，这种专业知识和专门化的服务能够帮助公民获得更好的服务。

5. 直接定量收益

直接定量收益主要是成本的降低，包括来自时间节约的收益、来自设备或技术改善的效率、来自经营成本降低的收益等。之所以能够降低成本，是因为外部服务提供者具有规模经济或者在技能方面的优势，能够以更低的成本提供这些服务。

6. 间接定量收益

间接定量收益包括对公共服务的改善、对政府财政负担的缓解、因业务分担而减少的政治风险等。政府可供使用的资源都是有限的，外包给了政府一次重新配置、优化配置政府内部资源的机会。可以看出，成本收益分析中存在着大量难以量化的因素，按照这种精确分类分别计算的方法反而无法得出外包具体的成本/收益数值。

二、完善公共服务外包决策的对策建议

公共服务外包只有在尊重市场规律、妥善处理政府与市场的关系的指导原则下具备相应的法理基础，运用合理的政策方法，进行正确的战略判断和可信的经济效益分析的基础上才能获得理想的政策效果。

（一）确立公共服务外包决策的指导原则

当前的公共服务外包决策中出现了一系列问题，其中一个很重要的原因就是在操作过程中缺乏一个宏观的一般性指导性原则。

1. 妥善处理公平与效率的矛盾

在公共服务的多元目标中，公平与效率是一对主要矛盾。公平的增进和效率的提高统一于公共事业的发展过程中，以效率促公平，以公平带效率，是达成政府治理的出发点和落脚点。对公共服务来说是无法将利润最大化作为组织使命的，它们只能在保障社会利益（即公共利益）最优化的前提下，追求经济利益的较大化。换句话说，利润最大化不是公

共事业的优先战略，而只是它们的次先目标。我们认为公共服务必须始终围绕着"4E"（Equality、Economy、Efficiency 和 Effectiveness）价值的实现这个主题，而非只有经济、效率和效能（即"3E"：Economy、Efficiency 和 Effectiveness）的考虑。换言之，公共服务外包的实践必须紧紧围绕着"4E"价值的全部实现而展开，公平的价值始终优先于效率的价值，这是公平与效率在公共服务外包的实践中实现兼容的根本性前提。

当然，追求利润从来就不是公共服务的"副产品"，而是内在的包含于公共事业的多元目标之中。所以应用这一方法论时应特别注意公共服务外包决策与企业业务外包决策在目的上有着根本的不同。公共服务外包决策最终意义在于使公共服务合同外包达到更好的效果，强调维护公共利益，提高公共服务水平，增进社会福利。但在方法运用中由于对数学模型、实证经济、管理工具的过分推崇，使得公共服务在引入合同外包的理论、方法、技术方面存在逐渐远离公共精神的原则，扭曲公共价值的诉求造成目标与过程的错位的危险。所以我们在发挥理性工具巨大作用的同时必须清醒地认识到，公共服务外包决策的指导原则是公平优先，兼顾效率。

2. 防止决策目标机械化

公共服务具有一定的自然垄断性和显著的规模经济性特征。虽然公共服务外包往往与引入民营资本相伴随，但不能笼统地把"民营化"和"放松管制"作为改革的主要目标，而要把是否促进竞争和提供良好公共服务作为改革的评价标准。在具体操作中应按照"两个毫不动摇"的原则，既大胆鼓励民营资本进入，也不必刻意强调国有资本退出；既要打破国有垄断，也要防止新的民营垄断。由理性经济人的特性可知，新的民营垄断一旦形成，公共服务外包将以利润最大化作为首要的价值目标，它将会在背离公共服务赖以存在的根本宗旨和使命等方向上渐行渐远，而外包所必须具备的政治前提最终也将会消逝。出于范围经济的考虑，民营垄断可能是一个支持度很高的外包政策，但无论外包后的某一公共服务的真实业绩如何，从长远的角度来看都将有碍于社会整体公平的改善。反过来讲，即便是真实、理性且获得高度政治支持的外包，也有可能在短期内很难取得理想的成效。不过此时是以必要的效率损失来维护并维持社会的整体公平，符合上述原则的要求。

（二）完善公共服务外包决策的法律法规

我们可以以现存可利用的法治资源设计其基本结构，完成公共服务外包决策所依据的法律法规体系的构建。除了利用公共服务外包所需要的不体现规制特征的财产法、权利法、合同法等纯粹的民事法律外，着重依据的是竞争法、反垄断法、价格法、招标法等体现市场规制功能的法律制度，以及立法监督制度、诉讼制度、规制制度和反垄断制度等法律机制。

1. 法律规制的模式

建立专门针对公共服务外包的立法机关、司法机构、反垄断机构对公共服务管制机构权力制衡的模式，目的是形成一个对公共服务外包管制机构进行外部约束的法制结构，其基本假设是通过外部的权力制衡约束公共服务外包管制机构的权力集中，可以达到矫正公共服务外包管制机构的不当管制行为，使之与公共服务外包的管制政策和目标吻合的结果。

制衡通过三条路径展开：立法机关通过立法监督机制约束管制机构的立法权，司法机构通过诉讼机制，约束公共服务外包管制机构的准司法权，而反垄断机构通过独立的反垄断机制，分享市场的反垄断权利，约束公共服务外包管制机构的执法权，同时又与其合作，共同维护市场秩序。

在这一模式当中，公共服务外包管制机构处于中心位置。其目标是推行公共服务领域的市场化并实施必要的管制，而其在权力配置结构上，则拥有一定的立法权、完全的管制执法权以及准司法权；而公共服务外包反垄断机构与公共服务外包管制机构比较相似，在权力配置结构上同样拥有一定的立法权、完全的反垄断执法权和反垄断审查的准司法权，只是机构目标不同，反垄断机构的目标是维护市场竞争，反对垄断；公共服务外包的专门立法机构是国家立法机关的特定部分，其拥有立法权和监督公共服务外包管制机构立法的权力，其目标是维护立法体系一；法院作为公共服务外包的司法机关，拥有司法权，其根本目标是公正的司法裁判。公共服务外包的立法机构、司法机构和反垄断机构是性质不同的部门，他们从各自的职能目标出发，分别有侧重地对公共服务外包管制机构的立法权、准司法权和执法权进行制衡和制约。

2. 法律规制的内容

良好的法制环境是公共服务外包得以良好实施的重要保障。为制止和防止公共服务外包决策中出现的问题，根本解决方法就是建立民主、法治政府，规范市场秩序，制定并完善相关法规，也需要根据其实施的情况和效果适时地进行调整、修改和补充。政府应赋予私营部门、第三部门组织和社会公众参与管理的主体地位，同样也需要对政府的主导作用、主要职能等做出法律条文上的规定。通过把政府改革的措施上升为一定层次的法律、规章，能够减少行政改革的不稳定性。明确规定公共服务外包者的权利和义务，从而制定详细具体的违反法律规定要承担的责任，便于行政部门依法行政，用法律保证公共责任，防止以效率代替公平，以赢利代替福利。在制定公共服务外包政策的政府内部要继续贯彻依法行政。随着政府上级向下级放权以及一线公务员直接权力的扩大，就更需要对扩大的权力进行监督和约束，防止权力的滥用、错用。制定有效规则，制约公共服务外包决策中政府官员的随意干涉，以防止公务员权力"寻租"。制定有关公共服务外包的行政诉讼法和程序，完善对政府非法干预的诉讼途径，从法律上约束政府的过度干预。切实保障公民的正当权利，保证公民对公共服务外包决策的知情权和监督权。

归结起来，公共服务外包在法律上面临的问题是一破一立，破旧立新。所谓破，是破除公共服务外包的原有法律樊篱，为外包提供法理基础；所谓立，是指在合同中对契约性进行超越，对平等、自由、意思自治、对等民法理念，在公共精神的指引下，依据公共服务的目的与性质的对其进行限制。"行政契约为了达到行政目的，必然在行政法上不同程度地受到修正、加工和改变，从而有别于私法契约。私法原则不可能无条件适用于行政合同"，这样，一方面可以对公共服务外包可能造成契约内容的扭曲的情况加以事先的法律防范；而另一方面，可通过赋予公共服务外包相对方程序上的权利，使其在程序支撑下升到能与公共服务外包决策制定主体讨价还价的地位。

（三）合理运用公共服务外包决策方法

1. 指导理论的转变

外包归根结底是一种私人部门管理方式，在运用的过程中应注意它与公共部门在异质性与一般性上的关系。阿利森曾说过，"公共管理和私营管理至少像它们在某些方面彼此相似一样，在另一些方面是彼此不同的……其差异比相似性更重要"。不能用"私营部门神话"把行政改革引向歧途，最终演化为以"政府市场化"、"政治市场化"、"管理市场化"为核心，使得管理的一般性淹没了政府的公共性，使改革的目的偏离了原有的方向。要破除这一局限，就要从政治层面出发，在指导理论上从经济学、管理学转向政治学。自由、参与、自治的思想才是解决目前公共服务外包决策困境的有效方式。通过对公民政治权利、民主参与途径以及公民与政府间关系的再思考，在传统的代议制民主政治框架外建构起新的民主参与体制。通过民主参与制度的建设，使得公民能够更有效地参与到公共服务外包过程中来，从而获得对政府的决策的监督。

格利夫和杰普森通过丹麦的公共管理改革的经验，得出了公民参与理论。在他们看来，公民参与是解决此公共服务外包决策困境的最好方式。通过"使用者民主的制度"，公民广泛地参与到公共服务外包决策的知情、参与、监督过程中去，具体包括以下三种形式：

首先是使用者委员会，它们主要在政策性领域对有关公共服务的生产者与使用者产生影响；

其次有偿公共服务供给组织，即一些公共服务的使用者在法律的许可下，通过自己组建的组织来提供有偿的公共服务；

最后是自愿性的社会组织，它们作为政府的长期合作伙伴，为公众提出无偿的公共产品。

这样，公共服务外包决策有很大一部分转移到公共服务的使用者中，他们对公共服务外包决策施加影响，进行监督，提高公共服务外包的绩效，满足公民对公共服务的需求。

2. SWOT 方法的改进

在 SWOT 四个象限中，SO、WO、ST、WT 各象限的分析要充分考虑公共因素，给出一个合理的权重分配基础，计算得出的方案值才具有实际意义。在综合考虑公共服务外包社会环境和任务环境的基础上，可由政府成员和专家共同参与决定。具体做法是：首先，制定公共服务外包决策的评审成员在各自独立的条件下，确定并制定出各种方案的标准及其重要性权数；然后，并对每一方案按标准逐项评价分数；最后，按权数×评价分数，累计求出合计数。这样，合计数大的方案为当前最优方案，其余的可以作为备选方案。通常是出于政治决策、行政管理可接受性和经济的综合考虑，对公共服务外包最优方案的综合期望值有一个最小限制数值 Lim（exp）。关于 Lim（exp）值的确定，可以考虑公共服务价格上限规的方式。公共服务价格上限规制的基本思想可表示为：$Lim（exp）= PCI = RPI - X$，其中，PCI 表示公共服务价格上限系数，RPI 表示零售物价上涨指数，X 表示被规制的公共服务产业效率的提高系数。公共服务外包规制机构每隔一段时间进行一次规制检查，调整公共服务的价格指数和效率系数。公共服务产业生产率水平面临相应调高的趋势，这种"棘轮效应"使得公共服务外包商为获取剩余利润而努力将生产率提高到 X 之

上。同时，在不超过公共服务上限价格的前提下公共服务外包商有根据产品价格弹性或针对不同客户定价的自由，从而接近现实次优的拉姆士价格。如英国政府对电信、电力、煤气供应等公共服务业所规定的 X 值都大于零售价格指数，而且有不断调高的趋势，这意味着 $RPI - X$ 是一个负数，公共服务外包商每年必须把价格下降 $RPI - X$ 的绝对值，即下降 $|RPI - X|$，这使消费者能从公共服务外包商效率提高后享受较低的价格，有利于提高社会配置效率。

（四）科学构建公共服务外包决策模型

由上面的论述，我们可以大体勾勒出公共服务外包的一个粗略的决策模型（如图12－2所示），并对涉及的理论分析做出技术处理，统一到一个公共服务外包决策模型当中。

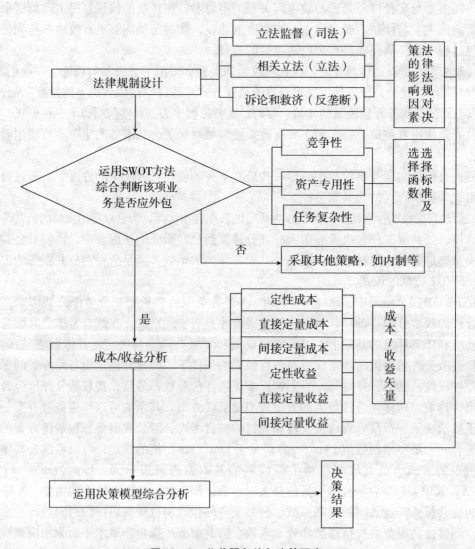

图12－2　公共服务外包决策要素

<h1 style="text-align:center">参考文献</h1>

［1］蔺雷，吴贵生．服务管理［M］．北京：清华大学出版社，2008.

［2］何德旭，夏杰长．服务经济学［M］．北京：中国社会科学出版社，2009.

［3］刘东升．服务贸易参考［M］．北京：北京大学出版社，2009.

［4］丁宁．服务管理［M］．北京：北方交通大学出版社，2007.

［5］韦福祥．服务营销学［M］．北京：对外经济贸易大学出版社，2009.

［6］高新民，安筱鹏．现代服务业：特征、趋势和策略［M］．浙江：浙江大学出版社，2010.

［7］中国国际投资促进会，中欧国际工商学院，中国服务外包研究中心．中国服务外包发展报告［M］．上海：上海交通大学出版社，2007.

［8］陈菲．服务外包与服务业发展［M］．北京：经济科学出版社，2009.

［9］柴小青．服务管理教程［M］．北京：中国人民大学出版社，2003.

［10］叶万春．服务营销学［M］．北京：高等教育出版社，2007.

［11］张达凯．服务外包战略决策［M］．北京：化学工业出版社，2009.

［12］王洛林．全球化：服务外包与中国的政策选择［M］．北京：经济管理出版社，2010.

［13］江小涓．服务全球化与服务外包：现状、趋势及理论分析［M］．北京：人民出版社，2008.

［14］约翰斯顿·克拉克．服务运营管理［M］．北京：中国人民大学出版社，2010.

［15］花桥金融外包研究中心．中国金融业服务外包2009年度报告［M］．北京：中信出版社，2009.

［16］杨琳，王佳佳．金融服务外包：国际趋势与中国选择［M］．北京：人民出版社，2008.

［17］杨波．IT服务外包——基于客户和供应商的双重视角［M］．北京：电子工业出版社，2009.

［18］王梅源．软件外包项目全过程风险管理［M］．北京：华中科技大学出版社，2009.

［19］徐学军．助推新世纪的经济腾飞：中国生产性服务业巡礼［M］．北京：科学出版社，2008.

［20］陈振明．竞争型政府［M］．北京：中国人民大学出版社，2006.

［21］詹姆斯·A. 菲茨西蒙斯，莫娜·J. 菲茨西蒙斯. 服务管理 ［M］. 北京：机械工业出版社，2003.

［22］邵鲁宁. 生产性服务外包管理研究 ［D］. 上海：同济大学，2007.

［23］唐宾彬. 战略采购成本管理研究 ［D］. 长沙：湖南大学，2006.

［24］陈浩村. 公共服务外包决策理论研究 ［D］. 武汉：华中科技大学，2008.

［25］孙雯. IT 服务外包动因及风险问题研究 ［D］. 大连：东北财经大学，2006.

［26］陈德铭. 服务贸易：引领世界经济复苏的新动力 ［J］. 国际商务财会，2009 (12).

［27］周振华. 服务经济的内涵、特征及其发展趋势 ［J］. 科学发展，2010 (7).

［28］万君，刘馨. 服务质量研究的现状及其发展趋势 ［J］. 现代管理科学，2005 (5).

［29］王有志，汪长柳，黄斌. 世界服务业发展的现状、特点和趋势 ［J］. 中国高新技术企业，2010 (2).

［30］YOUNG C H. The dynamics of public service contracting：The brithsh experience ［M］. Bristol：The Policy Press，1999.

［31］单宝. 企业业务外包战略的确立与实施 ［J］. 上海商业，2004 (11).

［32］陈理飞. 企业服务外包选择的动因及战略定位分析 ［J］. 市场论坛，2010 (1).

［33］范荣. 浅谈服务业及现代服务业发展趋势 ［J］. 市场周刊·理论研究，2010 (1).

［34］吴海琼. 关注服务战略，提升服务管理 ［J］. 当代经理人，2006 (9).

［35］涂静. 服务外包：内涵与外延的探讨 ［J］. 江苏商论，2010 (8).

［36］BEYOND W. Economic，organizational，and political influenceson biases in forecasting state sales tax receipts ［J］. International Journal of Forecasting，2007，7 (4)：457 – 466.

［37］中华人民共和国商务部. 中国服务外包发展 ［R/OL］. http：//chinasourcing. mofcom. gov. cn /china develop. html，2010.